es 1440
edition suhrkamp
Neue Folge Band 440

»Bilde, Künstler, rede nicht« – an diese Formel hat sich Uwe Johnson zeitlebens gehalten. Dies hat die Kulturindustrie geradezu dazu provoziert, Meinungen über sein Werk zu produzieren. Er selbst hingegen hat seine Einstellung merkwürdig selten bekannt gemacht. Es gibt nur wenige theoretische Texte von ihm, da er den »Umweg über die Fiktion« bevorzugte. Sogar den Versuch, zu Beginn der Frankfurter Vorlesungen einen für ihn brauchbaren Begriff von Poetik zu definieren, hat er aufgegeben. Er habe keine Poetik – so lautet eine jener programmatischen Aussagen, die in den Gesprächen mit Uwe Johnson zu finden sind. Mit dem vorliegenden Band werden die verstreuten und teilweise schwer zugänglichen Äußerungen Uwe Johnsons zu seinem Werk umfassend dokumentiert und seine Aussagen zum »Handwerk des Schreibens« so geordnet, daß erkennbar wird, wie dieser Autor theoretische Erörterungen in die Gestaltung seiner erzählerischen Arbeiten einbezogen hat und worauf sich seine »Schwierigkeiten beim Schreiben der Wahrheit« gründen.
Eberhard Fahlke leitet das Uwe Johnson-Archiv an der Johann Wolfgang Goethe-Universität in Frankfurt/Main.

»Ich überlege mir die Geschichte«
Uwe Johnson im Gespräch

Herausgegeben
von Eberhard Fahlke

Suhrkamp

edition suhrkamp 1440
Neue Folge Band 440
Erste Auflage 1988

Erstausgabe

Satz: Hümmer, Waldbüttelbrunn
Druck: Nomos Verlagsgesellschaft, Baden-Baden
Umschlagentwurf: Willy Fleckhaus
Printed in Germany

1 2 3 4 5 6 – 93 92 91 90 89 88

Inhalt

Eberhard Fahlke
»Ach, Sie sind ein Deutscher?«
Uwe Johnson im Gespräch

Für Leila Vennewitz

1. Über öffentliche Gespräche – »Mr. Faulkner«

Der Name des sagenumwobenen Landes, an dessen Chronik er schreibe, sei ganz einfach auszusprechen, wenn man ihn in seine einzelnen Silben zerlege: Yok-na-pa-taw-pha – ein Wort der Chikkasaw-Indianer, das langsam durch Flachland fließendes Wasser bezeichnet. William Faulkner, in den Jahren 1957 und 1958 für jeweils fünf Monate Gast der Universität von Virginia, beantwortete als »writer in residence« seinem Auditorium mehr als zweitausend Fragen. Fast jedes Wort Faulkners aus jenen Monaten ist aufgezeichnet und auf Tonbändern in einer Gesamtlänge von nahezu vierzehn Kilometern im Archiv der Alderman-Bibliothek dokumentiert. Die Themen dieses öffentlichen Frage-und-Antwort-Spiels sind vielfältig: Probleme der Rechtschreibung werden ebenso angesprochen wie die Gründe – es ist die Zeit des Kalten Krieges –, warum er den Kommunismus bekämpft. Als Teile dieser Gespräche veröffentlicht[1] werden, lautet William Faulkners Kommentar: jede Ähnlichkeit der hier niedergelegten Ideen und Ansichten mit seinen früheren oder zukünftigen sei rein zufällig. Hat der Autor während seiner Seminare an der Universität jenes südatlantischen Staates der USA Ansichten eines »Mr. Faulkner« nur erfunden? Wird durch jenen Kommentar die Tondbanddokumentation in Frage gestellt? Zweifel also an der Brauchbarkeit des Materials wie an der Identität des Autors. Doch William Faulkner hat, seinen Vorbehalt nachträglich formulierend, allein mit der bekannten salvatorischen Klausel kokettiert, die Schriftsteller ihren Romanen voranzustellen pflegen. Sie besagt, die Personen der Geschichte seien frei erfunden, eine Übereinstimmung mit lebenden Personen rein zufällig. Juristisch mag diese Klausel zum Schutz vor unliebsamen Prozessen hilfreich sein; die Suche des Lesers nach »lebenden« Personen, nach »tatsächlichen« Ereignissen in der erzählten Geschichte wird dadurch jedoch eher gefördert als gebremst. Die Taktik, sich nachträglich von den eigenen, öffentlich geäußerten Ansichten zu distanzieren, eine vornehmlich von Politikern praktizierte Verhaltensweise, wird hier von einem Schriftsteller aufgegriffen, um den Leser auf der Suche nach den »wirklichen« Überzeugungen »seines« Autors zunächst auf seine Bücher zu verweisen. Zugleich soll damit vor einem engstirnigen Festschreiben der gesprächsweise verkündeten Überlegungen von William Faulkner gewarnt sein. Dies hat den Literaturnobelpreisträger allerdings nicht daran gehindert, auch in jenen Gesprächen seine Haltung zu einigen grundsätzlichen Fragen so unzweideutig wie möglich zu erläutern. Man weiß, daß die öffentliche Rede, die Rolle als »speaker«, von William Faulkner nicht sonderlich geschätzt wurde. Er sei kein »finished lecturer«, hat er in einem Brief an General Westmoreland geschrieben, sondern eher ein »conversationalist«, der es bevorzuge, in »question-and-answer sessions«[2] sich zu äußern.

Hier ist nicht der Ort, psychologisierend über die Motive dieser Haltung zu spekulieren, zumal sich auch andere Gründe für eine solche Vorliebe nennen lassen. Im Gegensatz zum monologischen Auftritt eines Redners oder Kommentators wird bei öffentlichen Gesprächen der Anschein erweckt, die vermittelte Meinung sei nicht vorfabriziert; der Reiz dieser Äußerungsform liegt vielmehr darin, daß die Hörer Zeugen eines Prozesses werden können, in dem Meinung sich erst herausbildet. Dieser Eindruck trügt. Bei den meisten Gesprächen, die heute öffentlich geführt werden, geht es längst nur noch darum, Standpunkte zu behaupten und für den Augenblick des »Zwei- oder Mehrkampfes« publikumswirksam recht zu behalten.

Um sich zu vergewissern, was als Gespräch bezeichnet werden könnte, ließen sich Begriffsbestimmungen aus Wörterbüchern heranziehen, die auf der langen philosophischen Tradition dieser Gattung beruhen; ein von Uwe Johnson in Anverwandlungen genutztes Verfahren. Ihre Quintessenz lautet: Zwei oder mehrere, nicht allzu viele Personen – wobei in der Perspektive Johnsons literarische Figuren als Personen zu gelten haben[3] – sollen offen und gleichberechtigt eine Sache, ein Thema über längere Zeit hinweg miteinander erörtern; nicht Standpunkte sind dabei zu verkünden, sondern der zur Rede stehende Gegenstand – im Fall seiner Personen: ihre Geschichte – soll im Verlauf des Gesprächs in seiner »wahren Gestalt« zum Vorschein kommen. Wie der Anfang, allein von der begründeten Hoffnung getragen, durch gemeinsame Verständigung in der Sache einen Schritt weiterzukommen, müßte auch der Ausgang des Gesprächs offen sein. In einer solchen Perspektive wäre das Interview, so der Publizist Ivo Frenzel 1977 vor der Deutschen Akademie für Sprache und Dichtung, als eine »denaturierte Gesprächsform« zu bezeichnen, da es von ungleichen Rollen der Gesprächspartner bestimmt wird. Nach den geltenden Regeln hat sich der Interviewer darauf zu beschränken, die Meinung des Interviewten hervorzulocken und ihn zu einer Stellungnahme zu provozieren. Der Gefragte hingegen hat in der Regel nicht die Möglichkeit, Gegenfragen zu stellen, es sei denn, er hat etwas nicht richtig verstanden. Der Interviewer, Repräsentant eines imaginären Publikums, soll in der ihm zugewiesenen Rolle seine eigene Persönlichkeit zurücknehmen. Je knapper und präziser seine Fragen ausfallen, desto besser erfüllt er seine Funktion.[4] Die Rollen in diesem Spiel sind also vergeben, die Regeln für den öffentlichen Auftritt festgelegt, das Gespräch kann zum ausgehandelten Preis vorgeführt werden.

»Über Interviews« hatte Uwe Johnson 1965 in einem ersten Entwurf zu *Auskünfte und Abreden zu ›Zwei Ansichten‹ (Auf Fragen von Mike S. Schoelman)* handschriftlich skizziert: »sie schliessen das Lesen von Büchern aus, oder sie befassen sich mit Anlässen, die mit Büchern nichts zu tun haben«.[5] Diese Notiz ist Ausdruck der Skepsis, mit der dieser Schriftsteller jenen für eine literarische Öffentlichkeit hergestellten Gesprächssituationen begegnete. Mit der ihm eigenen, oft verkannten Ironie hat er in den *Auskünften und Abreden* die Künstlichkeit eines öffentlich geführten Gesprächs weitergetrieben und fiktiv ausgestaltet, so daß das Gespräch letztlich fingiert und der Journalist Mike S. Schoelman frei erfunden ist. Ins *Kleine Adreßbuch für Jerichow und New York*[6] nicht eingetragen, gehört dieser Journalist gleichwohl zum erzählerischen Universum Uwe Johnsons. Das Typoskript, datiert vom 22. September 1965, wurde noch am gleichen Tag geschrieben, an dem die Rezension von Reinhard Baumgart zu den *Zwei Ansichten* im *Spiegel* erschienen war.

Aus der ersten handschriftlichen Notiz »über Interviews« ist in dem selbstproduzierten Interview der letzte Absatz geworden; er setzt ein mit einer für Johnson typischen Erklärung. In der Art eines Wörterbuchs wird die Bedeutung des Wortes »Interview« aus dem Vergleich mit dem Englischen erläutert. Penibel übersetzt verspreche das Wort nicht mehr als eine »Zwischensicht«. Und weiter heißt es: »Ein Interview zu einem Buch schließt oftmals aus, daß man es liest; ein Interview zum Verfasser nützt nicht dem Buch; aber Fragen muß man beantworten.« (Vgl. S. 89) Die Fragen des Journalisten bleiben freilich unausgesprochen, sie lassen sich aber aus den Antworten Uwe Johnsons erschließen. Um so auffälliger wirkt deshalb, wenn der Befragte mitten im Gespräch darauf hinweist, zwischen den Zeilen seines Buches stehe nichts, »weder gedruckt noch geschrieben«. Ob solch ein Hinweis die Suche des Lesers nach »dreideutig miteinander verknoteten Wortbezüglichkeiten« (MüJ, S. 173) in dem erfundenen Zusammenhang eindämmen kann oder sie nicht viel mehr ausufern läßt, mag offenbleiben; fraglos aber sind sie, wie es über derartige Wortbezüglichkeiten in den *Mutmassungen über Jakob* heißt, ein Anzeichen dafür, daß die »herkömmliche Weise von Verständigung« aufgegeben worden ist. Die *Auskünfte und Abreden* jedenfalls enthalten mehr, als im Druckbild erscheint. Dieses Mehr ist jedoch nur durch sorgfältige Lektüre zu erschließen. Dieser Text ist ein verschlüsseltes Selbstinterview Uwe Johnsons, das es ihm ermöglicht, etwas zum Stoff der in den *Zwei Ansichten* erzählten »nicht Romeo, nicht Julia«[7]-Geschichte aus dem Berlin von 1961 zu erläutern, einige Worterklärungen zu seinem Lexikon zu geben und Kritisches zur Aufmachung des Buches anzumerken. Das Bild auf dem Schutzumschlag, so Johnsons Auskunft zur äußeren Form, falle in die Zuständigkeit des Verlags, und über eine ›Poetik‹, wie sie ihm die »Klappe des Schutzumschlags« nachsage, verfüge er nicht. Doch die Kritik am Gebaren des Verlags ist Anlaß, nicht Thema dieser *Abreden.* Zwei Bilder, das eine im wörtlichen, das andere im übertragenen Sinn, stehen im Zentrum seiner Kritik. Zum einen: Auf der Vorderseite des Umschlags ist eine Kippfigur zu sehen. Eine Reihe von Würfeln bildet eine Figur, die je nach Perspektive in ihrer raumbildlichen Gestalt umschlagen kann, ein Phänomen der geometrisch-optischen Täuschung. Die Abbildung auf dem Schutzumschlag liefert bei aller Abstraktion unterschwellig einen Interpretationsansatz, auf den Uwe Johnson seine »Doppelerzählung«[8] offenbar nicht festgelegt wissen wollte. Die beiden Hauptpersonen des Buches, der Fotograf B. und die Krankenschwester D., die als Liebende nicht zueinanderfinden können, haben nicht nur zwei Ansichten von Berlin, sondern auch von ihrem Leben. Ihre unterschiedlichen Sehweisen sind nicht, wie es durch den Schutzumschlag suggeriert wird, auf ein wahrnehmungspsychologisches Phänomen optischer Täuschung zu reduzieren. Der Titel »Zwei Ansichten«, so eine der Erklärungen Uwe Johnsons aus seinem Lexikon, meint auch die alte Bedeutung des Wortes Ansicht, »die vue, den Prospekt, ›von einer Seite her gesehen‹, bis hin zur schlichten Verschiedenheit von Meinungen«. Das weist deutlich darauf hin, wie unvereinbar diese beiden Sehweisen einander gegenüberstehen. Auf der letzten Seite des Buches erhält der Titel noch eine weitere Bedeutung. Die Stelle ist deutlich hervorgehoben; denn sie ist die einzige, die sich ausdrücklich auf ein schriftstellerisches »Ich« bezieht, dem von der Krankenschwester D. die Versicherung abgefordert wird, daß »er« alles erfinden müsse, was »er« schreibe. Warum? Der Schriftsteller, mit seiner kleinen Familie Gastgeber der D., hatte nur zugehört bei dem, was die Krankenschwester ihnen im Gespräch »höflich, ein wenig befangen« erzählte. Getreu der Versicherung: »Es ist erfunden«, hat dieses »Ich« sich an die Arbeit gemacht und das ihm Anvertraute erfunden. Gleichwohl beruht seine Geschichte auf einem Bericht, der in der Substanz aufgehoben bleiben muß, wenn auch die Umstände, die »Realien«, Veränderungen, Anverwandlungen erfahren können. Das ist – im Falle der *Zwei Ansichten* – Uwe Johnsons Fiktionalisierung der bekannten salvatorischen Klausel, die Namen und Personen seien frei erfunden, eine Übereinstimmung mit lebenden oder verstorbenen Personen rein zufällig. An eine Versicherung hat man sich doch auch als Schriftsteller bei aller Fiktion zu halten, oder ... wer verbirgt sich eigentlich hinter den Initialen »S. B.«, der die zwei Ansichten gewidmet sind? Statt dieser Frage nachzuhängen, sollte sich der Leser aufgefordert fühlen, das Buch noch einmal zu lesen.

Zum anderen Bild: Auf dem Klappentext der Originalausgabe ist nichts von einer ›Poetik‹ Uwe Johnsons zu lesen; der Verlag hatte in der 2. Auflage (11.–20. Tausend) zunächst Passagen aus der Rezension von Reinhard Baumgart abgedruckt. An dessen Adresse ist der Hinweis Uwe Johnsons auch gerichtet, zwischen den Zeilen der *Zwei Ansichten* stehe nichts, »weder gedruckt noch geschrieben«. Hatte Baumgart doch geschrieben, leise werde zwischen den Zeilen des Buches gelegentlich darauf gepocht, diese Personen seien typische Produkte zweier Gesellschaftsverfassungen; gut sei es aber, daß diese Andeutung oder Absicht zwischen den Zeilen steckenbleibe. Vom einundzwanzigtausendsten Exemplar an wurde dann auf dem Klappentext aus einer Rezension von Günter Blöcker zitiert. Dort ist von einer »Mutmaßungspoetik« die Rede. Uwe Johnson habe, so ist zu lesen, mit den *Zwei Ansichten* einen »notwendigen Schritt« vollzogen, das »Labyrinth« verlassen und »freien Raum« gewonnen, auch ohne »Nebel« und »Mutmaßungspoetik« bleibe ihm das Geheimnis treu, »der undefinierbare Lebenshauch großer Erzählung«. Damit wurde Uwe Johnson zum »Mutmaßungs-Poeten« abgestempelt. Das Labyrinthische, das Nebelhafte, das »schlechthin Undurchdringliche der menschlichen Existenz«[9] als Formprinzip des »Dichters der beiden Deutschland« – das sind die Signaturen, mit denen Uwe Johnsons Bücher bedacht wurden. Diesem dem Existentialismus verpflichteten und einer konservativen Deutschlandpolitik willkommenen Vokabular versucht Uwe Johnson – imaginierend, Mike S. Schoelman habe ihn mit jenen Literaturkritiken konfrontiert – zu begegnen, indem er auf Worterklärungen beharrt. Das Wort ›gesamtdeutsch‹, lautet eine seiner grundsätzlich gemeinten »Auskünfte«, verstehe er nicht, in der Wirklichkeit sei es schwer zu belegen, und mit dem Etikett ›Dichter der beiden Deutschland‹ »könne man ihn jagen, freilich auch wegen der Berufsbezeichnung«. Wie Bertolt Brecht mißtraute auch Uwe Johnson dem Dichtertum und besonders dem in Deutschland, so ein »Deutscher auf Widerruf«, »gehätschelten« Begriff vom Dichter[10], der mehr sei als bloß ein Schriftsteller. Auf der Rückseite des Schutzumschlags hat der Verlag schließlich noch einen Satz einer anderen Rezension[11] aus der *Welt der Literatur* abgedruckt. Jener Kritiker zählt die *Zwei Ansichten* zu den wichtigsten Büchern für jeden, dessen »Staatsangehörigkeit immer noch schlicht ›deutsch‹« heiße. Gleichgültig, ob es Uwe Johnson ge- oder mißfiel, der eigene Verlag stülpte ihm den Slogan vom »Dichter der beiden Deutschland« über und stellte mit Hilfe der Literaturkritik ein Markenzeichen her, das verkaufsfördernd zu propagieren war. Was in den *Auskünften und Abreden* zunächst als interne Auseinandersetzung zwischen Autor und Verlag erscheint, erweist sich als Einspruch gegen ein öffentlich entworfenes Bild, mit dem sich Uwe Johnson konfrontiert sah und gegen das er sich, wenn auch weitgehend erfolglos, zur Wehr setzte.

Mit der gleichen Sorgfalt wie in seinem Selbstinterview hat Uwe Johnson ihm unterbreitete Fragen beantwortet. Trotz aller Skepsis gegen die Form des öffentlichen Gesprächs zeigte er sich immer

vorbereitet, seine Antworten wirken wohl überlegt und druckreif formuliert. Dabei fällt auf, wie frühzeitig er Positionen bezieht, um seine Arbeitsweise und seine »Schwierigkeiten beim Schreiben der Wahrheit«[12] zu erläutern; Positionen, die er im Grundsatz über mehr als zwanzig Jahre hinweg beibehalten hat. Seine Art aber, Rede und Antwort zu stehen, forderte auch förmlichen Widerspruch heraus. Wie vorfabriziertes Material wirkten seine Antworten, beschwerte sich die Schriftstellerin Barbara Grunert-Bronnen am Ende ihres Gesprächs. Im Nachwort zu ihrem Interviewband *Ich bin Bürger der DDR und lebe in der Bundesrepublik* hatte Uwe Johnson ein Jahr zuvor noch den Versuch unternommen, eine ihm vertraute Mentalität zu erklären.[13] Doch auch von ihr läßt Uwe Johnson sich nicht aus der Reserve locken. Lakonisch verweist er auf die definitive Form des Interviews[14]: »Sie fragen und ich antworte, und ich weiß, daß Sie es veröffentlichen.«
Bei den zu absolvierenden Interviews versuchte er, sich »so wenig wie möglich zu langweilen«, indem er seine Antworten jeweils anders formulierte, aber die Form des Interviews wollte er nicht mißbrauchen, um sich selbst als Person darzustellen. Empfindlich hat er deshalb auch auf eine Personenbeschreibung reagiert, mit der Barbara Bronnen eine spätere Publikation ihres Interviews einleitete. Dort wird er als ein Mann vorgestellt, der sich und alle seine Äußerungen fest in der Hand hat, so daß unwahrscheinlich werde, »was manche sagen: daß diese Johnsonsche Verhaltensweise auch spontanen, unbesonnenen Zorn, das Ungebändigte beherberge«.[15] Gegen diese Art der Personenbeschreibung erhebt Uwe Johnson Einspruch: »Sie führen da, mit dem Mittel der angedeuteten Zurücknahme, dennoch einen Leumund ein. Gewiss werden Sie so freundlich sein, die Sache für mich aus dem Bereich von Gerücht und Nachrede in einen anderen zu überführen. Dazu genügte es, wenn Sie mir von Ihren ›manchen‹ Zeugen fünf (oder beliebig mehr) namhaft machten.«[16]
Als private Person wollte Uwe Johnson sich nicht vorgestellt wissen. Sorgsam versuchte er bis zuletzt, seine öffentliche Biographie als Schriftsteller von seiner privaten getrennt zu halten. So ist auch diese barsche Reaktion zu erklären; denn die Frage, wer Uwe Johnson sei, davon ist er überzeugt, sei unwesentlich für das Verständnis oder den Gebrauch seiner Bücher (vgl. S. 293). Deshalb hat er zu Beginn seiner »Frankfurter Vorlesungen« die Versicherung abgegeben, daß private Mitteilungen zur Person entfallen,

ohnehin seien sie wenig ergiebig. Gleichwohl spricht er in diesen Vorlesungen notwendigerweise auch über sich selbst; wenn das geschieht, dann immer im Blick auf das Modellhafte der »Begleitumstände« seines Handwerks: der Autor Uwe Johnson als »das Medium der Arbeit, als Mittel einer Produktion« (BU, S. 24/25).

Selten ist ein »poeta doctus«, ein Enzyklopädist, in der Öffentlichkeit ein einfacher Gesprächspartner, Uwe Johnson war ein besonders eigenwilliger. Bei seinen Auftritten gab er sich eher reserviert und verschlossen. Vor allem liegt das an seinem ausgeprägten Rollenbewußtsein; hier achtet einer sorgfältig auf seine öffentliche Biographie. Es gibt kein Interview, dem das nicht anzumerken ist. Als ihm A. Leslie Willson anbietet, die Rollen zu tauschen, selbst auch eine Frage zu stellen, reagiert er irritiert und sieht in dem Rollentausch gar eine Herausforderung des Schicksals, der er sich nicht stellen möchte (vgl. S. 296). Ein »Partner« war ihm, im Gegensatz etwa zu Max Frisch, die Öffentlichkeit nie. Sein Umzug von West-Berlin in die Abgeschiedenheit der südenglischen Isle of Sheppey (1974) und eine lang andauernde Schreibblockade trugen ihr Teil dazu bei, ihn an den Rand des öffentlichen Bewußtseins zu drängen. Erst nachdem der vierte Band der *Jahrestage* erschienen war, wurde er wieder häufiger gefragt, gab er vermehrt Auskünfte, sofern sich die Fragen auf seine Arbeit und seine Rolle als Autor bezogen.

Rollenspiel eines Autors – »Mr. Johnson«

Keines der Bücher, die unter dem Namen »Uwe Johnson« erschienen sind, hat er selbst geschrieben. Er hat sich nur bereit erklärt, Manuskripte einer in der DDR lebenden Person gegen Entgelt in den Westen zu bringen und sie unter seinem Namen zu veröffentlichen. Mit dieser für die literarische Öffentlichkeit sensationellen Enthüllung wartet ein Sonderberichterstatter der *New York Times* am 25. August eines ungenannten Jahres nach dem Tod von »Mr. Johnson« auf. Wenige Tage zuvor hatte dieselbe Zeitung das Ableben »Mr. Johnsons« beiläufig in einem Bericht über die hohe Zahl von Unglücksfällen in den labyrinthisch verzweigten Gängen des Pariser Flughafens Orly erwähnt.

In dem »Nachruf« des Sonderberichterstatters ist weiter zu lesen, daß »Mr. Johnson« sich als unerfahrener, frisch diplomierter Akademiker vertraglich verpflichtet hatte, nach strengen, sorgfältig geplanten Anweisungen des Verlegers die Rolle eines Autors in der Öffentlichkeit zu übernehmen. Dafür war er aufgrund seines Studiums der deutschen Literaturgeschichte an den Universitäten von Rostock und Leipzig gründlich vorbereitet. »What followed was not the comfortable existence of quiet speculation, but a life by instruction« (DAI, S. 118). Nicht nur im Rundfunk, im Fernsehen und vor Literaturzirkeln hatte er aus »seinen« Büchern vorzulesen, von ihm wurde auch erwartet, »over and over again, to explain what the book, in the final analysis, meant to say« (DAI, S. 118). Auf alle an ihn als Autor gerichteten Fragen wußte er so zu antworten, daß seine Gesprächspartner ihn für ihresgleichen hielten. Über zehn Jahre lang spielte er zur Zufriedenheit aller seinen Part in diesem Stück. Doch dann weigerte er sich zunehmend, auf Fragen nach der Bedeutung und nach dem Symbolgehalt seiner Bücher zu antworten. Er wiederholte einfach nur noch das, was in den Büchern zu lesen stand. Diese Schwierigkeiten wuchsen sich zu einer Krise aus, als er Anfang 1966 mit dem Auftrag nach New York geschickt wurde, eine Arbeit anzunehmen; hatte er sich doch darüber beklagt, daß es ihm in seiner Rolle als Autor immer schwerer falle, die Zeit totzuschlagen. Nach einigen gescheiterten Versuchen gelang es ihm in New York schließlich, eine neue, für ihn reizvolle Methode zu entdecken, seine Freizeit und Wochenenden auszufüllen. »This was the habit of writing by himself« (DAI, S. 120). Offenbar hatte »Mr. Johnson« beabsichtigt, so war einem dem Testament beigehefteten umfangreichen Manuskript zu entnehmen, seine eigenen Schreibarbeiten systematischer zu ordnen und sie dann unter einem Pseudonym zu veröffentlichen. Alle Anzeichen deuteten darauf hin, daß »Mr. Johnson« geplant hatte, gänzlich von der Bildfläche zu verschwinden, nachdem er jahrelang keine Schreibarbeiten mehr von seinem Vertragspartner erhalten hatte. Wenige Tage vor seinem Tod im August wurde er davon unterrichtet, daß er innerhalb von zwei Tagen ein neues Manuskript auf dem Flughafen von Orly zu übernehmen habe. Weisungsgemäß teilte er der internationalen Presse vor seinem Abflug aus New York mit, daß »sein« neues Buch, ein Roman, den Titel »96th and Broadway« tragen werde. Der Gedanke, für dieses Buch in weit höherem Maße verantwortlich gemacht werden zu können, weil der Ort der Handlung der eigenen Lebenswirklichkeit so angenähert worden war, als ob er tatsächlich den neuen

Roman geschrieben hätte, mußte für ihn unerträglich gewesen sein. Er wollte das Manuskript in Orly noch übernehmen, es dann »to the place of his disappearance« (DAI, S. 122) mitnehmen und mit dem Text verschwinden, um ihn in seinem Versteck zu lesen und ihn danach für immer zu verbergen. Das Vorhaben konnte er nicht mehr in die Tat umsetzen, er wurde unterwegs vom Tode überrascht.

Der Sonderberichterstatter der *New York Times* ist Uwe Johnson selbst, hier in der Rolle eines Korrespondenten, als der er seine Dienste tatsächlich einmal dem Herausgeber eines deutschen Nachrichtenmagazins angeboten hatte. (Rudolf Augstein jedoch hatte es vorgezogen, die Bewerbung dieses »Journalisten« unberücksichtigt zu lassen.)

Vor das Problem gestellt, sich selbst zu beschreiben, sei es in Form autobiographischer Prosa, eines psychoanalytischen Monologs oder einer Bewerbung, müsse jeder entweder »steril« oder »ironisch-verlogen« werden, heißt es in einem Essay des Schweden Lars Gustafsson.[17] Weder Sterilität noch Verlogenheit kennzeichnen den Bericht über das Verschwinden eines Autors, den Uwe Johnson unter dem Titel *Dead Author's Identity in Doubt; Publishers Defiant* auf englisch verfaßt hat. Nach der Veröffentlichung der amerikanischen Ausgabe von *Zwei Ansichten* im Jahre 1966 – im »Nachruf zu Lebzeiten« das Jahr der Krise von »Mr. Johnson« –, »zum vierten Mal eingesperrt in die Phrase des Gesamtdeutschen« (BU, S. 396), war der Aufenthalt Johnsons von 1966 bis 1968 in New York mit der Arbeit als Schulbuchlektor im Verlag Harcourt, Brace and World im ersten Jahr nicht nur eine Ortsveränderung, sondern auch eine Flucht vor jener Phrase. Nach dem Bericht für die *New York Times* muß der ominöse Stellvertreter des »Autors« wenige Tage vor einem 25. August verstorben sein. Naheliegend ist es indessen, den 20. August 1967, den ersten Werktag der *Jahrestage. Aus dem Leben von Gesine Cresspahl* anzunehmen. Dann wäre jener literarische Agent »Mr. Johnson« der Autor Uwe Johnson, der im Auftrag von Gesine Cresspahl mit der Berichterstattung über ihre »Jahrestage« beginnt, nicht als Korrespondent der *New York Times*, aber mit ihr korrespondierend. So tief war er damals, folgt man seiner hintersinnigen Erklärung (vgl. S. 294), in das Studium dieser Zeitung versunken, daß es ihm unmöglich war, sich einer anderen als der englischen Sprache zu bedienen; ja, er fühlte sich zu jener Zeit nicht einmal in der

Lage, den »Nachruf« für den Anhang des Buches ins Deutsche zu übertragen. Das hatte stellvertretend eher schlecht als recht ein Mitglied der Familie Feuerstein zu besorgen.
Der »Nachruf«, ein der eigenen Biographie angenäherter Überblick über Werdegang, Krise und Tod eines Autors namens »Johnson«, ist ein Versuch, sich in Form einer »Parodie« gegen sich selbst zu wehren, genauer: gegen das in der Öffentlichkeit herrschende Bildnis vom Schriftsteller Uwe Johnson. Bereits die Schlagzeile jenes exklusiv für die »alte Tante Times« verfaßten Berichts nimmt modellhaft ein Moment von Wirklichkeit in die Fiktion auf. »Identity«, im herkömmlichen Sprachgebrauch nichts anderes als die Bezeichnung dafür, daß etwas mit etwas anderem übereinstimmt, benennt hier weniger die Übereinstimmung einer Person mit ihren Papieren als vielmehr die einer Ware mit ihrer Beschreibung. Der Untertitel »Publishers Defiant« nimmt den Gegensatz zwischen der posthumen Erklärung eines mit seinem Konterfei nicht übereinstimmenden »Autors« und den umsatzträchtigen Überlegungen der Verleger vorweg. Nicht die eigenen Antworten, sie sind offenbar das einzig Glaubwürdige an »Mr. Johnson«, werden hier nachträglich wie bei »Mr. Faulkner« in Frage gestellt, sondern die Urheberschaft an den Büchern, die »under the name of Uwe Johnson« veröffentlicht worden sind. Der Widerspruch der Verleger ist herausgefordert, muß ihnen doch der Verlust eines Markenzeichens geschäftsschädigend erscheinen, zumal sie sich noch eilfertig um die Rechte an seinem letzten (oder ist es vielleicht das erste?) Manuskript bemühen. Zu verhandeln haben die Verlagsvertreter, wie der Korrespondent zu berichten weiß, mit dem uns als Gesprächspartner Uwe Johnsons schon vertrauten, »relativ unbekannten Journalisten« Mike S. Schoelman. Mit dem Geschäftsgebaren der Branche gänzlich unvertraut, verwaltet er gleichwohl die Urheberrechte an dem Manuskript und gilt dem Korrespondenten als voraussichtlicher Biograph von »Mr. Johnson«. Kein Weg zu den Rechten führt an jenem Journalisten vorbei. Wenn eine Parodie immer in ganz besonderer Weise an das Vorhandensein einer Gruppe und ihre Wertungs- und Bildungsvoraussetzungen gebunden ist[18], dann sollte diese Rolle im »Nachruf zu Lebzeiten« stellvertretend den Verlegern von »Mr. Johnson« zugebilligt werden.

Obwohl das Pronomen »ich« in dem Nachruf nicht vorkommt, so ist doch hinter dem erzählten »Mr. Johnson« ein Ich-Erzähler auszumachen. Er tritt allerdings erst auf, als nach seinem Tod eigene Schreibarbeiten bekannt werden. In tagebuchartigen Aufzeichnungen hatte »Mr. Johnson« mit Blick für das Einzelne Ereignisse aus seinem Leben festgehalten und »... speculations about intentions of the real authors and, with great zest and bitterness, attacked the fiction that bore his name and that, after all, nobody is in a position to know as intimately as he did« (DAI, S. 120). Die Fiktion, die mit dem Namen des Schriftstellers verbunden ist, sie sei wegen ihres Marktwerts die Fiktion der Verleger genannt, wird durch eine andere Fiktion, die des erst später entdeckten Ich-Erzählers, »Mr. Johnson«, also die eines tatsächlich schreibenden Autors, konterkariert. Mit der Rolle und dem Namen des Schriftstellers vertraut wie kein anderer, greift dieser »Ich«-Erzähler verbittert, aber auch genüßlich jenes Phantombild an, das seinen Namen trägt. Dieser Erzähler ist ein ironischer Ich-Erzähler, das Pronomen der ersten Person Singular erhält eine übertragene Bedeutung, die den Ich-Erzähler aus der unmittelbaren Verantwortung für den Text entläßt. Erst die Annahme vergangener, abgeschlossener Ereignisse schafft die Voraussetzung dafür, daß sich der Korrespondent seinem Problem, nämlich der »zweifelhaft gewordenen« Identität des Autors »under the name of Uwe Johnson«, annähern kann, ohne selbst in den Sog einer Identitätsdarstellung zu geraten. Das zitierte, das erfundene »ich« war von jenem »Mr. Johnson« gewollt, förmlich gefordert worden, als er auch den neuen Roman als »seine« Arbeit vorzustellen hatte. Dieses Ansinnen ist für ihn deshalb so provozierend, weil der erzählte Text »96th and Broadway« von ihm in der Rolle des »Autors« nicht mehr glaubhaft als Erfindung, als ein Illusionsroman hätte abgetan werden können; denn »near West 96th Street« wohnte die Familie Johnson in New York[18a]. Für diese Arbeit war er, in einem weit höheren Maße, das heißt in einem moralischen Sinn, verantwortlich zu machen. Diesen Text hätte er dann ohne fremde Hilfe wohl lieber selbst geschrieben.

Das Spiel, das von Uwe Johnson in dem »Nachruf zu Lebzeiten« mit dem Stellvertreter-Topos getrieben wird, ist nicht allein selbstreferentiell aufgebaut, es hat auch einen – damals – aktuellen

Bezug. Als einen Autor, der diese Rolle imitiert und Romane schreibt, die die Form des Romans nur nachahmen, hatte der amerikanische Schriftsteller John Barth einmal sich selbst beschrieben, in der Absicht, damit die Literatur eines Erschöpfungszustands zu kennzeichnen. Alle literarischen Formen seien verbraucht, Literatur sei nur noch als imitatorisches Spiel mit den überlieferten Formen, also als Parodie, möglich, hatte Barth in seinem 1967 veröffentlichten und seinerzeit im englischen Sprachraum unter dem Slogan »death of the novel« heftig debattierten Essay *The Literature of Exhaustion*[19] geschrieben. Doch die Form der Parodie ist ambivalent, ein Symptom der Erschöpfung wie ein möglicher Ausweg. Auf diese für das Verständnis des Strukturalismus in der Literatur grundlegende Debatte nimmt das Spiel mit dem Stellvertreter-Topos ironisch Bezug. Zu lesen ist das einerseits als ein »running joke«, zum anderen immer auch als Hinweis auf Schnittstellen, an denen Wirklichkeit und Fiktion ineinander überblendet werden. Wenn »Mr. Johnson«, der in der Rolle eines »Autors« sein eigenes Verschwinden vorbereitet hatte, ausgerechnet in den labyrinthischen Gängen des Flughafens Orly tot aufgefunden wird, dann kann das als hintersinnige Anspielung auf Michel Foucaults Antrittsvorlesung vor der Französischen Gesellschaft für Philosophie gelesen werden. Dort hatte Foucault im Februar 1969 nicht nur über die Verwandtschaft des Schreibens mit dem Tod gesprochen, sondern auch die These vom Verschwinden des Autors begründet und das eigentümliche Verhältnis zwischen Eigenname und Autorname erörtert.[19a] Bezogen auf den Diskurs komme dem Autornamen, so Foucault, eine bestimmte Rolle zu: mit einem solchen Namen könne man beispielsweise eine gewisse Zahl von Texten gruppieren, sie abgrenzen und anderen gegenüberstellen. Außerdem bewirke er, daß Texte zueinander in Bezug gesetzt werden. Doch auch hier kann man natürlich sein Spiel treiben.

So wie »Mr. Johnson«, literarischer Agent eines in der DDR lebenden Schriftstellers, beabsichtigt hatte, die ersten eigenen Schreibarbeiten unter einem Pseudonym zu veröffentlichen, war auch ein Auszug aus den *Mutmassungen über Jakob* dem Herausgeber Walter Höllerer zur Vorabpublikation in den *Akzenten* im Jahre 1959 unter einem Pseudonym angeboten worden. Gedruckt erschien das Stück *Cresspahls Tochter* dann allerdings unter dem Namen von Uwe Johnson.[20] Als Pseudonym hatte er den Namen jenes mecklenburgischen Schriftstellers gewählt, der dem Leser aus den *Jahrestagen* und vor allem aus der *Skizze eines Verunglückten* vertraut ist: Joachim de Catt. Dieser Autor, der – so die Fiktion – vor den Nationalsozialisten aus Mecklenburg fliehen mußte, hatte für sich gleichfalls einen anderen Namen erfunden, weil der eigene Name sich so »angelassen« habe, als wäre er selbst ein Pseudonym. Der Name kündigte einem »niederdeutsch gebildeten Leser« das Benehmen einer Katze an und klang nach »preußischem Programm«[21] – eine Anspielung auf den Vorleser und Gesellschafter Friedrichs des Großen, Heinrich de Catt. In Anlehnung an einen Begriff aus der Skatsprache verfiel er auf den Namen Joe Hinterhand. Ihm wurde im Jahre 1933 aus politischen Gründen die deutsche Staatsbürgerschaft aberkannt, der Ausgebürgerte emigrierte zunächst nach England und später dann nach Amerika. 1941 hatten die amerikanischen Beamten ihn bei der Zeremonie der Einbürgerung davor gewarnt, die deutsche Staatsbürgerschaft abzulegen. »Es könnte sein, daß er Heimweh bekomme nach dem Ende des Krieges. Heimweh« (SKI, S. 8).

Auf diese *Skizze*, Beitrag für die Festschrift zum siebzigsten Geburtstag des Freundes Max Frisch, hatte Uwe Johnson besondere Mühe verwandt (vgl. S. 311). So handelt dieses Prosastück im wesentlichen über ein zentrales Thema im Werk von Max Frisch. Zu finden wäre es unter dem von Uwe Johnson ausgewählten »Stich-Wort«: »Eifersucht in der Liebe«.[22] Läßt man sich auf eine Interpretation dieses kleinen Werks ein, sollte man einen Satz ernst nehmen, der sich in dessen Schlußteil findet: Der Schriftsteller Joachim de Catt alias Joe Hinterhand halte sich an einen vor zwölf Jahren von Max Frisch veröffentlichten Befund, »es sei nicht die Zeit für Ich-Geschichten ... Und doch, so die Antithese, vollziehe das menschliche Leben sich am einzelnen Ich, oder verfehle sich daran. Nirgends sonst.« (SKI, S. 74f.)[23]

Durchaus glaubhaft ist die Annahme, heißt es im »Nachruf zu Lebzeiten«, daß auch eine Reihe von Gedichten aus der Feder von »Mr. Johnson« stammen könnten. Diese Gedichte sind in kleineren Zeitschriften unter den Initialen J. U. erschienen. Das Spiel mit den vertauschten Buchstaben verweist auf den amerikanischen Schriftsteller John Updike. Der von der *New York Times* als bedeutendster Autor seiner Generation in Amerika gefeierte Updike sei der Schriftsteller[24], der die Frage beantworte, wer denn auf Hemingway und Faulkner folge. John Updike, zwei Jahre älter als

Johnson kam 1955, verheiratet und Vater einer kleinen Tochter, nach New York. Während seiner zweijährigen Arbeit als Journalist für das Magazin *The New Yorker* – er war Reporter für den »Talk of the Town« – lebten die Updikes in einem »seltsam dreieckigen Appartement am Riverside Drive«.[25] Der »freie« Schriftsteller blieb dem Magazin verbunden; so rezensierte er beispielsweise die amerikanische Ausgabe der *Zwei Ansichten* für den *New Yorker.* Als Gelegenheitsarbeit hatte Uwe Johnson sein Gedicht *I Nuovi Santi* (Die neuen Heiligen) aus dem Amerikanischen übersetzt.[26]
John Updikes »nuovi santi«, Kierkegaard, Kafka und Karl Barth, sind ausnahmslos Europäer und vorgeblich Metaphysiker; sie sind tot, das ist allerdings auch das einzige, was sie an Voraussetzungen für eine Heiligsprechung mitbringen. Jedem dieser »Heiligen« ist eine Strophe gewidmet, die als Inschrift auf einen Grabstein gemeißelt werden könnte; die Inschriften halten sarkastisch das Verunglücken ihrer Existenz fest; sie verweisen auf Widersprüchliches im Leben dieser »neuen« Heiligen, die wenig Trost in einer »erbärmlichen« Lage spenden. Die Heiligsprechungen in diesen Todesanzeigen werden zum Sakrileg. Sie verstoßen gegen den dem Trost der Lebenden dienenden Satz »de mortuis nihil nisi bene«.
Dem »Nachruf« vorangestellt ist ein Motto, das dem englischen Lyriker und Essayisten W. H. Auden zugeschrieben wird. »In the New York Times, I always turn to the obits page first«, bei der Lektüre seiner Zeitung nehme er zuerst die Seite mit den Todesanzeigen zur Hand. Diese Zeilen sind ein Kryptozitat aus dem Gedicht *Prologue at Sixty,* in dem W. H. Auden Schauplätze seiner Lebensgeschichte in einer Erinnerungen beschwörenden Bestandsaufnahme aneinanderreiht. Unter den Ortschaften »made sacred by something read there, a lunch, a good lay, or sheer lightnees of heart« werden die Fürbringerstraße (im West-Berliner Stadtteil Kreuzberg), die Friedrichstraße (im Zentrum Ost-Berlins) und schließlich die First Avenue New Yorks heraufbeschworen. Daran schließt sich unmittelbar die Frage an:

> (...) Who am I now?
> An American? No, a New Yorker,
> who opens his ›Times‹ at the obits page;
> whose dream images date him already,
> awake among lasers, electric brains,
> do-it-yourself sex manuals,

bugged phones, sophisticated
weapon-systems and sick jokes.[27]

Die Antwort »An American? No, a New Yorker«, eine auch für Uwe Johnson bedeutsame Differenzierung (vgl. S. 296), suggeriert zunächst, daß das lyrische »Ich« eine selbstbestimmte Identität gefunden habe. Sogleich wird sie aber wieder in Frage gestellt durch Erinnern an die eigene Vergänglichkeit (obits page). Nicht die Antwort, sondern die Frage nach der eigenen Identität »Who am I now«, die durch das »now« als veränderbare begriffen wird, charakterisiert diese Passage wie den *Prologue at Sixty* überhaupt. Audens »unbegrenzte Adaptions- und Verwandlungsfähigkeit«[28], seine Beziehungen zu Berlin und New York lassen ihn zum willkommenen Kronzeugen für einen Text werden, mit dem Uwe Johnson gegen die ihm zugewiesene Identität anschrieb. Die Ironie, mit der er das tat, zeigt zugleich, daß er sich der Vergeblichkeit seines Tuns wohl bewußt war; denn im »Nachruf zu Lebzeiten« bleibt die Erfüllung des Wunsches, von einer fragwürdig gewordenen Dichter-Identität befreit zu werden, dem lebenden »Mr. Johnson« allemal verschlossen; erst der Tote kann sich dagegen zur Wehr setzen. Mit welchem Erfolg aber, bleibt ungewiß.
Welche Wirkung dieser Sonderbericht denn gehabt habe, wurde Uwe Johnson 1982 gefragt. Gar keine, lautete die bittere Antwort (vgl. S. 293).

2. Über schöpferische Gespräche – »Dr. Johnson«

Nach Shakespeare ist er in England der meistzitierte Autor. Allein im *Oxford Dictionary of Quotations* finden sich neunzehn Spalten. Er war ein Meister des schöpferischen Gesprächs, ein unermüdlicher Leser, ein Enzyklopädist, seiner Kenntnisse wegen bewundert und gefürchtet. Er war ein Verfechter des gesunden Menschenverstandes, der ständig um seinen eigenen Verstand fürchtete. »Wahnsinn« begann bei ihm allerdings schon mit einem »Überwuchern der Phantasie«. Er, der sich einst als Dichter gesehen hatte, erwachte aus diesem Traum schließlich als Lexikograph.
Die Gestalt dieses großen Moralisten wurde der Nachwelt durch die Lebensbeschreibung von James Boswell übermittelt. Boswell,

ein schriftstellerisch ambitionierter Jurist, hatte Gespräche mit ihm, verbürgte Ereignisse, Anekdoten und Briefe miteinander verwoben und das Ganze 1791 unter dem Titel *The Life of Samuel Johnson, LL. D.* veröffentlicht. Einiges spricht dafür, daß im Jahre 1763, als James Boswell Samuel Johnson kennenlernte, das Interview – dieses dauerte immerhin fast dreißig Jahre – als Gattung aus der Taufe gehoben wurde. Ohne Boswells Lebensbeschreibung könnte von Johnson nicht geredet werden. Sein Name, als eigenständiger Begriff längst in den englischen Sprachgebrauch aufgenommen, ist als Tätigkeitswort »to boswellize« etwa zu übersetzen mit: »die geringste Äußerung seines Abgotts eilfertig aufschreiben«. Voller Rücksicht in seiner Verehrung, beharrlich in seinen täglichen Aufzeichnungen war Boswell ein besessener Zuhörer, der wie die meisten anderen Gesprächspartner allenfalls Stichworte lieferte. Johnson war es, der die Gedanken skizzierte, Boswell indes brachte sie in die literarische Form, in der sie überliefert worden sind. Um dieses eigentümliche Herr-Knecht-Verhältnis zu illustrieren, ist es wohl von Bedeutung, daß man Samuel Johnson immer als Dr. Johnson bezeichnet hat. Vielleicht geschah das aber auch einfach nur, um ihn so von den vielen anderen Trägern dieses Namens zu unterscheiden.[29]

Beauftragter Berichterstatter von Gesprächen – »Johnson, Uwe«

Im »Manhattan Telephone Directory 1968/69« füllt der Name »Johnson« zwanzig Spalten. Unter den etwa 2500 Telephonkunden ist in diesem Buch für den Bereich von New York City verzeichnet: »Johnson, Uwe: 243 Riverside Drive, (212) 749 2852«. Lesern der *Jahrestage* sind Adresse und Telephonnummer wohl vertraut, ist es doch die Anschrift von Gesine Cresspahl und ihrer elfjährigen Tochter Marie (vgl. JT, S. 145): ein Hinweis auf das eigentümlich oszillierende Verhältnis zwischen Wirklichkeit und Fiktion in den *Jahrestagen.* Als der »freie« Schriftsteller den Auftrag von Gesine erhalten hat, ein Jahr aus ihrem Leben in New York zu erzählen, stellt er ihr und Marie »symbolisch« sein Appartement zur Verfügung. Er selbst hält sich dort dann nur noch »als Zuschauer, als erlaubter Erzähler« auf (vgl. S. 304). Das gemeinsame Haus am Riverside Drive Ecke 96. Straße in unmittelbarer Nähe des Hudson liegt in einer Gegend, die einmal zu den ersten Adressen New Yorks zählte. Das »lederfarbene gelbe« Ge-

bäude, es trägt den Namen »Cliff Apartement House«, ist nach den Felsenbewohnern Arizonas benannt und mit einem Fries aus weißem Sandstein verziert. In den Fries eingemeißelte Berglöwen, Klapperschlangen und Büffelschädel sollen an die Vorfahren des Pueblostammes erinnern, an das Volk der Indianer, denen das Land weggenommen worden war, »ein Denkmal wie für Tote« (JT, S. 549). Doch der Büffelschädel in weißem Sandstein am Riverside Drive erinnert auch an den schwarzen Stierkopf im Wappen Mecklenburgs: das Land, in dem Gesine aufgewachsen ist und das sie 1953 verlassen hat.
Mit der Auflösung des Landes Mecklenburg durch einen Beschluß des Ministerrats der DDR im Jahr zuvor ist, so heißt es in einem der zahlreichen Gespräche zwischen Gesine und Marie, »ein Stück Herkunft unkenntlich gemacht« (JT, S. 1937). Der Herkunft zur Kenntlichkeit zu verhelfen, sie in der Erinnerung gegenwärtig zu halten, zugleich aber »zu vermeiden der Eindruck hier wolle jemand lediglich in seine Kindheit zurueck« (vgl. BU, S. 406), das ist eine, vielleicht die bedeutsamste Aufgabe der Unterhaltungen zwischen Gesine und Marie. In diesen Gesprächen, häufig geführt vor der Kulisse der Freiheitsstatue und der Südspitze Manhattans – Wall Street – auf der von Marie so geliebten South Ferry nach Staten Island und zurück, werden die Erinnerungen Gesines diskutiert und bestritten. Mit ihren Fragen greift Marie in den Ablauf der erzählten Geschichte ein. Manches will sie genauer wissen, als es ihr aus der Erinnerung erzählt werden kann, anderes langweilt sie, auch unterbricht sie das Erzählen und zweifelt Gesines Erinnerungen an. Ja, sie wirft der Mutter sogar vor, Teile, die ihr beim Erzählen fehlen, »mit anderem« aufzufüllen. Die Wahrheit habe sie ihr nie versprochen, erwidert Gesine, allenfalls wie sie sich die Wahrheit denke. Später heißt es dann:

MARIE »– Mich stört es nicht, daß du nur sicher bist, wie Friedrich Jansen im gneezer Stadtwald stand, und daß der Rest der Geschichte später anwuchs. Ich möchte nur wissen, wie du es anstellst.«

GESINE »– Obwohl Jansens Geschichte nur möglich ist?«

MARIE »– Es ist die Möglichkeit, auf die niemand kommen kann als du. Was du dir denkst an deiner Vergangenheit, wirklich ist es doch auch.« (JT, S. 671)

»Du bist der Auftraggeber«, antwortet die Mutter gelassen. Anhand des konkreten Ereignisses werden Umrisse einer Geschichtsbetrachtung sichtbar: bei aller Faktizität ist die Wirklichkeit nicht von dem zu trennen, was Menschen, hier Gesine Cresspahl, über sie erzählen, was sie sich als Wirklichkeit vorstellen. Die deutlich konturierte Opposition: »Geschichte berichtet, wie es gewesen – Erzählung spielt eine Möglichkeit durch« verrutscht, sie wird, ähnlich wie bei Alfred Andersch, zu einem »Sandkastenspiel«.[30] Aber der Verweis auf Marie als »Auftraggeber« ist auch als Möglichkeit zu begreifen, wie Beliebigkeit, trotz aller Subjektivität des Erinnerns, im Prozeß des Tradierens vermieden und Vergangenheit im Dialog neu vergegenwärtigt werden kann. Marie, die kaum etwas übernimmt, ohne es vorher überprüft zu haben, besteht darauf, daß Gesine ihr weiter erzählt, »wie es gewesen sein mag, als Großmutter den Großvater nahm« (JT, S. 143). Schon in der Form ihres Beharrens, die auf das *Großvaterlied* von August F. Langbein (1813) anspielt, wird das Subjekt im Topos, »als der Großvater die Großmutter nahm«, vertauscht. Vermieden werden soll der Eindruck, hier würden »glückliche Großvaterzeiten« heraufbeschworen, die mit einem ausgeprägten deutschen Nationalbewußtsein verbunden waren. Heißt es doch in der letzten Strophe des *Großvaterlieds*:

> Als der Großvater die Großmutter nahm,
> Da rief noch der Vaterlandsfreund nicht vor Gram:
> O gäbe den Deutschen ein holdes Geschick
> Die glücklichen Großvaterzeiten zurück![31]

An dem Prozeß des Erzählens, auf der Suche nach der Zeit des Großvaters, wirkt Marie mit. Als Erzählperson, die wie Gesine Subjekt und Objekt dieser Geschichte zugleich ist, begleitet gerade die »Unkindlichkeit seines Kindes Marie Cresspahl in New York« (BüPr, S. 228) den Verfasser der *Jahrestage* von Anfang an. Stellvertretend für die nachfolgende Generation ist es das Kind, mit dem weitgehend gemeinsam die erzählte und vergangene Geschichte wie auch das amerikanische Erscheinungsbild der Gegenwart – anhand der tagtäglich zu erklärenden Lektüre der *New York Times* – er- und gefunden wird. Niemand sollte sein Leben beschreiben, der nicht die Geduld aufbringe, vor dem Datieren der eigenen Existenz wenigstens der Hälfte seiner Großeltern zu gedenken, begründet der Ich-Erzähler in der *Blechtrommel* den scheinbar einfachen Satz: »Ich beginne weit vor mir.«[32] So gesehen beginnen die *Jahrestage* mit dem Jahr 1868, dem Geburtsjahr von Gesines Großvater mütterlicherseits, dem »König von Jerichow«, Albert Papenbrock, der in Mecklenburg »zu nichts erzogen war als zum Berufe des Agrarkapitalisten« (JT, Bd. 2, S. IV), während ihr Vater im Dreikaiserjahr 1888 als Sohn einer Landarbeiterfamilie zur Welt kommt.

Auf die Frage, wie es sich denn bei seiner Vorliebe für die englische Sprache und für New York mit seiner Beziehung zur deutschen Sprache und Geschichte verhalte, antwortete Uwe Johnson 1969: »Ich bin Deutscher, ich fühle mich als Deutscher. Deutsch ist die Sprache, mit der ich aufgewachsen bin, ohne sie kann ich nicht arbeiten. Da ich nun einmal in diesem Beruf arbeiten will, muß ich mich die meiste Zeit in Deutschland aufhalten. Ich kann mich weder von der deutschen Vergangenheit noch von der deutschen Gegenwart dispensieren. Für jeden Ausländer bin ich ein Deutscher. Unsere Tochter wuchs in New York mit Kindern von Juden auf – wir waren immer nur die Deutschen. Die deutsche Geschichte ist für mich ein unumgänglicher Faktor. Für jede Person, für jede erfundene Person ist es eine der wichtigsten Fragen. Günter Grass nennt das ›Großmutter‹: Man sollte kein Leben beschreiben, ohne mit der Großmutter anzufangen. Mir geht es genau so.« (Vgl. S. 242)[33]

Im Zusammenhang eigener Äußerungen über die *Jahrestage* hatte Uwe Johnson nie den Hinweis vergessen oder die Fiktion durchbrochen, daß er diese Biographie im Auftrag der von ihm erfundenen Person geschrieben habe. Die Vornamen ihrer Tochter, Marie und Henriette, verweisen auf die Großmutter väterlicher- und die Urgroßmutter mütterlicherseits. Das Buch in vier Lieferungen ist der Versuch, in 366 Tagesabschnitten von den Großeltern an bis über den 35. Geburtstag von Gesine Cresspahl hinaus ihr Leben zu erzählen; »der Verfasser hätte ihn [den Versuch; E. F.] mit vielen anderen seiner Personen unternehmen dürfen. Er hat sich auf diese eine eingelassen auch unter dem Vorbehalt, daß sie an den Verbrechen der Deutschen gegen die Juden noch beteiligt ist, und sei es als Angehörige der Kindgeneration nach der schuldigen, und weil er ihre Ratlosigkeit gegenüber der so genannten ›jüdischen Frage‹ begreift, besser als das Verhalten zu vieler ihrer Altersgenossen im westlichen wie im östlichen Staat deutscher Nation. Sie hat durch das Leben im Ausland annehmen müssen, daß die Deutschen noch auf Dekaden hinaus in den Augen der anderen Völker gemessen werden auf ihre Distanz zum versuchten Genozid an den Juden, und der Verfasser hält diese ihre Einsicht für eine, die er unter die Leute zu bringen hat.« (BüPr, S. 223) So ist es in der Rede Uwe Johnsons zur Verleihung des Georg-Büchner-Preises 1971 zu lesen, in der er auf Heller und Pfennig die Verwendung des seinerzeit mit 10000,– DM dotierten Preises in Dollarwährung belegt, weil »der Verfasser« aus »beruflichen Gründen« ein besonderes Verhältnis zum Gelde unterhalten müsse. Das war keine Rede zu einem Festakt, sondern in einem Wurzelgeflecht Johnsonscher Prosa das Vorweisen von Belegen, die einem in seiner Erwartungshaltung düpierten Publikum zeigte, wie teuer ihm die Recherchen in New York geworden waren.

Intarsienarbeit – »B. Brecht«

An einem Beispiel aus dieser Preis-Rede läßt sich die Verarbeitung von Gefundenem oder, um es in der Sprache des Kunsttischlers Heinrich Cresspahl zu sagen, die feingefügte Intarsienarbeit der Prosa von Uwe Johnson veranschaulichen.

»Der Verfasser« berichtet dort, »wie er sich bei seinen Schreibarbeiten an den ›Jahrestagen‹ [der zweite Band war gerade erschienen; E. F.] zu wehren hatte, demnächst in die Zeit von 1968 eine Zeile aus einem Gedicht einzuführen. Er wurde das falsch angeklungene Zitat nicht los, endlich fand er es wieder in der Nacht des 18. Juni 1958, als Mrs. C., damals Gesine Cresspahl, in einem fremden Zimmer auf dem Boden saß und immer von neuem einen Kommunisten aus dem Grammofon singen ließ: Aber als er zur Wand ging – « (BüPr, S. 223). Diese Zeile ist ein Zitat aus dem 1931 in Berlin und 1935 in New York uraufgeführten Stück *Die Mutter* von Bertolt Brecht. Das Zitat aus dem nach einem Roman von Maxim Gorki entstandenen Stück ist Projektion und Hinweis auf eine Projektion zugleich. Nach der Niederschlagung des Moskauer Aufstands ist Pawel Wlassow bei dem Versuch, die finnische Grenze zu überschreiten, gefaßt und standrechtlich erschossen worden. Der Chor der revolutionären Arbeiterinnen singt seiner Mutter, der »Wlassowa«, das Lied, in dem es heißt:

> Genossin Wlassowa, dein Sohn,
> Ist erschossen worden. Aber
> Als er zur Wand ging, um erschossen zu werden

Ging er zu einer Wand, die von seinesgleichen gemacht war
Und die Gewehre, gerichtet auf seine Brust, und die Kugel
Waren von seinesgleichen gemacht. (...)[34]

Als Projektion für die New Yorker Aufführung hatte Bertolt Brecht für diese, die 10. Szene, folgenden Text entworfen: CROSSING THE FINNISH BORDER, PAVEL VLASSOV HAS BEEN CAUGHT AND EXECUTED. Die Szene spielt im Dezember 1905. Der Genosse, der tatsächlich von seinesgleichen an die Wand gestellt wurde, war Imre Nagy, der Ministerpräsident Ungarns während der Volkserhebung im Oktober und November 1956, Hoffnungsträger für eine andere Form des Sozialismus, nach deren Niederschlagung verschleppt, in einem Geheimprozeß verurteilt und hingerichtet. Sein Tod wurde in der Nacht zum 18. Juni 1958 von den westlichen Nachrichtenagenturen angezeigt. Der Kommunist, den Gesine in jener Nacht immer wieder von neuem »aus dem Grammofon« singen ließ, war Ernst Busch. Mit ihm als Solisten und dem Chor des Berliner Ensembles war die »Grabrede über einen Genossen, der an die Wand gestellt wurde«, auf einer Eterna-Schallplatte aufgenommen worden. Warum konnte sich der Verfasser bei seinen Schreibarbeiten zum Jahre 1968 von dem »falsch angeklungenen« Zitat nicht lösen? »Der Verfasser« weiß, die Geschichte kann sich nicht wiederholen. Alexander Dubček ist nicht Imre Nagy, das Ungarn von 1956 nicht die Tschechoslowakei von 1968 – gleichwohl kann er sich von dem Zitat nicht lösen.
Freilich kann das Zitat noch auf einer anderen, banaleren Ebene falsch anklingen. 1968 war das Lied unter dem Titel »Bericht über den Tod eines Genossen«, Musik von Hanns Eisler, auf einer Schallplatte mit Brecht-Songs von Gisela May erschienen.
Warum ist gerade diese von einem Kommunisten gesungene »Grabrede auf den Tod eines Genossen« für Gesine von Bedeutung? Hier ist der Hinweis auf einen »Jahrestag« ernst zu nehmen. Am 3. 3. 1933 wird Gesine in Jerichow geboren. Am Tag der Geburt seiner Tochter kommt Heinrich Cresspahl, er war tags zuvor als vermeintlicher Sozialdemokrat verhaftet worden, wieder frei (JT, S. 200). Zu jener Zeit, heißt es in *Jahrestage,* war es die Frage, ob die Sozialdemokratie »eine Hilfe für die Kommunisten mit ihrer Würde« vereinbaren könnte. Die mecklenburgischen Abgeordneten der KPD waren auf der Flucht, »und es stand zu

befürchten, daß demnächst Ernst Thälmann an der Tür klingelte« (JT, S. 198). Soweit die *Jahrestage*. – Der deutsche Arbeiterführer und Kommunist Ernst Thälmann wird am 3. 3. 1933, an Gesines Geburtstag, von den Schergen des Nationalsozialismus verhaftet und nach mehr als elfjähriger Haft am 18. 8. 1944 im Konzentrationslager Buchenwald ermordet. – Und so beginnt die Eintragung zum 18. August 1968, einem Sonntag, in den *Jahrestagen* mit einer mehrfach verknoteten Erinnerung:

> »Cresspahls Tochter lebte in New York, als er [Heinrich Cresspahl; E. F.] starb im Herbst 1962. Amerika ist mir zu weit zum Denken. Fœundsœbentich is nauch.
> Er versuchte auf dem Rücken liegend einzuschlafen. Er wollte nahe genug am Morgen gefunden werden. Sie sollten keine Mühe haben mit dem steifen Körper, weil er anders lag als er liegen sollte im Sarg. Früher hatten sie solchen Leuten die Knochen gebrochen (...).« (JT, S. 1875)

»I wanted to suggest that each day of the present is an anniversary of something in the past« – auf englisch hatte Uwe Johnson einem amerikanischen Kritiker in New York zu erklären versucht, daß die »Anniversaries« schon mit dem Titel des Buches beginnen.[35]

Wiederaufnahme – »Beauftragter Berichterstatter«

Um seiner Aufgabe als beauftragter Berichterstatter der welthaltigen Gespräche zwischen Gesine und Marie gewachsen zu sein, hatte Uwe Johnson Quellentexte zur Geschichte, vor allem zur Geschichte Mecklenburgs, ebenso wie Sagen, Redensweisheiten, Kinderlieder und -reime aus diesem Land systematisch (bis hin zu Antiquariatskatalogen) gesucht, gelesen und in seiner Bibliothek als Gedächtnisstütze aufbewahrt. Schon während der Schulzeit in Güstrow hatte er solche Quellen zur mecklenburgischen Geschichte gesammelt. Ein kundiger Mentor in jenen Jahren war ihm Friedrich Schult, der erste Verwalter des Nachlasses von Ernst Barlach. Dem Bildhauer Ernst Barlach hätten, so heißt es in den *Jahrestagen*, die alten Familien von Gneez, auch sie sammeln mecklenburgische Stücke, einmal fast den Auftrag erteilt, »ihr genierliches Wappentier« in einer »recht würdigen Gestalt« abzubilden. Aber dazu kommt es nicht, weil Streitigkeiten zwischen den alten Familien dieser fiktiven, in der Nähe von Jerichow gelegenen Stadt und den »güstrower und berliner Nazis« ausbrechen (JT, S. 1459).

Dem »Dichter Schult« hatte Ernst Barlach, dessen Skulpturen zu den von den Nationalsozialisten als »entartet« zur Schau gestellten Kunstwerken gehörten, in dem Prosafragment *Der gestohlene Mond* ein Denkmal gesetzt, indem er dessen Verse in seine Prosa verwob.[36] Friedrich Schult war es auch, der das alte Wappentier Mecklenburgs, den schwarz gekrönten Stierkopf, 1930 für die Titelseite der *Mecklenburgischen Monatshefte* entworfen hatte (vgl. Abbildung unten).[37] Die Jahrgänge 1926 bis 1936 dieser Zeitschrift »zur Pflege heimatlicher Art und Kunst« sind als Quelle für Uwe Johnsons Erzählen aus dem Leben einer mecklenburgischen Kleinstadt vor und während der Zeit der nationalsozialistischen Gewaltherrschaft von ähnlicher Bedeutung wie etwa der *Lübecker Generalanzeiger*, die *Richmond and Twickenham Times* oder *Der Spiegel* für andere Handlungszusammenhänge in seinem Werk, von der *New York Times* ganz zu schweigen. Hier ist wichtiges Material, historisches Unterfutter zu finden, auf dem Uwe Johnsons faktengetreues Erzählen ruht. Die genaue sachliche Untersuchung eines Vorgangs, eines Geschehens, die hartnäckige, zeitaufwendige Recherche, die Suche nach kompetenten, gesprächswilligen Zeugen und Experten, all das sind unerläßliche Voraussetzungen für die Schreibarbeiten dieses Autors, der das Gespräch mit der Geschichte sucht, der sich selbst den Fragen stellt, die Gesine mit sich herumträgt und die Marie ihrer Mutter vorhält. Antworten auf diese Fragen finden sich, wenn überhaupt, nur im Erzählen und in der Arbeit an der Erinnerung, dem »Kampf um die Erinnerung«. Dieser Kampf stellt für »Mr. Johnson« alias Joe Hinterhand alias Joachim de Catt – und letztlich für Uwe Johnson – die Identität in Frage und ist zugleich die einzige Möglichkeit, eine Identität zu (er-)finden.

Eine »Manier« des Erzählens: Der Dialog

Uwe Johnsons Vorliebe für die Gesprächsform ist offenkundig.[38] In seiner Prosa hat er gerne die offene Form des Dialogs gegen die geschlossene Form des Erzählens ausgespielt. Im ständigen Wechsel von Monolog, Dialog und Erzählung wird die ordnungsstiftende Leistung monologischen Erzählens aufgebrochen; denn der Allwissenheit des Erzählers kann dieser Autor nicht mehr trauen. Der göttergleiche Überblick eines Balzac ist zwar auch heute noch, schreibt Johnson 1961, bewundernswert, die Manier der Allwissenheit aber verdächtig (vgl. BS, S. 20). Balzacs Erzählhaltung, so wäre Johnsons Befund zu resümieren, ist historisch obsolet geworden. Eine wesentliche Funktion der weitgehenden Dialogisierung seines Erzählens ist es deshalb, diese anachronistische Erzählhaltung zu vermeiden. Obwohl Uwe Johnson die Form des Erzählens aus der Struktur der zu erzählenden Geschichte immer wieder neu zu entwickeln sucht, ist die Dialogisierung – unter Einbeziehung des Lesers – ein für seine Arbeiten von Beginn an gegebenes, bedeutsames technisches Mittel.

Die – will man einen Hinweis auf Bertolt Brechts episches Theater anklingen lassen – weitgehende Dramatisierung der *Mutmassungen über Jakob* bereitete den Literaturkritikern Anfang der sechziger Jahre allerdings erhebliche Schwierigkeiten. Man sprach von einem anonymen Chor der Stimmen, von einer imaginären Theateraufführung eines dunklen Stücks Literatur, Umschreibungen dafür, wie wenig die Form der Dialogführung in dieser Prosa begriffen worden ist. In einem Brief an einen in England lehrenden Germanisten beschreibt Uwe Johnson die Form der *Mutmassungen über Jakob* präzise so:

»Die Erzählung in diesem Buch benutzt drei Manieren. Einmal den Monolog (Erinnerungen und Einbildungen der Personen, Rohlfs, Blach, Gesine, kursiv gedruckt). Dann den Dialog, in Absätzen zusammengefasst, gekennzeichnet durch das Redezeichen › – ‹, und zwar ist das durch erstes und zweites Kapitel ein Gespräch zwischen dem Lokomotivführer Jöche und Herrn Blach, im dritten Kapitel ein Gespräch zwischen Herrn Blach und Gesine, im vierten Kapitel ein Gespräch zwischen Gesine und Herrn Rohlfs. Die fünf Abschnitte des fünften Kapitels beschreiben das Zustandekommen der Gespräche und ihre Umstände, die erste Äusserung des ersten Gesprächs wird zitiert. Die dritte Manier kann man die Rezitation nennen, also Mitteilungen des Erzählers, der im Buch nicht identifiziert ist. Das ›ich‹, nach dem Sie fragen, ist demnach das eines Gesprächspartners. Die Erzählung benutzt das ›ich‹ nicht ausser, wenn sie den Blickpunkt der beteiligten Personen berührt.«[39]

Diese erzähltechnischen Mittel, nicht das Gesamt-Arrangement der *Mutmassungen über Jakob* hat Uwe Johnson den »Lösungen« anderer Autoren »entnommen«. So ist er sich »fast sicher«, daß er die Verwendung des Kursivdrucks als optische Kennzeichnung subjektiver Vorgänge bei der Lektüre von William Faulkners *The Sound and The Fury* – zwischen 1955 und 1957 hatte er den Roman auf englisch gelesen – zum ersten Mal als wirksame Technik begriffen hatte und als solche später auch übernahm.[40] Von seiten der Literaturkritik hat Uwe Johnson sich den Vorwurf eingehandelt, er habe etwas verkompliziert und verrätselt, wofür es keine »künstlerische Notwendigkeit« gebe. Für ihn aber ist diese Form eine »Sache der in Konstruktion übersetzten realen Verhältnisse, keineswegs eine sprachliche Verrätselung«.[41] Auf der Ebene des Dialogs wird der Leser, argumentiert Johnson, in die ziemlich realistische Lage versetzt, einem Gespräch zwischen zwei Leuten am Nebentisch zuzuhören. Diese Situation geht eben nicht davon aus, daß zwei dem Leser fremde Leute sich ihm zuwenden, um dann ihre Geschichte von Anfang an zu erzählen.

Dem gesprächsweisen Ton der *Mutmassungen über Jakob* korrespondiert die Form der Recherche, die Art, wie Uwe Johnson in diesem Fall die für sein Erzählen unerläßlichen Detailinformationen ermittelt hat. Weil seine Mutter als Güterzugschaffnerin bei der Deutschen Reichsbahn angestellt war, hatte der nach Abschluß seines Studiums arbeitslose Germanist Zutritt zur Kantine der Reichsbahn. Aus dem zufälligen Mithören von Tischgesprächen dort eignet er sich nach und nach die notwendigen Kenntnisse über den »Dispatcher« an. In keinem der öffentlich zugänglichen Nachschlagewerke oder Fachbücher war damals etwas über die Tätigkeit eines Dispatchers bei der Deutschen Reichsbahn zu erfahren, denn die Angehörigen dieser Berufsgruppe waren Geheimnisträger und verantwortlich dafür, daß der (Fahr-)Plan eingehalten wird.[42]

Jakob Abs, im Herbst 1956 als Dispatcher auf einem Bahnhof der »Elbestadt« beschäftigt, ist tot, wenn die Geschichte beginnt. Die Suche nach den Lebensumständen dieses Menschen, nach seiner

Biographie, beschwört Erinnerungen höchst widersprüchlicher Art herauf. Verschiedene Aspekte desselben Geschehens werden nebeneinandergestellt, ohne daß der Versuch unternommen würde, ihre Widersprüchlichkeit aufzulösen. Durch diese Technik wird zum einen der Erzählvorgang selbst thematisiert, zum anderen soll so im Unterschied etwa zum Nouveau roman eine Welt entstehen, die gegen die Welt zu halten ist. »Es ist nicht eine Gesellschaft in der Miniatur, und es ist kein maßstäbliches Modell. Es ist auch nicht ein Spiegel der Welt und weiterhin nicht ihre Widerspiegelung« (vgl. S. 62), sondern dem Leser wird eine »Version der Wirklichkeit« angeboten, die er mit seiner Version, mit seinem Blick auf die Wirklichkeit vergleichen kann, um daraus dann eigene Folgerungen zu ziehen.

Signalworte wie »Mutmaßungsstil« und »Mutmaßprosa« waren von der Literaturkritik schnell geprägt worden, um die Erzählweise der *Mutmassungen über Jakob* als paradigmatisch moderne Form zu apostrophieren. Doch schon im ersten Paragraphen seiner *Berechnungen* hatte Arno Schmidt 1959 erklärt, daß alle unsere gebrauchlichsten Prosaformen spätestens dem 18. Jahrhundert entstammen. Nach Arno Schmidt hat sich das Gespräch zwischen mehreren Partnern als optimale Möglichkeit erwiesen, einen Gegenstand von verschiedenen Seiten her zu beleuchten. Es sei, fügt er in Klammern und mit einem Ausrufezeichen hinzu, die »ideale Biografie«.[43] Folgt man dem Hinweis von Schmidt, dann ist in der Literatur des 18. Jahrhunderts tatsächlich ein Musterbeispiel für die Prosaform der *Mutmassungen über Jakob* in einem Kontext zu finden, der wieder mit dem Namen Bertolt Brecht verknüpft ist. Dieser wollte im dänischen Exil eine Diderot-Gesellschaft gründen. Die Bedeutung der ästhetischen Schriften des französischen Aufklärers Denis Diderot für die Theaterarbeit Brechts ist bekannt, die Bedeutung seiner Prosa vielleicht weniger. Bei der Lektüre von Diderots *Jakob der Fatalist,* so ist in Brechts *Arbeitsjournal* aus der Zeit des finnischen Exils zu lesen, zeigt sich ihm eine neue Möglichkeit, den »alten Ziffel-Plan« zu verwirklichen: in der Art Diderots Zwiegespräche einzuflechten.[44] So schreibt er dann, vom *Puntila* noch den Ton im Ohr, probeweise zwei kleine Kapitel und nennt das Ganze *Flüchtlingsgespräche.* Über die Unbewohnbarkeit von Ländern, die zu viele Tugenden erfordern, läßt er einen »Großen« und einen »Untersetzten« Klage führen; erst im Verlauf des Gesprächs sind die beiden als der Physiker Ziffel und der Metallarbeiter Kalle zu identifizieren. Sorgsam achten sie darauf, daß niemand ihr Gespräch über Politik zu Beginn der vierziger Jahre in einem Bahnhofsrestaurant mithört[45], besteht doch die Gefahr, sich sonst um Kopf und Kragen zu reden.

Fünf Fragen eines in den Roman eingebundenen Lesers sind es, mit denen Diderots *Jacques le fataliste* einsetzt. Gefragt wird nach den Namen der Personen, nach Anlaß und Umstand ihrer Begegnung, nach ihrer Herkunft, nach ihrem weiteren Weg und nach ihren Ansichten, kurz, nach den fiktionalen Vorgaben des traditionellen Romans. Die Antworten auf die naiv gestellten Fragen aber werden dem romanimmanenten Stellvertreter des Lesers versagt. Dahinter verbirgt sich – bei aller Ironie – der Appell an den nicht in den Roman eingebundenen Leser, selbst durch praktische Vernunft zu meistern, was die theoretische nicht leisten kann. Die »Wahrheit« der Geschichte ist erst zu erschließen, wenn der Leser seine eigenen Gedanken bemüht und aus der beispielhaften Souveränität der unterschiedlichen »Erzähler«, durchaus auf vergnügliche Weise, im Umgang mit Geschichten, lernt, deren Grenze allseitig zu überschreiten. »Diderots Beitrag zum Roman der Aufklärung ist Aufklärung des Lesers im Umgang mit Fiktionen.«[46] Diderots Altersroman ist gegenwärtig in Westeuropa das am häufigsten kommentierte seiner Werke; das vor allem wegen seiner Form, die frühzeitig schon als musterhaft für James Joyce, William Faulkner und André Gide galt. In den sozialistischen Ländern hingegen blieben Einzelausgaben des unbequemen »Antiromans« eine Seltenheit; sie brachten vielmehr den beiden anderen großen Romanen Diderots, der *Nonne* und *Rameaus Neffe,* eine außerordentliche Wertschätzung entgegen. Hans Mayer, »Außenseiter« auch hier, sorgte 1953 für eine solche Seltenheit in Ost-Berlin und schrieb auch das Nachwort zu einer Einzelausgabe von *Jakob und sein Herr.*

Wenn im Spiel mit der Haltung des Lesers bei Diderot die selbstverständlichen Erwartungen nicht eingelöst werden, dann wird davon auch die Teleologie der kanonischen Antworten auf das Woher, Wohin und Wozu menschlicher Existenz, wie sie im Welterklärungsmodell des christlichen Glaubens zu jener Zeit verbindlich formuliert war[47], getroffen. Liegt in dem Anknüpfen an diese offene Prosaform mehr als eine bloß formale Analogie, dann ist zu fragen, gegen welche Erwartungshaltung die *Mutmassungen über*

Jakob mit ihren unterschiedlichen »Manieren« des Erzählens in der zweiten Hälfte der fünfziger Jahre geschrieben worden sind.
Von den Kulturfunktionären der SED wurde damals eine Literatur der moralischen und historischen Repräsentanz gefordert. Die Schriftsteller hatten Arbeiten zu liefern, in denen eine eindeutig parteiliche Perspektive – möglichst an gesellschaftlichen und politischen Fragen der Gegenwart vorgeführt – in den Mittelpunkt aller literarisch präsentierten Konfliktlösungen und Einsichten zu stellen war. Ideologische Klarheit und künstlerische Meisterschaft, so lautete die wichtigste Parole der Parteitheoretiker auf dem IV. Deutschen Schriftstellerkongreß Anfang 1956 in Ost-Berlin, seien ein und dasselbe. Formal blieb diese Prosa einer inhaltsbezogenen Ästhetik verpflichtet, die die Individualisierung gesellschaftlicher Probleme im Sinne des Poetischen Realismus forderte. Vielgenanntes Vorbild war Balzac. Die Bemühungen, aus seinen Romanen Bauvorschriften für »neue zeitgemäße« Romane herzuleiten, wurden mit der Begründung gerechtfertigt, sein Erzählen vermittele beispielhaft soziale Einsichten. Sowohl Anna Seghers als auch Johannes R. Becher haben auf dem Kongreß auf Balzac hingewiesen, während Stephan Hermlin die Veröffentlichung der Werke von Sartre, Hemingway, Steinbeck und Faulkner forderte. Ende 1956 sprach Hans Mayer sogar davon, daß das Interesse für Faulkner oder Thornton Wilder in der DDR mit »illegalem Treiben« gleichgesetzt werde.[48] In dieser kulturpolitischen Auseinandersetzung hat sich Uwe Johnson mit den *Mutmassungen über Jakob* für eine von der Parteilinie abweichende Prosaform entschieden. Indem er die Erwartungshaltung des amtlichen Lesers nicht erfüllte, hat er Partei für den mündigen ergriffen. Sein Erzählen ist nicht nur hier ein Angebot, über Fiktionen nachzudenken. Im Umgang mit Erfundenem, das auf Gefundenem beruht, ist der Leser aufgefordert, sein eigenes Verhältnis zur Wirklichkeit, zur Geschichte und zur erzählten Geschichte selbst zu bestimmen.

Über Zitate – »Dr. Johnson«

Uwe Johnson hatte es, wie er in der letzten zu Lebzeiten veröffentlichten Arbeit, der *Erinnerung an Werner Düttmann*[49], eingesteht, mit den Zitaten. »Das Zitat als solches hat etwas spezifisch Musikalisches, ungeachtet des Mechanischen, das ihm eignet, außerdem aber ist es Wirklichkeit, die sich in Fiktion verwandelt, Fiktion, die die Wirklichkeit absorbiert, eine eigentümlich träumerische und reizvolle Vermischung der Sphären«[50], schreibt Thomas Mann in der *Entstehung des Dr. Faustus.* Dort gibt er, dessen Werke Uwe Johnson in der Lizenzausgabe des Aufbau-Verlags studiert hatte, eine Charakterisierung seines Romans, die auch wesentliche Merkmale der *Jahrestage* bezeichnet. Zur Idee des Werks, das ein Freund aus dem Leben des deutschen Tonsetzers Adrian Leverkühn erzählt, so Thomas Mann, gehört zum einen das spielende Bemühen um die genaue, »bis zum Vexatorischen gehende Realisierung von etwas Fiktivem« und zum anderen eine »phantastische Rücksichtslosigkeit« im Aufmontieren von faktischen, historischen, persönlichen, ja literarischen Gegebenheiten.[51] Aufgrund dieser Montage-Technik geht im *Dr. Faustus* das handgreiflich Reale ins perspektivisch Gemalte und Illusionäre über. Allerdings ist in den *Jahrestagen* (vielleicht mit Ausnahme des 4. Bandes) das Zitat leichter zu entziffern, denn es sind gerade die Schnittstellen zwischen Fiktivem und Faktischem, die ein wesentliches Element ihrer Bauform sind. So wäre im Zusammenhang mit den *Jahrestagen* genauer von einer literarischen Collage-Technik zu sprechen, versteht man unter diesem Begriff eine Form der Textmontage, den Zusammenbau von Zitaten wie von Gesprächsteilen, die absichtlich nicht auf ein vorab festumrissenes Ziel hindeuten.

Jenes Zitat aus der *Entstehung des Dr. Faustus* hat Helmut Heißenbüttel seinem *Projekt 1; D'Alemberts Ende* (1970) vorangestellt. In diesem Projekt hat er sich einen Gedanken Diderots aus dessen 1769 entstandener Abhandlung *Gespräch zwischen d'Alembert und Diderot* zu eigen gemacht und Personen aus dem »hic et nunc« herbeizitiert. Dazu gehört auch der freic Schriftsteller Johnson, ein älterer Mann aus Wohltorf, der regelmäßig mit der S-Bahn von seinem Wohnort zum Hauptbahnhof fährt und dort in die U-Bahn umsteigt. Im Verlauf des Projekts wird er in ein längeres »Gespräch über die Lage der Nation« verwickelt, an das sich ein kürzeres »Schematisches Gespräch« anschließt. Das Besondere an diesen beiden Gesprächen ist, daß sie genau protokolliert werden, obwohl nicht ein einziges Argument ausgetauscht wird. So heißt es beispielsweise:

»Helmuth Maria Wildermuth glaubt er wäre unter anderen

Umständen durchaus bereit
Dr. Johnson wollte doch einmal betonen
Frau d'Alembert äußert sie hielte es durchaus für möglich
(...)«[52]
Der Satz bricht immer dann ab, wenn das Argument zur »Lage der Nation« folgen müßte; ein Verfahren, das im »Schematischen Gespräch« auf ein Minimum reduziert wird, so als wolle es vorgeben, den Inhalt der Redezeichen › – ‹ für Uwe Johnsons »Mutmassungen« nachzuliefern. Der freie Schriftsteller heißt in *D'Alemberts Ende* allerdings Dr. Samuel Johnson, und damit ist kein anderer zitiert als der englische Zeitgenosse Diderots. Wie aber wäre der Name dieses »projektierten« Dr. Samuel Johnson korrekt auszusprechen, der Vorname vielleicht englisch und der Nachname deutsch?

Paßerneuerung

Seinen Namen müsse man nicht englisch aussprechen, Uwe Johnson sei ein Norddeutscher. Max Rychner[53] stellt mit diesem Hinweis im Oktober 1959 einen »Erstling« vor. Damals konnten weder er noch Johnson wissen, daß dieser mit den *Mutmassungen über Jakob* auch begonnen hatte, an der Chronik (s)einer in Mecklenburg gelegenen Kleinstadt zu schreiben.
Aber der Name »Johnson« war längst schon in die Geschichte Mecklenburgs eingeschrieben, genauer: in die *Urgeschicht von Meckelnborg.* In der Rahmenerzählung dieses fragmentarischen Schöpfungsromans von Fritz Reuter hält sich der Ich-Erzähler 1860 im Gutsgarten von Kloster Stolpe bei Anklam auf. (In Anklam an der Peene hat Uwe Johnson die ersten Jahre seines Lebens verbracht.) Gemeinsam mit dem Landwirtschaftsinspektor Knitschky schaut sich der »ausstudierte Ökonomiker« prüfend dessen Weizenfeld an, und es entwickelt sich folgendes Gespräch:
»De kann morgen ok all 'runner«, segg ick tau em. – »Sei sünd woll ungesund«, seggt hei tau mi – dit is nämlich de gebildte Utdruck för unklauk – »de Halm is jo noch gräun.« – »Herr Entspekter«, segg ich tau em, »dor is Libig un Stöckhart und John un Johnstone und Johnsohn...« – »De Kirls hewwen gaud reden«, seggt hei tau mi, »de bruken den ollen tagen Weiten nicht tau döschen.«[54]
Aufgeführt werden hier die Experten einer wissenschaftlichen Landwirtschaft von Justus von Liebig bis Cuthbert William John-

son, der Thaers *Grundsätze der rationellen Landwirtschaft* ins Englische übersetzt hat. Sein Name ist nicht deutsch auszusprechen, er war Engländer.
Das Werk Fritz Reuters und das Leben auf dem Lande waren Uwe Johnson wohl vertraut. Die Kleinstadt auf dem Lande, das Leben mit Großeltern und einem Vater, »für die es noch Handlungen und Erlebnisse gab, die konnten sie allein überlegen und aufbewahren in niederdeutschen Worten« (vgl. S. 160), sie haben auch Gesine Cresspahl geprägt. In Jerichow geboren, ist sie noch mit dem Plattdeutschen aufgewachsen. Verwunderlich ist es nach all dem nicht, daß Uwe Johnson in der Antwort auf eine Umfrage zum Gebrauch des Niederdeutschen heute um »die Lizenz« bittet, seine Erfahrungen und die anderer in einer erfundenen Person zusammenzufassen. Für die Kenntnisse, die Gesine Cresspahl von der Oberschule mitbringt, fehlen ihr schon viele mecklenburgische Worte. Stadt und Universität – sie nimmt ein Studium der Anglistik in Halle auf – bieten ihr keine »gesellschaftliche Praxis« im Niederdeutschen mehr. Wenn es dann aber heißt, daß sie Sprichwörter, Redensarten, Zitate aus der plattdeutschen Literatur nur noch im vertrauten Umgang und »oft zu Zwecken des Neckens, des Spaßens« benutzt, dann ist das auch als Hinweis zu lesen, wie Uwe Johnson selbst mit solchen Redensarten und Zitaten aus den Werken Fritz Reuters, John Brinckmanns und anderer Autoren der plattdeutschen Literatur umzugehen pflegt. Hingegen ist es wieder Gesine Cresspahl, die »jeden beneidet, der in dieser Sprache lieben, träumen, denken kann; es ist die verlorene Heimat« (vgl. S. 160). Die Landschaft einer Stadt ist nicht ihre Architektur, heißt es in einer Beschreibung Lübecks als geistiger Lebensform bei Thomas Mann – und Uwe Johnson hat Lübeck »ständig beobachtet« (vgl. S. 79) –, sondern ihre Sprache »als Stimmung, Stimmklang, Dialekt, als Heimatlaut, Musik der Heimat, und wer sie hörbar mache, der beschwöre auch den Geist der Landschaft, mit der sie so innig verbunden, deren akustische Erscheinungsform sie ist.«[55] Wenn Heimat auch – wie für Marie – heißt: dort anzukommen, wo die Erinnerung Bescheid weiß (JT, S. 1875), dann bleibt Gesine am Schluß der *Jahrestage* Heimat versagt, sie kehrt nicht nach Deutschland zurück. In Mecklenburg hat man für diese Situation seit Fritz Reuter – nicht ohne irrlichternden Hintersinn – noch Worte, allerdings niederdeutsche: »Kein Hüsung.«

Als »Deutscher« begreife er sich nicht. Er halte es mit denen in Mecklenburg, die von den Preußen sprächen. Er habe keine Lust, für die verantwortlich zu sein, weder für ihre Weltkriege noch für das Bild in der Welt. Er sei nie von den Deutschen gefragt worden wegen der Gesetze, die sie über ihn verhängten. Was sie in seinem Namen aussprächen, es lasse sich auf Niederdeutsch gar nicht in Worte bringen. Heinrich Cresspahl ist es, der sich im Jahre 1949, dem Jahr der Staatsgründung der DDR, wegen der im Namen des deutschen Volkes begangenen Untaten, wegen des im Niederdeutschen Unsagbaren nicht mehr als Deutscher begreifen will.
In Richmond upon Thames, wo er Anfang der dreißiger Jahre gelebt hatte, nannte man ihn den Mann aus »Micklinburgh«, in Mecklenburg hieß er der »Engländer«. Sein Unmut über die deutsche Geschichte, für deren Folgen er nach dem Krieg, obwohl Antifaschist, mit Zuchthaus und Folter in der sowjetisch besetzten Zone bezahlen mußte, wird in einem Gespräch außerhalb der *Jahrestage* artikuliert. Die versuchte Absage an deutsche Vergangenheit ist der zweiten »Lieferung« der *Jahrestage* als Anhang eingebunden.
Ach, Sie sind ein Deutscher?, ein 1978 publizierter Text von anderthalb Seiten, ist die einzige Arbeit, die bis heute von Uwe Johnson in der DDR erscheinen konnte.[56] Nach seinem Umzug nach West-Berlin (1959) hatte Uwe Johnson sich gleichwohl wiederholt als Besucher in dem Land aufgehalten, das die Ortschaften seines literarischen Werks zwischen dem (fiktiven) Jerichow im Nordwesten und dem (gleichfalls fiktiven) Wendisch-Burg im Südosten Mecklenburgs nachhaltig geprägt hat. Zuletzt war er im Sommer 1983 mit einer britischen Reisegruppe nach Mecklenburg gefahren. Eine von ihm aufbewahrte Holzschindel mit der Aufschrift »Jerichow 9. 8. 1983« erinnert an diesen Aufenthalt. Das Land, wohin er in Wahrheit gehöre, das sei die dicht umwaldete Seenplatte Mecklenburgs von Plau bis Templin, entlang der Elde und der Havel.[57] Aber während seiner letzten Reise dorthin hat er sich gänzlich englisch gegeben und erwartete, auch von anderen englisch, nicht norddeutsch als »Mr. Johnson« angesprochen zu werden.
Fast hätte er die *Jahrestage* in englischer Sprache geschrieben, wäre ihm 1968 in New York nicht das Geld ausgegangen. Nach einem zweieinhalbjährigen Aufenthalt dort, so Uwe Johnson vor den

Mitgliedern der Deutschen Akademie für Sprache und Dichtung, sei aus dem »West-Berliner« beinahe ein »New Yorker« geworden. Probeweise muß er wohl damit angefangen haben, das Buch, das er dort »gefunden« hatte, »das Leben eines Menschen von Mecklenburg bis Manhattan«, auf englisch zu schreiben. Mit einem Unterton des Bedauerns hat er nämlich behauptet, daß er nach seiner Rückkehr nach West-Berlin damit begonnen habe, die *Jahrestage* auf deutsch »fortzuführen«. Für eine »deutsche« Akademie provozierend bleibt der Verdacht, daß die *Jahrestage* von ihrem »Autor« einfach nur aus dem Englischen ins Deutsche übersetzt worden sind, oder sind sie deutsch gedacht, englisch formuliert und dann doch auf deutsch niedergeschrieben worden? Erst ein Umzug von West-Berlin nach England und eine damit verbundene Paßerneuerung hatten erreichen können, ihn zu einem »Bürger der Bundesrepublik Deutschland umzubauen«. Für die Engländer sollte er fortan ein »German« sein, »wenn nicht gar ein bloody German«. Deutsches wollten sie von dem neuen Nachbarn nicht wissen, über das Fischen und das Wetter wollten sie mit ihm reden.

Editorische Notiz

In den *Begleitumständen,* seinen Frankfurter Vorlesungen von 1979, hatte Uwe Johnson eine Gelegenheit gesehen, abschließend Auskunft über jene Fragen zu geben, die ihm von (wissenschaftlichen und nichtwissenschaftlichen) Lesern über zwei Jahrzehnte lang unablässig gestellt worden waren – sie sind zum Verständnis von Werk und Handwerk dieses Schriftstellers unentbehrlich. Der vorliegende Band will die *Begleitumstände* ergänzen und zu einem vertieften Verständnis der Schreibweise Uwe Johnsons beitragen. Die drei Kontroversen, die Johnson öffentlich auszutragen hatte – der Konflikt mit Hermann Kesten wegen einer angeblichen Rechtfertigung des Mauerbaus in Berlin, der Disput über seinen in der *Zeit* veröffentlichten Artikel zum Boykott der Berliner Stadtbahn und die Auseinandersetzung um seinen Beitrag zum Lesebuch *Deutsches Mosaik,* dem offiziellen Geschenk des Deutschen Olympischen Komitees an die Teilnehmer der Olympiade von 1972 –, sind hier nicht berücksichtigt worden. Ihre Dokumentation hätte den gegebenen Rahmen gesprengt.

Alle in Anführungszeichen gesetzten Überschriften und die kursivierten Kommentare stammen vom Herausgeber.
Im ersten Teil, »Reden und Abreden«, wurden relativ schwer zugängliche oder unveröffentlichte Selbstaussagen Uwe Johnsons zusammengestellt. Die Rede zur Verleihung des Georg-Büchner-Preises hätte sicherlich in diesen Kontext gehört. Da sie aber wiederholt in Text- und Materialiensammlungen aufgenommen worden ist, wurde hier auf ihren Wiederabdruck verzichtet.
Der improvisierte Vortrag *Wie es zu den »Jahrestagen« kam* wurde von einer Mitarbeiterin des Goethe-Instituts München auf Tonband mitgeschnitten und transkribiert. Auf ihren Brief mit der Bitte um Zustimmung zur Veröffentlichung vom 15. Juli 1975 hatte Uwe Johnson handschriftlich vermerkt: »Später«. Unerläßlich für den thematischen Zusammenhang dieses Bandes sind die von Johnson fingierten Gespräche. Deswegen wird das *Interview mit Marie H. Cresspahl* hier ebenso (zum ersten Mal ungekürzt) abgedruckt wie das erfundene Gespräch mit Mike S. Schoelman. Die von Uwe Johnson selbst veröffentlichten Texte wurden nicht mit zusätzlichen Anmerkungen versehen.
Im zweiten Teil werden Antworten Uwe Johnsons auf Fragen und Umfragen in chronologischer Folge veröffentlicht. Hier wurde teilweise auf Material aus dem Nachlaß zurückgegriffen, das Uwe Johnson in einer Schachtel mit der Aufschrift »Interviews« aufbewahrt hatte. Allerdings waren dort weniger Interviews als vielmehr Anfragen von Schulklassen, Doktoranden, Professoren und Lesern gesammelt, die Auskünfte zum Werk oder zur Person wünschten. Bei der Durchsicht dieses Materials war auffällig, wie sorgfältig und prompt Uwe Johnson solche Anfragen beantwortet hat. Dabei antwortete er den Schülerinnen und Schülern einer zehnten Klasse mit der gleichen Ernsthaftigkeit wie Journalisten und Professoren oder Literaturkritikern. Um den Auskunftscharakter dieser brieflichen Antworten deutlich zu machen, sind die jeweils aufeinander bezogenen Fragen und Antworten vom Herausgeber zusammengestellt worden, der Wortlaut wurde nicht verändert.
Im dritten Teil sind wichtige Interviews gesammelt und, sofern notwendig, übersetzt worden. Dabei wurden mit einer Ausnahme nur solche Gespräche ausgewählt, die Uwe Johnson in schriftlicher Form vorlagen. Aus diesem Grund wurden verschiedene Rundfunkgespräche, die auch im Uwe Johnson-Archiv aufbe-

wahrt werden, nicht in den Band aufgenommen. Die wichtige Ausnahme ist das letzte lange Rundfunkgespräch Uwe Johnsons mit Jürgen Becker, Rolf Michaelis und Heinrich Vormweg, das uns freundlicherweise vom Deutschlandfunk zur Verfügung gestellt worden ist. Der Tonbandmitschnitt wurde von Mitarbeitern des Archivs transkribiert und von den Beteiligten gegengelesen. Auf die in dem von Michael Bengel herausgegebenen Materialienband abgedruckten Interviews Uwe Johnsons mit Dieter E. Zimmer, Helmut Heißenbüttel/Horst Lehner, Michael Bengel, Hans Daiber sowie auf das in einem eigenen Band abgedruckte Gespräch mit Manfred Durzak sei ausdrücklich verwiesen.
Im vierten Teil ist der umfangreiche Briefwechsel Uwe Johnsons mit Leila Vennewitz, der Übersetzerin der *Anniversaries,* dokumentiert, und die wichtigsten Fragen und Antworten dieses langen Arbeitsgesprächs sind in einer Art Textcollage aufgezeichnet. Uwe Johnson gibt hier, gefordert durch die präzisen Fragen der Übersetzerin und Philologin, weit mehr als nur Übersetzungshinweise. Eine kleine Episode mag das Besondere dieses Arbeitsverhältnisses illustrieren. Johnson hatte aus dem Buch eines (ungenannten) Klassikers zitiert (vgl. JT, S. 709). Um prüfen zu können, ob das Gedicht dieses Klassikers bereits ins Englische übersetzt worden ist, hatte Leila Vennewitz um Erläuterungen gebeten. Als klar war, daß das Gedicht *Die Nachtlager* von Bertolt Brecht noch in keiner englischen Übersetzung vorlag, haben Leila und William Vennewitz gemeinsam diesen Text übersetzt, wiederholt überarbeitet und zur Korrektur an Uwe Johnson geschickt. Er denke, schrieb Johnson schließlich, daß das Gedicht nicht die Mühe verdiene, die seine Übersetzer darauf verwendet hätten. Seinen Einwand begründet er mit einem Mangel an Genauigkeit auf seiten Brechts. In dessen Version werde der Obdachlose durch einen seltsamen Mann mit einem Nachtlager versorgt. Der Leser müsse geradezu annehmen, daß es ein Obdachlosenasyl an der Kreuzung der 26. Straße mit dem Broadway gegeben habe, für das der Samariter die Gebühr erhebt, und ebenso, daß er mit den Vorübergehenden spricht und sie dazu bringt, ein oder zwei der Obdachlosen mit sich in das Apartment zu nehmen. Mit dem Ausdruck »begging« hätten die Übersetzer diesem Geschäft, dieser Verhandlung eine sehr entschiedene Wendung ins Genaue gegeben. Nicht einmal Brecht, so denkt Johnson, wäre fähig, dies zu bestreiten oder zu bestätigen. (Uwe Johnson, das soll nicht verschwiegen werden, hat

selbst den Klassiker an dieser Stelle nicht allzu genau genommen. Er hat das versteckte Zitat um eine Strophe gekürzt.) Mit seinem Hinweis, sie solle nicht so viel Mühe auf diese Textstelle verwenden, wollte sich Leila Vennewitz nicht abfinden. Wie könne sie als Übersetzerin noch arbeiten, wenn sie einigen Stellen mehr, anderen Stellen weniger Aufmerksamkeit schenke? Mit ihrer Arbeit sei es ähnlich wie mit der eines Dirigenten. Er könne auch nicht einfach Passagen überfliegen, indem er dem Orchester erzähle, um diese Stelle der Symphonie solle man sich nicht kümmern, sie sei wirklich nicht so gut wie die anderen. Das mag – so Leila Vennewitz als Perfektionistin – hart für einen selbst sein, aber schließlich und endlich sei Uwe Johnson selbst auch ein Perfektionist.

Der Herausgeber hat Monika Gerhardt, Jürgen Zetzsche und vor allem dem »freien« Übersetzer Jeremy Gaines – »ach, Sie sind ein Engländer?« – für Hilfe und Unterstützung zu danken. Ganz besonders aber danke ich Brigitte und Magnus dafür, daß sie oft auf gemeinsame Freizeit verzichteten, nur weil der Ehemann und Vater wieder einmal im »Archiv« untergetaucht war.

Anmerkungen

Die im Text verwendeten Siglen verweisen auf folgende Ausgaben:

BS = *Berliner Sachen*, Frankfurt am Main 1971
BU = *Begleitumstände. Frankfurter Vorlesungen*, Frankfurt am Main 1981
BüPr = *Rede zur Verleihung des Georg-Büchner-Preises*, in: Büchner-Preis-Reden 1951–1971, Stuttgart 1972, S. 217–240
DAI = *Dead Author's Identity in Doubt; Publishers Defiant*, in: Karl Heinz Kramberg (Hg.), *Vorletzte Worte. Schriftsteller schreiben ihren eigenen Nachruf*, Frankfurt am Main 1970, S. 116–124
JT = *Jahrestage. Aus dem Leben von Gesine Cresspahl*, 4 Bände, Frankfurt am Main 1970–1983
MüJ = *Mutmassungen über Jakob*, Frankfurt am Main 1959
SKI = *Skizze eines Verunglückten*, Frankfurt am Main 1982

1 Frederick L. Gwynn/Joseph L. Blotner (Hg.), *Faulkner in the University*, University of Virginia Press, 1959.
2 Vgl. Brief an General Westmoreland vom 10. Feb. 1962; abgedruckt in:

Joseph L. Fant/Robert Ashley, *Faulkner at West Point,* New York 1962, S. 128.

3 Vgl. z. B. Manfred Durzak, *Dieser langsame Weg zu einer größeren Genauigkeit. Gespräch mit Uwe Johnson,* in: M. Durzak, *Gespräche über den Roman,* Frankfurt am Main 1976, S. 437.

4 Vgl. Ivo Frenzel, *Medien-Gespräche,* in: Deutsche Akademie für Sprache und Dichtung (Hg.), *Jahrbuch 1976,* Heidelberg 1977, S. 57.

5 Das Blatt befindet sich im Uwe Johnson-Archiv bei dem Typoskript der *Auskünfte und Abreden*; es war von Uwe Johnson in einem Karton mit der Aufschrift »Interviews« aufbewahrt worden.

6 Vgl. Rolf Michaelis, *Kleines Adreßbuch für Jerichow und New York. Ein Register zu Uwe Johnsons Roman. Angelegt mit Namen, Orten, Zitaten und Verweisen von Rolf Michaelis*; Frankfurt am Main 1983.

7 Vgl. Reinhard Baumgart, *Nicht Romeo, nicht Julia. Über Uwe Johnson: Zwei Ansichten,* in: *DER SPIEGEL,* 19. Jg. 1965, Nr. 39 (vom 22. September 1965), S. 128.

8 Vgl. die Antwort von Uwe Johnson im Gespräch mit Ree Post-Adams. Dort heißt es: »Wenn ich einmal, bei den ›Zwei Ansichten‹ das Wort Roman nicht verwendet habe, so weil ich das Buch eher als eine Doppelerzählung ansah und den Leser mit diesem Titel nicht verwirren wollte.« (Ree Post-Adams, *Antworten von Uwe Johnson. Ein Gespräch mit dem Autor,* in: *The German Quarterly,* 1977, Vol. 50, Nr. 3, S. 247.) Vgl. S. 273–280.

9 Vgl. Günter Blöcker, *Roman der beiden Deutschland,* in: *Frankfurter Allgemeine Zeitung* vom 31. 10. 1959; hier zitiert nach dem Wiederabdruck in: Reinhard Baumgart, *Über Uwe Johnson,* Frankfurt am Main 1970, S. 12.

10 Vgl. Hans Mayer, *Deutscher auf Widerruf,* Frankfurt am Main 1984, Bd. II, S. 144.

11 Vgl. Jost Nolte, *Zwei Wahrheiten über eine Grenze. Uwe Johnsons neuer Roman,* in: *Die Welt* vom 16. 9. 1965.

12 Vgl. Uwe Johnson: *Über die Schwierigkeiten beim Schreiben der Wahrheit. Gespräch mit Uwe Johnson,* in: *konkret,* 1962, Nr. 1, S. 18–19. Vgl. S. 184–193.

13 Vgl. Uwe Johnson, *Versuch, eine Mentalität zu erklären,* in: Barbara Grunert-Bronnen (Hg.), *Ich bin Bürger der DDR und lebe in der Bundesrepublik,* München 1970, S. 119–129.

14 Vgl. Barbara Bronnen, *Beauftragt, Eindrücke festzuhalten. Gespräch mit dem Schriftsteller und Büchner-Preisträger von 1971, Uwe Johnson,* in: *Abendzeitung* (München) vom 4. 12. 1971, S. 8; vgl. auch Johnsons Antwort im Gespräch mit Ree Post-Adams: »(...) Sie meinten mit Autor die Beschreibung meines Berufs; dann müssen Sie eine Situation wie diese dazu nehmen, und in dieser Situation mit Ihnen im Coffee Shop des Hotels Canterbury in San Francisco am 26. Oktober 1976 bin

ich ein Autor von Berufs wegen und werde interviewt.« (Aus: Ree Post-Adams, *Antworten von Uwe Johnson. Ein Gespräch mit dem Autor,* hier S. 276.)

15 Vgl. *Publikation. Der literarische Markt,* 21. Jg. 1971, Nr. 12, S. 33.

16 Uwe Johnson: Brief an Barbara Grunert-Bronnen vom 27. Mai 1972.

17 Vgl. Lars Gustafsson, *Einige Überlegungen zum Übergang zwischen philosophischem und religiösem Problem,* in: L. Gustafsson, *Die Bilder an der Mauer der Sonnenstadt. Essays über Gut und Böse,* München 1987, S. 75.

18 Vgl. Peter Rühmkorf, *Über das Volksvermögen. Exkurse in den literarischen Untergrund,* Reinbek 1969, S. 111.

18a »I was a real working New Yorker, not some sort of artist in residence at a school. I had a desk in an office and I rode the subway. My daughter was in an American kindergarten; my wife had a job and we lived in a real neighborhood on Riverside Drive near West 96th Street.«
Uwe Johnson; zitiert nach David McCullough: Eye on Books, in: Book of the Month Club 1975; Nr. 7 (July), S. 6/7.

19 Vgl. John Barth, *The Literature of Exhaustion,* in: *The Atlantic,* Jg. 1967, H. 8, S. 29–34.

19a Michel Foucault: »Was ist ein Autor?«, in: M. Foucault: Schriften zur Literatur, München 1974, S. 7–31. Dort heißt es: »Der Eigenname und der Autorname liegen zwischen den beiden Polen der Beschreibung und der Bezeichnung; sie haben ganz sicher eine gewisse Verbindung zu dem, was sie benennen, aber weder ganz im Sinne der Bezeichnung noch ganz im Sinne der Beschreibung: es ist eine ganz besondere Verbindung. Jedoch – und hier tauchen die eigentlichen Schwierigkeiten des Autornamens auf – die Verbindung des Eigennamens mit dem benannten Individuum und die Verbindung des Autornamens mit dem, was er benennt, sind nicht isomorph und funktionieren nicht in gleicher Weise.« (S. 15/16)

20 Vgl. Uwe Johnson, *Cresspahls Tochter,* in: *Akzente,* 6. Jg. 1959, H. 5, S. 432–444. Diesen Hinweis verdanke ich dem Leiter des Literaturarchivs Sulzbach-Rosenberg, Walter Gotzmann.

21 Vgl. Uwe Johnson, *Skizze eines Verunglückten,* Frankfurt am Main 1982, S. 14/15. Heinrich de Catt (1725–1795) war von 1758 bis 1780, als er in Ungnade fiel, Vorleser und Gesellschafter des Königs von Preußen. Vgl. hierzu: Willy Schüßler (Hg.), *Friedrich der Große. Gespräche mit Catt,* Bremen o. J. (Sammlung Dieterich Band 79).

22 Vgl. Uwe Johnson (Hg.), *Max Frisch. Stich-Worte,* Frankfurt am Main 1975, S. 51.

23 Vgl. Max Frisch, *Mein Name sei Gantenbein,* Frankfurt am Main 1964, S. 103.

24 Vgl. John Updike, *The Centaur,* New York 1964.

25 Vgl. John Updike, *Vorwort* zu *Talk from the Fifties,* in: John Updike, *Amerikaner und andere Menschen. Essays,* Reinbek 1987, S. 295.

26 Vgl. Sonderdruck der Veranstaltungsreihe »Wege und Gestalten« der chemisch-pharmazeutischen Fabrik Dr. Karl Thomae, GmbH, Biberach an der Riß 1969/70.

27 Wystan Hugh Auden, *Poems – Gedichte. Englisch und deutsch,* hg. von Wolfgang Kraus, München 1976, S. 154.

28 Vgl. Walter Höllerer, *Theorie der modernen Lyrik. Dokumente zur Poetik I,* Reinbek 1965, S. 390.

29 Vgl. James Boswell, *Dr. Samuel Johnson. Leben und Meinungen. Mit dem Tagebuch einer Reise nach den Hebriden,* herausgegeben und übersetzt von Fritz Güttinger, Zürich 1981.

30 Vgl. Alfred Andersch, *Winterspelt,* Zürich 1974, S. 22.

31 Hier zitiert nach Gustav Wustmann (Hg.), *Als der Großvater die Großmutter nahm. Ein Liederbuch für altmodische Leute,* bearbeitet von A. Kippenberg und F. Michael. Frankfurt am Main 1986, S. 470.

32 Günter Grass, *Die Blechtrommel,* Darmstadt 1959, S. 16.

33 Wilhelm J. Schwarz, *Gespräche mit Uwe Johnson,* in: W. J. Schwarz, *Der Erzähler Uwe Johnson,* Bern/München 1970, S. 94.

34 Bertolt Brecht, *Die Mutter,* in: B. Brecht, *Gesammelte Werke in acht Bänden,* Frankfurt am Main 1967, S. 879 und S. 900; vgl. auch: Bertolt Brecht, *Die Mutter. Regiebuch der Schaubühnen-Inszenierung,* Frankfurt am Main 1971, S. 81.

35 David McCullough, *Eye on Books,* in: *Book-of-the-Month-Club,* 1975, Nr. 7 (July), S. 7.

36 *Der gestohlene Mond* war auch Gegenstand der Diplomarbeit, die Uwe Johnson 1956 zum Abschluß seines Germanistikstudiums an der Universität Leipzig bei Hans Mayer eingereicht hatte.

37 Vgl. Friedrich Schult, *Bekenntnisse eines Sammlers nicht von der strengen Zunft,* in: Pirckheimer-Gesellschaft (Hg.), *Marginalien. Zeitschrift für Buchkunst und Bibliophilie,* Berlin/Weimar 1977, H. 76, S. 28.

38 Selbst einen Vorabdruck aus dem dritten Band der *Jahrestage* hat Uwe Johnson 1972 unter dem Titel »Gespräche über Jerichow 1945, 1968. Gesine Cresspahl Jahrgang 1933, Marie Cresspahl Jahrgang 1957« veröffentlichen lassen. Der Vorabdruck ist ein Teil der Text-Collage, die die Seiten 1049 bis 1079 der *Jahrestage* umfaßt. Nur solche Passagen wurden von Uwe Johnson herausgegriffen, die zur mecklenburgischen Erzählebene des Werks gehören. Vgl. *Neue Rundschau,* 1972, Bd. 83, H. 3, S 451–467.

39 Uwe Johnson in einem Brief an Wilfried van der Will vom 3. August 1964; vgl. hierzu: R. Hinton Thomas/Wilfried van der Will, *Der deutsche Roman und die Wohlstandsgesellschaft,* Stuttgart 1969, S. 130/131. Wilfried van der Will hat freundlicherweise diesen Brief dem Uwe Johnson-Archiv geschenkt. Dafür sei ihm gedankt.

40 Uwe Johnson in einem Brief an Sara Lennox vom 28. Januar 1970; vgl. hierzu: Sara Lennox, *The Fiction of William Faulkner and Uwe Johnson: A Comparative Study*, Diss. Univ. of Wisconsin 1973, S. 15.

41 Vgl. Manfred Durzak, *Dieser langsame Weg zu einer größeren Genauigkeit. Gespräch mit Uwe Johnson*, in: M. Durzak, *Gespräche über den Roman*, a. a. O., S. 432.

42 Das Dispatchersystem wurde nach sowjetischem Vorbild 1953 aufgrund eines Ministerratsbeschlusses in der DDR eingeführt. Neben den betriebswirtschaftlich verantwortlichen Produktionsleitern wurden die Dispatcher als »Produktionslenker« in allen Wirtschaftszweigen neu eingesetzt. Ihre Funktion war es, für die Einhaltung der von der Parteiführung festgesetzten Plandaten zu sorgen. Wenn in den *Mutmassungen über Jakob* das Betriebsblatt mit dem Planblatt der Dispatcher im Herbst 1956 übereinstimmte wie der »nördliche« mit dem »südlichen« Sternenhimmel, dann ist das auch als massive Kritik an den planwirtschaftlich erzeugten Mißständen in dem Wirtschaftssystem der DDR von 1956 zu lesen.

43 Arno Schmidt, *Berechnungen I*, in: A. Schmidt, *rosen & porree*, Karlsruhe 1959, S. 285.

44 Vgl. Werner Hecht (Hg.), *Bertolt Brecht. Arbeitsjournal*, Frankfurt am Main 1973, Bd. 1, S. 181.

45 Vgl. Bertolt Brecht, *Flüchtlingsgespräche*, in: B. Brecht, *Gesammelte Werke in acht Bänden*, Frankfurt am Main 1967, Bd. VI, S. 1383.

46 Rainer Warning, *Opposition und Kasus. Zur Leserrolle in Diderots »Jacques le fataliste«*, in: R. Warning (Hg.), *Denis Diderot. Das erzählerische Werk*, Berlin-Ost 1979, Bd. 3, S. 281.

47 Vgl. Hans Robert Jauß, *Der dialogische und der dialektische »Neveau de Rameau«*, in: K. H. Stierle/R. Warning (Hg.), *Das Gespräch*, München 1984, S. 396.

48 Vgl. Hans Mayer, *Zur Gegenwartslage unserer Literatur*, in: H. Mayer, *Zur deutschen Literatur der Zeit. Zusammenhänge, Schriftsteller, Bücher*, Reinbek 1967, S. 371. Der Text, als Rundfunkvortrag konzipiert und bereits im Studio aufgenommen, wurde vom Intendanten des Deutschlandsenders, Herman Ley, zensiert und aus dem Programm genommen. Gleichwohl konnte der Vortrag noch am 2. Dezember 1956 in der kulturpolitischen Wochenzeitung *Sonntag* veröffentlicht werden. Die verantwortlichen Redakteure, Gustav Just und Heinz Zöger, wurden kurze Zeit später verhaftet und vom Obersten Gerichtshof der DDR zu hohen Zuchthausstrafen verurteilt.

49 Uwe Johnson, *Erinnerung*, in: Akademie der Künste (Hg.), *Werner Düttmann zum Gedenken*, Berlin 1983, S. 42.

50 Thomas Mann, *Die Entstehung des Doktor Faustus. Roman eines Romans*, in: Th. Mann, *Rede und Antwort. Über eigene Werke. Huldi-*

gungen und Kränze: Über Freunde, Weggefährten und Zeitgenossen, Frankfurt am Main 1984, S. 151.

51 Thomas Mann, *Die Entstehung...*, a. a. O., S. 150.

52 Helmut Heißenbüttel, *Projekt Nr. 1. D'Alemberts Ende,* Neuwied 1970, S. 295.

53 Vgl. Max Rychner, *Ein Erstling,* in: *Die Zeit,* 1959, Nr. 43 (vom 23. 10.), S. 9.

54 Fritz Reuter, *Sämtliche Werke. Rechtmässige Original-Ausgabe in acht Bänden,* Leipzig o. J., Bd. 1, S. 98.

55 Thomas Mann, *Lübeck als geistige Lebensform,* in: Th. Mann, *Über mich selbst,* Frankfurt am Main 1983, S. 42.

56 Uwe Johnson, *Ach, Sie sind ein Deutscher?,* in: C. Hirte/H. Loeper/ I. Quaas/D. Simon, *BRD heute – Westberlin heute. Ein Lesebuch,* Berlin-Ost 1984 (2. Aufl.), S. 209/210.

57 Vgl. Deutsche Akademie für Sprache und Dichtung (Hg.), *Jahrbuch 1977,* Heidelberg 1977, S. 159.

I
Reden und Abreden

Uwe Johnson
Wenn Sie mich fragen ...[1]

(Ein Vortrag)

In unserer Gegend, heutzutage, hat ein Schriftsteller gefasst zu sein auf zwei Bilder von seinem Beruf.

Das erste zeigt uns den Dachboden, in den es durchregnet, wo die Kälte wohnt auf den kärglichen Möbeln, wo die Miete nicht bezahlt ist und die Kinder nicht gefüttert, und dennoch hämmert da jemand auf der Schreibmaschine vor sich hin, für 450 Leser zwischen Tokio und Chicago, das Gewissen der Nation in fleischlicher Gestalt, von der Nation isoliert, und doch ein besserer Mensch als du und ich. So etwas kommt vor, nur nicht in so rührenden Umständen, und Sie sind freundlich eingeladen, beiseite zu blicken.

Das zweite Berufsbild ist uns gestiftet vom Hauptbesetzungsausschuss Hollywoods und der mit ihm verbündeten Industrie. Jener Autor wird unseren sehenden Augen vorgeführt als zahlendes Mitglied der Düsenbande, als eine der sieben bestgekleideten Personen der Welt, versehen mit den Segnungen des privaten Fluggeräts und der ersten Klasse in Hotels, Wohnsitzen, Wagen (Schlafwagen). Manchmal wird die Szenerie belebt durch die Unterzeichnung eines neuen Filmkontraktes oder ungezügelte Abendeinladungen mit unerschöpflichem Nachschub an männlichen jungen Damen und weiblichen jungen Herren. Funktionieren kann dies noch schlechter als eine Karikatur, weil jener Held zu sehr beschäftigt ist, als dass man ihn in einem Zustand des Schreibens präsentieren könnte.

Vergessen wir diese beiden, bleibt etwas Sonderbares zurück, nichts Bewiesenes zwar, aber doch satte Schattierungen von Verdacht. Vor Ihnen steht jemand, der kennt eine alte Frau, die meint es nicht böse. Sie weiss, wie es zugeht auf den Bahnhöfen dieser Welt, sie könnte eine Nichte jener Mrs. Brown sein, die keine Angst hatte vor Virginia Woolf. Diese Frau kann einen Romanschreiber fragen: Haben Sie denn gar keinen richtigen Beruf nebenbei?

Eine andere Gutachterin ist eine Oberschülerin von siebzehn Jahren, Abiturientin demnächst, die befragt einen Romanschreiber

nach seinem Arbeitstag und ruft nun aus, ungläubiges Entsetzen in den Augen und Abscheu in der Kehle: Was –? Für solche Arbeit nehmen Sie Geld?
Der Verdacht reicht vom Genie bis zum Schmarotzer.
In Hinsicht aufs Geniale kennt die deutsche Hochsprache 54 Bezeichnungen für das schreibende Gewerbe. Nur zwei davon sollen nicht Verachtung ausdrücken.
Beachten Sie auch das muffige Erbe aus dem neunzehnten Jahrhundert, als das Bürgertum es bequemer fand, die Jubiläen zweier vielleicht klassischer aber ganz toter Autoren zu begehen. Eine Einrichtung nach ihrem Wunsch und Testament wäre recht aufwendig gewesen, nicht die Art von Investition, die als vernünftig gilt. Dann doch lieber Geniusse.
Da wir uns ausserhalb der sowjetischen Grenzen befinden, können wir zu den Lebenden etwas freundlicher sein.
Aber eine Spur Extravaganz, die lässt sich nicht beiseite drükken.
Romanschreiber ... was die schon für Arbeitszeiten halten! Kein Arbeitgeber vorhanden, selten eine Gewerkschaftskarte, Kirchensteuer ungenügend, kaum je ein richtiger Beruf nebenbei. Diese Leute bringen es fertig und schlafen, während andere auf ihren Füssen stehen und arbeiten. Ein Mensch von der verständlichen Art unternimmt eine Reise, um seine Verwandten abzuschliessen und seine Geschäfte zu besuchen; ein Romanschreiber ist imstande und reist 450 Kilometer, um einen verjährten Band der Lokalzeitung zu untersuchen, wobei denn zwanzig oder zehn Zeilen in seinem Buch herausspringen. Und wenn sie, wenn er ehrlich genug ist, werden sie ihres unverantwortlichen Verhaltens sich bewusst sein und Ihnen ins Gesicht sagen, sie seien hergefahren, um die Lebendigkeit und Anmut Ihres Hauptbahnhofes zu überprüfen.
Mitglieder sind sie nicht, die Leute in diesem Gewerbe. Dazugehören tun sie nicht.
Der Sänger hat ein Alibi, so gross wie ein Opernhaus. Der Maler verweist uns an die Galerie, und uns allen ist bekannt, wohin der Architekt zu deuten in der Lage ist.
Versuchen Sie's doch mal und fragen einen Romanschreiber nach seinem Parteibuch. Einige werden Ihnen raten, für diese oder jene Partei zu stimmen. Selber hinein gehen sie nicht.
Sie sind mit keiner sozialen Gruppe oder Schicht mehr verbunden

als mit einer anderen, was ihren Auftrag angeht, es sei denn durch die Höhe ihres Einkommens.
Gewiss, ein paar von ihnen sind reich geworden und können nun zugelassen werden zur Normalität. Aber es fehlt ihnen an der Zahl, sie können keine Auskunft bedeuten über den trüben Rest.
Die anderen ... führen sie einen Laden, wo man ihre Waren kaufen kann, oder bestellen? Tun sie nicht.
Sie übergeben ihr Produkt (und wenn's noch ein Rohprodukt wäre!) einem Kaufmann, einem Kommissionär, und nur der kann das Ding vermitteln an die Industrien der Drucker und Binder und Verkäufer und es verwandeln in einen Handelsgegenstand. Was für ein ökonomischer Vorgang ist denn das!
Der Verfasser bekommt einen Teil von dem, was Sie dem Buchhändler bezahlen (nicht ihm). Zehn Prozent, mehr oder weniger.
Die Beamten der Steuer hingegen, sie haben es heraus, was hier ein X ist und was ein U. Sie erklären den Verfasser zu einem Unternehmer, einem freien wohlgemerkt, und verleihen ihm das Privileg, nicht nur Steuern zu zahlen auf sein Einkommen, sondern auf den Umsatz obendrein.
Das wäre das. Er bezahlt der Gesellschaft, was er benutzt in ihr. Aber hat die Gesellschaft ihn angestellt?
Wie immer Leute in diesem Beruf ihn beschreiben, es fällt unterschiedlich aus. Einer beruft sich auf sein Formgefühl und vergleicht es mit einer Zeitbombe, das er im Köfferchen bei sich trägt. Bedürfen Sie einer Bombe mit Zeitzünder? Für einen anderen ist das Ausdenken von Geschichten so ähnlich wie der Versuch, etwas gründlich Vergessenes zu erinnern. Erinnerung an etwas, das niemals passiert ist, hören Sie mal! Ein dritter führt alles darauf zurück, dass es Leute gibt, die trinken mit ihm Bier und erzählen ihm was!
Schliesslich, und nicht zum geringsten, jene unerträgliche Anmassung, sie seien geschickter in etwas, das jedermann kann: im Gebrauch der Sprache. Und der Anspruch, sie hätten diese Fertigkeit gelernt von Niemandem als sich selbst!
Eine traurige Ausrede. Immerhin taugt sie zur Vergebung ihrer Sünden. Es ist eine berufliche Krankheit. Sie haben ein Verhältnis mit der Sprache. Nach ihrem Glauben ist die Wirklichkeit erst wirklich, wenn sie benannt ist in der genauesten und fasslichsten

Weise. Darum gehen sie uns auf die Nerven mit ihrer Neugier, ihren Anfällen von mentaler Abwesenheit, ihrem unermüdlichen Vergleichen zwischen dem Gesagten und dem Getanen, zwischen dem Friedensversprechen der Staatspersonen und dem Krieg, der dann kam. Leid können sie einem tun. Am besten achtet man auf sie gar nicht, nicht einmal auf ihre Freizeit, in der sie angeblich Sport betreiben.

Es versteht sich, dass dies keinen der anwesenden Romanschreiber betroffen hat, ausgenommen einen.

Wenn die Gewohnheiten des Produzenten verdächtig sind, warum auch gleich das Produkt? Woher dieses Misstrauen gegen den Roman?

Was ein Roman ist, wir wissen es doch, Aristoteles hat es uns gesagt, neuntes Kapitel über die Dichtkunst, 1451a 36 und die folgenden Zeilen.[2] Vor den Leihbüchereien einer jeglichen Stadt steht das Denkmal von Monsieur Abel Chevalley, der uns die Theorie des Romans gegeben hat: »Une fiction en prose d'une certaine étendue.«[3] Ein Roman ist eine Erzählung in Prosa von einer gewissen Länge. Die Aufregung im Kulturteil der Presse ist gänzlich ohne Grund und Boden.

Lassen Sie uns annehmen, wir kauften einen. Eine schmerzliche Vorstellung. Für dies Geld können zwei Personen zu Abend essen. Eine Person bekäme ein erträgliches Zimmer in einem Hotel, für eine Nacht. So viel kostet die Schallplatte, die wir schon lange brauchen. Aber, denken Sie an die Gewerkschaft Druck und Papier, den Buchhandel in seinem Elend, den Verleger in seinem Kleid aus Hungertuch und, ach ja, den Typ mit den zehn Prozent vom Ladenpreis. Diese Ware trägt sich unbequem? das tut sie. Und da ist ein Einwand mehr erheblich: Man kann auf diesem Markt Empfehlungen kaum trauen, und das Produkt ist nicht so leicht vorher zu testen wie die Schallplatte doch. Vergessen Sie es. Es hat einen solchen Ankauf nicht gegeben. Es war ein Einfall. Es gibt immer noch die Leihbüchereien.

Wo immer Sie dies Ding nun lesen, Sie sind damit allein. Veranstalten Sie einen fairen Kampf. Es existiert in so vielen Fassungen wie Leute es gelesen haben; eine davon wird in Ihrem Bewusstsein sein, Ihnen zu eigen.

Es wird Ihnen Ihre Zeit wegnehmen. Prüfen Sie genau, was Sie dafür kriegen.

Sollten Sie weiterlesen, behalten Sie den Titel in Gewahrsam. Hat er Sie hineingelockt in eine Erwartung, die dann nicht erfüllt wird? Was immer Sie finden, es muss Platz finden unter der Überschrift. Am Ende muss der Titel so in Form sein, dass er jedes einzelne Wort des Buches umfassen kann. Kommt das zustande, so haben wir einen vertretbaren Handel gemacht.

Behandeln Sie den Anfang so unnachsichtig wie möglich. Sie werden da mitten in eine häusliche Auseinandersetzung hineingezogen, oder Sie sollen einen Strassenbahnschaffner von aussen wie von innen betrachten, oder Sie sind zur Würdigung einer Land- oder Stadtschaft eingeladen: alles nun Folgende muss der Anfang angekündigt haben. Die ersten Seiten sollen hohle Behältnisse vorbereiten, mit einer Wandung aus Erwartung, in die müssen die späteren Wendungen der Geschichte fallen wie in eine Fanggrube, wie der Kolben in ein Gelenk, so dass nichts hohl bleibt und doch das Spiel locker.

Das hört sich öde an, weil wir nun schon alles kennen? Doch nicht. Ihnen stehen Überraschungen bevor. Sie mögen etwas vorhergesehen haben, kommen muss es dann wie etwas Unerwartetes. Auf Überraschungen haben Sie ein Recht.

Meine Damen und Herren, es ist nun an der Zeit, Ihnen die Personen vorzustellen, die in unserem Roman leben. Eine von den seltenen und glückseligen Gelegenheiten, bei denen man nicht sagen muss: Sehr erfreut.

Wünschenswert wär es ja, das physische Abbild von wenigstens einigen Personen beträte Ihr Bewusstsein sofort und hielte sich da dauernd auf. Auf diese Funktion kann eine Garantie nicht gegeben werden. Leider. Es kann daran liegen, dass die Worte nacheinander kommen statt gleichzeitig und so nicht den Moment herstellen können, in dem wir ein Gesicht im Verhältnis seiner Züge aufnehmen. Auch mag es unmöglich sein für die Sprache, das Gesicht eines Sprechenden so genau zu erfassen wie das Auge es vermag. Und so mancher Romanschreiber ist in einer ähnlichen Lage wie jener Maler, der zwar Gesichter konnte aber die Hände seiner Leute ihnen in die Tasche stecken musste. Was er nicht kann, sollte er wissen, und folglich sich versuchen an dem, was er kann. Und womöglich kümmert Sie noch mehr an einer Person als das Äussere.

Sie haben Anspruch auf eine Entschädigung.

Die Personen in Ihrem Roman, wie immer sichtbar, müssen anders auch wahrnehmbar sein, fast bis zur Gänze: kenntlich daran,

wie sie sich anstellen in Freundschaften, Liebschaften, politischen Notlagen oder solchen, bei denen ein Nagel in die Wand gehauen werden muss – was immer davon Sie anerkennen. Den Rest werden Sie hinzutun. Nach einer Weile sollten Sie abrutschen in Zensuren, die geben Sie selbst: Das sieht ihr wieder ähnlich, so ein Benehmen hätt ich von dem nicht erwartet. Und wenn Sie das Verhalten einer Person zunächst nicht verstehen, so sollten Sie doch scharf darauf sein, es am Ende herauszufinden. Ob Sie jemand in dem Buch mögen, oder missbilligen, beobachten Sie vor allem die Schwankungen Ihres Interesses.
Interesse in der ursprünglichen Bedeutung von dazwischen sein. Zwischen den Leuten sein.
Benutzen Sie Ihr eigenes Lackmuspapier, weisen Sie fälschliche Nachahmungen zurück: Wären Sie in Ihrem täglichen Leben zufrieden mit eben so viel Kenntnis von einer Person, wie der Roman sie Ihnen anbietet? Hätten Sie es lieber etwas ausführlicher, reichhaltiger? Bitte, sehen Sie noch einmal nach. Ein Fall mit schlechten Heilaussichten: wenn Ihnen mehr über jemand erzählt wird als Sie überhaupt wissen wollen.
Hier möchte Einer Ihnen einreden, das Personal eines Romans wahrzunehmen in einem Zustand, da ist es lebendig, und strampelt. Nun wünschen Sie mal Bewegung in der Bude. Dass sich da was tut.
Gewiss. Wenn es die Natur einer Person fordert, dass sie sich eines Feindes entledigt durch Erwürgen, Erschiessen, Brandstiftung – gern. Zwar betreten dann ein Haufen Kripoleute und Feuerwehren die Szene; waren Sie deren tatsächlich bedürftig, fehlte Ihnen der Lärm, und hätte es nicht eine andere Lösung gegeben? Wenn ein durchschnittlicher Arbeitstag einer Person noch genug Energie belässt, um die Gesetze zweimal in der Woche zu missachten, durch Einbruch in das oder Flucht aus dem Gefängnis, durch Manipulation des Computers in der Zentralbank, durch Fangen spielen mit Funkwagen bis endlich zu der krachenden Auffahrt gegen einen Baumstamm oder, naturnäher, gegen bröckligen Beton – wenn es der Person passt, wie könnten wir ihren Nöten im Wege stehen. Ganz gewiss bindet es die Sachen erheblich an einander, hält die Leute in Kontakt und Bewegung.
Nach diesem begeisterten Bekenntnis zu kulinarischen Forderungen hätten wir da noch ein anderes Mittel, einen Roman einzuschätzen. Es ist was mit Zählen.

Zu zählen wären die Beziehungen zwischen den Personen, Vorfällen, Schauplätzen, Zeiteinheiten, Motiven, Techniken der Substruktur und, abermals, den Personen. Versuchen Sie die Beziehungen innerhalb des Romans darzustellen, indem Sie sie durch Linienziehung verbinden. Jedoch sind simple Erwähnungen untauglich. Es sollte etwas mehr sein, als dass Mrs. Brown in ihrem Nachbarn, Mr. Smith oder dem Strassenbahnschaffner, endlich ihren Urenkel erkennt, der seit achtzig Jahren als vermisst galt, und das noch in einem Flugzeugabsturz. Ungültig. Nein, solche Beziehungen müssen fest sein, vielfältig verwirklicht, lebensfähig, gleich denen im tatsächlichen Leben. Sie sollten zumindest in Reichweite dessen kommen, was Mrs. Brown der Virginia Woolf im Eisenbahnwagen angetan hat.[4] Von dieser unteren Grenze an können die Beziehungen gezählt werden. Je dichter das Netz verbindender Linien ist, desto mehr haben sie von einem und an einem Roman.

Mehr noch als auf die Menge der Beziehungen sollten Sie achten auf deren Beschaffenheit. Es genügt nicht, dass wir sie für möglich halten. Sie sollten von neuer Art sein.

Vielleicht geht es mit Worten: Neu: weil so noch nicht gezeigt. Andere Vorschläge sind: Novum, Nouveauté; eben erst gefunden, nicht Trouvaille; ursprünglich, nicht originell.

Hierzu meldet sich als Zeuge Ben Akiba. Alles schon dagewesen: sagt er aus.[5]

Wir verweisen den Zeugen Ben Akiba auf unsere Erwartungen an die Zukunft.

Ben Akiba sagt ein Gedicht von Heinrich Heine auf, mit musikalischer Umrahmung durch die jeweils beliebteste Pop-Musikgruppe.

Im Verhör durch die Verteidigung gibt Ben Akiba den Wortlaut zu: Es ist eine alte Geschichte / und immer wieder neu.

Im Protokoll haben wir: Und wem sie heut passieret, dem bricht nicht gerade das Herz dabei. Was da bricht, ist anders.

Wir danken dem Zeugen für die Lieferung des Anlasses und entlassen ihn ins Publikum. Der Anlass ist alt, und kehrt wieder: die gekränkte, die getäuschte, die verhinderte, die nicht gelebte Liebe. Was soll daran neu sein?

Was wir davon wissen wollen. Noch heutzutage hat Leander unseren sportlichen Beifall für nächtliche Schwimmkünste im Hellespont, aber wir können nicht applaudieren, wenn er die Wirkung von Sturmwind auf eine wegweisende Fackel verkennt, und wir nähmen schwerlich hin, dass Hero nicht ungehorsamer ist gegen ihre Eltern. Das war damals, da verstiess Titus seine Berenike, vielleicht aus Gründen der Philosophie, oder weil sie zwölf Jahre älter war, oder weil sie nach einem Reitunfall die Füsse nicht mehr setzte mit jener im ganzen Orient berühmten Anmut; neuerdings fänden wir eine solche Geschichte lückenhaft. Romeo und Julia, wenn dergleichen uns heutzutage erzählt würde, wir gäben uns nicht zufrieden bloss mit der Feindschaft zwischen ihren Familien, wir fragten auch nach den Grundstücksspekulationen der Montecchis gegen die Cappellettis. Gewiss ist eine dieser Geschichten immer neuer als die andere, auf dem Dorfe wird der Streit um den Acker schon gezeigt, und es gibt einen so unheiligen Anlass wie Armut, aber eine heute verunglückte Liebe fände sich darin nicht vollständig wieder. Eine solche Geschichte in unserer Zeit soll uns zeigen, was jetzt oder demnächst zwischen Liebesleute kommen kann, wenn Sie wollen den Fortschritt in unseren Beziehungen, der längst hinaus ist über Hindernisse wie bewachte Staatsgrenzen. So sind die Neuigkeiten nicht absehbar, die wir bekämen aus einer Vernunftehe im Jahr 1976.

Neu wäre ein Roman, der zu tun hat mit der Zeit, in der der Leser lebt.

Nicht etwa, dass wir binnen Jahresfrist in einem Roman jenes Ereignis finden müssten, das im vorigen Frühjahr die Gemüter der Nation und der Fernseher beschäftigte (wie überhaupt ein historischer Katalog aus Romanen nicht erwartet werden kann).

Zwar wäre die Zeit des vorigen Frühjahrs willkommen, ebenso die Frühzeiten dieses Jahrhunderts und wahrhaftig das Zeitalter der Berenike, nur soll die jeweils erzählte Vergangenheit uns unsere gegenwärtigen Verhältnisse erklären. Wir können die Nachrichten von unseren Vorgängern auf der Erde gebrauchen, wenn sie auch Nachrichten sind für und über uns.

Die Geschichte in einem Roman muss also mehr tun, als der Welt des Lesers etwas hinzufügen. Sie muss sie erweitern, zwar auch durch Neuigkeiten, gründlich aber durch Erfahrung, die der Leser aus Mangel an Zeit oder Erlaubnis bisher versäumte, so dass er wählen kann, ob er sie probieren will oder vermeiden. Das wäre was Neues.

Neu, nicht bloss modern, muss das Bewusstsein sein, in dem der Leser sich befindet mit dem Roman. Die Geschichte allein tut es nicht, der Roman muss sie mit der Welt verbinden. Was wir bisher gelernt haben über unsere Situation, ist nur die Voraussetzung; der Roman muss ein neues Ergebnis einbringen.

Vorauszusetzen ist da die Einsicht, dass Menschen selten als Einzelwesen angetroffen werden. Es versteht sich, dass die delikaten Eruptionen im Gemüt des Individuums uns kostbar bleiben. Sie können nur zunehmen an Belang, wenn den Veranlassungen solcher Happenings nachgegangen wird, etwa jenem Vorgang, in dem der Einzelne von Kindheit an zu- und abgerichtet wird von den Einzelnen um ihn und der Gesellschaft, die sie sich gefallen lassen, bis endlich einer begreift, was für eine Art von Erziehung dies ist und auf welche Zwecke sie aus ist. Anhänger des Klassischen Entwicklungsromans sind freundlich eingeladen, hierin nicht eine Schändung zu erblicken, sondern einen Ausbau und eine Vervollständigung.

Weiterhin unerlässlich ist die Einsicht in den Umstand, dass die meisten von uns die lebendigsten Stunden ihrer Tage an Arbeit wenden müssen. Allerdings ist dies nicht berücksichtigt in der Lehre vom Schönen, und nichts als eine Tatsache.

Es geht da nicht allein um den bedauerlichen Verlust an Zeit, fast eines Drittels vom menschlichen Leben.

Die Arbeit einer Person tut mehr als sie und ihre gesellschaftliche Umgebung identifizieren.

Die Arbeit einer Person ist Teil von ihr. Uns muss vorgeführt werden, was die Arbeit Einem antut, was Einer dafür bekommt, und was andere dafür kriegen.

Das nähme der Schönheit nichts.

Dann gäbe es noch mehr als Ästhetik zu sehen in einem stillen Morgen angesichts eines verschneiten Tales, mit einem Apfel auf dem Fensterbrett und keinem Geräusch von Strassenbahnen.

Nicht bloss Schönheit, sondern eine Qualität des Lebens, die arbeitenden Leuten oft genug verwehrt wird.

Und einmal auch eine Art Arbeit, die eine Person zum Leben bringen kann.

Zu prüfen wäre da nicht nur das Bewusstsein, in dem wir erkennen: so wie die Leute in diesem Roman, so leben wir. Stimmt.

Auch ein anderes, das der Frage hilft: Aber wollen wir so leben? Stimmt das?

Nun die Sache mit der Wahrheit des Romans.

Sie unterliegt der Kontrolle des Lesers. Der Leser weiss Bescheid

mit Leuten. Wenn er das Angebot an Betrieb und Verkehr unter Menschen gelten lässt, können wir auch auf ihn rechnen als Trauergast bei der Beerdigung des Romans.
Der Leser ist fachlich vorgebildet. Er weiss wie es ist, wenn man eine Treppe herunterfällt, wie Charlie Chaplin das machte und wie ein Hund es ins Werk setzen würde. Das stimmt weiterhin für Beerdigungen, Spaziergänge an Meeres Rand, die endgültige Verabschiedung eines Vorgesetzten und für was Sie sonst noch vorschlagen möchten.
Und wenn die Erzählung den Vorgang in einer anderen Geschwindigkeit bewegt als der Leser voraussah oder gewöhnt ist, liegt es doch bei ihm, ob er das verrenkte Bündel am Fuss der Treppe als empfangen bestätigt, und auch, wie es dahin kam.
Jeder sachliche Irrtum, ob er bei einem historischen Datum passiert oder bei der Unschuld eines Staatsmannes am Tode von Millionen Menschen, an dem er schuldig ist; jede Schlampigkeit in der Arbeit des Schreibers, jede lügenhafte Spekulation gilt als Grund zur Beschwerde, in schlimmeren Fällen als Anlass zum öffentlichen Protest, in den schwersten Fällen als Urteil zur Verwandlung des Buches in Altpapier.
Ein paar Minuten für die Werbung:
Zur »Schwierigkeit« neuartiger Romane: Das Problem von Form und Inhalt darf nicht mehr sichtbar sein. Die Geschichte muss sich die Form auf den Leib gezogen haben. Die Form hat lediglich die Aufgabe, die Geschichte unbeschädigt zur Welt zu bringen. Sie darf vom Inhalt nicht mehr ablösbar sein.
Zur Chronologie: Wie sie eine Erfindung ist, gemacht zu *einer* Sortierung der Dinge, so ist es eine Erfindung, dass auch nur die Romane des neunzehnten Jahrhunderts sie strikte befolgt hätten. Wir benutzen in unserem Denken die zeitliche Folge, jedoch auch andere Methoden. Warum sollten wir nicht als Kompliment ansehen, dass Romane unserer Zeit wenigstens sich versuchen an den artistischen Fertigkeiten zeitgenössischer Gehirne?
Zu ungewöhnlichen Worten, unregelmässiger Zeichensetzung, unverhofften Wendungen der Geschichte, Wechseln im Benehmen der Erzählung: Gedenken Sie der Mrs. Brown. Diese alte Dame, so arm wie stolz, mit ihrem unsicheren sozialen Hintergrund, sie wär sich nicht zu gut für den Griff zu einem Lexikon, wenn sie in einem Roman auf unbekannte Ausdrücke stiesse. Sie würde bedenken, dass Wort für Wort darin einzeln hingeschrieben sind, mit

Überlegung, und so lesen. Deswegen müsste der Roman noch gar nicht über sie selbst sein. Mrs. Brown's unentmutigter Schlachtruf lautet: Warum schon im jungen Alter mit dem Lernen aufhören? Sie räumt nicht eben aus Höflichkeit ein, dass solche befremdlichen Worte oder Passagen oft genug die einzigen gewesen sind, die Geschichte in einem bestimmten Zustand zu beherbergen. Denn Mrs. Brown, ihrer betrüblichen Lage zu trotzen, hat sich ihre Vorliebe für Geduld bewahrt. Gern zu Diensten, madam.
Zugegeben, die Manieren neuerer Romane können weit weg sein von den Wahrnehmungsfähigkeiten des Publikums.
Wie in anderen Künsten auch.
Da mag ein Dilemma sein. Eine Alternative ist es nicht.
Im Interesse der Geschichte in einem Roman muss das schreibende Gewerbe alle vorrätigen und erfindlichen Techniken, Reserven, Auskünfte anwenden. Anders wird die Arbeit nicht haltbar.
Anzuführen sind auch mildernde Umstände: Fast gar kein Roman unserer Zeit befasst sich mit einem Gebiet, für das die analytischen und technischen Mittel fertig entwickelt sind. Das wäre der Versuch, das Verhalten des menschlichen Gehirns zu seinen Wahrnehmungen einmal genauer zu erzählen. Dies gilt als Luxus. Demnach sollte beständige Rücksicht auf vorhandene Lesegewohnheiten als Anpassung gelten.
Wenn der Mehrheit einer Gesellschaft jene Ausbildung verweigert wird, die nötig ist, einen (sagen wir) Roman ohne Nebenarbeiten zu geniessen, so ist das nicht die Schuld dieser Kunstform oder ihrer Produzenten. Anders herum würde es ein Schuh, der passt: indem die Gesellschaft in einen Zustand gebracht wird, in dem die Schulen mehr sind als Zulieferindustrie der Industrie.
Ende der Werbung.
Ein Geständnis, gerichtet an Freunde und Feinde auf der linken Seite: Ein Roman ist keine revolutionäre Waffe. Er bringt nicht unmittelbar politische Wirkung hervor.
Gedenkt der Millionen, die jenes Buch zum Weltkrieg I, »Im Westen nichts Neues«, gekauft und gelesen haben, und gedenkt der Millionen, die der Wehrdienstpflicht wenige Jahre nach der Lektüre gehorchten. Gedenkt des Generals Friedrich Engels und seiner Auskunft an die bedauernswerte Miss Emma Harkness, sie habe ihren Roman verdorben, indem sie ihn für ihre politischen Absichten benutzte.

Warnung vor dem Hunde: Wenn ein Roman als ein Ziel die Abschaffung eines bestimmten Gesetzes oder die Förderung einer politischen Gruppe ankündigt, bekommt Ihr nicht einen Roman sondern, mit Glück, ein Behältnis mit Materialien zur Agitation.

Wenn eine politische Gruppe im Besitz der Macht bei den Romanschreibern des Landes eine Version der Vergangenheit in Auftrag gibt, wie sie nicht verlief, oder ebenso, die Version einer Gegenwart, wie sie sein sollte nach den Versprechen der Regierung, wird die Erinnerung an die tatsächlichen Vorgänge, desgleichen die Kenntnis davon, bei den Lesern die Überhand behalten, und solche Romane werden schon als Information auf Gegenwehr stossen.

Noch ein Vorschlag, an die gleiche Adresse: Wenn Ihr von einem Roman meint, er nehme sich Eurer Lage und Eurer Bedürfnisse unzulänglich an und bediene Euch statt dessen mit dem schrecklichen Alltag, den die Mittelklasse oder die sehr Reichen zu erdulden haben: es mag doch eine Gelegenheit sein zum Kennenlernen Eurer Feinde, oder von Verbündeten, die Ihr noch nicht wahrnahmt.

Wozu also taugt der Roman?

Er ist ein Angebot. Sie bekommen eine Version, einen Zustand der Wirklichkeit. Es ist nicht eine Gesellschaft in der Miniatur, und es ist kein maßstäbliches Modell. Es ist auch nicht ein Spiegel der Welt und weiterhin nicht ihre Widerspiegelung; es ist eine Welt, gegen die Welt zu halten.

Sie sind eingeladen diese Version der Wirklichkeit zu vergleichen mit jener, die Sie im Kopf haben. Vielleicht passt der andere, der unterschiedliche Blick in den Ihren hinein; gewiss werden Sie bemerken, warum er zu Ihrem Blick nicht stimmt.

Verteidigen Sie Ihre Unabhängigkeit bis zur letzten Seite des Buches. Suchen Sie nach einer versteckten Schiene, auf der Sie hingelenkt werden könnten zu einem anderen Urteil als dem Ihren. Sie haben sich das Recht erworben auf eine Geschichte. Die Lieferung einer Quintessenz oder einer Moral ist Bruch des Vertrages zwischen Ihnen und dem Verfasser des Romans. Mit dem Roman ist die Geschichte versprochen. Was dazu gesagt wird, sagen Sie.

Der Roman muss die Historie einer Zeit enthalten in nicht historischer Form. Das Zitat von Aristoteles lautet, in vereinfachter Form: »Darum ist das erfindende Erzählen nützlicher als die Geschichtsschreibung, denn die Fiktion geht aus auf die Essenz (des menschlichen Lebens), nicht bloss auf die Einzelheiten.«

Der Roman muss Sie unterhalten. Unterhalten in allen Bedeutungen des Wortes: Wie man unterhalten werden kann durch ein Schauspiel, durch eine Musik, durch ein spielendes Kind; wie eine Brücke, ein Verkehr, ein Haushalt unterhalten wird.

Als ob Sie solcher Nachrichten von Ihren Nachbarn bedürftig wären.

Dann wäre zumindest auch für diesen Beruf Teilung der Arbeit festzustellen. Während Sie anders beschäftigt sind, beschafft der Romanschreiber Ihnen Unterhaltung und Information.

Deswegen stellt er sich auch an, als wär sein Beruf einer wie jeder andere, und seine Arbeit wie andere eine Arbeit. Wenn er darüber noch redet, so eigens, weil er danach gefragt worden ist.

Anmerkungen

1 Der Text wurde für eine Vortragsreise nach Jugoslawien konzipiert, die Uwe Johnson in der Woche vom 8. bis 14. Dezember 1975 nach Zagreb und Sarajewo führte. Das Typoskript im Nachlaß ist vom 29./30. Oktober 1975 datiert. Es basiert auf einer Fassung dieses Vortrags für den »Düsseldorfer Primanertag« von 1973. Der Schlußteil wurde unter dem Titel *Vorschläge zur Prüfung eines Romans* in dem von Eberhard Lämmert (u. a.) herausgegebenen Band *Romantheorie. Dokumentation ihrer Geschichte in Deutschland seit 1880* 1975 bei Kiepenheuer & Witsch veröffentlicht (S. 398–403).

2 Die Textstelle bei Aristoteles heißt:
»Es ergibt sich auch aus dem Gesagten, daß es nicht die Aufgabe des Dichters ist, zu berichten, was geschehen ist, sondern vielmehr, was geschehen könnte und was möglich wäre nach Angemessenheit oder Notwendigkeit. Denn der Geschichtsschreiber und der Dichter unterscheiden sich nicht dadurch, daß der eine Verse schreibt und der andere nicht (denn man könnte ja die Geschichte Herodots in Verse setzen und doch bliebe es gleich gut Geschichte, mit oder ohne Verse); sie unterscheiden sich vielmehr darin, daß der eine erzählt, was geschehen ist, der andere, was geschehen könnte. Darum ist die Dichtung auch philosophischer und bedeutender als die Geschichtsschreibung. Denn die Dichtung redet eher vom Allgemeinen, die Geschichtsschreibung vom Besonderen. Das Allgemeine besteht darin, darzustellen, was für Dinge

Menschen von bestimmter Art reden oder tun nach Angemessenheit oder Notwendigkeit, das Besondere aber, zu berichten, was Alkibiades tat oder erlebte.«

Zitiert nach: Aristoteles, *Vom Himmel. Von der Seele. Von der Dichtkunst,* München 1987 (2. Aufl.), S. 403/404.

3 Abel Chevalley, *Le Roman Anglais de Notre Temps,* London/Edinburgh/Glasgow/New York 1921, S. 2.

4 Vgl. Virginia Woolf, *Mr. Bennet and Mrs. Brown* (1924), in: V. Woolf, *Collected Essays, Vol. I,* London 1966, S. 319–337.

5 Vgl. Karl Gutzkow, *Uriel Acosta. Trauerspiel in fünf Aufzügen* (4. Aufzug, 2. Auftritt), in: Reinhold Gensel (Hg.), *Gutzkows Werke. Auswahl in zwölf Bänden,* Berlin/Leipzig/Wien/Stuttgart o. J., 1. Teil, S. 53/54.

Unveröffentlicht

Uwe Johnson
Wie es zu den *Jahrestagen* gekommen ist[1]

Die ehrlichste Antwort ist: zu diesem Buch sollte es gar nicht kommen. Ich hatte dreieinhalb Bücher geschrieben, hatte meist in Deutschland gelebt und hatte Gründe, einen Abschied, eine Pause, zu wünschen. So ging ich also umher und fragte, ob sie Arbeitsplätze zu vergeben hätten in Amerika, und ob sie mir einen ablassen würden. Das hing damit zusammen: ich hatte durch die USA zwei Reisen gemacht, solche wie diese. Man tritt auf ein Podium, die Leute sind interessiert an deutscher Literatur, und dann lesen Sie ihnen etwas vor, wobei wir uns im Ausland immer damit herausreden konnten, daß nur der Verfasser genau weiß, was für rhythmische, für akustische Dimensionen er beim Schreiben des Textes mitgedacht hat. Es waren zwei Reisen, und dann hatte ich von diesem Land Amerika einiges gesehen, nämlich genau das, was vor dem Fenster des Busses vom Flughafen, vor dem Hotelzimmer oder was überhaupt passiert zwischen Sehenswürdigkeiten und Flugplatz. Durch das viele Vorenthalten wurde ich neugierig auf das Land und hatte wohl auch eine etwas dumme Theorie, nämlich daß das Amerika von heute in sehr vielen Hinsichten unsere Zukunft sein kann. Das wollte ich nachprüfen. Aber man glaubte mir nicht, daß ich hier arbeiten wollte. Die Leute sagten zu mir, ja gern, kommen Sie zu uns auf die Universität und bringen Sie den Leuten das Schreiben bei, insbesondere das schöpferische Schreiben. Da ich aber nun aus meiner Vergangenheit weiß, wie man das lernt, glaube ich nicht, daß man das irgend jemandem beibringen kann. Es wurden mir noch mehrere solcher Sachen angeboten; aber schließlich glaubte mir jemand und sagte, ich könne als Lektor in einem Schulbuchverlag arbeiten. Ich vergewisserte mich, daß das kein Geschenk war und keine eigens für mich geschaffene Stelle. Für den Anfang bekam ich ziemlich genau das, was ich wollte: ich mußte nämlich allein eine Wohnung suchen, ich mußte mich mit dem Gedanken vertraut machen, daß auch dort Steuerformulare auszufüllen sind und daß man da etwas über die Mentalität der Leute lernt, nicht die der Leute auf der Straße, aber die der Leute im Büro.

Ich erfuhr allmählich von einer Lebensweise, auf die ich nicht hatte zusteuern wollen. Auch mein neuer Tagesablauf war sehr lehrreich: Das hieß, daß ich um acht Uhr das Haus verlassen und dann mit der U-Bahn umsteigen mußte, um um zehn vor neun an meinem Schreibtisch zu sitzen und einen ungeheuer loyalen Eindruck zu machen, denn ich hatte dem Unternehmen zehn Minuten Zeit geschenkt.

Und nun war es ein Neubau, und diese Neubaubürogiganten in der Stadtmitte von Manhattan sind sehr viel besser organisiert, als man das in Deutschland vermuten würde. Es sind gar keine Großraumbüros – es sind Zellen. In diesem Neubau sind die Türen zu den einzelnen Zellen nur ein einziges Mal bewegt worden, nämlich als sie eingehängt wurden, und dann wurden sie an die Wand geschlagen. Der Abteilungsleiter brauchte also nur vorbeizugehen und sah dann sofort, ob man etwa ein gutes Buch oder die Zeitung las, oder ob man auf eifrigste Weise vorgebeugt an der Schreibmaschine saß und erfreuliche Titel schuf. Ich arbeitete also bei dieser offenen Tür – und kam abends zurück, um die Füße lang auszustrecken und meine Hände an irgend etwas Nassem zu kühlen. Auch sah ich sonst gar nicht mehr viel von der Stadt, und erst nach einem dreiviertel Jahr wachte ich auf; und das kam von der Erkenntnis, daß ich nun einiges wüßte, was ich gar nicht hatte wissen wollen: die Lage der Angestellten in einer Stadt wie New York. Das war an und für sich unverwertbares Spezialwissen. Aber das konnte ich dennoch nicht liegenlassen. Und nun fiel mir auf, daß jemand, den ich kannte, auch in der Stadt wohnte: das war eine Person namens Gesine Cresspahl. Ich hatte einmal in einem Buch *Mutmassungen über Jakob* drei Wochen in ihrem Leben beschrieben, aber das ist sehr wenig von ihrem Leben. Eigentlich war sie bloß da und hatte keine Vergangenheit. Und wie das so ist, wenn man sich eine Person erfindet – denn man erfindet sie ja nicht nur für den Augenblick, den man erzählen will, sondern möchte sie schon etwas vollständiger haben, also nicht nur den Gesichtsschnitt (in diesem Fall ein etwas slawischer, denn sie ist aus Mecklenburg) –, wußte ich auch sonst einiges von ihr. Ich wußte das Geburtsjahr, das war 1933, ich wußte die Vorgeschichte der Familie und kannte einige Eigenarten von ihr, sich z. B. nicht an gewisse Konventionen zu halten wie die der Ehe, oder daß sie immerhin die Zeitung las, was ich für mich damit erkläre, daß sie bis 1953 in Mecklenburg lebte und daß sie da nicht geblieben ist, bloß weil das die Heimat war, die Freunde oder die Liebschaften dort saßen. Sie

ist auch da geblieben wegen der besonderen Art von Sozialismus, der dort an den Leuten ausprobiert wurde, als aus der sowjetischen Besatzungszone die DDR geworden war. Das wußte ich. Ich wußte aber auch, daß sie den Sozialismus auf der Schule gehabt hat, und zwar als Bestandteil des Antifaschismus und als Theorie, und daß die Oberschüler von damals mit dem Abiturjahrgang 1952 auch in der DDR sich für eine Elite hielten und es nicht für nötig ansahen, auch nach dem »Sozialismus auf der Straße« zu sehen, wie er denn nun wirklich in einer Fabrik oder in einer landwirtschaftlichen Produktionsgenossenschaft funktioniert und was den Leuten dort passiert.
Es war also kein sehr fundierter Marxismus, d. h., theoretisch war er ganz ausgezeichnet, so wie man ihn in früheren Zeiten nur für 30000 Goldmark sich hätte leisten können. Aber praktisch taugte er nichts, und als in diesem Staat die Arbeiter und Bauern sich entschlossen, gegen ihre Regierung wegen grober Mißhandlung vorzugehen, da brach ihr Sozialismusverständnis auseinander und sie war sozusagen persönlich gekränkt, daß der Sozialismus so etwas macht und mit Panzern auf die eigenen Leute zurückschießt – sie war zwanzig. Sie machte das Dümmste, was sie tun konnte, sie beging eine Panikhandlung und ging an die Stelle der Welt, für die sie überhaupt nicht geeignet war – sie ging in den Westen, wo sie die zurückgebliebenen Fundamente des Faschismus nicht gerade angezogen haben können – in eine Gegend, von der sie gelernt hatte, daß es zyklische Krisen und Notwendigkeit dieser Krisen und Untergang dieser Gesellschaft gibt – und da blieb sie. Denn wer vom Sozialismus weggeht, der geht nicht zurück, jedenfalls nicht als der, der er ist.
Das alles wußte ich. Sie machte ein kleines Fremdsprachendiplom, denn in der DDR hätte sie studieren dürfen, im Westen hatte sie kein Geld. Dann hat sie ein wenig in einem Büro gearbeitet, dann bekam sie ein Kind. Da erschien ihr die Welt so unsicher, und sie ging in einer Bank arbeiten, schickte also fremdsprachige Briefe an andere Banken und lernte ein bißchen die Terminologie und wurde dann wirklich 1961 von ihrer »dankbaren« Bank in die USA geschickt. Da sollte sie die feineren Tricks bei der Vervielfachung und dem Erwerb und der Verschönerung des Geldes lernen, worin sie sich auch ein wenig Mühe gab, bis sie dann mit einem Male desertierte. Da wurde ihr gekündigt. Sie fand nach einer Pause wieder eine Bank, die keine deutsche Verwandtschaft hatte, lernte

auch etwas Nationalökonomie, d. h., sie kaufte sich etwas Nationalökonomie auf der Columbia Universität und war schließlich wieder da, wo sie angefangen hatte: sie war wieder Fremdsprachensekretärin bei einer Bank. Dies alles fiel mir wieder ein. Sie ist zwar eine ziemlich erfundene Person, sie ist nicht polizeilich gemeldet, ich habe sie mir ausgedacht.
Wir hatten jetzt also 1966/67. Ich fragte mich, wo die Gesine wohl leben wird in New York. Denn ich wohnte in einer ganz merkwürdigen Gegend dieser Stadt, die es eigentlich nicht geben darf: In einer Wohnung am Riverside Drive, und die hatte fünf Fenster, die blickten alle hinaus auf den Riverside Park, und im Herbst blickte man auf den Hudson. Da es genau 100 Meter bis zum Ufer waren, war gar nicht so genau festzustellen, daß die blaue Farbe des Hudson in Wirklichkeit Gift bedeutete. Aber immerhin, woher kam Gesine Cresspahl? Von der Ostsee. Sie kam von einer Gegend mit wenigen Bäumen, denn der Adel hatte in diesem Teil Mecklenburgs seit 1500 den Wald abgeholzt.
Mir war ziemlich klar, sie wohnte auch irgendwo an der Riverside, auch in den neunziger Straßen, nicht genau da, wo ich wohnte, aber ungefähr da.
Jetzt hatte ich den Wohnsitz und mußte noch herausfinden, wohin sie ihr Kind brachte. In den Kindergarten? Was kostet das? Die Leute im Park wunderten sich sehr, wenn ich fragte: »Was zahlen Sie denn so für ein Kind?« Marie, das Kind, war ja nun inzwischen zehn Jahre alt und war nicht mehr im Kindergarten, sondern sie war in einer hochangesehenen Schule, und zwar in einer bekenntnisfreien. Die Zahlen waren »rund 900 $ im Jahr«, und jetzt mußte ich herausfinden: Kann eine Sekretärin von einer Bank sich denn das leisten? Das bekam ich auch noch heraus. Aber die Leute, die ich kannte, wunderten sich inzwischen sehr über mich. Sie hatten mich für einen ganz diskreten Menschen gehalten, und jetzt ging ich in der Stadt umher und fragte nach Preisen, z. B. in einer Bank, was kriegt man denn so.
Oder ich fragte, wenn jemand an der Park Avenue wohnt, was zahlt er dann so für vier Zimmer. Wenn Sie das jemandem in der Park Avenue sagen und sind noch dazu eingeladen ... Ich schreckte also vor nichts zurück, ich brauchte das, aber ich konnte niemandem sagen, wozu ich das brauchte. Dann interessierte mich auch noch – wegen der Materialsammlung bezüglich Park Avenue – ein Mittagessen mit einem Millionär. Und ich habe dann mit

einem Sproß aus aristokratischem finanziellen Adel gegessen und hatte eine Frage. »Sagen Sie einmal, halten Sie es für möglich, daß Ihr Bankinstitut – 2000 Angestellte – am Krieg in Vietnam verdient, und halten Sie es überhaupt für grundsätzlich möglich, daß Kapital jeweils an den Verbrauchsorgien des Krieges sich gesundstößt?« Und da er ein sehr würdiger Herr war, zuckte er nicht zusammen, sagte nur ganz verwundert, daran habe er nie gedacht. Nun wußte ich auch einiges über die Bank und das Verständnis der Bankiers und hatte den Mut, mit meinem Buch anzufangen.

Der Anfang war natürlich falsch. Im August 1967 war ich an der See, am Abend eines Tages sagte ich mir, warum denn nicht jetzt anfangen, und das war der 20. August 1967. Und ich hatte auch schon den Titel: *Jahrestage*. 365 Jahrestage. Ich fing damals mit der Beschreibung jener See an, die ich in New Jersey gesehen hatte, und bekam tatsächlich das erste Kapitel fertig, diesen Montag nach dem Sonntag. Ich dachte mir: am Dienstag schreibst du ein Kapitel über den Montag, am Mittwoch eines über den Dienstag ... und dann ist ein Jahr vergangen und dann hast du deine 365 Kapitel und dann bist du fertig. Als das 365. Kapitel an der Reihe gewesen wäre, hatte ich bestenfalls 20 geschrieben. Außerdem hatte die Wirklichkeit in ihrer freundlichen Art mich mit einem Schluß versehen, den ich nicht wollte: mit den auffälligen Todesereignissen von J. F. Kennedy bis M. L. King – das hatte ich nicht geplant.

Sie hatte mich versehen mit einer fortlaufenden Demokratisierung des Sozialismus in der ČSSR und einem Interesse der Bank, in der Gesine Cresspahl arbeitete, an der ČSSR als einem Kreditempfänger. Gesine Cresspahl wird als Sachbearbeiterin eingesetzt zur Vorbereitung dieser Anleihe, bis dann für die Bank mit dem Einmarsch der sowjetischen Truppen nichts kaputt ging. Aber für die Tschechoslowaken ging einiges kaputt, denn sie hätten mit einer Milliardenanleihe aus dem kapitalistischen Ausland sehr viel in Ordnung bringen können in ihrer Leichtmetallindustrie, in ihrem Verkehrswesen – sie hatten also etwas verloren. Und diese Gesine Cresspahl, die nun noch einmal eine Arbeit gern getan hätte, weil sie zwar für die Bank war, aber auch für die Verbesserung ihres Sozialismus, an dem sie seit Kindeszeiten hing, sie hatte nun auch etwas verloren, in dem Moment, in dem die Sowjets einmarschierten, woran sie bis zuletzt nicht hatte glauben wollen.

Was ich da als erstes Kapitel schrieb, als erstes für notwendig hielt, das war, wie Mrs. Cresspahl heute in New York mit ihrer Vergan-

genheit, mit ihrer mecklenburgischen, ostdeutschen, sozialistischen, westdeutschen, kapitalistischen Vergangenheit, lebt.
Es kommt mir darauf an, daß solche Tagesabläufe absurd ausfallen, daß ein Mensch absurd leben muß, wenn er den Tag durchstehen will und dafür Schulgeld bezahlt. Ich bin nicht frei in meiner Entscheidung meiner erfundenen Person gegenüber, denn offenbar habe ich irgendwann den Fehler gemacht, dieser Person eine Bekanntschaft mit einem Herrn Karsch zuzuleiten – anzudichten möchte ich nicht sagen, denn auch dieser Herr Karsch, so gut er erfunden ist, ich kenne ihn. Das ist dieser Kerl, der 1960 aus Deutschland abhaute und jetzt eine Eigentumswohnung hat. Wir haben ihn generalüberholt, so daß er jetzt gleichfalls Professor ist. Außerdem hat er ein Buch über die Mafia geschrieben und ist mit Gesine Cresspahl seit ungefähr 1960 bekannt, und deswegen muß sein Geburtstag in diesem Buch vorkommen. Anders würde mir diese erfundene Gesine sagen, ja entweder kenn ich den, entweder bin ich die liebe Freundin, oder aber du hast da nur etwas beschrieben. Sie drängte mich in diese Geburtstagsfeier herein mitsamt dem Kind, und Sie sehen ja, das Kind wird auch vorkommen, das nimmt sich auch sein Recht. Jetzt könnten Sie sagen, aber das Kind ist doch gar keine Deutsche, hat die das nötig, die sogenannte Ausbeutung in so vollkommen verschönerter Form zu erdulden? Oder: Warum schicken Sie die zwei nicht zurück nach Hause? Ich kann Ihnen eines sagen, das haben mir schon andere wohlmeinend geraten, z. B. Martin Walser. Als er sah, wann das Buch aufhören mußte und womit, da hat er mir gesagt: »Uwe, hol die Gesine nach Hause. Steck sie irgendwo nach Schwäbisch Gmünd in eine Bausparkasse.« Da sagte ich: »Lieber Martin, daran habe ich auch schon gedacht. Aber den schwäbischen Dialekt versteht sie nicht. Sie mag vielleicht italienisch akzentfrei sprechen, englisch oder amerikanisch nur mit einem englischen Akzent, aber weißt du, mit mecklenburgisch dann schwäbisch? Ne!« »Ach«, sagte Walser, »das gibt es nicht. Es sind dort so viele Flüchtlinge.«
»Ja, Martin, das mit den Flüchtlingen wollen wir mal lassen, aber sie hat dort in der Columbia Universität so viel Volkswirtschaft und bei ihrer Bank in New York so viel Tricks gelernt und den Jargon, das wäre alles etwas vergeudet in Schwäbisch Gmünd. Und du hast doch selber die Sache mit der Akkumulation des Wertes der Arbeitskraft gelernt, nicht wahr? Du willst doch nicht, daß sie das verschwenden soll.«

»Doch, mein lieber Johnson, es muß ja nicht Schwäbisch Gmünd sein, tue sie nach Lübeck.«
»Ja«, sag ich, »das stimmt. Mit dem Dialekt würde es gehen. Aber siehst du, diese Dame hat 1953 ihre Heimat verlassen, das ist noch gar nicht so lange her.
Sie wäre da zu dicht an der Grenze und sie wäre zu dicht in einer sehr, sehr verwandten Sprache. Es käme da eine Art Heimweh hoch. Sie wäre verrückt, wenn sie sich in diesen Taumel der gefährlichen Erinnerungen hineinbegäbe, zu dicht heran ginge an das, was sie da verloren hat, und das ist nicht wenig.«
Daraufhin wurde ich als ein hoffnungsloser Fall aufgegeben, nicht nur von Herrn Martin Walser.
Und ich ließ sie weiterhin in New York. Außerdem hätte sie mir gesagt, »sieh mal, du hast mich zwar erfunden, wie man als Schriftsteller eben eine erfindet, aber als du mir das Kind gabst, spätestens im August 1955, da mußte ich mich zu dem Kind verhalten, so erfunden ich war, das mußte ganz von mir kommen, denn ich bin eine weibliche Person. Da kannst du mich nicht auf männliche Weise herumstoßen. Und wenn du mich dann nach New York versetzt und dafür sorgst, daß dieses Kind Marie die Stadt New York und überhaupt Amerika als einzige und wohlerworbene Heimat betrachtet, dann kannst du von mir nicht verlangen, ich solle zurückgehen nach Düsseldorf und mich dort mit Bankgeschäften befassen, denn du würdest das Kind kaputtmachen. Also mach weiter in New York!«
Also müssen wir in New York bleiben. Ich bin nicht mehr frei.

Anmerkung

1 Text eines Vortrags, den Uwe Johnson am 18. Juli 1974 in München gehalten hat. Im Rahmen eines Sommerkurses des dortigen Goethe-Instituts hat er ohne Manuskript berichtet, wie es zu den *Jahrestagen* kam. Der Vortrag wurde auf Tonband aufgenommen und von Frau Dr. Monika von Krafft transkribiert. Der vorliegende Text beruht auf einer im Nachlaß Uwe Johnsons aufbewahrten Fassung dieses Transkripts.

Uwe Johnson
». . . habe aber nie die Absicht gehabt, durch Partheischriften den Tageslärm zu vermehren.«[1]

Meine Damen. Meine Herren.
Ich danke der Stadt Braunschweig für den Preis, den sie nach Wilhelm Raabe benennt. Ich danke den Mitgliedern der Kommission, die mich dafür vorgeschlagen haben.
Verdient habe ich ihn nicht. Denn ich soll ihn bekommen für die »Jahrestage« einer Gesine Cresspahl, für etwas Abgeschlossenes. Davon weiß ich zwar das letzte Wort, aber daß es auch hingeschrieben wäre, damit hapert es. Allerdings ist es eine Krankheit gewesen, die mich für fünf Monate umgeworfen hat, heute auf den Tag genau; da dürfte ich ein Attest beibringen und wäre zur Not entschuldigt. Aber in der Ordnung ist es kaum, es verträgt sich schlecht mit Wilhelm Raabe, ich kann die Ordnung nur versprechen, fürs nächste Jahr. Als einen Auftrag, eine Mahnung also nehme ich den Preis vorfrüh an, und auch, weil ich mit der Aussicht auf dieses Geld die Braunschweiger Ausgabe früher als gemeint habe erwerben können und das Lieferbare nachlesen.
Eine Furcht vor germanistischen Bekenntnissen ist bei mir unangebracht. Gelernt habe ich so etwas wohl, eben in der Hoffnung, ich dürfte mich einmal von Berufs wegen befassen mit Literatur. Seit dem Entschluß, selber solche erfundenen Geschichten zu schreiben und sie wildfremden Leuten anzubieten als eine Wirklichkeit, kann ich Theorie nur benutzen, wenn sie sich im Handumdrehen verwandelt in ein Mittel der Erzählung. Einem Versuch, Wirkungen von Wilhelm Raabe auf meine Art zu schreiben nachzuweisen, wäre ich kaum gewachsen. Überdies bin ich überzeugt, ein jüngerer Schriftsteller könne einen Alten nur als ein moralisches Vorbild nehmen, und hier habe ich allerhand Gründe, versessen zu sein auf den Wilhelm-Raabe-Preis.
Es sind drei Zitate aus seinen Briefen, mit denen ich diesen Wunsch belegen möchte; es gäbe mehr.
Das erste ist datiert mit dem 21. November 1883 und lautet: »Dem

wircklich deutschen Volk thut Israel keinen Schaden.« Das ist geschrieben wenige Jahre nach dem Berliner Antisemiten-Streit und in einer Ära, da ein Mann wie Theodor Storm von Gottfried Keller zurechtgewiesen werden mußte wegen einer törichten Bemerkung über Judentum.
Das zweite Zitat findet sich im selben Brief: »... so habe ich mir mein ganzes literarisches Leben nur Mühe gegeben, objective Dichtungen hinzustellen, habe aber nie die Absicht gehabt, durch Partheischriften den Tageslärm zu vermehren.« Das muß mir gefallen, denn eine Zeit lang wurde meine Arbeit so eingeengt auf eine politische Schlagzeile, »Dichter der beiden Deutschland«, hinter der die Personen meiner Bücher fast verschwanden, und noch mehr, was sie taten. Gewiß ist die Grenze zwischen den beiden deutschen Staaten ein Umstand unseres Lebens, jedoch einer von vielen, und grundsätzlich meine ich, es sei jede Handlung, jeder Zustand eines Menschen bedingt durch das gesellschaftliche System, in dem er sich einrichten muß, da kann jeweils eine Treue in der Freundschaft oder in der Liebe ganz unterschiedlich ausfallen bei Personen, denen immerhin eine Sprache gemeinsam ist. Das versuche ich zu zeigen, jedoch nicht im Glauben, so könne eine kurz- oder langfristige politische Möglichkeit befördert werden. Zeigen möchte ich es, indem ich Geschichten erzähle, in der Hoffnung, der Leser werde darin erkennen, wie wir uns befinden heutzutage, in dem vermessenen Vertrauen, er werde beim Lesen auch auf die Frage geraten, ob es denn wünschenswert sei, wie wir uns befinden heutzutage.
Das dritte Zitat ist ein strikt berufliches, vom 10. April 1892: »Über ›Zunftgeheimnisse‹ kann ich Sie leider nicht unterrichten. Die giebt es meiner Meinung nach gar nicht. Die Individualität ist da Alles und sogenannter guter Rath nichts. Jeder sieht die Welt auf seine Weise, Jeder hat sein eigenes eigenstes Handwerkszeug.« Diesen Standpunkt führe ich an wegen der Einschränkung, die er enthält. Dies ist ein subjektives Gewerbe, und es bedeutet eine ungeheure Verantwortung, wenn ein Einzelner seinen Blick auf die Welt öffentlich anbietet als eine Form der Realität zum Prüfen und Vergleichen. Und gewiß kann man etwas lernen aus dem *Stopfkuchen* über die Optik des Erzählers oder aus der Komposition der *Acten des Vogelsangs* um Velten Andres, jeweils aber nur die pure, abgelöste Technik. Denn wie ein Schriftsteller sein eigenes Verhältnis herstellen muß zwischen dem vorgefundenen Zeit-

stil und den Anforderungen, die er selber stellt an die Sprache, so wird er alle technischen Mittel den Bedürfnissen der Geschichte unterordnen, die er selber erfunden hat aus den Erfahrungen seiner Individualität. Was die angeht, so wird er sie ganz und gar ausliefern an die Leute, von denen er erzählt, und ich danke für den Preis auch als für ein Zeugnis, daß Sie in den *Jahrestagen* nicht mich haben reden hören, sondern eine Frau namens Gesine Cresspahl, unverheiratet, ein Kind...

Zum Schluß möchte ich Ihnen noch schildern dürfen, wie es zuging, daß Sie eine kurze Rede bekommen statt einer langen. Denn während ich überlegte, wie denn ich meinen Dank ausdrücken sollte, habe ich des öfteren dagesessen in der Haltung, in der Wilhelm Raabe uns einmal den jungen Vetter Just Ewerstein zeigt: »Vierschrötig sitzt er heute vor mir da, mit beiden Ellenbogen auf dem Tische das mecklenburgische Wappen zur Darstellung bringend.« (*Alte Nester*; Band 14, p. 76, Zeile 2–4). Da ich vorher ein Zitat in den Anmerkungen nachgeschlagen hatte, geriet ich auch auf die folgende, p. 478, Zeile 14–15: »das mecklenburgische Wappen: *Eines seiner Felder zeigt einen gewinkelten Arm.*« Da sank mein Mut, denn nun würde ich mich anlegen müssen mit der Braunschweigischen Wissenschaftlichen Gesellschaft. Denn ich bin ein Mecklenburger, hier war mein Vaterland bedroht! Fällig war eine gelehrte Abhandlung über das Jahr 1657, über jenen silbernen Arm im fünften Felde des vollständigen mecklenburgischen Wappens, »welcher mit einem silbernen Bande umschlungen ist und in der Hand einen goldenen Fingerring mit eingefaßtem Stein hält – das Wappen der Herrschaft Stargard« (Wilhelm Raabe, *Mecklenburgische Vaterlandskunde,* bearbeitet von Gustav Quade, Hinstorff'sche Hofbuchhandlung Verlagsconto, Wismar 1896, Band 3, pagina 680f.). Dort finde ich in einer Anmerkung den Hinweis auf das Standardwerk über das mecklenburgische Wappen, veröffentlicht von den Buchhändlern Opitz und Co., Güstrow 1893. In Güstrow, Mecklenburg, aber bin ich zur Schule gegangen, oft genug habe ich gestanden vor dem Ladentisch des Herrn Opitz; es war eine wissenschaftliche Gegenwehr ganz unausweichlich. So saß ich denn da wie Just Ewerstein, nicht nur *einen,* sondern beide Arme auf den Tisch gestützt, beide Fäuste an der Stirn, das mecklenburgische Wappen zur Darstellung bringend, welches in einfacher Gestalt einen Büffelskopf zeigt, weswegen bei uns Leute einen Namen tragen und heißen Ossenkopp.

Endlich gab ich auf und wollte solche Zwickmühle Ihnen überlassen und mich kurz fassen mit meinem Dank, den ich nun wiederhole, auch mit einem fürs Zuhören.

Anmerkung

1 Rede zur Verleihung des Wilhelm-Raabe-Preises am 18. Oktober 1975 in Braunschweig. Veröffentlicht in: Literarische Vereinigung Braunschweig (Hg.), *Wilhelm-Raabe-Preisträger. Vier Ansprachen: Werner Bergengruen, Hans Erich Nossack, Walter Kempowski, Uwe Johnson. Ein Bericht: Hermann Hesse* (mit fünf Federzeichnungen von Peter Vogt), Braunschweig 1981, S. 39–45.

»Begegnung mit Thomas Mann«

Die Buchhandlung Gustav Weiland Nachf. in Lübeck unterrichtete Uwe Johnson am 16. April 1973 von ihrer Absicht, zum 100. Geburtstag Thomas Manns ein Buch unter dem Arbeitstitel Begegnung mit Thomas Mann *herauszugeben. Vom Umfang her war an einen Essay zwischen 6 und 20 Maschinenseiten gedacht, thematisch gab es keine Vorgaben. In einem Brief vom 12. Juni 1973 begründete Uwe Johnson seine Absage.*

(...) die Verzögerung ist auch entstanden durch Nachdenken darüber, was ich wohl schreiben könnte unter einem Obertitel »Begegnung mit Thomas Mann«.
Das wäre für mich die öffentliche Figur Thomas Mann im Jahr der Schiller-Rede, und leider setzt sie sich für mich aus anekdotischen Splittern zusammen. Gewiss, damals wurde ein Fensterplatz für die achtstündige Eisenbahnfahrt von Sachsen nach Mecklenburg nicht eben wegen des Fensters ergattert, sondern wegen des Brettes am Fenster, das den neuen schweren Band von Th. Mann tragen konnte; wunderbarer Weise blieben auch von 160 Stipendienmark immer noch genug übrig für den Erwerb des jeweils nächsten Bandes; und es hielt sonderbar schwer, gegen andere Kommilitonen eine Formulierung wie die von der »rettenden Ehrfurcht des Menschen vor sich selbst« zu verteidigen. Solche Stückchen werden Sie aber doch wohl nicht haben wollen.
Was hier verlangt scheint, ist gewiss eher die philologische oder sonst wie wissenschaftliche Auslegung, der philosophische Kommentar etwa, und das, es tut mir leid, das kann ich nicht mehr; aus jenem Fach bin ich weggelaufen.
Nun ist obendrein ein dickes Manuskript ins Stocken geraten, ich werde von selbst auferlegten Terminen bedrängt, und ganz gewiss werde ich bis zum Ende des Jahres nicht die Ruhe haben, einen so soliden Beitrag für Sie wenigstens zu versuchen. (...)

Unveröffentlicht

»*Tonio Kröger* las ich als erstes.«

Umfrage des S. Fischer Verlags vom 27. 5. 1974
Antwort vom 5. 6. 1974

Zum hundertsten Geburtstag Thomas Manns, am 6. 6. 1975, bat der S. Fischer Verlag in- und ausländische Autoren, Künstler und Personen des öffentlichen Lebens um eine möglichst persönliche Aussage über ihr Verhältnis zu Thomas Mann. Sie sollten in wenigen Zeilen auf die eine oder die andere der nachstehenden Fragen antworten:
Welches Werk Thomas Manns ist Ihnen das liebste?
Welches Werk Thomas Manns haben Sie zuletzt gelesen?
Wann haben Sie angefangen, Thomas Mann zu lesen?

ANTWORT Das Buch von Thomas Mann, das ich am häufigsten gelesen habe, sind die *Buddenbrooks*; das »liebste« möchte ich es deswegen nicht nennen, vielleicht das (für mich) am meisten brauchbare.
Zuletzt habe ich gelesen *Der Zauberberg*, aber sämtliche Diskussionen zwischen Settembrini und Naphta übersprungen.
Tonio Kröger las ich als erstes, etwa 1950. Das Ergebnis war der Entschluß, einen Beruf zu suchen, in dem das Lesen von erzählender Literatur zu den Arbeitsbedingungen gehörte, und den Beruf eines Schriftstellers zu meiden.
Es ist mir nicht möglich, anderen ihre Genuß-Varianten vorzuschlagen. Immerhin kann ich nicht umhin, wie Thomas Mann »in dem Schrecken der bürgerlichen Welt vor dem Wort Kommunismus, diesem Schrecken, von dem der Faschismus so lange gelebt hat, etwas Abergläubisches und Kindliches zu sehen, die Grundtorheit unserer Epoche«; das liegt auch gut auf der Zunge.
Allerdings, wenn ich in einem meiner Bücher eine Wendung zitiere wie »er war sich nichts vermutend gewesen«, kann ich in Rezensionen lesen, ich hätte einen »unsagbar knorpeligen Satz« konstruiert oder sei in »stelzendes Altertümeln« geraten. Deswegen hoffte ich, Sie würden in diese Ihre Umfrage auch Rezensenten einbeziehen.

Veröffentlicht in: S. Fischer Verlag (Hg.), *Thomas Mann. Wirkung und Gegenwart. Aus Anlaß des hundertsten Geburtstages am 6. Juni 1975*, Frankfurt am Main, 1975, S. 28.

Uwe Johnson
Lübeck habe ich ständig beobachtet[1]

»Es ist ja wahr: Ich habe viele Ehren empfangen in meinem Leben, mangelhaft verdient für mein Gefühl« – es läßt sich denken, wer das einmal feststellt. Danach will ich mich richten. Wenn das Preisgericht und die Hansestadt Lübeck mir eine Ehrung in seinem Namen zuerkennen, ist für mich als »Verdienst« bloß anzuführen, daß ich wenigstens ungefähr so viele Druckseiten mit Erzähltem veröffentlicht habe wie Thomas Mann in meinem Alter. Was eine »Würdigung« angeht, so müssen Sie das mit Ihrem Gewissen abmachen, die Mängel eingeschlossen. Ich kann den Preis Thomas Manns einfach ansehen als die Verpflichtung, weiterzuschreiben, das Angefangene fertigzumachen und die Zukunft einzurichten nach der Arbeit, die dann an der Reihe ist. Ich danke Ihnen.

Als ich von Ihrer Entscheidung erfuhr, ging es mir wie Herrn Dr. Sammet: Ich war mir ihrer durchaus »nicht vermutend gewesen«. Aber es kommt mir zupaß an ihr, daß sie keinen Fremden trifft. Denn wie Thomas Mann habe ich Lübeck ständig beobachtet, nämlich von seiten jenes Mecklenburg, das ich mir genommen habe für meine tatsächlichen Erfindungen. Im Bewußtsein meiner Leute in Mecklenburg ist behalten, daß schon 1644, im Dreißigjährigen Kriege, jeden Montag ein Postwagen von Schwerin nach Lübeck ging: am Donnerstag soll er zurückgekommen sein. Diese Erinnerung weiß die Stadtrechte, die mecklenburgische Gemeinwesen von Lübeck bezogen, die lübische Münze, in der sie handelten, und sie gedenkt der vornehmen Stube an der Westgrenze mit lübschen Straßen, Vorstädten, Toren und Chausseen.

Hier wird noch erzählt, wie an jedem 9. November der Lübekker Martinsmann übernachtet in Rehna in Mecklenburg, sich zu rüsten für den Streit am nächsten Tag mit dem Schloßvogt von Schwerin. Und richtig, wiederum weigert der sich geflissentlich, das Ohm Rheinwein aus Lübeck anzunehmen als ein Geschenk »aus nachbarlicher Freundschaft und Affektion«, er besteht darauf, die Lieferung sei geleistet, »aus Pflicht und Schuldigkeit«, und nach seiner Nörgelei »hätte es anjetzo auch kein Rheinwein, sondern Rheinweinmost sein sollen«. Das ist nun der

Dank dafür, daß ein Rat und die Bürger von Lübeck im Jahre 1301 zu Martini einen mecklenburgischen Heinrich geatzet und regalieret haben! Mit fester Stimme erwidert Nussmarten, Penningsmarten, Schön Marten: »Der Wein wird nicht aus Schuldigkeit, sondern aus nachbarlicher Freundschaft präsentiert, derowegen ich nicht unterlassen kann, gegen das Eingewandte förmlich zu reprotestieren.«
Bei so stolzer Stimme, solchem Selbstbewußtsein ist es unausbleiblich, daß die Lübecker am 21. Juni 1890 noch den Streit um den Dassower See gewinnen, und dann ist es zu erwarten gewesen, daß die Buddenbrooks so selten über die östliche Stadtgrenze blikken, so nahe sie ist. Tun sie es, so wird ein ungeschickter junger Mann untergebracht bei der Post von Wismar, und die mecklenburgischen Güter, die Tony in ihrer Kindheit besucht, haben keine Namen bekommen; obendrein muß man sich genieren für die Manieren des Grafen Strelitz auf Groß-Poggendorf und wünscht, ganz unvernünftig, ein Hagelwetter am Jubiläumstage der Firma wäre im Schleswigschen niedergegangen statt gerade über den Feldern von Pöppenrade bei Rostock. Immerhin darf Mecklenburg sich zugute halten, daß die Familie einstmals aus Parchim gebürtig war und sich gut stand in Grabow und Rostock. Wenn man sie gar reden hört, wie sie etwas »inzückend« finden oder etwas »albern« nennen, was sie zutiefst mißbilligen, den Düwel ook, dann hat man sie nie verloren und kennt sie gleich wieder. Mögen sie die Nachbarschaft ein wenig mit der linken Hand betreiben, es wird denn doch die andere Seite sich die schuldige Mühe geben. Ih, dat is as mit de Katt, de keek den Kaiser an...
Bei aller Nachbarschaft, ich habe kein Wort, keinen Satz, geschweige denn einen Menschen in die Stadt Lübeck gesetzt, ohne zu wissen, daß ich mich aufhielt in einer Gegend Thomas Manns (so wie mir jedes Mal, wenn ich auf der Bühne des Stadttheaters stehe, bei aller Kenntnis der Baugeschichte gegenwärtig ist: das ist *sein* Theater!). Besuchsweise demnach, auf der Durchreise sitzt im August 1931 der zweiundvierzigjährige Heinrich Cresspahl in einem Wirtshausgarten vor Travemünde, mit dem Rücken zur Ostsee, denn zum ersten Mal ist er beim Anblick eines Mädchens von Herzen sicher, daß es die sein muß für die übrige Zeit seines Lebens, und es ist denn ein Lübecker Spruch, der für sein Unglück steht:

Menich Man lude synghet,
Wen Me em die Brut bringet.
Weste he, wat man em brochte,
Dat he woll wenen mochte.

Dieser Cresspahl kommt wieder durch Lübeck am 2. März 1933, einen Freund zu besuchen (aus der gemeinsamen Zeit des Holsteinischen Artillerieregimentes No. 24 zu Güstrow, zweite Batterie, fünfte Batterie), aber erst einmal gerät er in eine illegale Sitzung der Sozialdemokraten in der Nähe der Kronsforder Allee, Straßenbahnlinie 2, sitzt lange umsonst bei einer alten Frau an der Beckergrube und später sogar – während fünfundzwanzig Kilometer östlich in Jerichow seine Tochter Gesine geboren wird – im Gefängnis, wo er die Beamten kränkt, indem er tut, als sei es bei ihnen schmutzig. »Damals hielt die Lübecker Polizei noch auf Sauberkeit«, heißt es nach seinem Bericht. Und Lübeck ist es, dem er sich zuwendet mit der fortgesetzten Freundschaft, dem Abonnement des Lübecker Generalanzeigers, mit Einkäufen für die Werkstatt, wenn er denn einmal in solchem Deutschland leben soll; dem für Jerichow eher zuständigen Wismar wendet er den Rücken, denn als Mecklenburg schon eine Regierung der Nazis gewählt hatte, verbot der Senat der Stadt Lübeck einem Herrn Hitler, eine »Großveranstaltung« in seinen Mauern abzuhalten.
Dann muß er doch der Tochter beibringen, wie man umgeht mit einer hansestädtischen Zeitung, die der Wahrheit das Genick umdreht; so etwas kann ein kleines Kind in handliche Stücke reißen. Aber an dem ersten Schluck Coca-Cola, getrunken auf dem Schüsselbuden in Lübeck, ist der Fünfjährigen der Geschmack eher vergeßbar, als daß da das Konsulat Seiner Britischen Majestät ist und über ihr die Türme der Marienkirche aus den Wolken fallen, denn das war im Herbst, und die Winde gingen rasch. Noch zu Silvester 1967, dreißig Jahre später, an einem abendlichen Fenster in New York, USA, weiß sie noch und erzählt nun wieder ihrem Kind: Tau de Tid, as dat Wünschn noch helpen ded, dor wier ne Fru, de harr süß allns, wier frisch un gesunt... so hengt se nu inne Marienkirch in Lübeck un is so lütt as ne Mus un bewegt sick man alle Jår einmal mihr, denn die hatte das ewige Leben gewünscht, und das amerikanisch gewordene Kind meint: What a stupid thing to wish! »Godet Niejår!«
1938 fährt auch Heinrich Cresspahl nach Lübeck, zu einer heim-

lichen Verabredung der Sozialdemokraten und um sich mit drei Händen Erde auf den Sarg zu bedanken bei einer alten Frau aus der Beckergrube, nicht zu vergessen für eine Seescholle in sehr wenig Butter gebraten. Und über die Nacht Ende April 1942, von Sonnabend zu Sonntag zwischen viertel zwölf und halb vier, sammelte Cresspahl, was den Nachbarn in Jerichow aufgefallen war: »Daß die Fliegerabwehr keinen einzigen Abschuß erzielt hatte. Zu der Wut, die immer neu einschwärmenden Bomberwellen hilflos beobachten zu müssen, kam noch der Ärger darüber, daß die Lübekker Zeitung von zwölf verlorenen Maschinen der Briten schrieb, von einer gefangenen Besatzung wußte und die Stümper in Lübeck als Helden bezeichnete. – Daß Lübeck selber schuld sei. Lübeck habe die Eingemeindung in Preußen von 1937 nicht verwinden können und der Reichsregierung noch in den Luftschutzmaßnahmen eine Spitze bieten wollen. Das bei einer eng bebauten Altstadt, die unter hölzernen Dachstühlen gesessen hatte. Eine nicht ausgebildete Bevölkerung sei weggelaufen und habe die Ausbreitung der Brände erst ermöglicht. Unter den Offizieren weiterhin Empörung über den Propagandaminister Goebbels, dessen Brüllerei über Kulturschändung die Bevölkerung nicht auf die kommenden Angriffe vorbereite.« Sie kamen, die Angriffe, aber Lübeck wurde ausgelassen, dahin hatte das Internationale Rote Kreuz die Sammelstelle für Kriegsgefangenen-Pakete gesetzt.

Cresspahl führt Buch über Lübeck. »Am 10. November 1943 wurden vier Geistliche aus Lübeck hingerichtet, die katholischen Kapläne Johannes Prassek, Hermann Lange, Eduard Müller wegen Abhörens und Verbreitung ausländischer Radionachrichten, der evangelische Pastor Friedrich Stellbrink angeblich wegen der Predigt, die er Palmsonntag 1942 nach dem Angriff auf Lübeck gehalten hatte.« Als letztes Gut, das die Nazis in Lübeck verluden, hatte Cresspahl seinen britischen Auftraggebern die Insassen des evakuierten Konzentrationslagers Neuengamme zu melden: »Auf dem Weg von Hamburg nach Lübeck starben erst einmal fünfhundert in den Güterwagen, die noch mehr Hunger nicht vertrugen und ärztlich nicht versorgt wurden. Vier Waggons mit Kranken wurden gar nicht erst auf die Schiffe verladen, die schrien im Fieber, die wurden erschossen, und wenn einer das nicht gehört hat in Lübeck-Außenhafen, dann mag ihm doch der festliche Lärm der deutschen SS im Getreidesilo daneben zu Ohren gekommen sein, die den Endsieg mit feinsten Cognacmarken und Delikatessen aus

gestohlenen Paketen des Roten Kreuzes begingen. Die Häftlinge, von denen die Lübecker nichts wußten, warteten fast zehn Tage an ihrem Kai, in den Waggons, Güterwagen der Deutschen Reichsbahn, unter offenem Himmel, in die ›Thielbek‹ und die ›Athen‹ gestopft; neben dem Hafen wurden weiterhin Tote verscharrt.«
Am 2. Mai zieht in Lübeck die 11. Panzerdivision der Engländer ein, in Jerichow ein paar Mann von der 6. Luftlandedivision, und Gesine Cresspahl ist heraus aus dem Alter, in dem man singt: Hamburg, Lübeck, Bremen – ihr ist mehr zumute nach Liedern, wie sie passen für den Wunsch, von allen Menschen auf der Welt möge einer vornehmlich sie ansehen, der heißt Jakob. Er tut's so heimlich, es entgeht ihr, sie hört ihn erzählen: »Wenn Jakob sagte, daß die Deutschen in Lübeck ihren Strom benutzen durften, wenn auch nur für den Betrieb von Rundfunkapparaten, so war daran nicht zu zweifeln.« Jakob ist ein so geschickter Mensch, von ihm hat sie ihre erste Zeitung nach der Kapitulation, das Nachrichtenblatt der Britischen Militärregierung, herausgegeben zu Lübeck von der 21. Heeresgruppe. Darin war, unter anderem, die Rede von New York. Ihr Vater, von den Briten in das Amt des Bürgermeisters gesetzt und von den Sowjets vorläufig darin belassen, ist wieder einmal »sich nichts vermutend gewesen«, und was ihm zugefügt wird, ist beschrieben in Erinnerung an einen, der gesagt hat, Schriftstellern falle das Schreiben schwerer als anderen Leuten:
»Hier liegt Fünfeichen, das Sanatorium! Bräunlich und geradlinig liegt es mit seinen Baracken und seiner Hauptwache inmitten der weiten Ödfläche, die mit matschigen Lattenrosten, Stacheldrahtgängen und gedrungenen Wachtürmen ergiebig ausgestattet worden ist. Über seinen Pappdächern ragen tannengrün, massig und weich zerklüftet die Berge am Lindental und dem Tollense-See himmelan, und weithin sichtbare Tafeln am Zaun unterrichten den Freund der Landschaft in russischer und deutscher und englischer Schrift: Verbotene Zone. Eintritt verboten. Es wird geschossen!
Nach wie vor leitete die Rote Armee die Anstalt. Angetan mit ordensgeschmücktem Blouson, das weit über die bauschigen Breeches fällt, den Kopf unterm erdfarbenen Krätzchen erhoben, das Schnellfeuergewehr in Vorhalte, treibt der Armist den Häftling über die Lagerstraße voran, von Wissenschaft gehärtet und mit belustigter Verwunderung hält er auf kurz angebundene und verschlossene Art die Patienten in seinem Bann, – all diese Indivi-

duen, die, zu schwach, sich selber Gesetze zu geben und sie zu halten, ihm ausgeliefert sind mit Leib und Bewußtsein, um sich von seiner Strenge stützen lassen zu dürfen.«

Das steht am Ende einer schlimmen Reise, und das verwandelte Zitat aus einem Anfang von Thomas Mann soll dem Leser bedeuten, daß zwar auch diese Geschichte abgehen werde mit Schaden, aber mit Überleben auch. Noch einmal geht das Buch zu Besuch, bei Thomas Mann zu Besuch, einer Zeit zu gedenken, in der der Verfasser, Oberschüler und anfällig für Schreibwünsche, ein schmales Buch in die Hand bekam, das ihm gleichwohl in umfassender Gänze den Bescheid gab, es sei bereits alles in Worte gebracht und ein anderer Beruf empfohlen. Die Warnung hielt wohltätig vor und reichte übers Abitur hinaus, bis der Student dann doch noch etwas fand, das er für neu hielt und des Aufschreibens wert, davon dies mit Dank an Thomas Mann.

»Cresspahls Kind ging nicht gern zur Tanzstunde. Sie tat das aus Gehorsamkeit gegen Frau Abs. An solchen Nachmittagen war sie in Gneez zusammen mit Lise Wollenberg. In den Stunden hießen sie die Helle und die Dunkle aus Jerichow, für fremde Jungen. Den Unterricht erteilte Franz Knaak, ein Mensch aus Lübecker Familie, alle örtliche Tanzpädagogen. Dieser war fett, sprach gern Französisch nasal; auf seine mechanischen Manieren war er so stolz, daß er sich mit müden braunäugigen Blicken hinwegtrösten konnte über seine umfängliche Leiblichkeit. Er lehrte alte deutsche Tänze, Kegel, Rheinländer, sämtlich mit Hinweisen auf das Erbe unserer Väter, nicht etwa sowjetisches. Auf den Schieber ließ er sich erst ein nach allgemeinem, fast ungestümem Bitten; diese Art der Bewegung machte er vor in einer schmierigen Art, daß man für den Rest seines Lebens einen Ekel davor bewahren sollte. Er trug so etwas wie einen Gehrock, seifig im Nacken, davon hielt er die Schöße mit jeweils zwei Fingern erfaßt und trat die Schritte der Mazurka zum Beispiel mit schwächlich federnden Beinen. Was für ein unbegreiflicher Affe: dachte Gesine Cresspahl in ihrem Sinn. Aber sie sah wohl, daß Lise, die lustige, die langbeinige Lise, die Sprünge Herrn Knaaks mit einem selbstvergessenen Lächeln verfolgte. Lise wußte in allem so Bescheid. – Wie willst du denn einen Mann kriegen, wenn du nicht tanzen lernst! hatte sie gesagt, und an der Längswand des Saals hingen auf abgewetzten Plüschstühlen die Mütter, darunter Frau Wollenberg, und tupften sich die Augen. Sie sah das nicht ein. Damit wollte sie einen Mann

nicht kriegen. Sie wußte schon einen; der ging mit einer anderen tanzen.«
Das ist immer noch Jakob, und seit 1953 muß sie sich schreiben mit ihm, weil sie ausgerissen ist nach Frankfurt und Düsseldorf. Und warum dorthin? Weil dort Jerichow weiter entfernt war als in Lübeck, da hätte das tägliche Heimweh sie umgebracht. Und es war nun einmal die Fremde, das westliche Deutschland, als unbekannt wollte sie es angehen. Denn sie fürchtete, in Lübeck werde die heimatliche Sprache sie hinwegtäuschen über den Unterschied, auf den es ihr ernstlich angekommen war. Sie hörte von ihres Vaters Tod am Rhein; es wäre schlimmer abgegangen in Lübeck, nur fünf Stunden Fußwegs bis zu seinem Sarg. Und was stand in ihren Briefen an Jakob? Daß er immer noch willkommen war bei einer Gesine Cresspahl jeglichen Tag? Dazu ist sie mit ihren dreiundzwanzig Jahren zu stolz, für sie darf er ja nur einen »freundwilligen« Kopf haben. Dies Wort für eine Eigenschaft hakte an, als der Verfasser mit Freunden sein erstes Buch besprach, und er wurde gefragt, ob er das wohl gefunden habe aus eigenen Stücken. Bescheiden, nach längerem Bedenken, hielt er es am Ende für möglich. Dann fand er das Wort wieder bei Thomas Mann. Und in Lübeck, wo ein Stremel des Buches *Jahrestage* anfing, sollte sein letzter Ort sein, das Wiedersehen Gesine Cresspahls mit dem letzten Freund ihres Vaters in Jerichow, bei einem Glas Wein in einem Wirtshausgarten an der Trave, mit dem Rücken zur Ostsee. Davor hat die Wirklichkeit des 20. August 1968 dem Verfasser ein anderes Ende auferlegt, en P hett se em vörschrewn, ein Pal hem se em vörbugt. So will er, aus sämtlichen angeführten Gründen, zufrieden sein, daß er nun auf eine andere Einladung zurückgekommen ist nach Lübeck.

Anmerkung

1 Rede zur Verleihung des Thomas-Mann-Preises am 25. März 1979 in Lübeck.

Veröffentlicht in: *Hefte der Deutschen Thomas-Mann-Gesellschaft. Sitz Lübeck,* 1981, Heft 1 (Oktober), S. 51–57 (als Nachdruck aus *Vaterstädtische Blätter,* Lübeck – 30. Jahrgang, Nr. 2, März/April 1979).

Uwe Johnson
Auskünfte und Abreden zu *Zwei Ansichten*
(Auf Fragen von Mike S. Schoelman)

Mit dem Stoff zu beginnen, der Trennung von Liebesleuten gegen beider Willen, Sie nennen ihn veraltet, erschöpft durch die berühmten Beispiele am Hellespont im 6. Jahrhundert, in Siena und Verona im 16. Jahrhundert und im vorigen »auf dem Dorfe«, seitdem aus der Zeit, eine solche Geschichte nur noch als Anekdote denkbar, und zwar eine von der abseitigen Art –

ich stimme Ihnen zu, mit dem einen Vorbehalt: in Friedenszeiten. In einem Land wie dem unseren sind Beispiele für eine dermaßen altmodische Geschichte alltäglich, und als ein Beispiel zeigt dies Buch die Trennung einer jungen Krankenschwester, Bürgerin der ostdeutschen Republik, von einem jungen Fotografen, Bürger der westdeutschen Republik, durch die Schließung der Grenze zwischen ihnen. Sogar einige der alten Motive stellen sich modern ein: die Familienfehde, die der Verbindung der Kinder widersteht, ist heutzutage ersetzt durch die Fehde der Staaten, die ihre Bürger für sich behalten wollen; die Verständigung zwischen den beiden ist so erschwert und demnach fehlerhaft, daß sie sich vergleichen läßt mit dem falschen Brief, den Romeo in Alessandria erhielt; und die absolute Trennung durch den Tod gibt sich zumindest als Risiko so zeitgemäß wie vor vier oder vierzehn Jahrhunderten. Einige der Motive finden sich in den alten Fassungen nicht: diese Liebe, begonnen als Bekanntschaft zum beliebigen Vergessen, wächst sich erst nach der Trennung und eigentlich durch sie aus, als immer mehr verstiegene, eben nicht überprüfbare Einbildung von Zusammengehörigkeit und Verpflichtung; zweitens, sie ist so kräftig nicht, daß die Getrennten sich an jedem Ort, wo auch immer vereinigen wollten: ihm fällt ein Leben im Osten nicht ein, sie kann sich nur noch im Westen eins denken. Drittens, so erstaunlich wie neuartig, sie bekommen Hilfe. Es kann nicht ausbleiben, daß das Ende anders ausfällt als in den Fassungen bisher.

Entsprechend meint der Titel auch die alten Bedeutungen des Wortes Ansicht, die vue, den Prospekt, »von einer Seite her gesehen«, bis hin zur schlichten Verschiedenheit der Meinungen.

Die Orte sind vornehmlich die Städte Berlin, auch eine kleine Stadt in Holstein, und die Flugzeuge dazwischen.
Das Wort »gesamtdeutsch« verstehe ich nicht, es ist in der Wirklichkeit schwer zu belegen, und mit dem Etikett »Dichter beider Deutschland« können Sie mich jagen, freilich auch wegen der Berufsbezeichnung. Wohlmeinende geben mir zu verstehen, das Erzählen ausschließlich von beiden Seiten unserer Grenze müsse auf einen Tick zurückgehen, und raten mir, die Entfernung zwischen den deutschen Restgebieten mit den Augen der Regierungen zu sehen, als nicht verringerbar; es wird dann hingewiesen auf Vorgänge an unseren Grenzen gegen Westeuropa und ihr Fehlen in der Literatur. Verzeihen Sie, ich nahm Ihnen das Wort aus dem Munde; aber mögen Ihre Verdachte gegen Literatur mit beiden deutschen Schauplätzen nicht auch aus Ihrem Unbehagen an dem einen Schauplatz rühren?
Tatsächlich nicht Engagement; En-Gagement müßte ja zwei Seiten haben, nicht nur die Ausführung der Arbeit, auch den Auftrag dazu und das Honorar dafür. Es sind lediglich meine Erfahrungen, Lebenszeiten in beiden deutschen Staaten, und die Überzeugung, ihre Unterschiede seien beachtlich genug, daß wir daran umkommen können.
Wirkungen? um sie zu versuchen, müßte man sie berechnen können. Es ist nicht mehr, als daß ein erzählendes Buch ein Modell der Welt anbietet, Geschichten als Beispiele, die Welt in der Version des Verfassers, Lesern vorgelegt zum unterhaltsamen Vergleichen mit ihrer eigenen Version. Eine Art Information, in der Form von Erzählung, wahrscheinlich weit weniger wirksam als die regelrechte Nachricht.
Übrig bliebe da »Vertrauen auf die Neugier der Leser«, wie Peter Suhrkamp es zuversichtlich annahm, auf die Neugier nach Geschichten, und zwar neuen, in neuen Formen.
Solche Vergleiche sind zweischneidig; wenn Sie diesem Buch Einfachheit zugute halten, und zwar nicht aus Gründen der Fabel, so verdächtigen Sie die Schwierigkeit der vorigen, als sei die vermeidbar gewesen. Es ging aber, bei den *Mutmassungen über Jakob* wie dem *Dritten Buch über Achim*, lediglich darum, für die Erzählung ein Benehmen zu finden, das der Geschichte jeweils genau paßte und geeignet war für die Bewegungen und Schnelligkeiten der Fabel, für die persönlichen und gesellschaftlichen Beziehungen, ihre Lokale, Gefühlsfarben, auch Ergebnisse. Der Versuch, in dem

einen Fall den Lebenslauf eines Toten und die Ereignisse vor seinem Sterben zusammenzufinden aus Vermutungen, Behauptungen und knappen Zeugenberichten, ein solcher Versuch muß »schwierig« ausfallen, ebenso in dem anderen Fall, der Beschreibung eines Lebenslaufes gleichzeitig mit den Hindernissen, ihn zu beschreiben. Hier aber sind es lediglich »zwei Ansichten«, in der Hauptsache nur zwei Personen, deren Aufenthaltsorte, Handlungen, Auffassungen und Entschlüsse streng auseinandergehalten sind. Es ist eben eine einfachere Geschichte, großenteils sogar geeignet für das traditionelle Verfahren, die Entwicklung von Gefühlsregungen zu beschreiben.
Unter einer solchen Geschichte verstehe ich einen erfundenen Zusammenhang, dessen Beschaffenheit die Art der Erzählung vorschreibt; aber über eine »Poetik«, wie die Klappe des Schutzumschlages [bezieht sich auf die gebundene Originalausgabe des Buches] sie mir nachsagt, verfüge ich nicht.
Die Ausstattung, also auch das Bild auf dem Umschlag, fällt in die Zuständigkeit des Verlages.
Sie rechnen die beiden Personen in dieser Geschichte zu den »einfachen Leuten«; meinen Sie da mehr als ihre gesellschaftliche Geltung? Der Seufzer Heinrich Bölls über die wiederholte Nachricht, daß die Großen der Welt Rolex-Uhren tragen, und daß er dem nichts hinzuzufügen wisse, erscheint mir nach wie vor unübertrefflich. Ich bin überzeugt, daß die »einfachen Leute« das erheblichere Beispiel abgeben für Lebensverhältnisse in unserer Zeit, nicht allein wegen ihrer Überzahl, auch nicht nur weil sie in der Verteilung des Nationaleinkommens jenseits allen gerechten Verhältnisses benachteiligt sind; insbesondere weil sie jede Verschlimmerung der Lage unerbittlich ausbaden müssen, ihre Schwierigkeiten mit dem schärfsten Risiko überwinden müssen, ohne daß Geldreserven sie auffangen und Privilegien sie schützen, ohne daß sie in der Schule und später an die höheren Tricks herangekommen wären, meist auch ohne Hilfe.
Erlauben Sie mir zu bemerken, daß zwischen den Zeilen nichts steht, weder gedruckt noch geschrieben.
Was die Hilfe bei der Flucht aus der ostdeutschen Republik angeht, so ist das Buch in dieser Hinsicht historisch. In einem Exkurs oder Kommentar zu diesem Buch, *Eine Kneipe geht verloren,* gedruckt in H. M. Enzensbergers erstem *Kursbuch,* habe ich versucht die Geschichte einer Illusion darzustellen, die Illusion von Studenten,

denen bisher noch jeder Ansatz zu vernünftigen politischen Handlungen weggespielt worden war, und die sich im Herbst 1961 entschlossen, wenigstens einmal republikanische Überzeugungen in Taten umzusetzen, mit dem Fälschen von Personalpapieren und dem Verkleiden von Personen, und zwar mit dem Einsatz der eigenen Person, und ohne Honorar, und ohne Schußwaffen, und das in einer Umwelt, die für solche Bürgerhilfe, wenn es hoch kam, Verlegenheit aufbrachte, bis schließlich die Illusion von der Richtigkeit des Mitleids und der Hilfe zugrunde ging und sie zurückkehrten in die »vernünftige« Art, bei uns zu leben; das ist historisch im Vergleich zu den Leuten, die heute sich dick tun mit Schießeisen und schweren Wagen, die tausend Prozent der wirklichen Kosten kassieren, die ihre Leute und die reisewilligen Ostdeutschen bedenkenlos in die Falle laufen lassen und schicken.

Historisch ist aber auch die Situation der Krankenschwester in Ostberlin von 1961, die verbreitete bittere Stimmung, das blindwütige Verlangen aus dem Staat heraus, der Blick auf nichts als die Grenze, das Verhalten wie bei einer schweren inneren Verletzung; heute, vier Jahre später in Ostberlin lebend, mit aufgefangenem Gefühl, in den aufgefangenen Verhältnissen, vom Resignieren längst zum Akzeptieren der Zustände fortgeschritten, jetzt würde sie einen fremden Paß wohl nicht mehr nehmen, wohl nicht drei Jahre Lebenszeit riskieren einer Liebschaft zuliebe und für nichts als ein Leben im Währungsgebiet Westmark. Und, zudem, die Leute in der Kneipe in diesem Buch, die damals sich Mühe gaben für sie, wären da nicht mehr zu finden, und würde ihr nicht geholfen werden.

Wie Interviews in der Regel; penibel übersetzt verspricht das Wort nicht mehr als eine »Zwischensicht«. Ein Interview zu einem Buch schließt oftmals aus, daß man es liest; ein Interview zum Verfasser nützt nicht dem Buch; aber Fragen muß man beantworten.

Anmerkung

Die Fragen, auf die Uwe Johnson in diesem »Selbstinterview« antwortet, sind erfunden; Mike S. Schoelman ist eine fiktive Person.

Veröffentlicht in: *Dichten und Trachten*, Frankfurt am Main 1965 (2. Halbjahr), H. 26, S. 5–10.

Uwe Johnson
MARIE H.CRESSPAHL, 2.–3. Januar 1972[1]

I

An der Uferpromenade von Richmond, London

FRAGE Marie Cresspahl! Marie! du hast deinen Shawl vergessen.

M.H.C. Danke fürs Nachtragen, und einen Guten Tag.

FRAGE Es ist da aber ein Etikett eingenäht, wie man sie vom Kaufhaus Macy in New York beziehen kann: MARIE CRESSPAHL.

M.H.C. Ja. Meine Mutter hat versucht, ordentlich zu sein.

FRAGE Sie streiten es nicht ab? Sie sind die Tochter von Gesine Cresspahl?

M.H.C. Ich werd es noch dahin bringen, dass die Leute mich Abs nennen. Marie Abs. Cresspahl ist mir ungefähr danebengelungen.

FRAGE Wie fühlt es sich an, in einem Buch zu sein, Marie?

M.H.C. Es gibt auch Klassenfotos, in denen erkenne ich mich nicht, und doch muss ich sagen, und obendrein denken: Die da, das bin ich.

FRAGE *Jahrestage*, Marie. Drei Bände bei Suhrkamp.

M.H.C. Ach was. Von mir ist in dem Buch nur, was meine Mutter zwischen dem 20. August 1967 und dem 20. August 1968 an mir gesehen hat. Was sie hörte. Was sie erinnerte. Was sie für mich fürchtete. Was sie wissen konnte von einem Kind, das allmählich elf Jahre alt wurde. Was – what was in her mind then. On her mind, too. In ihrem Bewusstsein.

FRAGE Sprächen Sie lieber Englisch?

M.H.C. Mir reicht mein Deutsch.

FRAGE Ihr Deutsch gefällt mir gut genug.

M.H.C. I wasn't fishing, either. Kein Angler steht zu dieser Zeit an der Themse.

FRAGE Sind Sie hier unterwegs nach den Zeiten, in denen Sie mit Ihrer Mutter durch England kamen?

M.H.C. Um noch zu sehen, was sie mir erzählt hat von ihrer Familie. Von ihrem Vater (meinem Grossvater, ich weiss). Heinrich Cresspahl, ein Kunsttischler aus Mecklenburg, aus Deutschland! und soll ein Auskommen gefunden haben in Richmond, Surrey. Im Generalstreik von 1926! Und holte sich in der schlimmsten Arbeitslosigkeit 1931 ein Mädchen aus Mecklenburg und wollte in Frieden leben mit einer Lisbeth Papenbrock in England! Fast 27 Jahre war sie alt, und hatte nicht gelernt, ohne ihre Kirche einzuschlafen.

FRAGE Sie soll hübsch gewesen sein.

M.H.C. Ja das eheliche Leben hatten wir noch nicht in der Schule.

FRAGE Habt ihr Lisbeth getadelt?

M.H.C. So steht es nicht in dem Buch. Wenn meine Mutter die Toten hätte tadeln wollen, sie wären doch unverstehbar geworden.

FRAGE Wollen Sie heute das Buch nachprüfen, zum Beispiel an der Themse bei Richmond?

M.H.C. Sie soll hier gegangen sein im Winter 1932, allein, schwanger mit Gesine. So wie Gesine es erzählt hat, muss ich es annehmen als wirklich und vergangen and out of reach. Unerreichbar. Kann ich nichts bei machen.

FRAGE Hat Gesine sich eine Vergangenheit gedacht, wie sie sie brauchen konnte?

M.H.C. Heinrich Cresspahl, der als Erzähler! Und dann von seiner Zeit mit Lisbeth! Als Gesine nachsehen konnte in Richmond, durfte sie nicht mehr zurück zu ihm und vergleichen. Was sie gesucht hat, es wird ihr geholfen haben zum Erfinden.

FRAGE Bis es für sie wahr war.

M.H.C. Bis es ausreichte zum Erzählen. »Der Dezember 1932 soll ungewöhnlich warm gewesen sein, mit viel Sonnenschein ...« – so hat sie mich geschützt gegen den kalten Dunst über dem Wasser von heute, 1972. Ich habe den Ortsteil Sheen gesehen: da kann Cresspahl gearbeitet haben, ohne Misstrauen im Englischen, in der ärmlichen Gegend am Gaswerk, und Lisbeth war Papenbrocks Tochter und wünschte sich ein Stadthaus in Richmond selbst, wo es behäbig zuging und ansehnlich und unter Bürgern. Hatte Angst auch nur vor dem Anblick von mangelhaftem Leben, und sei es ein ausländisches.

FRAGE Tochter eines Agrarkapitalisten, eines Getreidegrosshändlers, und als Kind eines Bourgeois ging sie ja auch zurück nach Jerichow in Mecklenburg, mochte das Haus Papenbrock nun auch bewacht werden von den Nazis.

M.H.C. Dumm Tüch! Weil meine Grossmutter ihr erstes Kind auf die Welt bringen wollte, wo die Heimat war.

FRAGE In der Sicht der Enkelin.

M.H.C. Das soll keine Erklärung sein! das ist ein geringfügiges Stück der Erzählung. Wäre denn eine Person ganz zu erklären? Oder auch nur das meiste an ihr?

FRAGE Ja.

M.H.C. So konnte Gesine nicht leben. 34 Jahre war sie alt, als sie das Buch über sich, über ihr 1920–1968 erlaubt hat, und war nicht klar gekommen mit dem, was Lisbeth Cresspahl aus ihrem Leben gemacht hat bis 1938, als sie sich umbrachte.

FRAGE Mrs. Cresspahl hat ihrem Kind erzählt, dass die Grossmutter sich mit der Werkstatt verbrannte –?

M.H.C. Sie hat es mir nicht erzählt. Ich war zehneinhalb, und sie konnte mich vorbeiführen an diesem Tag im Buch. Und weil ich zehneinhalb war, blieb mir im Halse stecken, dass ich naturgemäss keine Angst vor dem Tode habe.

FRAGE Naturgemäss –?

M.H.C. Es gab Erwachsene, die wollten mich ihre Natur lehren.

FRAGE Auch Gesine Cresspahl?

M.H.C. Der ging es so, und ich sollte es von ihr nicht lernen.

FRAGE Ging es ihr so wegen Lisbeth? Wegen der Toten im deutschen Krieg? Wegen der ermordeten Juden? Wegen der Leichenbilder aus Viet Nam?

M.H.C. Wahrhaftig soll ich meine Mutter erklären! Bin ich sie? Vielleicht hat sie nicht begriffen, dass der Tod das Ende des Lebens sein soll. Das Ziel.

FRAGE Ist doch leicht zu begreifen.

M.H.C. Na. Das riecht mir zu erwachsen. Nach Schule riecht es.

FRAGE Und 1968 warst du – waren Sie noch zu jung, als dass Sie ohne Gesines Hilfe hätten auskommen können.

M.H.C. Bedankt soll sie sein für solche Hilfe! Ein Schiet war das von Hilfe!

FRAGE Schiet, was soll das heissen?

M.H.C. Immerhin, von Heinrich Cresspahl wusste Gesine mehr. Nicht nur, weil er der Vater war. (Es kam vor, dass sie ihn sogar bei seinen Lebzeiten verstand.) Aber wie mit vielen Personen ging es ihr auch mit ihm, dass man dem Anderen zusehen soll, mit Geduld, hilfsbereit wenn nötig. Mit einer Hoffnung auf sie, auf ihn. Und dass man keinem bei allem zusehen soll. Und dass sein Leben allein weniger von ihm zeigt als wenn er sich bewegen soll, mit anderen nämlich. Verändern: wie man heute sagt.

FRAGE Konntest du mit zehn Jahren, ein amerikanisches Kind –

M.H.C. Ein Kind von New York.

FRAGE – waren Sie imstand, eine kleine Stadt in Deutschland zu verstehen? In Mecklenburg? Was Mecklenburg war von 1920 bis 1933, bis 1945, bis 1953?

M.H.C. Bis 1962.

FRAGE Weil die Erzählung inzwischen euch über den Atlantik geschickt hatte?

M.H.C. Wir haben uns selber geschickt.

FRAGE Weil –

M.H.C. 1962 starb Heinrich Cresspahl. Solange er da war, fand ich gut hin. 2221 Einwohner, und er hatte doch mit fast allen zu tun. Die Sozialdemokraten kannten ihn seit dem Kapp-Putsch.

FRAGE Ist er nicht bald danach weggegangen aus der Partei? Warum?

M.H.C. Jenen Parteitag könnten Sie sich eigentlich selber raussuchen.

FRAGE Sie nahmen es ihm nicht mehr übel?

M.H.C. Wozu denn noch? Als er im November 1933 nachkam aus England, damit Lisbeth ihren Frieden bekam, war er für die Jerichower der Engländer. Dann ging Else Pienagel umher und erzählte von einem Nähtisch, den der Engländer ihr aufgearbeitet hatte, so ordentlich wie in der alten Zeit vor Kaisers Krieg. Nun war er schon fast erkannt als ein Tischler. Dann machte Kliefoth ein Ende und bekannt, dass Cresspahl aus Malchow kam wie er, aus Mecklenburg. Sieh an, einer von uns. Spricht auch so.

FRAGE Aber doch verheiratet mit einer Tochter von Papenbrock. Albert Papenbrock, der nach Jerichow gekommen war mit seinem Heer, das war die Familie mit den Dienstboten, mit seiner Streitmacht, das war Beutegeld aus der Inflation, und mit einem Ruhm, wie er gepasst hätte zu William the Conqueror, so wollte er die kleine Sache Jerichow erobern, und der Adel auf den umliegenden Gütern hatte solch einen Handlanger gerade gebraucht –

M.H.C. Was ist denn das für eine Wissenschaft! Als ob die Jerichower ihn nicht übers Ohr gehauen hätten. Für Pranges Düngemittelhandlung gab er einen Apfel und ein Ei, das dachte er wohl, und E. P. F. Prange lachte auf dem ganzen Weg von der Raiffeisenkasse bis nach Hause. Und –

FRAGE Aber dieser Papenbrock war Cresspahls Schwiegervater.

M.H.C. Cresspahl war der Mann von uns' Lisbeth. Und weggegangen war er obendrein mit ihr, bis sie es nicht mehr aushielt. Und Cresspahl, wie er sich betrug mit seinem Kind Gesine, nahm sie doch wahrhaftig mit in Peter Wulffs Krug. Und nicht mit Friedrich Jansen, Bürgermeister und Ortsgruppenleiter der N.S.D.A.P., hielt er einen Umgang, sondern mit Alfred Bienmüller, Schmied seines Zeichens. Und Pastor Brüshaver redete sich in ein K.Z., damit die Frau von Cresspahl ein christliches Begräbnis bekam. Mein Grossvater war geachtet und angesehen in der Welt, die Katzen liefen ihm nach. Nämlich Cresspahl hatte es geschafft, dass die Stadt Jerichow einen jüdischen Tierarzt loswurde mit heiler Haut. Nein, wo Dank ansteht –

FRAGE Hat Gesine dir wenigstens das erklärt auf eine wissenschaftliche Weise?

M.H.C. Nein, wie es vor sich ging.

FRAGE Der Antisemitismus als Scheinproblem, bestimmt zur Ablenkung der Arbeiter unter den Bedingungen des Imperialismus?

M.H.C. Sie hat mir erzählt wie es war. Danach konnte mir von allein auffallen, dass nur die Deutschen und die Österreicher es verwirklicht haben, dieses – Scheinproblem.

FRAGE War es für Gesine ein wirkliches? Noch im Jahr 1968? Sie war doch ein Kind, als es passierte.

M.H.C. Es ist nicht passiert. Das haben Leute getan.

FRAGE Hat Gesine viel davon gesprochen?

M.H.C. Ausserhalb der Erzählung nicht. Als der Antrag auf eine Todeserklärung beim Amtsgericht Hamburg an der Reihe war, hat sie es mir erzählt. Mir kam es vor, als hielte sie es für eine deutsch-österreichische Sache, für einen Wahnsinn, den andere Nationen nicht haben. Ausgesprochen hat sie es nicht.

FRAGE Ist sie deshalb mit dir in die U.S.A. gegangen? Mit Ihnen, meine ich.

M.H.C. Lesen Sie doch im Buch nach, warum wir nach New York gefahren sind, und warum wir da blieben! Steht alles da. Dritter Band. Brauchen Sie eine Seitenzahl?

FRAGE Dieser Flugplatz, der von 1935 bis 1938 in Jerichow gebaut wurde, hiess der zufällig Mariengabe?

M.H.C. Wieso zufällig?

FRAGE Weil du Marie heisst.

M.H.C. Der Fliegerhorst hiess Mariengabe, weil er ein Dorf mit solchem Namen aufgefressen hatte. Friedrichsgabe konnte es nicht gut sein, das liegt wo anders, Post Harksheide.

FRAGE Na –

M.H.C. Und ich heiss Marie nach Jakobs Mutter! Wenn sie ihn auch nicht richtig schreiben konnte und noch im Testament den letzten Buchstaben ausliess, so war es doch ihr Name, und sie hat ihn mir nicht gerade bei heftiger Gegenwehr überlassen! Ick bin Sie nämlich die Enkelin, und ick mache Ihnen haftbar! Wat'n Tünkråm.

FRAGE Siehst du. Sie, meine ich. Mit dreieinhalb Jahren hast du angefangen, Amerikanisch zu sprechen, und nur mit Gesine Hochdeutsch. Nun stellst du dich hin und willst einen niederdeutschen Dialekt verstehen, das Mecklenburgische. Ist doch nicht die Möglichkeit. Als ein Kind von New York. Ich erinnere mich, dass du Erwachsene gern hereinlegst, ist ja auch nichts zum Übelnehmen.

M.H.C. Noch nicht, aber gleich! Woher soll ich mein Plattdeutsch wohl haben?

FRAGE Na. Das wenige, was deine Mutter übrig behalten hatte.

M.H.C. Die ist in der Sprache aufgewachsen, bis sie zwanzig war, und noch mit vierunddreissig fiel ihr oft die mecklenburgische Redensart eher ein als die hochdeutsche, von der amerikanischen zu schweigen. Dat geit mi af. Minschnskind, wo geit mi dat af.

FRAGE Könnten Sie mir das übersetzen?

M.H.C. Es hat etwas zu tun mit der Kuh eines Dachdeckers, und Sie benötigen es nicht. Und was ich mir nicht von Gesine annahm, das musste ich von der Erzählung lernen, wenn sie in Jerichow umherging, und mit den Einwohnern redete. Die hatten nur diese ihre mecklenburgische Sprache, wenn sie etwas ehrlich sagen wollten, und brauchten sie erst recht, wenn sie die Lüge vorzogen. Die Erzählung täuscht oft genug und zeigt sie mit Hochdeutsch im Maul. Im Munde; verzeihen Sie. Und viel sagten sie ohnehin nicht.

FRAGE Und Missingsch kannst du demnach auch.

M.H.C. Kann ich nicht, und will ich nicht können! Säd de Katt. Said the cat.

FRAGE Einmal in der Erzählung habt ihr aber doch jemand getadelt, Cresspahl nämlich, als er sich von der britischen Abwehr aushorchen liess über den Flugplatz Mariengabe, nur weil er den Nazis die Schuld am Tod seiner Frau gab.

M.H.C. »Nur weil«. Das sagt die Erzählung nicht. Da sind viele Leute, und alle suchen nach einem Grund, warum Cresspahl tat was er tat.

FRAGE Marie Henriette Cresspahl war dagegen. Sie nahm es der Erzählung übel, und mochte die eigene Mutter Zeugin sein.

M.H.C. Damals war ich zehneinhalb, und loyal gegen mein Land.

FRAGE Gegen dein Land –?

M.H.C. Jeden Abend in New York konnte ich an meiner Mutter sehen, wie jemand kaputtgeht, der für den Kapitalismus arbeiten muss, und begriff nicht was ich sah. Die Anstände, die ich in der Schule hatte, bloss weil ich Francine helfen wollte, und sie war eine Negerin. I had it right in front of my nose, und wünschte bloss, es wäre nicht. Es möchte besser sein. Ja: ein unbehagliches Gefühl, wie von Mitschuld. Jedoch war ich loyal gegen mein Land die U.S.A. und mochte nicht, dass mein Grossvater sein Land verriet.

FRAGE Es war doch in der Hand von Verbrechern.

M.H.C. Das hat Gesine mir mit so vielen Geschichten erzählt, bis ich es freiwillig aussprach. Aber ich war dumm –

FRAGE Zehneinhalb.

M.H.C. – was ich mir nicht als Entschuldigung rechne, und ich konnte nicht denken bis hin zur Illoyalität gegen mein Land.

FRAGE Möchtest du ein Kind gewesen – möchten Sie ein Kind gewesen sein zu der Zeit, als Ihre Mutter eins war, 1933 bis 1945 in Hitlerdeutschland, in Mecklenburg?

M.H.C. Oh ja. Die Alexandra, die wär ich gern gewesen.

FRAGE Weil du dann über Lisbeths Schwester mit Gesine verwandt gewesen wärst?

M.H.C. Nein. Ich wüsste dann etwas von einem Vater, wenn auch nur für wenige Jahre, und dieser Alexander Paepcke ist mir von allen Vätern in der Erzählung am meisten erträglich. Und die Alexandra war Gesines liebstes Kind unter allen. Und ich wäre seit dem März 1945 tot, verbrannt in einem Lastwagen der Heeresintendantur Stettin, und es hätte nicht so lange gedauert. Übrigens muss ich jetzt weg.

FRAGE Darf ich fragen, wohin Sie gehen?

M.H.C. Das kommt überhaupt nicht in Frage.

FRAGE Und etwas anderes?

M.H.C. Sie können morgen auf dem Bahnhof Victoria den Zug um 9:42 nach Orpington nehmen, Bahnsteig 3, und an der zweiten Haltestelle steigen Sie aus. Da habe ich um die Zeit zu tun.

FRAGE Miss Cresspahl, wohin gehen Sie jetzt?

M.H.C. Was für einen Obelisken die Bürger sich hier aufgestellt haben an der Richmond Bridge! Suchen Sie sich aus, wohin ich gehen könnte.

To
HAMPTON
III Miles
SUNBURY
VI Miles
One Quarter
WALTON
VII Miles
three
Quarters
CHERTSEY
X Miles
and Half
HOUNSLOW
III Miles
three
Quarters
STAINES
IX Miles
and Half
COLNBROOK
X Miles
three
Quarters
WINDSOR
XV Miles
three

Quarters

M.H.C. Und lesen Sie gefälligst auch, was darunter steht!

ANY PERSON WHO SHALL
WILFULLY DEFACE OR
DAMAGE THIS OBELISK
WILL BE PROSECUTED
BY ORDER OF THE
COMMISSIONERS

II

Southern Electric Railway
Bahnhof Herne Hill (London S.E. 24)

FRAGE Wie eine aufgezogene Uhr tut so ein –

M.H.C. – suburban train. Vorortzug.

FRAGE Und jedes Abteil hat zwei Türen für sich allein.

M.H.C. Wie die Züge, mit denen Gesine nach Gneez zur Schule fuhr.

FRAGE Aber Holzklasse.

M.H.C. Und auf einem einzigen Gleis. Und seltener. Die Auswirkungen des verlorenen Krieges auf den Fahrplan.

FRAGE Als nun die Erzählung Gesine älter machte als du warst, konntest du folgen?

M.H.C. Wenn das auf Jakob gehen soll –

FRAGE Sechs Jahre lebte sie mit ihm unter einem Dach, und noch bis 1956 hat sie nicht gezeigt, dass sie ihn heimlich –

M.H.C. Dies Wort hat sie für sich gestrichen.

FRAGE Es verhielt sich so. Sie verhielt sich so.

M.H.C. Warum soll ein elfjähriges Kind nicht verstehen können, dass Jemand mit Jemand Anderem leben will wenn es hochkommt siebzig Jahre! Wollte ich doch auch.

FRAGE Hat sie dir gesagt –

M.H.C. Nein. Nein. Es ist in der Erzählung. Für mich ist das auf Tonbändern und in Briefen, die sie mir hinterlegt hat.

FRAGE Hast du das bei dir?

M.H.C. Die sind im Safe einer Anwaltskanzlei an der Park Avenue, und man gibt sie mir nicht vor dem 21. Juli 1973, und nur auf Verlangen. Im Fall, ich hätte Verlangen.

FRAGE Du bist also mit deiner Mutter einverstanden.

M.H.C. Jetzt haben wir sie erst einmal als ein dreizehnjähriges Kind in der sowjetischen Besatzungszone. Ob ich folgen konnte.

FRAGE Wurde Mecklenburg nun nicht noch fremder?

M.H.C. Um so deutlicher.

FRAGE Und wenn Jerichow nun tatsächlich den Briten zugeschlagen worden wäre?

M.H.C. Darauf ging Albert Papenbrocks letzte grosse Spekulation, und so hat seine Frau in einem lauenburgischen Armenhaus sterben müssen. Die Briten kamen nicht wieder. Die Jerichower hatten seit vordenklichen Zeiten nach Lübeck geblickt, jetzt sollten sie den Hals krumm machen und sich einrichten auf Wismar. Früher war die Wakenitz ein Fluss gewesen für Ausflüge, nun kampierten die Sowjets zwischen den Erlen und sagten in einem fort Ruki wwerch. Robert Papenbrock hatte es so eilig, der musste schon bei Dassow anfangen zu schwimmen. Rühmt sich einer Beinwunde. Beinwunde von böses Sowjetmensch zieht gut in Bad Godesberg. Die Briten hatten meinen Grossvater zum Bürgermeister gemacht, die Sowjets banden ihm einen Strick um den Hals und liessen ihn hinter einem Pferdewagen herlaufen und sperrten ihn in einen Kartoffelkeller. Wo Friedrich Jansen gesessen hatte, wohnte die Kommandantura, und auf dem Rathaus arbeitete sie. Und viele Fahnenstangen wurden umgesägt. Gerade an den Veränderungen wurde das Land sichtbar.

FRAGE Auch die Einführung des Sozialismus?

M.H.C. Gesine erzählte mir das als Geschichten, und es war mir recht. Später war ich in einem Kurs für Geschichte des Kommunismus –

FRAGE Du kannst einen aber auch erschrecken.

M.H.C. Später! Und es fiel mir wie Schuppen von den Augen, sagen die Deutschen wahrhaftig so? Die sowjetischen Beschlagnahmekommandos, die unterschiedlichen Lebensmittelkarten, dass die Sozialistische Einheitspartei dem Gemischtwarenhändler Wulff zu Jerichow die Waage dauerhaft auf Null stellte: das war der Kriegskommunismus. Dass Klaus Böttcher für seine Schiffsausbauten bezahlt wurde mit einem Bootshaus, das es steuerlich nicht gab, dass Emil Knoop ein Büro in Ostberlin hatte und eins in Brüssel: das war die N.Ö.P.

FRAGE Nepp –?

M.H.C. Die Neue Ökonomische Politik, X. Parteitag der

K.P.d.S.U. in Klammern Bolschewiki, März 1921. Dann bekam das gute Land Mecklenburg aus der Sowjetunion weiterhin den Kampf für die Kollektivierung der Landwirtschaft, Baujahr 1930 bis 1934, und die mecklenburgischen Oberschulprozesse von 1950 könnten Sie auch in Kapitel XII von Stalins Kurzem Lehrgang nachlesen.

FRAGE So hattest du in New York nicht nur tagsüber Schule, sondern abends am Riverside Drive noch einmal.

M.H.C. Eben nicht! Gesine hat mir von den Leuten in Jerichow erzählt und was die Neue Zeit mit ihnen anstellte. Nicht ein einziges Mal hat sie mir die Theorie zugemutet. Aber als ich selber die Theorie suchte, war ich durch Gesine reichlich versorgt mit Praxis. Mit Realität, meine ich.

FRAGE Und was sagt die Theorie dazu, dass Gesine im Juni 1953 Gegenstand eines Notaufnahmeverfahrens im westberliner Flüchtlingslager Marienfelde war?

M.H.C. Gesine meinte wohl, die D.D.R. habe sich 1953 vom Sozialismus getrennt.

FRAGE Nein, was die Theorie sagt.

M.H.C. Es gibt eben auch irrtümliche Theorie!

FRAGE Und in der Folge irrtümliche Lebensläufe.

M.H.C. Das hör ich mir nicht an von einem, der selber in Hamburg wohnt.

FRAGE Der Sozialismus als Alternative.

M.H.C. Von mir aus.

FRAGE Und von Gesine aus?

M.H.C. In Westdeutschland gibt es genug Leute von der K.P.D., der alten meine ich –

FRAGE Und wenn sie Zeugnisse kriegen könnte von der verbotenen K.P.D., vielleicht weil sie das Verbot für einen westdeutschen Verfassungsbruch hielt? Von wegen sittlicher Entrüstung?

M.H.C. Sittliche Entrüstung haben wir nicht auf Lager. Führen wir nicht. Zwar auf Bestellung –

FRAGE Geht aus Mecklenburg und Sachsen nach Hessen, später noch weiter westlich ins Rheinland, und lässt sich verwenden für eine Sache, die wollte sie nämlich hinter sich lassen.

M.H.C. Sie ist ja auch mit vollen Kellen belohnt worden. Nicht einmal zu Jakobs Beerdigung durfte sie zurückkommen.

FRAGE War Jakobs Tod ein Unglücksfall?

M.H.C. Weiss nicht. War nicht dabei.

FRAGE Nach den Aussagen der beiden Lokführer –

M.H.C. Die mussten sagen, was sie sagten. Hat Gesine immer verstanden.

FRAGE Findest du nicht, dass eure Familie reichlich oft mit Geheimdiensten zu tun bekam? 1938–1944, 1953, man könnte fast sagen bis 1955, 1956 schon wieder, und 1968 noch einmal?

M.H.C. Es beweist nur, dass die Geheimnisse seit 1906 an Macht und Gewalt zugenommen haben.

FRAGE Wieso seit 1906?

M.H.C. No comment. Wissen Sie: auf die Gelegenheit hab ich gewartet. Ist doch ein stilistisches … Erfordernis, dass einmal vorkommt: Kein Kommentar.

FRAGE Kein Kommentar.

M.H.C. Sehen Sie. Jetzt haben Sie es verdorben.

FRAGE Versteh ich nicht. Gesine Cresspahl als K.P.-Kontakt, aber arbeiten tut sie bei der N.A.T.O. in einem Wald bei Mönchengladbach. Endlich schickt der Verfassungsschutz doch ein Briefchen an das American Forces Network von Westberlin, aber die Amis schmeissen sie keinesfalls raus. Schwangerschaftsurlaub mit Garantie der Wiedereinstellung, und zweihundert Dollar auf die Hand.

M.H.C. Andere Leute mögen ja eine Tarnung besser hinkriegen.

FRAGE Dazu willst du nichts gesagt haben.

M.H.C. Und als sie zurückging nach Düsseldorf, war es längst aus.

FRAGE Wegen des sowjetischen Benehmens in Ungarn 1956?

M.H.C. Wegen. Weil. Wegen. *Nach* Ungarn. (Nicht *nach* Sartre.)

FRAGE Wollte nun dichter am Kapitalismus arbeiten.

M.H.C. Sie muss die Anstellung in einer Bank irgend wie für sicher gehalten haben.

FRAGE Dem Kind Marie zuliebe.

M.H.C. Oh ja. Von da an alles meinetwegen. Mir zuliebe. In meinem Interesse. Zu meinen Gunsten. Zu meinem Besten. Sagt es aber nicht. Jetzt steh ich da und hab es für selbstverständlich gehalten. So steh ich da. Ohrfeigen sollt mich Einer.

FRAGE Und wenn Sie nun noch einmal anfangen dürften am 21. Juli 1957?

M.H.C. Ich wünschte es nicht anders. Das ist eine von meinen

Feigheiten. Ich könnte mir meine Mutter nicht anders wünschen.

FRAGE Marie, es gibt Leute, die sagen von dir...

M.H.C. Du liebe Zeit. Als ob es etwas Peinliches wäre. Nun noch etwas Ziererei. Nein: es sei doch zu unangenehm. Kränkend geradezu. Und so fort durch drei Ansätze, bis ich anfangen soll zu bitten. Ob ich es nicht doch wissen darf. Und neue Ziererei. Trick 19! Ich bin weit ab vom Bitten.

FRAGE Das sagen sie: dass du so wärst. So wie eben.

M.H.C. Und wie fix meine Mutter hinter meinen Tischsitten her war!

FRAGE Es sind nicht die Manieren, Marie. Wie du redest. »Erfordernis«...

M.H.C. Requirement.

FRAGE Gewiss, wenn du aus deinem Englischen übersetzt –

M.H.C. Mein Deutsch ist meine Muttersprache. Gesines Sprache. Ich mag drei Tage alt gewesen sein, und gewiss hat sie hochdeutsch mit mir gesprochen. Und in vollständigen Sätzen obendrein. Wie erstaunt war ich über die anderen Kinder in Düsseldorf! Die sagten »puff-puff« zu etwas, von dem ich ungefähr ahnte, dass es doch so ähnlich heissen müsse wie »Eisenbahn«. Bei uns hiess es nicht »milli-milli« sondern: Sag doch dass du Durst hast! Gesine hatte sich einen genauen Plan mit mir gemacht, wahrscheinlich bevor ich geboren war. Dazu gehörte, dass ich keine Zeit verschwenden sollte mit dem Erlernen von baby talk.

FRAGE Der Erfolg war wohl, dass Sie erst mit zwei Jahren sprechen konnten.

M.H.C. Mit zweieinhalb. Und dass ich fremde Erwachsene nicht verstand, wenn sie mir nahten mit »Püppi-Püppi«.

FRAGE Was war Ihr erstes Wort?

M.H.C. Mein erster Satz war: Flugzeuge sind *nicht* fährlich. Worauf Gesine sagte: Flugzeuge sind nicht gefährlich. Dann nickte ich nur, und gab es wieder für eine Weile auf mit dem Sprechen. Zu dem Flug nach Westberlin wurden die Kunden mit Kleinkindern bevorzugt aufgerufen, und Gesine teilte mir mit: Das ist unsere Kategorie. Kategorie –? dachte ich. Fluggäste mit Kleinkindern –?

FRAGE Und in der amerikanischen Zeit ging es so weiter?

M.H.C. Gewiss war ich ihr gleich über in der Aussprache, und meine Aspiration hat sie ihr Leben lang nicht gelernt. Dafür bekam ich kein Lob. Wenn ich aber beiläufig von einem sidewalk superintendent sprechen konnte, gab es Lob. Das fiel so aus: Is he supervising the sidewalk? Gegenwehr: No. Neue Runde: He isn't, Marie? Und so fort, bis ich ihr endlich verriet, dass der Zuschauer am Bauplatz nicht den Bürgersteig beaufsichtigt, sondern den Fortgang der Abrissarbeiten besichtigt.

FRAGE Eine Quälerei. Kindesmisshandlung.

M.H.C. Im Gegenteil. Sie hatte ein Talent, sich zu freuen. Ich konnte gut sehen, wenn sie sich freute.

FRAGE Womöglich stossen die Leute sich nicht so sehr an deiner Art zu sprechen.

M.H.C. Nennen mich altklug.

FRAGE Das ist dein Wort.

M.H.C. Naseweis.

FRAGE Marie, zehn Jahre warst du alt in dem Buch, und du hast Sachen gesagt, Dinger –! So spricht ein Kind nicht.

M.H.C. Beispiel.

FRAGE Ja so auf die schnelle ...

M.H.C. Einspruch abgelehnt.

FRAGE Doch. Du fragst Gesine, so im November 1967: »Würdest du es erheblich vorziehen, geboren zu sein in Richmond?«

M.H.C. Das war im Oktober, und ich entschuldige mich für die amerikanische Wortstellung. Hört sich tatsächlich schlimm an.

FRAGE Marie, das ist es nicht! Dass du ein solches Gedächtnis haben willst, und womöglich war es also 1967, und was für eine Art zu denken du an dir hast, mit zehn Jahren schon!

M.H.C. Ich will Ihnen mal was sagen, Mister. Sie halten meine Mutter vielleicht nicht für gebildet. Sie hatte bloss das Abitur, und auf der ostdeutschen Universität ist sie nicht geblieben bis zu einem Doktortitel, und was sie an der Columbia University gehört hat, es waren bloss vier Semester Ökonomie. Bildung oder nicht Bildung; für diese Person war ich der Partner. Sie war sechsundzwanzig, ich war zwei Jahre alt. Sie nahm mich für voll. Sie holte mich von der Tagesstätte ab in Düsseldorf, sie erzählte mir ihren Arbeitstag, komplett mit Personen und Maschinentechnik. Wohl sah sie mich von der Seite an: Ist hier ein Kind, das sich langweilt? Das Kind war nicht gelangweilt. Als sie mich ins Sprechen gelockt hatte, war noch immer nicht Ruhe, nun sollte ich denken lernen. Vom Kindergarten durfte ich nicht sagen: Es ging. Sie fragte, was nicht ging, und liess mich so genau erzählen, dass ich am Ende sogar begriff was ich sagte. Es war immer noch nicht genug. Neuer Lehrstoff: Wie drückt man eine Sache durch ihr Gegenteil aus? Prüfungsarbeit: wie täuscht man einen Hauswirt darüber, wie seine Art des Geldmachens einzuschätzen ist, und grüsst recht sittsam?

FRAGE Sie hat dich trainiert.

M.H.C. Und es sollte gut für mich sein. Inzwischen hing ich von ihr ab, nicht nur mit Tisch und Bett. Sie war unausweichlich. Sie war meine einzige Person. Da war kein Vater gegen sie auszuspielen, da gab es nicht Verwandtschaft, zu der ich hätte weglaufen können. Weglaufen war mir undenkbar. Gesine war ja unentbehrlich. Nur Gesine wusste, wer ich war, nur von ihr konnte ich lernen, wie ich wurde. Am ersten Abend im Ferienlager war ich ganz durchsichtig vor Freiheitsgefühl, und die nächsten neunzehn Abende habe ich mich gewunden unter der Trennung von ihr. Und das Camp war auf Orr in Maine! Auf einer Insel. Ich hatte darauf bestanden, ich wollte da segeln lernen, und ich hasste sie dafür, dass sie mir den Willen getan hatte.

FRAGE Wusste sie, dass bei dir auch Hass war?

M.H.C. Sie hat mich darauf aufmerksam gemacht!

FRAGE Mit zehn Jahren?

M.H.C. Mit neun. Sie warnte mich vor der Identifizierung, und identification ist im Amerikanischen kein Fremdwort. Gut, verstand ich. Die Gelegenheit war günstig, und es kamen die secondary death instincts an die Reihe.

FRAGE Übersetz mal.

M.H.C. Das ist der Todes-, der Tötungswunsch, umgewandelt in den Aggressions- und Destruktionstrieb.

FRAGE Darauf sagtest du ihr ins Gesicht: Gesine, du hast recht, manchmal würde ich dich gern umbringen.

M.H.C. Sie war so erleichtert, dass ich auch dies nicht vor ihr versteckte, sie hat gelacht. Wir waren sehr fröhlich, und ich hätte sie umbringen können.

FRAGE Schlechte Aussichten für Geheimnisse.

M.H.C. Und niemals ging sie heimlich in mein Zimmer!

FRAGE Bei der möchte ich nicht Kind gewesen sein.

M.H.C. Für Sie ist das immer noch Mrs. Cresspahl.

FRAGE Berichtigt in: Mrs. Cresspahl.

M.H.C. Bis 1957 war sie frei. Danach war sie gefangen durch ein Kind. Sie hat mich ausbilden lassen an einer hundsföttisch teuren

Schule in New York, von einem Angestelltengehalt. Sie war fremd in dem Land, nach drei Monaten schon war sie arbeitslos, und was hat das Kind an ihr gesehen? Nichts, was das Kind in dieser Fremde unsicher gemacht hätte. Und Dankbarkeit hat sie nicht verlangt.

FRAGE Aber ihr ist geholfen worden.

M.H.C. In Düsseldorf kam Karsch gelegentlich vorbei. Hilft jetzt auch.

FRAGE Der sitzt doch im Italienischen.

M.H.C. Das tut er. Aber wir haben ihn in New York generalüberholt, so dass er nun gleichfalls Professor ist. Ich meine, Gesine hat für ihn die Übersetzung des Mafiabuchs durchgesehen. Die Mafia hat sich mit ihm versöhnt, andernfalls hätten sie ihn ja umbringen müssen. Dann reiste er ein wenig nach Denver und nach Ann Arbor, in New York hatten wir ihn im kommerziellen Fernsehen, nun ist er ein Distinguished American Author. Ein halbes Jahr auf der Bestsellerliste, so dass er nunmehr unter die Wohlhabenden zählt. Sagen wir: Begütert.

FRAGE Wohnen Sie bei Karsch?

M.H.C. Das möchte er wohl, und wirklich nicht zu seinem Vergnügen. Er hat sich in Mailand eine Wohnung zu Eigentum gekauft, und er hat eine ausgesucht, in die passe ich hinein. Es sind nämlich zwei Wohnungen. Da dürfte ich leben, und kann nicht. Es ist nicht das Italienische, es liegt ganz gewiss nicht an Karsch –

FRAGE In New York hat euch D.E. geholfen. Professor Erichson, meine ich.

M.H.C. In New York hatten wir Leute, die gingen am Ende nicht hinein in ein Telefonregister von fünfzig Seiten. Aber Erichson war darunter, und er kam gelegentlich vorbei.

FRAGE Warum hat Gesine den bloss nicht heiraten wollen?

M.H.C. An mir lag es nicht.

FRAGE Sie hatten doch so eine Art Abkommen.

M.H.C. Ja. Wenn die Sache in der Č.S.S.R. kaputt ginge, wollte sie aufgeben.

FRAGE Hätte sie sich daran gehalten?

M.H.C. Und am Ende war es doch wohl nicht the thing to do. Nicht das Richtige, meine ich, einen Radarprofessor zu heiraten, der die U.S. Air Force berät. Fliegt mit der S.A.S. nach Kopenhagen, und kommt nicht an.

FRAGE Hast du wirklich nicht Nachricht von ihm?

M.H.C. Wenn der in einer Lage wäre, Nachrichten zu geben, er fände mich noch in Herne Hill. Ein tadelloser Freund, und ich nehme das nicht zurück.

FRAGE Haben Sie hier Ihre Freunde besucht? Mary-Ann, Claire und Richard?

M.H.C. Allmählich glaub ich Ihnen, dass Sie etwas von dem Buch gelesen haben. Nein. Mary-Ann hab ich verpasst, die ist vorgestern nach Paris zurückgeflogen, Claire haben sie mit Hongkongfieber ins Krankenhaus gesteckt, Richard ist in seiner Internatsschule. In dem Haus ist nur noch der Vater, und seine Katze. Was die Katze sich wohl wundert. Manchmal spricht er mit ihr. Er hätte wohl ganz gern, dass sie auch spräche.

FRAGE Wie konnte Gesine sich nur auf so etwas Riskantes einlassen? Eine Devisenanleihe für die Č.S.S.R., es konnte doch nur in die Binsen gehen.

M.H.C. Erstens, die Bank hatte ihr diese Arbeit gegeben. Sie hätte nicht lange ungestraft Nein sagen dürfen. Zweitens, unser allseits angeblich verehrter Vizepräsident, de Rosny der Grosse, er hat nämlich das Bankgeschäft von der Pike an erlernt, in Singapur sagt er, er wird also nicht ein halbes Jahr Arbeit und eine Menge Geld in etwas Aussichtsloses stecken. Und drittens, Ungarn ist wie die Č.S.S.R. im Comecon, und die haben ihre Westanleihe gekriegt, wenn auch etwas später.

FRAGE Davon weiss ich ja gar nichts.

M.H.C. Beim SPIEGEL arbeiten, und dann den Wirtschaftsteil nicht lesen.

FRAGE Wieso! Und das mit Hamburg haben Sie auch gewusst!

M.H.C. Und Sie haben eine vierzehnjährige Tochter, mit der vergleichen Sie mich immerwährend in Ihren Gedanken.

FRAGE Nein. Doch.

M.H.C. Und Ihr Nachname fängt an mit einem L.

FRAGE Ja –?

M.H.C. Und Sie wünschen sich, dass Ihnen endlich ein SPIEGEL-Gespräch zugeteilt wird, das will die Chefredaktion aber nicht einsehen.

FRAGE Karsch. Das können Sie nur von Karsch wissen.

M.H.C. Der kann Leute ganz gut beschreiben. Und wenn Sie ein wenig betrunken sind, erzählen Sie gern die Geschichte vom Norddeutschen Rundfunk und Karsch und dem Schneidemeister und Karschs Frau. Dass Sie aber Karsch mit Geld geholfen haben, als er verdächtig war, das erzählen Sie nicht. Und von der anderen Geschichte sagt Karsch: sie ist erfunden.

FRAGE Da muss ich wohl einen Schreibebrief an Karsch herstellen.

M.H.C. Das tun Sie lieber nicht. Karsch lässt seine Post von seinen Katzen ordnen, so wie sie ist.

FRAGE Schon gut. Ich besorg mir einen Auftrag für Mailand.

M.H.C. Und wenn Sie Karsch sagen würden: Sie haben mich getroffen. Ich weiss nichts zum Schreiben.

FRAGE Nur deswegen haben Sie mit mir gesprochen?

M.H.C. Deswegen. Dachten Sie, ich will Sie von was überzeugen?

FRAGE Warum hat denn keiner Gesine abgeraten! Wenigstens von der Reise nach Prag!

M.H.C. Erichson wollte ihr lange Zeit den Glauben nicht verderben. Dass der Sozialismus gemacht werden kann, wenn auch nur in einem Land. Im August 1968 hätte er ihr gewiss abgeraten, jedenfalls von der Reise; er war nur nicht mehr da.

FRAGE Und die anderen?

M.H.C. Die konnten nur aus dem Fernsehen erfahren, was die Sowjets am 20. August mit der Č.S.S.R. anfingen, und keinen Tag früher. de Rosy hat noch mit ihr gesprochen, aber die Verbindung war nach zwei Minuten unterbrochen. In zwei Minuten war sie nicht zu überreden.

FRAGE Wie oft darf sie dir schreiben?

M.H.C. Einmal im Monat.

FRAGE Sie hätte zur E.W.G. gehen sollen, nie für eine amerikanische Bank nach Prag.

M.H.C. Das erinnert mich an den bekannten Kommunisten Anselm Christlein. Der wirft ihr vor: sie hätte zurückkommen sollen nach Westdeutschland und im Fränkischen für eine Volksbank arbeiten, am besten in Bamberg.

FRAGE Marie, wie denken Sie jetzt über den Kommunismus?

M.H.C. Ja über die Sache mit den Stühlen bin ich hinaus.

FRAGE Was für Stühle –?

M.H.C. Da haben wir also einmal den Kapitalisten, den Stuhlfabrikanten. Kosten für Werkstatt, Werkzeug, Material, Lohn. Nettoverdienst verglichen mit dem derjenigen, die ihm die Stühle machen, den Stuhlproduzenten nämlich.

FRAGE Oh Gott. Oh Gott.

M.H.C. Hab ich doch gesagt: darüber bin ich hinaus.

FRAGE Marie, wie denkst du nach 1968 über den Kommunismus?

M.H.C. Die Antwort ist, dass ich mit in Prag war.

FRAGE Auf welcher Seite du standest.

M.H.C. Einmal auf der Seite der Sowjetunion. Als sie den tschechoslowakischen Sozialismus zerschlug, befreite sie Gesine von ihrem Arbeitsauftrag, und wir hätten zurückgehen können nach New York. Zum anderen aber, ich bin ohne sie zurückgekommen, und daran muss ich mich halten.

FRAGE Wohnst du noch in New York? 243 Riverside Drive, Apartment 204?

M.H.C. Die Wohnung war nicht gekündigt. Darauf habe ich bestanden. Es sollte so sein, dass wir jeden Tag zurückkommen konnten nach New York. Aber man lässt einem elfjährigen Kind keine Wohnung. Bloss weil es ein Kind ist. Ich hab da seit August 1968 nicht mehr gewohnt.

FRAGE Marie, diese Adresse, 243 Riverside Drive, das war bis zum August 1968 auch die Adresse des Schriftstellers, der Gesines Jahrestage aufgeschrieben hat.

M.H.C. Wenn der Genosse Schriftsteller sich vorstellt, er soll an unserer Adresse die Tage eines Jahres und aller Jahre in Gesines Leben und Vergangenheit notieren, so will ich darauf antworten: es beruht auf Gegenseitigkeit. Wir haben ihn uns auch vorgestellt.

FRAGE Ihr seid im Buch –

M.H.C. Und er ist draussen.

FRAGE Marie, wo lebst du jetzt?

M.H.C. Verzeihen Sie, das kann ich Ihnen nicht sagen. Am 20. August 1967 war Gesine an der See, in New Jersey. Diesen Tag hat der Schriftsteller als ersten genommen. Und weil er ein Buch aus Jahrestagen machen wollte, hörte er genau ein Jahr später auf. Das ist das Ende.

FRAGE Vielleicht stilistische Gründe.

M.H.C. Um einen Preis. Denn nun kann er nicht mehr aufschreiben, was am 21. August 1968 mit uns und mit Prag war. Er weiss wohl, dass Dr. Kliefoth im November starb, weil er mit 82 Jahren nicht mehr ärztlichen Beistand haben wollte; es kann aber nicht in das Buch getan werden. Und er würde wohl was darum geben, wenn er noch Diana Oughton hätte hineinnehmen können.

FRAGE Diana Oughton.

M.H.C. DIANA OUGHTON. Geboren 1942 in Dwight, Illinois. Mitglied der radikalen Studentengruppe The Weathermen. Machte am 6. März 1970 in New York, im Hause 18 West Elfte Strasse einen Fehler beim Versuch, eine Bombe zusammenzubauen, und wurde zusammen mit dem Haus zerstört.

FRAGE Darf ich Ihnen eine persönliche Frage stellen?

M.H.C. Es wird nicht schlechtes Benehmen sein, wenn ich sie nicht beantworte.

FRAGE Ich weiss nicht, woran ich Sie erkannt habe. Sie sind beschrieben worden als –

M.H.C. Ach das. Da war ich zehn elf Jahre alt und flocht mir lange Zöpfe und wusste sehr genau, zu welcher Gelegenheit ein Kleid gehörte und zu welcher eine Hose genügte. Ausserdem besuchte ich eine Schule für Kinder aus dem gehobenen Mittelstand, reinigte meine Fingernägel täglich und wollte nirgends leben als am Hudson in New York. Ich muss angenommen haben, die Welt werde sich bessern, und wenn ich mit jemand leben will, kann ich mit ihr leben.

FRAGE Die Frage gilt als nicht gestellt.

M.H.C. Jetzt sind meine Haare kurz, und weil ich sie selbst abgeschnitten habe, mit einer Schneiderschere vor dem Spiegel, sehen sie wohl etwas unordentlich aus. Ein Kind, das eine zu grosse Armeejacke trägt, die obendrein wohl Flecke hat, macht auf Sie einen ungewaschenen Eindruck. Ein Mädchen sollte nicht Stiefel tragen. Zu einer Dame gehört eine unbeschädigte Handtasche, nicht aber ein fransiger Lederbeutel. Und wer nicht einmal so viel auf sich achtet, dass er an einem solchen Tag einen Shawl um den Hals trägt –

FRAGE Wohin fahren Sie jetzt?

M.H.C. Von hier aus könnte ich südlich fahren nach Bromley South und hätte einen bequemen Anschluss nach Calais (Mary-Ann: denken Sie). Nördlich könnte ich nach Birmingham (Harry Wittenberg). Von Birmingham wäre es nicht weit zur Fähre nach Dun Laoghaire (das Haus in Kilkee). Dann gibt es noch Heathrow, wo Sie mit einem Flugzeug verabredet sind. Und damit Sie meine Richtung nicht sehen, werden Sie jetzt zurückfahren zum Bahnhof Victoria.

THIS TRAIN
FOR VICTORIA
ONLY
THIS TRAIN
FOR VICTORIA
ONLY

FRAGE Marie, warum wurde Gesines Geburtstag nicht mehr gefeiert?

M.H.C. Türen schliessen: ist die gängige Redensart.

FRAGE Warum haben Sie so aufrichtig geantwortet?

M.H.C. Ich war nicht durchgehends aufrichtig. Aber es freut mich, dass Sie es geglaubt haben.

FRAGE Wann immer Sie nach Hamburg kommen –

M.H.C. Vorsicht bei Abfahrt des Zuges! sagt man.

Dem hätte es Spass gemacht, angepumpt zu werden. Fünf Pfund hätte der hergegeben. Und mir wäre schon mit einem einzigen geholfen gewesen. Was fang ich an mit siebzehn Neuen Pennies in der Tasche!

Anmerkung

1 Das Interview wird hier zum ersten Mal in ungekürzter Fassung abgedruckt.

Veröffentlicht in: *suhrkamp informationen* 1973, H. 2, S. 64–68.

II

Antworten auf Fragen und Umfragen

Warnung vor einem Würfel

Umfrage der »Düsseldorfer Nachrichten« vom 27.7.1965
Antwort vom 18.8.1965

Für den Herbst 1965 planten die Düsseldorfer Nachrichten *drei Artikel über die drei im Bundestag vertretenen Parteien. Je ein prominenter deutscher Schriftsteller sollte über die Partei schreiben, die er bestimmt nicht wähle und gegen die er erhebliche Vorbehalte hege. Die Redaktion unterstellte, daß Johnson einiges gegen die CDU vorzubringen habe.*

ANTWORT In Westberlin und anderswo gibt es ein Unternehmen zur Herstellung und zum Verkauf von Waren, wie viele, und besonders ist an diesem die Folgerung, die die Geschäftsleitung aus dem Gesetz über das Verbot von Zugaben im Einzelhandel gezogen hat: sie lässt kleine Würfel aus Kunststoff in verschiedenen Farben verteilen, an die Käufer, wer da aber nicht kaufen will, kann kommen mit einem Kind an der Hand und kriegt auch einen. Es sind sonderbare Würfel, man kann damit nicht Zahlen und keine Lage Bier austrudeln, wohl aber eine Wahlentscheidung, konsequenter noch als ums Leben, denn die Entscheidung fällt nicht eindeutig aus.
Auf seinen sechs Flächen trägt der Würfel die Aufforderung »Wählen Sie«, und darunter je einmal die Abkürzung CDU, CSU, SPD, FDP, jedoch zweimal den ausgeschriebenen Namen der Firma. Der einzig individuelle Zug in dieser Wahlberatung ist die Aufwertung, die hier einer kleinen bayrischen Partei erwiesen wird; das könnte sich aber auch herausstellen als umsichtige Vorsorge für jene Zukunft, in der die CSU in Westdeutschland machen könnte, was sie versprach. Geradezu abgeklärt und philosophisch ist der Einfall, so was den Kunden zum Würfeln anzubieten. Der Verdacht, der Kunststoff könne an einer Stelle beschwert sein, ist kleinmütig; wir haben es mit einem Vorschlag grossen Stils zu tun. Aus den wechselnden Aufschlägen des Würfels lässt sich nämlich ein Satz bilden, der auf die Unabänderlichkeit der Verhältnisse vertraut. Was aussieht wie eine beliebige Zusammenstellung von Bedingungssätzen, löst sich, da der Name der Firma jeweils öfter

nach oben zu liegen kommt, klappernd auf in einen Bedingungssatz mit austauschbaren Objekten und in einen Folgesatz mit einem Objekt, das keineswegs austauschbar ist: Ob Sie nun CDU wählen oder FDP oder SPD, Sie wählen doch in jedem Fall die Firma. Man darf es umkehren: dieser Firma ist gleich, wer regiert.

Könnten wir diesen volkswirtschaftlichen Glaubenssatz eines einzelnen Geschäftsmannes verallgemeinern für die hundert, die über die Zustände der Bundesrepublik entscheiden, so wüssten wir jetzt schon, wie die Partei regieren wird, die die Wahl gewinnt. Übrigens ist das hohle Ding zu leicht und fällt gern vom Tisch. Andererseits, vielleicht hat hier ein Arbeitgeber einen Spass machen wollen. Ein Arbeitnehmer wäre darauf nicht gekommen. Das spräche, ob schwarz, ob gelb, ob grün, gegen die Parteien der Arbeitnehmer.

Veröffentlicht (unter dem Titel: *Der Würfel*) in: *Düsseldorfer Nachrichten*, Nr. 215 vom 15. 9. 1965.

». . . würde ich einer Angleichung der Interpunktion an die gültigen Regeln zustimmen.«

Antwort auf eine Umfrage der Zeitschrift »Les Langues Modernes« vom August 1965

Die vom Verband der Lehrer für neuere Sprachen an den öffentlichen Schulen Frankreichs herausgegebene Zeitschrift stellte Schriftstellern in der BRD und DDR verschiedene Fragen.

FRAGEN Welche Gefühle hat ein Schriftsteller, wenn seine Werke von der Schule entdeckt werden? Hat er nicht Grund zu fürchten, daß diese Werke jeglichen Reiz bei unserem jungen Publikum verlieren, wenn sie nach Art eines Professors Unrat angerichtet wurden? Wäre es da für einen Autor nicht besser, diesem Schicksal zu entgehen und von den Pädagogen vernachlässigt zu werden, wie es mit Heinrich Heine in Westdeutschland der Fall ist? Oder wäre es besser, sich in ein »Unterrichtspensum« verwandelt zu sehen um den Preis, allein noch in der Schule gelesen zu werden, wie es das Schicksal des gleichen Heinrich Heine in Ostdeutschland ist? Ist es eine gute Note, ist es die Krönung einer Schriftstellerkarriere, von der Schule angenommen, ein »Klassiker« zu werden? Oder muß sich ein Autor im Gegenteil nicht einer Gewissensprüfung unterziehen, wenn er von einer Institution ausgewählt wird, die meistenteils recht gut mit der Mittelmäßigkeit umzugehen weiß? Ist es nicht eine Auszeichnung, ganz ähnlich wie beim Nobelpreis, die jenen Autoren, die am schärfsten die Gesellschaft kritisieren und reformieren wollen, zeigt, wie gut es der Gesellschaft gelungen ist, sie zu bändigen; daß sie im Begriff sind, vereinnahmt zu werden, daß sie, eingeordnet in den »Panthéon« bekannter Werte, aufgehört haben, ein Gärstoff zu sein, und zu einer steinernen Büste mit geschlossenem Mund und leeren Augen erstarrt sind?[1]

An Uwe Johnson wurde darüber hinaus noch die Frage gerichtet, ob er es als Sakrileg empfände, wenn seine Romane, falls sie für den Schulgebrauch herausgegeben würden, den allgemeinen Regeln der Interpunktion und der Syntax angepaßt würden.

ANTWORT Wenn ich versuche, Ihre Frage zu beantworten, bedenken Sie bitte, dass meine Erfahrungen beschränkt sind und zurückgehen auf nichts als meinen eigenen Schulbesuch und einige Gespräche mit Schülern, die sich zudem meist mit Politik beschäftigten.
Die Aufnahme moderner Literatur in den Lehrplan der Schulen finde ich angemessen, da in dieser Literatur eine neue Nachricht, das gegenwärtige Bewusstsein der Welt, enthalten sein mag. Bei den Schülern habe ich dafür Interesse vorgefunden. Den Lehrern kann man das persönliche Urteil über zeitgenössische Bücher nicht verwehren, und sei es privat, da die literarische Kritik doch in der Öffentlichkeit nach ähnlichen Mass-stäben verfährt. Ebenso allgemein bin ich sicher, dass die jüngere Generation der Lehrer imstande ist, das Werk Heinrich Heines verständlich zu machen; allerdings scheint es mir weniger unsinnig, wenn man ihn wie in der Bundesrepublik für einen Klassiker missversteht, als wenn man ihn wie in der DDR für den Kronzeugen einer bestimmten politisch-historischen Interpretation ausgibt. Was die Behandlung meiner Bücher in den Schulen eines anderen Landes angeht, so bin ich bisher nur in Dänemark um Mitarbeit gebeten worden, und zwar vom Schulfunk. Für den Gebrauch von Texten im Unterricht würde ich einer Angleichung der Interpunktion an die gültigen Regeln zustimmen, obwohl die gültigen Regeln oft dem besseren Verständnis eines Textes entgegenstehen; die Syntax würde ich mir unverändert wünschen. Nur noch für Schüler zu schreiben, könnte ich mich nicht entschliessen, denn beschränkte man sich auf deren Verständnisrahmen, schlösse man sie aus, wenn sie ihn überwunden haben.

Anmerkung

1 Vom Herausgeber aus dem Französischen übersetzt.

Veröffentlicht in: *Les Langues Modernes. Revue et Bulletin de l'Association des Professeurs de Langues Vivantes de l'Enseignement Public*, 59. Jg., 1965, S. 464 und 467.

»Unkenntnis auch im Fach Kynologie«

Umfrage der »Westfälischen Nachrichten« vom 26. 11. 1965
Antwort vom 6. 12. 1965

Für die Silvester-Ausgabe ihrer Zeitung bat die Chefredaktion der in Münster/Westfalen erscheinenden Tageszeitung um eine kurze Stellungnahme zu folgenden Fragen:

FRAGE Welches Ereignis im geistigen Leben des Jahres 1965 erachten Sie für das wichtigste?

ANTWORT Dass der amtierende Bundeskanzler seine Unkenntnis auch im Fach Kynologie[1] unter die Leute brachte, als er die unbescholtene Rasse der Pinscher verächtlich zu machen suchte durch den Vergleich mit den Schriftstellern Grass & Hochhuth; und dass dies endlich klärendes Licht warf auf die Goethe-Zitate, mit dem er seine erste Regierungs-Erklärung schmückte.[2]

FRAGE Die sogenannten Intellektuellen bilden in unserem Lande eine verhältnismäßig isolierte Schicht, wie die offensichtlich erfolglose Aktivität einer Reihe von Schriftstellern und Künstlern im Bundeswahlkampf erneut gezeigt hat. Sind Sie der Ansicht, daß diese Situation in der Sache selbst, d. h. in der Funktion der Intellektuellen gegenüber der Gesellschaft, begründet ist? Oder sehen Sie Möglichkeiten und Notwendigkeiten, die bestehende Kluft zu überbrücken?

ANTWORT Wenn Sie weiterhin jene Schriftsteller meinen, die von lediglich 4 bis 5 Prozent der westdeutschen und westberliner Öffentlichkeit gelesen werden, und zwar aus vorerst nicht politischen Gründen, scheint mir dieser Anteil nicht ausreichend für einen vereinbarten Platz in dieser Gesellschaft, von dem aus diese Leute und überhaupt nicht beamtete Intellektuelle wirken könnten.

FRAGE Schriftsteller und Kulturkritiker ziehen die Festigkeit der demokratischen Staatsordnung in der Bundesrepublik häufig in Zweifel. Dafür wird ihnen ebenso häufig der Vorwurf der Schwarzmalerei und des Zweckpessimismus gemacht. Glauben Sie, daß das deutsche Volk nach der Lektion des NS-Staates und des Krieges ein zweites Mal einem Diktator in die Netze gehen könnte?

ANTWORT Es braucht nicht noch die Bevölkerung jemandem zu verfallen, wenn bereits seine Vertretung, der Bundestag, und seine grossen Parteien, bedenkenlos neuerlich eine Person mit Einfluss und Macht versehen, die getan hat, was Herrn Dr. Strauss (CSU) nachzuweisen ist. Die Person ist ein Beispiel; jede ähnlich geartete würde ausreichen, sollte der dermassen behandelte »Rechtsstaat« einer erheblichen Verschlechterung der Wirtschaft standhalten.

Anmerkungen

1 Kynologie: Lehre von Zucht, Dressur und Krankheiten der Hunde. (Gemeint war damit der damalige Bundeskanzler Ludwig Erhard, der im Oktober 1963 sein Amt antrat.)

2 Das »Goethe-Zitat«, mit dem Bundeskanzler Erhard seine Regierungserklärung vom 18. 10. 1963 schmückte, war ein »Schiller-Zitat«: »Das Werk lobt alle seine Meister.« (Schiller, *Die Glocke*) Vgl. *Verhandlungen des Deutschen Bundestages. Stenographische Berichte*, Bonn 1963, Bd. 53, S. 4193, 1. Sp.

Veröffentlicht in: *Westfälische Nachrichten* vom 31. 12. 1965.

»Das gesellschaftliche Klima der westdeutschen Republik«

Umfrage des Bayerischen Rundfunks vom 1.9.1966 Antwort vom 19.10.1966

Im Herbst 1966 wurde vom Bayerischen Rundfunk eine einstündige Fernsehdokumentation »Schriftsteller und Gesellschaft in der Bundesrepublik« geplant. Der Autor der Sendung, Jakob Hausmann, bat Uwe Johnson wiederholt um eine Stellungnahme. Schließlich schlug er ihm vor, die Antworten auf seine Fragen auf Tonband zu sprechen. Da Uwe Johnson, wie er sich ausdrückte, keine »Maschine zum Aufbewahren von Geräuschen« besaß, antwortete er brieflich aus New York. (Die Schreibweise Johnsons weist auf die Benutzung einer amerikanischen Schreibmaschine hin. Die Orthographie ist beibehalten worden.)

HAUSMANN Halten Sie das gesellschaftliche bzw. politische »Klima« in der Bundesrepublik für günstig oder ungünstig in bezug auf Ihre literarische Arbeit?

JOHNSON Das gesellschaftliche Klima der westdeutschen Republik ist eher unguenstig fuer literarische Arbeit. Man achtet zuviel auf die Schriftsteller, naemlich nicht auf das Dichten und Denken an ihnen, sondern darauf, dass welche tatsaechlich die westdeutsche Erfolgsnorm erfuellen koennen. Selbst an dem Schriftsteller und Bundeskanzler Erhard werden ja weniger seine Einfaelle gewuerdigt, als dass sie in frueheren Zeiten Erfolg zeitigten.[1] Es ist ja nicht die Oeffentlichkeit, in die ein Schriftsteller mit grosser Auflage kommt, es ist die Arena der Klatschspalten in den Illustrierten, Schulter an Schulter mit Leuten, die es mit unvergleichlichen Methoden zu ausreichendem Mobiliar gebracht haben, und die Gesellschaft, in die sie da zugelassen werden, ist nicht »die Versammlung Aller zu einem gemeinsamen Zweck« sondern ein Klub von Prominenten, die im Wunschtraumland der Benachteiligten leben und sich faszinierend benehmen sollen. Eines Tages koennten also Schriftsteller die Hauptrollen in jenen Filmen uebernehmen, die bislang aus den Aerzten Karikaturen machten. Ein falsches Bild der Gesellschaft vom Schriftsteller ist hinderlicher als gar keines.

Das Klima fuer literarische Arbeit in Westdeutschland ist guenstig, insofern die Arbeit teilweise bezahlt wird und insofern bisher weder politische noch obszoene Vorwaende benutzt wurden, einen Schriftsteller ins Gefaengnis zu bringen.

HAUSMANN Glauben Sie, daß Sie mit Ihrer schriftstellerischen Tätigkeit eine gesellschaftliche Aufgabe erfüllen?

JOHNSON Ob man als Schriftsteller eine gesellschaftliche Aufgabe erfüllt. Als Leser behaupte ich das. Die Bilder, die ein Schriftsteller mit seinen Beispielserzaehlungen entwirft von meiner Situation, meinem Land, von der Welt, sind Neuigkeiten, die ich so nur hier bekomme. Ich erfahre etwas. Von manchen Schriftstellern erfahre ich ihre Versionen der Welt sogar mit grosser Kunst, also auf eine vergnuegliche Art. Das wuerde ich als Leser verlangen, und fuer den Lieferanten ist das eine Aufgabe, oder? Allerdings ist ein solcher Austausch gesellschaftlich nicht definiert.

HAUSMANN Glauben Sie, daß die Gesellschaft Ihnen gegenüber Verpflichtungen hat? Welcher Art?

JOHNSON Die Gesellschaft hat mir gegenueber keine Verpflichtungen, die ich nicht auch ihr gegenueber haette, ich meine Sachen wie die Einhaltung des Grundgesetzes und so.

HAUSMANN In wie weit braucht der Schriftsteller Widerstand in seiner Umwelt (Gesellschaft)?

JOHNSON Widerstand braucht der Schriftsteller in seiner Umwelt nicht besonders. Es reicht, dass die Umwelt da ist, finde ich.

HAUSMANN Glauben Sie, daß der Schriftsteller sich außerhalb seiner literarischen Tätigkeit (politisch) engagieren sollte auf Grund seines gesellschaftlichen Prestiges?

JOHNSON Nein. Bei Schriftstellern sollte man eigentlich auf ihre Buecher achten, und dann erst auf ihre Oeffentlichen Erklaerungen, ihre Manifeste. Es gibt da eine unverdrossen fortgesetzte Hochstapelei, die macht aus Schriftstellern im Bewusstsein der Oeffentlichkeit politische Figuren, also repraesentative Figuren, mit grosser Wirkung. Rechnen Sie die Wirkung mal nach! Ein Schriftsteller bedeutet und steht fuer nur sich selber und seine politischen Aeusserungen sind Aeusserungen einer einzelnen Person. Es ist ein Trugschluss, er duerfe fuer Leute politisch sprechen, die an ihm doch nur eine literarische Leistung beurteilen koennen; und diesen Trugschluss einmal zugegeben, duerfte ein Schriftsteller doch nur im Namen jener Buerger auftreten, die mit ihm per Lektuere und Leserbrief ueberhaupt verkehren. Das sind in Westdeutschland etwa vier Prozent. Die Oeffentlichkeit sollte voraussehen dass von Schriftstellern in Notlagen nicht die politische Wirkung zu erwarten ist, die man ihnen jetzt nachsagt. Auch diese Generation wird dann nur noch emigrieren koennen.

HAUSMANN In wie weit sehen Sie Preise, Auszeichnungen usw. als gesellschaftliche Anerkennung?

JOHNSON Preise und Auszeichnungen halte ich nicht fuer eine Anerkennung von Gesellschafts wegen. Da nehme ich lieber literarische Gruende an, aus Bequemlichkeit. Denn was fuer Gruende sollte man bei Verlegern vermuten, wenn sie Preise stiften, und wenn ein Gemeinwesen, eine Stadt etwa, nach dem Motto handelt »Geld gab ich fuers Schreiben«, wie koennte ich den langen, langen Weg dieses Entschlusses vom Steuerzahler ueber das Kultusamt bis zu den Preisrichtern verfolgen? Danke sage ich aber zu allen.

HAUSMANN Wo sehen Sie Widerstände, Angriffsfläche in dieser Gesellschaft?

JOHNSON Da gibt es genug. Die Verteilung des Nationaleinkommens. Ein Vergleich der Kosten von Ruestung und Schulen. Die verschlampte Wieder-Vereinigung. Der Daumen der Regierung auf dem Hals der Informations-Anstalten. Die indirekte Beteiligung des Landes an einem Buergerkrieg in Vietnam. Da gaebe es viele Angriffsflaechen. Da muss aber jeder sich seins aussuchen, und wie gesagt, es kann auch ein nebliger Morgen sein und der Gesichtsausdruck der Milchfrau.

HAUSMANN Wie verhalten sich gesellschaftliche Anerkennung und »notwendiger« Widerstand zueinander?

JOHNSON Das weiss ich nicht.

Anmerkung

1 Damit spielte Uwe Johnson auf Angriffe des Bundeskanzlers Ludwig Erhard gegen deutsche Literaten und Intellektuelle an. Ein Kernsatz in der Rede Erhards am 11. Juli 1965 in Köln richtete sich gegen den Schriftsteller Rolf Hochhuth. Er lautete: »Da hört der Dichter auf, da

fängt der ganz kleine Pinscher an.« Hochhuth hatte im *SPIEGEL* (19. Jg. 1965, Nr. 22, 26. 5. 1965, S. 28–44) unter dem Titel *Der Klassenkampf ist nicht zu Ende* einen Bericht über die sozialen Verhältnisse in der Bundesrepublik vorgelegt.

Unveröffentlicht

»Concerning an attitude of protesting«

Umfrage von Cecil Woolf und John Bagguley vom 3.8.1966
Antwort vom 6.1.1967

Im Jahre 1937 sandten Heinrich Mann, W.H. Auden, Louis Aragon u.a. einen Fragebogen an 150 britische Schriftsteller, um ihre Einstellung zu den Ereignissen in Spanien zu erfahren. Alle Antworten wurden, ob günstig oder ungünstig für die Sache der Republik, in einem Buch unter dem Titel Authors Take Sides on the Spanish War *veröffentlicht. Unter Hinweis auf diese Publikation haben die beiden britischen Publizisten C. Woolf und J. Bagguley etwa 300 Schriftsteller aus verschiedenen europäischen Ländern und den Vereinigten Staaten um kurze Antworten auf die folgenden Fragen gebeten (die Antwort wurde von Uwe Johnson englisch konzipiert, die deutsche Fassung ist danach von ihm »übersetzt« worden):*

Sind Sie für oder gegen die Intervention der Vereinigten Staaten in Vietnam?
Wie sollte nach Ihrer Meinung der Vietnam-Konflikt gelöst werden?

ANTWORT Some good people do not tire of declaring in public that they abominate their country's participation in the war in Vietnam; what can they have in mind? The good people claim for themselves the observation that war is no longer permitted between civilized nation-states; the good people stood pat when the colonial policy of civilized nation-states disturbed those people merely with police, before they could become an independent nation. The good people are heard complaining that the world's greatest country uses advanced weapon systems against a small country, partly experimentally, and especially the trying out of more effective means of annihilation irritates the good people; the good people sat quietly in the corner while the armies gained capacity, they granted the military the very diet of manoeuvres, now they scream over the machine's natural greed for fodder truer to life. The good people dwell on morals, observance of the Geneva

Agreements is what they wish, negotiations, fair elections, withdrawal of foreign troops, decency, they say, and the Dignity of Man; they talk to the superhuman egoism of a State as to a private person with private virtues. What the good people do not like about the war is that it is visible; the good people eat of the fruits their governments harvest for them in Asian politics and on Asian markets. The good people want a good capitalism, an abstention from expansion by war; the good people want a singing horse – what they do not want is communism. The good people want a good world; they do nothing about it. The good people do not try to stop the workers from earning their living by production of armaments; they do not hold up the conscripted who risk their lives in this war, the good people stand in the marketplace and point themselves out as the better ones. These good people will soon, with embarassment, describe their protests against this war as their juvenile period, as the good people before them now talk about Hiroshima and democracy and Cuba. The good people should kindly shut up. Let them be good to their kids, even to kids who are not their own, to their cats, even to strange ones. If only they would stop talking about a species of goodness they help to make impossible.

Veröffentlicht in: Cecil Woolf und John Bagguley, *Authors Take Sides on Vietnam*, London 1967.

Über eine Haltung des Protestierens

Einige gute Leute werden nicht müde, öffentlich zu erklären, daß sie die Beteiligung ihres Landes am Krieg in Vietnam verabscheuen; was mögen sie da im Sinn haben? Die guten Leute sagen sich den Ausspruch nach, es sei Krieg nicht mehr erlaubt unter zivilisierten Nationalstaaten; die guten Leute haben sich nicht gemuckst, als die Kolonialpolitik zivilisierter Nationalstaaten jene Leute in Vietnam bloß mit Polizei dabei störte, erst einmal eine Nation zu werden. Die guten Leute hört man klagen, es wende das mächtigste Land der Erde gegen ein kleines Land fortgeschrittene Waffensysteme an, zum Teil experimentell, gerade das Probieren mit tüchtigeren Vernichtungsmitteln erbittert die guten Leute; die guten Leute haben still in der Ecke gesessen, als die Armeen sich auswuchsen, noch die Diät der Manöver haben sie dem Militär gegönnt, nun schreien sie über die natürliche Gier der Maschine nach lebensechtem Futter. Die guten Leute haben es mit der Moral, die Einhaltung des Genfer Abkommens wünschen sie sich, Verhandlungen, faire Wahlen, Abzug der fremden Truppen, Anstand sagen sie und Würde des Menschen; sie sprechen zum übermenschlichen Egoismus eines Staatswesens wie zu einer Privatperson mit privaten Tugenden. Die guten Leute mögen am Krieg nicht, daß er sichtbar ist; die guten Leute essen von den Früchten, die ihre Regierungen für sie in der Politik und auf den Märkten Asiens ernten. Die guten Leute wollen einen guten Kapitalismus, einen Verzicht auf Expansion durch Krieg, die guten Leute wollen das sprechende Pferd; was sie nicht wollen, ist der Kommunismus. Die guten Leute wollen eine gute Welt; die guten Leute tun nichts dazu. Die guten Leute hindern nicht die Arbeiter, mit der Herstellung des Kriegswerkzeugs ihr Leben zu verdienen, sie halten nicht die Wehrpflichtigen auf, die in diesem Krieg ihr Leben riskieren, die guten Leute stehen auf dem Markt und weisen auf sich hin als die besseren. Auch diese guten Leute werden demnächst ihre Proteste gegen diesen Krieg verlegen bezeichnen als ihre jugendliche Periode, wie die guten Leute vor ihnen jetzt sprechen über Hiroshima und Demokratie und Cuba. Die guten Leute sollen das Maul halten. Sollen sie gut sein zu ihren Kindern, auch fremden, zu ihren Katzen, auch fremden; sollen sie aufhören zu reden von einem Gutsein, zu dessen Unmöglichkeit sie beitragen.

Veröffentlicht in: *kursbuch 9*, 1967, S. 177–178.

». . . Herr Gustav-Adolf Schur sei ein ›Modell für den Titelhelden‹ in meiner Veröffentlichung . . .«

Leserbrief an die Redaktion »Der Spiegel« vom 5.5.1967

Unter dem Titel »Geschenke in Fülle« hatte das Nachrichtenmagazin über die Friedensfahrt, ein seit 1947 alljährlich stattfindendes Etappen-Radrennen für Amateure von Warschau nach Prag, berichtet. An der 20. Jubiläumsfahrt sollte zum ersten Mal seit neun Jahren wieder eine Mannschaft des westdeutschen Bundes Deutscher Radfahrer teilnehmen. In dem Artikel heißt es:
Der beliebteste Sport-Star der DDR ist zugleich der erfolgreichste Friedensfahrer: Gustav-Adolf (»Täve«) Schur aus Magdeburg, zweimaliger Weltmeister und Modell für den Titelhelden in Uwe Johnsons Roman »Das dritte Buch über Achim«, siegte als einziger zweimal in der Einzelwertung.
Auf diese Passage bezieht sich Uwe Johnsons Leserbrief aus New York, in dem es heißt:

Auf Seite 124, Mittelspalte, der »Spiegel«-Ausgabe Nr. 20/1967, wird unter Ihrer Aufsicht [Der Brief ist an den verantwortlichen Ressortleiter gerichtet, E. F.] eine Verbindung hergestellt zwischen einem Herrn Gustav-Adolf Schur, der lebt, und einer Person, die ich erfunden habe. Erlauben Sie mir, diese Verbindung einzuschränken.
Ihre Formulierung, Herr Gustav-Adolf Schur sei ein »Modell für den Titelhelden« in meiner Veröffentlichung »Das dritte Buch über Achim«, möchte zu verstehen geben, Herr Gustav-Adolf Schur komme als Person in diesem Roman vor. Jedoch war und ist mir das persönliche Leben von Herrn Gustav-Adolf Schur nicht bekannt, und ohnehin hätte ich mich gescheut, dergleichen Wirklichkeit für Erfindung auszugeben.
Was Sie zu einer Gleichsetzung veranlasste, mögen Parallelen objektiver Natur gewesen sein. Tatsächlich ging ich aus von der spezifischen sozialen Funktion eines Sportlers in der Deutschen Demokratischen Republik, nämlich seiner Vermittlung zwischen den Regierten und den Regierenden im verschenkten oder benutz-

ten Ruhm, wo also Liebe des Publikums und Strategie der Administration unverhofft einander begegnen. Als Sportart hätte ich Skispringen oder Kraulen vorgezogen, doch da sich für eine fiktive Biographie eine nicht nur zyklische, sondern auch nahezu ganzjährige Disziplin empfiehlt, war ich auf das Strassen-Radrennfahren verwiesen. Zwar habe ich zuzugeben, dass ich insgesamt siebenundzwanzig Worte aus Büchern über den Sportler Gustav-Adolf Schur direkt oder indirekt zitiert habe; es wäre denen jedoch eine grössere Anzahl von Worten aus Werbematerialien für Kraulschwimmerinnen, Boxer und Handballer der DDR an die Seite zu stellen. Folglich muss mir daran gelegen sein, dass keinerlei persönliche Verhältnisse, Handlungen, Entscheidungen oder Taten in »Das dritte Buch über Achim« Herrn Gustav-Adolf Schur angerechnet werden.

Veröffentlicht in: *Der Spiegel*, 21. Jg. 1967, Nr. 23 (vom 29. Mai), S. 16/17.

»Ich glaube nicht an Intuition«

Antwort auf eine Umfrage der »Nürnberger Nachrichten« vom 9. 9. 1970

Die Intuition des Künstlers, so heißt es im Großen Brockhaus, *sei ein Vermögen, seinen Absichten überzeugend sinnlichen Ausdruck zu verleihen; das technische Handwerk könne dabei hinter der Intuition zurückbleiben. Diese Definition sowie die Überlegung, inwiefern der Begriff der Intuition noch Aktualität beanspruchen könnte, führten die Redaktion der* Nürnberger Nachrichten *zu der Frage:*
»Was bedeutet Intuition für Ihre Arbeit?»

ANTWORT: Ich glaube nicht an Intuition. Dergleichen ist mir nie begegnet. Es kann allerdings sein, daß nach gründlicher Vorbereitung des Materials die im Bewußtsein vorbereiteten Einzelheiten des Planes in eine Ordnung fallen, die man glaubt nicht geplant zu haben. Später hat sich für mich jeweils herausgestellt, daß die so erreichte Anordnung der gewünschten näher kam, als man hätte wünschen dürfen.

Veröffentlicht in: *Nürnberger Nachrichten* vom 9. 9. 1970.

»Ist die Zeitung als Informationsorgan glaubwürdig?«

Umfrage der »Nürnberger Nachrichten« vom 1. 9. 1970
Antwort vom 6. 9. 1970

In einer Umfrage zum 25jährigen Bestehen der Tageszeitung stellte die Feuilleton-Redaktion der Tageszeitung folgende Fragen:

FRAGE Ist die Zeitung als Informationsorgan glaubwürdig?

ANTWORT Die Zeitung ist nach wie vor der Bote, nicht die Nachricht selbst. Boten, besonders selbsternannte und kommerzielle, könnten Interessen unterworfen sein. Das macht sie nicht von vornherein glaubwürdig.

FRAGE Soll die Zeitung eine fest umrissene Meinung haben? Oder soll sie es dem Leser überlassen, sich auf Grund des Informationsmaterials eine eigene zu bilden?

ANTWORT Die Nachrichten selbst sollten genügen. Sie werden sich fremd genug durch die redaktionelle Aufbereitung.

FRAGE Glauben Sie, daß die Presse von heute wirklich frei und unabhängig ist?

ANTWORT Wenn eine Zeitung in Hamburg, die nicht zum Springer-Konzern gehört, in einem bestellten Beitrag (gelegentlich eines Vergleichs von Hamburg und Berlin) die Zeilen findet:

bei Ihnen gewinnen Wenige an der Arbeit vieler
hier auch
bei Ihnen leben Welche vom Häuserbau ihrer Grossväter
hier auch
bei Ihnen lügt Axel Springer die Betroffenen an
hier auch

– welche beiden Zeilen wird die Zeitung nicht drucken?[1]

FRAGE Wird die Pressefreiheit mißbraucht?

ANTWORT Die Antwort hierauf ist mir entfallen.

FRAGE Ist die Presse heute noch eine Macht? Hat sie noch Einfluß auf das politische Geschehen?

ANTWORT Haben die Leser von *Bild* Recht bekommen wegen

der Telefongebühren? Hat Professor Gerstenmaier[2] eine einzige Mark zurückgezahlt?

FRAGE Soll die Zeitung unterrichten oder soll sie auch erziehen?

ANTWORT »Die Schule der Nation ist die Schule«.

FRAGE Wird die Presse der ihr von der Verfassung gestellten öffentlichen Aufgabe gerecht?

ANTWORT Wird die Verfassung den öffentlichen Aufgaben gerecht?

FRAGE Ist die Pressefreiheit ein Gut aller Staatsbürger oder nur der Journalisten oder der Verleger?

ANTWORT So wie es Paul Sethe an die Wand geschrieben hat: sie ist ein Gut der Verleger. Es liesse sich hinzufügen: sie ist auch ein Gut der Geschäftspartner eines Verlegers.

Gekürzt veröffentlicht in: *Nürnberger Nachrichten* vom 10. 10. 1970 (Tiefdruckbeilage).

Anmerkungen

1 Die Redaktion hat Uwe Johnsons Beitrag verändert und die entscheidenden Zeilen, die die abschließende Frage erst verständlich machen, aus dem Beitrag gestrichen. In der gedruckten Fassung der Jubiläumsausgabe heißt es:
»(...) die Zeilen findet:
bei Ihnen gewinnen Wenige an der Arbeit
Vieler –
hier auch;
bei Ihnen leben Welche vom Häuserbau
ihrer Großväter –
hier auch.
Welche Zeilen wird die Zeitung nicht drucken?«
Mit diesem Eingriff hat die Redaktion die Antwort Uwe Johnsons nicht nur entstellt und unverständlich gemacht, sondern sie hat offenbar die in der Antwort enthaltene Frage für die eigene redaktionelle Arbeit ernst genommen und wieder die beiden Zeilen nicht gedruckt, die bereits bei der Erstveröffentlichung getilgt worden sind. Dem *Deutschen Allgemeinen Sonntagsblatt* hatte Uwe Johnson am 13. August 1970 den folgenden Text geschickt. (Der vom verantwortlichen Redakteur ausgelassene

Text war beim Abdruck im *Sonntagsblatt* wenigstens durch drei Punkte kenntlich gemacht. Uwe Johnson war vor der Veröffentlichung »aus Mangel an Zeit« nicht gefragt worden, ob er mit der Kürzung einverstanden sei. Die fragliche Textstelle ist im folgenden Wiederabdruck kursiv gesetzt):

»warum ich in Berlin bleibe
Westberlin meine ich

Ihre Frage ist eine Offerte:
was bietet Hamburg?

bei Ihnen gewinnen Wenige an der Arbeit Vieler
hier auch
bei Ihnen leben Welche vom Häuserbau ihrer Grossväter
hier auch
bei Ihnen lügt Axel Springer die Betroffenen an
hier auch
in Ihren Gefängnissen kann man totgeschlagen werden
hier auch

Sie mögen eine Stadtbahn an die Nordsee haben
von hier fliegt eine nach Hamburg & Stuttgart & Düsseldorf
wer bei Ihnen auf die Insel Sylt verzichten muss
versagt sich hier bloss dem Wannsee
Sie loben Ihr Klima für die übrigen Jahreszeiten
wir auch
bei Ihnen besorgt die Armee den Bürgerkrieg
bei uns die Polizei
im Konfliktfall werden Sie nach Dänemark verschleppt
uns bleibt der Umweg gleich erspart

warum ich bleibe

schon zehn Jahre Vergangenheit machen anhänglich, und träge

warum ich bleibe

wegen der märkischen Großstadt-Atmosphäre
(zusammengesetzt aus einzelnen Dörfern)
wegen des ruhigen Ambiente der Provinz
(Westdeutschland kommt ohnehin zu Besuch)
weil hier zu sehen ist was los ist
(die Moderne Grenze als Gegenstand statt in der Tagesschau)

wegen des Schreibens der Alliierten Kommandantur vom
29. August 1950 zur Verfassung von Westberlin (BK/O [50] 75)
weil Westberlin ein Gebiet für sich ist
dem Spieltrieb von Strauss und Barzel entzogen
anders als Brandt und von Guttenberg sagen

weil Westberlin nicht auf seiner Umgebung liegt
sondern in ihr, von ihr umgeben
anders als Stoph und W. Ulbricht sagen

wegen einer Rede von John Kennedy am 25. Juli 1961
weil vielleicht die amerikanische Nation eins ihrer Worte hält
anders als einige ihrer Vertreter sagen

weil ich die hiesige Zukunft sehen möchte:
Westberlin als Istanbul, Brüssel oder Hongkong
Westberlin als Schleuse zwischen Dollar und Rubel
Westberlin grösserer Teil der Hauptstadt der D.D.R.

weil notfalls hier bestätigt wird wie anderswo:
die bekannt humane Kriegsführung der U.S.A.
die bekannt humane Okkupationstechnik der U.d.S.S.R.

um dann zu hören was die Westdeutschen dann sagen
(bloss aus Neugier ob sie es endlich zugeben)

schliesslich aus Angst vor der Langenweile
aus Genuss an der Langenweile

bleibe ich wohnen in Westberlin«

2 Professor Dr. Eugen Gerstenmaier, 1954–1969 Präsident des Deutschen Bundestages, von dem Journalisten Paul Sethe einst »das Gewissen der Nation« genannt, hatte 281 107,– DM und lebenslängliche Monatsbezüge von seinerzeit 2673,– DM – so die Abrechnung vom Oktober 1968 (vgl. *Der Spiegel*, 23. Jg. 1969, Nr. 5, S. 21 ff.) – als staatliche Wiedergutmachung erhalten. Nach dem Gesetz zur Regelung der Wiedergutmachung nationalsozialistischen Unrechts für Angehörige des Öffentlichen Dienstes hatte Gerstenmaier sich amtlich bestätigen lassen, daß ihm im Jahre 1938 aus politischen Gründen eine Professur verweigert worden war, obwohl er die Voraussetzungen dafür erfüllte. Das Bundesinnenministerium bestätigte ihm 1965, daß er den Titel eines außerordentlichen Professors führen dürfe und ihm nach dem Gesetz Versorgungsbezüge zustünden. Weniger prominente und nicht professoral-beamtete Bürger der Bundesrepublik wurden für den Aufenthalt im Konzentrationslager Dachau mit einer Entschädigung von 50,– DM pro Monat und für einen Tag in Auschwitz mit 2 oder 3 Mark abgefunden.

Veröffentlicht in: *Deutsches Allgemeines Sonntagsblatt*, 23. Jg. Nr. 34, vom 23. 8. 1970, S. 20; wiederveröffentlicht (mit der im Erstdruck gestrichenen Zeile) unter dem Titel *Im Gespräch mit einem Hamburger*, in: Uwe Johnson, *Berliner Sachen. Aufsätze*, Frankfurt am Main 1975, S. 108/110. Für diese Veröffentlichung wurden der Titel und die Schlußzeile »Danke für das Gespräch« ergänzt, zudem heißt es in der vor- und in der drittletzten Zeile jeweils »Langeweile«.

»... ich möchte nicht in die Nachbarschaft jener geraten, die eine Revision dieser Kriegsergebnisse verlangen«

Fragen einer 10. Klasse der Hauptschule Küppersteg in Leverkusen vom 25.11.1970
Antworten vom 10.2.1971

Die Schüler hatten Uwe Johnson zu einer Diskussion eingeladen und dafür die folgenden Fragen vorbereitet. Uwe Johnson hatte zunächst gehofft, bei einer geplanten Reise die Schüler besuchen zu können, mußte dann aber absagen und hat deshalb erst verspätet die Fragen schriftlich beantwortet.
Die ersten fünf Fragen beziehen sich auf Uwe Johnsons selbstgeschriebenen Lebenslauf.

FRAGE Warum schreiben Sie Koscian, wenn die Stadt damals, als die Nazis Heimschulen dort hatten, sicher Kosten hieß?

ANTWORT Die ehemals deutschen Orte, an denen ich geboren oder zur Schule gegangen bin, gebe ich in der polnischen Fassung an, weil sie jetzt die gültige ist. Zum anderen, Koscian oder Kamień Pomorski bekamen ihre Namen als Folge des Ersten und des Zweiten Weltkrieges, und ich möchte nicht in die Nachbarschaft jener geraten, die eine Revision dieser Kriegsergebnisse verlangen; da eine solche Revision nur mit neuem Krieg bewerkstelligt werden kann, liegt mir daran, schon den verbalen Anspruch auf das Verlorene zu vermeiden.

FRAGE Bei fast allen Städten nennen Sie auch die Flüsse, an denen die Städte liegen. Warum?

ANTWORT Wenn ich in einem Lebenslauf zu allen Städten meiner Biographie einen Fluss nannte, so weniger wegen meiner Vorliebe für das Wohnen an fliessendem Wasser. Ich wollte den Effekt der Wiederholung ausnutzen, um den Text zusammenzuhalten, und hatte auch Spass an der leichten Strähne Unsinn, die die ernsthaften Gesten eines selbstgeschriebenen Lebenslaufs ein wenig aufhob.

FRAGE Was ist vorgefallen, daß Sie nicht in der DDR geblieben sind?

ANTWORT Das Land D.D.R. habe ich verlassen, weil ich dort weder mein erstes Buch noch die folgenden hätte veröffentlichen können. Mein Umzug hatte also technische Gründe, nicht solche des politischen Bekenntnisses.

FRAGE Was hatte Schröder gegen den Aufenthalt in der Villa Massimo?

ANTWORT Der Aussenminister der B.R.D. von 1962, von Brentano, wünschte mir das (treuhänderisch vom Innenministerium verwaltete) Aufenthaltsstipendium für die Villa Massimo zu entziehen, weil ich anlässlich des Erscheinens einer italienischen Übersetzung, zur Korrektur eines Festredners, gesagt hatte:
Die ostdeutschen Kommunisten haben, als sie diese Mauer zogen, nicht die Absicht gehabt, unmoralisch zu handeln, sondern sie befanden sich in der Notwehr. Etc.
Diese Äusserung wurde ihm hinterbracht in der Form:
Also mussten sie die Mauer bauen, und das sei gut, vernünftig und sittlich. Etc.,
und Herrn von Brentano war es lieber, mich für etwas nicht Getanes anzuklagen, als seinen Irrtum zu berichtigen. Die alberne Affäre ist ungefähr beschrieben in DER SPIEGEL: Heft 50 von 1961.

FRAGE Wir haben den Titel »Knight of Mark Twain« in keinem Lexikon gefunden.

ANTWORT Von dem Titel »Knight of Mark Twain« kann man mit gutem Recht sagen, dass es ihn nicht gibt. Denn er wird vergeben vom Herausgeber einer Zeitschrift in den U.S.A., der damit so ziemlich jeden auszeichnet, der ihm gefällt, und er ist da recht grosszügig. Da der Titel also offenbar gar nichts bedeutet, bot er die Möglichkeit an, so zu tun, als bedeute er etwas.

Zum Text *Über eine Haltung des Protestierens.*

FRAGE Wir haben nicht herausgefunden, wer Ihrer Meinung nach protestieren darf gegen den Vietnam-Krieg. Auch der Protest unwahrhaftiger Menschen führt zum Erfolg, z. B. der Truppenabzug aus Vietnam. Darauf – auf den Erfolg – kommt es doch an?

ANTWORT Gemeint sind da nicht sämtliche Haltungen des politischen Protestes, sondern lediglich die dort beschriebene. Dass ausgerechnet sie einen Einfluss auf die Entscheidungen des Generalstabs der U.S.A. ausübte, das halte ich nicht für beweisbar.

Zum Text *Osterwasser*.

FRAGE Wir meinen feststellen zu können, daß die Sätze in *Osterwasser* viel einfacher gebaut und leichter zu lesen sind als z. B. die in *Achim*. Ist es eine Erzählung aus früherer Zeit? Wenn ja, warum sind Sie nicht bei diesem leicht verständlichen Stil geblieben?

ANTWORT Die Sätze in *Osterwasser* kommen Ihnen schlichter vor, weil sie eine schlichte Geschichte vorstellen sollen, die eines Kindes, das an kaum anderes denken kann als an seinen Hunger und weder die Ursachen davon noch die Erwachsenen begreift. Geschrieben habe ich das 1963. Eine solche Art von Prosa war nicht anwendbar für spätere Geschichten, in denen Beziehungen zwischen Leuten weniger eindeutig und gradlinig waren, in denen Psychologie und politischer Sachverhalt und Lokal und Handlung ein kompliziertes Muster ergaben, also eine komplexe Darstellung verlangten. Das blieb nicht ohne Einfluss auf den Satzbau, die Wortwahl, die Satzlänge.

Zu einem Auszug aus *Das dritte Buch über Achim* (Dreigangschaltung).[1]

FRAGE Warum schreiben Sie manchmal so altertümliche Worte, z. B. »mithin«?

ANTWORT Warum halten Sie »mithin« für ein altertümliches Wort? Könnte es sein, dass es Ihnen zu selten in Ihrer Lektüre unterkommt? Selbst wenn es altertümlich wäre, so wäre das für mich kein Grund, es aufzugeben. Denn es führt einen Gestus vor, einen zusammenfassenden, einen plädierenden, und tut das deutlicher, konziser als ein Satz es vermöchte; solche Gesten möchte ich vor dem Vergessen bewahren.

Zu Ihrer Lesung aus *Jahrestage*.

FRAGE Sie haben mal gesagt, man habe kein anderes Material als seine Erfahrungen. Haben Sie Teile des Gesprächs zwischen Marie und Gesine erlebt oder erfunden?

ANTWORT Solche Gespräche wie die zwischen Mrs. Cresspahl und ihrer Tochter sind erfunden. Für solche Erfindungen sind aber Erfahrungen Voraussetzung, etwa dass man sich in den psychologischen Bedingungen eines solchen vaterlosen Kleinsthaushalts und der Beziehung zwischen einzelner Mutter und Einzelkind auskennt, objektiv. Daraus lässt sich »etwas machen«.

FRAGE Sie sagten, daß Sie eine Geschichte erst aufschreiben, wenn Sie sie schon vom Anfang bis zum Ende wissen. Heißt das auch, daß sie bestimmte Worte und inhaltliche Einzelheiten, die Ihnen in der Entstehungszeit einfallen, nicht aufschreiben?

ANTWORT Notizen mache ich über sachliche Einzelheiten, etwa den Preis eines »Volksempfängers« im Jahre 1937, dass die Gewerkschaft der Sattler, vielmehr deren Innung, den Reichspräsidenten Ebert ausschloss, und dergleichen; auch als Literaturhinweis: in welchem Buch die Erbhofpolitik der Nazis am handlichsten zusammengefasst ist etc.
Psychologische Einzelheiten, solche der Handlung habe ich bisher immer in der Erfindung der Geschichte verarbeitet wie sie mir einfielen.

Anmerkung

1 Vgl. *Lesebuch A 10,* Ernst Klett Verlag, Stuttgart 1968, S. 102–105; vgl. auch: Uwe Johnson, *Das dritte Buch über Achim,* Frankfurt am Main 1961, S. 203–208.
(Die Zwischenüberschriften waren von den Schülern gewählt worden.)

Unveröffentlicht

Meinung für ein Tonband der Sozialdemokratischen Wählerinitiative

7.11.1972

Der Wahlkampf um die Mandate im Siebenten Deutschen Bundestag war in einem bis dahin unbekannten Umfang ein Wahlkampf der Bürger- und Wählerinitiativen. Zur Wahl standen die CDU/CSU-Koalition mit dem Kanzlerkandidaten Dr. Rainer Barzel und die SPD/FDP-Koalition mit dem Spitzenkandidaten Willy Brandt. Bereits im April 1972 hatte sich Uwe Johnson an der Unabhängigen Wählerinitiative Schwäbisch Hall zur Landtagswahl in Baden-Württemberg (am 23. April 1972) beteiligt. Diese Initiative – von Personen getragen, die an keine Partei gebunden waren – sprach sich gegen das Nein der CDU/CSU zur Ratifizierung der Verträge mit Moskau und Warschau aus und setzte sich deshalb dafür ein, der SPD oder der FDP die Stimme zu geben.
»Für Rundfunk-Spots & Lautsprecher-Durchsagen«, so hatte Uwe Johnson handschriftlich auf dem Typoskript vermerkt, war der folgende Text für die Bundestagswahl im November gedacht:

Wenn ich der S.P.D. für den 19. November eine Mehrheit wünsche, habe ich vordringlich *einen* Grund. Der Grund sieht privat aus; er liegt in der Stadt, in der ich wohne: Westberlin.
Seit ich hier wohne, war Westberlin ein riskanter Ort. Auf der Landkarte war es leicht zu sehen, aber die Regierungen der Christdemokraten blickten daneben. Die Stadt lag umgeben von einem Staat, der nicht erkannt werden durfte, von dessem guten Willen aber abhing, wie wir lebten. Noch der Trümmerschutt war eine Sorge. Die ganze Zeit war es schauerlich, sich vorzustellen, ein so delikater Gegenstand wie Westberlin könne von Leuten wie STRAUSS als ein politisches Instrument (oder, genauer, ein Spielzeug) benutzt werden.
Das ist vorbei. Die Regierung Brandt hat mit der Umgebung Westberlins eine Sicherheit verabredet. Früher waren wir getrennt von unseren Freunden in der D.D.R. Jetzt dürfen wir sie besuchen. Auch die Sache mit den Trümmerresten des Krieges konnte in Ordnung gebracht werden. Die Landkarte sieht nun friedlicher aus.

Das ist nicht nur eine private Landkarte, sondern die europäische. Das Verfahren der Regierung Brandt hat nicht nur die D.D.R. zu einem gutwilligen Nachbarn gemacht, sondern auch die Sowjetunion und Polen. Der Vorbereitung eines Krieges ziehe ich die Vorbereitung des Friedens vor. Aus diesem Grunde wünsche ich mir auch für die Zukunft eine Regierung BRANDT.

Unveröffentlicht

»Wie bewerten Sie die Verleihung des Nobelpreises?«

Frage der Tageszeitung »Die Tat« vom 4. 11. 1972
Antwort vom 9. 11. 1972

Anläßlich der Verleihung des Nobelpreises für Literatur am 10. Dezember 1972 an Heinrich Böll hat die in Zürich erscheinende Tageszeitung Die Tat *einige namhafte deutschsprachige Schriftsteller um eine Stellungnahme gebeten.*

FRAGE Wie bewerten Sie die Verleihung des Nobelpreises für Literatur an Heinrich Böll?

ANTWORT Das Werk Heinrich Bölls hat beigetragen zu einer Versöhnung mit den Völkern, die der Tortur und versuchten Ausrottung durch die Deutschen ausgesetzt waren. Die Person Heinrich Böll hat ihren Einfluss benutzt zu direkter Hilfeleistung statt in Deklamation. Es ist beliebig, den Nobelpreis als eine literarische Auskunft anzusehen; wichtiger ist, dass er das Ansehen eines solchen Schriftstellers vermehrt.

Veröffentlicht in: *Die Tat* vom 10. 12. 1972.

Eine finnische Journalistin hat im September 1977 eine Artikelserie über den Nobelpreis für Literatur vorbereitet. In diesem Zusammenhang wollte sie die Einstellung von Schriftstellern in Erfahrung bringen. Auf ihre Fragen antwortete Uwe Johnson am 26. September 1977.

FRAGEN Was halten Sie überhaupt vom Nobelpreis?
Nach welchen Maßstäben und Verdiensten würden Sie den Preis vergeben? Glauben Sie zum Beispiel nicht, daß die Jury größer und vielleicht international besetzt sein sollte? Welche verstorbenen Autoren hätten Ihrer Meinung nach zu den Preisträgern gehören sollen, ohne daß ihr Name je bei der Schwedischen Akademie berücksichtigt wurde?
Könnten Sie schließlich die Namen von 5 oder 6 Schriftstellern nennen, die nach Ihrer Auffassung für eine Kandidatur in Frage kämen?

ANTWORT Das »überhaupt« in Ihrer Frage nach meiner Meinung vom Nobelpreis ermutigt mich, schlechthin Hermann Hesse zuzustimmen, der 1946 schrieb:
So gut einem ein Nobelpreis auf den Kopf fallen kann, so gut kann einem auch ein Dachziegel auf den Kopf fallen; letzteres kommt sogar öfter vor.
Denn offenbar meint er, es habe ihn zufällig erwischt und könne ebenso unvorhersehbar jeden treffen, der sich aufhält in den Strassen der Wissenschaften, der Politik oder der Literatur. Dieser Anschein des Zufalls wird noch bekräftigt durch die Namen jener, die dem schwedischen König nicht gegenübergetreten sind, James Joyce zum Beispiel. Was die Mass-Stäbe und Verdienste angeht, so muss wohl ein jedes Mitglied der Jury sich quälen um einen Kompromiss zwischen den eigenen Ansprüchen an Literatur und dem »Ausgezeichnetesten in idealistischer Richtung« im Verständnis von 1895. Denn die Definition jenes Jahres hat hinter sich den Anspruch einer letztwilligen Verfügung, und noch das Datum der jeweiligen Verleihung, der Todestag des Stifters, wird Veränderungen erschweren in der Tradition, die hier ein schlechtes Gewissen verewigt.
Fünf oder sechs Schriftsteller könnte ich für den nächsten Preis nicht vorschlagen; allerdings habe ich mich mehrmals gewundert, statt des Namens Max Frisch einen anderen zu erfahren.

Unveröffentlicht

». . . nur die Literatur kann uns jene besondere Art Nachrichten bringen«

Umfrage von »Snoecks Literair Jaarboek« vom 22.3.1972
Antwort vom 12.4.1972

In Belgien und in den Niederlanden erscheint jedes Jahr Snoecks Literarisches Jahrbuch. *In einem Aufsatz unter dem Titel »Hat Literatur noch Sinn?« sollte die Meinung einiger Schriftsteller dargestellt werden, an die der Autor die folgenden Fragen richtete.*

FRAGE Inwiefern hat sich die spezifische Funktion der Literatur verändert, indem die Nachrichtenmedien immer wichtiger werden? Hat die Literatur noch irgendwelchen Einfluß auf den Lauf der Dinge, und falls das nicht der Fall ist, was ist denn Ihrer Meinung nach in der heutigen Welt ihre Bedeutung?

ANTWORT: (. . .) Ich kann Ihnen nur zitieren, was der Verleger Peter Suhrkamp im Alter, anlässlich einer ähnlichen Frage, zur Auskunft gab: Die Literatur verlasse sich auf ein Grundbedürfnis des Menschen, nämlich das Interesse des Menschen an sich selbst, nicht nur an der Lage der einzelnen Person, sondern auch an der der Nachbarn. Mögen diese Nachbarn, die in einem gleichen oder einem anderen gesellschaftlichen System leben, Zeitgenossen sein oder Werther heissen, nur die Literatur kann uns jene besondere Art Nachrichten von ihnen bringen, die man Erzählung nennt.
»Irgend welchen Einfluss auf den Lauf der Dinge« in direkter Form halte ich für recht schwer nachzuweisen, es sei denn den, dass ein Roman oder ein Gedicht für den Leser ein Modell einer Zeit oder Vergangenheit anbieten, das er mit seinem eigenem Bilde des Dargestellten vergleichen kann. Daraus mögen sich Erkenntnisse oder Schlussfolgerungen des Lesers ableiten lassen, Entschlüsse aber wohl nicht. Dennoch wird die Literatur übrig bleiben als eine spezifische Art der Unterhaltung in beiden Bedeutungen des Wortes, in der von Peter Suhrkamp beschriebenen ebenso wie der von Vergnügen oder Amüsement.
Gelegentlich auf Gängen komme ich vorbei an dem Keller eines Buchversandhauses, darin steht die Waage fast jedes Mal auf Null. Der Autor könnte an seinem Gewerbe zweifeln. Der Autor ist

aber auch ein Leser, und so verlässt er sich darauf, dass andere Leser einmal bei ihm beschrieben sehen werden, wie zu einer ganz anderen Zeit einem ganz anderen Kaufmann von einem Beamten gedroht wird, mit Hilfe von Telefon und Vorzimmerdame: dem werde ich die Waage auch noch auf Null stellen –! (...)

Veröffentlichung unbekannt.

»Hoffentlich habe ich Sie überzeugen können von der Wahrheit«

Eine Bemerkung bei einer Übersetzertagung hatte die Redaktion der Evangelischen Kommentare, *einer Monatsschrift zum Zeitgeschehen in Kirche und Gesellschaft, motiviert, Uwe Johnson um eine Reflexion zum Thema »Dichtung und ihre Übersetzbarkeit« zu bitten. Seine Antwort weitete sich zu einer ausführlichen Absage aus.*

Ich bedanke mich für die wiederholte Einladung zu einem Beitrag, und beschämt lese ich, daß Sie hierfür das Wort von Ihren »Bemühungen« benutzen...
Vielleicht hätte ich Ihnen solche Mühe ersparen können mit der Versicherung, daß ich vor dreizehn Jahren beim Amtsgericht Schöneberg um Entlassung aus der Evangelischen Kirche einkam, erfolgreich... aus weit verbreiteten Gründen, deren Beschreibung in diesem persönlichen Falle Ihnen gar nichts nützen würde.
Denn von der evangelischen Kirche St. Philippus in Berlin-Friedenau, der gegenüber ich wohne, wurde ich einmal zu einem Vortrag eingeladen, betreffend Erfahrungen auf Reisen und an Wohnorten in Übersee. Sobald der Vikar mein finanztechnisches Verhalten gegenüber seinem Institut erfuhr, winkte er ab... Doch. Das kann man am Telefon.
Andererseits mag ich nicht von der Hand weisen, daß Sie in einem neueren Buche nachgelesen haben, was da beschrieben ist als Verhalten einer Evangelischen Landeskirche in den Jahren 1930 bis 1945. Wenn Sie mir danach noch schreiben...
... sollte ich wohl auch. Nur habe ich nichts.
Die Beziehungen gegenüber der Kirche vor den von mir gemieteten Fenstern sind kaum recht verbunden. Die Kirche macht zu bestimmten Tageszeiten Krach. Ohnehin liegt dieser Teil Friedenaus unter der Einflugschneise des Flughafens Tempelhof. Glokkenläuten obendrein halte ich bei kleinen Kindern und jungen Hunden für Körperverletzung. Eine Weile lang rief ich bei fast jedem Läuten den verantwortlichen Pfarrer an und erkundigte mich nach dem Anlaß. Er gab eine Auskunft, die große Skepsis

hinsichtlich der laienhaften Zeitmessung offenbarte: Es sei Mittag, zwölf Uhr...; er gab andere Auskünfte. Nach einer Weile entfuhr ihm nur noch: Ach, Sie sind's! und keine Auskunft mehr. Eine Weile hoffte ich auf Weiterungen jenes Sieges, den eine frankfurter Referendarin im Prozeß gegen eine zu laut klingende Kirche davongetragen hatte; sie muß ihn irgendwo haben stehen lassen, denn weiterhin darf die Kirche in unserem Wohngebiet Lärm machen um zwölf Uhr mittags, in dem Verdacht, wir verstünden nicht die Rathausuhr zu lesen...

Die Kirche St. Philippus in Berlin-Friedenau hat einen Schaukasten stehen. Darin ruft sie auf zur Sammlung von Brot für die Welt, zu Spenden für den jeweils aktuellen Unglücksfall an nicht ganz beliebigem Ort. Manchmal hat ein beiläufiger Passant den Eindruck, er werde hier ein wenig zu vorwurfsvoll angeredet, und möchte gern nachts mit einem Klebezettel wiederkommen, so daß der Schaukasten des nächsten Morgens auch die Frage trüge, wieviel hungernde Kinder in Afrika denn mit den Betriebskosten des Kirchenhauses hätten gerettet werden können.

(Die Unbefangenheit, mit der ich solche Sachbeschädigung erwähne, schließt mich für den Fall einer künftigen Tat als Verdächtigen aus.)

Nein. Eine Uhr zum Sehen zeigt die Philippus nicht. Daher...

Allerdings wünschen Sie ja auch nicht so direkte Bezüge zu Ihrer Kirche und ausdrücklich lieber etwas über »Dichtung und ihre Übersetzbarkeit«, anläßlich einer sehr gelegentlichen Äußerung bei einer Übersetzer-Tagung: Ja, so hätte ich schreiben sollen... Nur, es war so sonderlich ernst nicht gemeint. Wurde, Vorsicht halber, ernsthaft zurückgenommen. Auch daraus wird nicht ein Ding, um dessengleichen Sie sich bemühen...

Nicht einmal denken darf ich daran. Meine einzige Aufgabe ist vorerst, ein umfangreiches Buch endlich abzuschließen. Was dazu nicht beiträgt, darf ich nicht einmal sehen, geschweige denn schreiben!

Sie erwähnen andere Abhaltungen.

Gewiß. Es war, es ist Vorlesezeit in Westdeutschland, in Westberlin. Auch ich betrat viele Abende hintereinander den Raum hinter einem Pult, nannte die Versammelten Meine Damen und Herren: Was wir hier mit einander vorhaben, fragwürdig ist es... bis zu den Fragen danach. Sie beziehen sich auf den Zweifel, ob Einer kommerziell, pragmatisch, mit ideeller Überhöhung, zur Stärkung der politischen Kampfkraft schreibe (Stand vom November 1973) und warum überhaupt. Sie werden mir beipflichten darin, daß diese Fragen Antworten verdienen, warum nicht in Ihrer Zeitschrift... in langen Sätzen. Mir wollen nur sehr kurze einfallen. Sie erwähnen weiterhin Abhaltungen, auch nicht nützlich für meine eine Haupt- & Staatsarbeit...

Die gibt es. Meine Vorauszahlung auf die Heizkosten hat der Hauswirt mit Wirkung vom 1. Dezember 1973 erhöht. Von hier nun munter weiter zur Ölkrise, Zeitgeschichte, Probleme des Konflikts im Nahen Osten... schreiben läßt sich darüber.

Oder über jene Auskunft, die ich neulich von einer eingesessenen Bürgerin Friedenaus bekam, wegen jenes Hauses am Platz Friedrich Wilhelm, das doch angeblich zur Vorbereitung eines Abbruchs mit türkischen Arbeitern belegt wurde und nun doch erglänzt mit neuer Fassade und womöglich Reparaturen an den Innereien. Ja, der Jude sei weg. Das gehöre nun dem Architekten, Sie werden ihn nicht kennen, der hat das in Ordnung gebracht. Welcher Jude? Na, er wird wohl so was angestellt haben gegen das Gesetz, so daß er nun nicht zurück darf nach Deutschland. Und die Türken? Ja, eben die soll er ja illegal eingeschleust haben mit seinem Reisebüro... da war der eine Besitzer bezeichnet mit seinem Beruf, der vor ihm nach seiner Religion, ethnisch, wenn Sie wollen, mit anderer Betonung... die kann ich nicht beweisen. Sonst hätte ich es Ihnen wohl aufgeschrieben.

Da wäre auch noch anzuführen der Kampf in der friedenauer Gastronomie, die jugoslawische Variante gegen die italienische, und umgekehrt. Erstaunlich rasch wachsen Spezialgaststätten unten in den Häusern ein, manchmal nach wenigen Wochen ist der Laden wieder leer bis auf Staub und heruntergerissene Teile der inneren Dekoration und womöglich eine traurige Flasche Bier. Ein Teil meiner Forschungen hat ergeben, daß wir Leute in Friedenau es nicht mögen, wenn die Gäste in einem Restaurant auf einen einzigen Blick von der Tür her erfaßt werden können, sitzt man ja wie auffem Proppen... Offenbar bringt die Nichtbeachtung dieses Prinzips also wirtschaftliche Nachteile mit. Das ist bloß eine Vermutung, und die einander bekriegenden Faktionen vollführen ihre Auseinandersetzungen nicht in der Öffentlichkeit. Das reicht wiederum nicht für einen Beitrag in den Evangelischen Kommentaren...

Die Schönheiten der ehemals selbständigen Landgemeinde Friedenau? Mit Vergnügen. Nur sind sie neuerdings bereichert um einen unersetzlichen Aspekt, die von den Sonntagsfahrverboten gewaltig ausströmende Stille... und gerade die würde ich auslassen müssen. Bin kein Autofahrer. Kenne die psychischen Leiden eines friedenauer Autofahrers nicht... Übrigens, in der Isoldestraße steht ein gut erhaltener Wagen vom Jahrgang 1972, der ist laut Pappe im Fenster zu verkaufen.

Sie sahen nun meine Bemühungen. Hoffentlich habe ich Sie überzeugen können von der Wahrheit: ich weiß nichts für einen Beitrag in einer Zeitschrift, ich hab nichts...

Veröffentlicht (unter dem Titel: »Brief an eine Redaktion«) in: *Evangelische Kommentare*, 1974, H. 2, S. 105–106.

»Ihrem grossen Dichter – die Deutschen in Amerika«

Umfrage der Heinrich Heine-Gesellschaft Düsseldorf vom 18.2.1972
Antwort vom 10.3.1972

Im Auftrag der Heinrich Heine-Gesellschaft hat Professor Dr. Wilhelm Gössmann Schriftsteller des deutschen Sprachraums gebeten, ihr persönliches Verhältnis zu Heine und ihre Meinung über ihn darzustellen. Die Form blieb jedem freigestellt, das Manuskript sollte jedoch fünf Schreibmaschinenseiten nicht überschreiten. Die Antworten sollten in einer Anthologie unter dem Arbeitstitel »Heine im Bewußtsein heutiger Schriftsteller« veröffentlicht werden.

ANTWORT: Wegen einer längeren Arbeit mit festen Terminen bin ich leider nicht imstande, mich an Ihrer Anthologie zu beteiligen in der Form, die ich wünschen würde. Vielleicht könnten Sie das Folgende als Fussnote oder im Anhang benutzen:
Im Bezirk Bronx der Stadt New York, drei oder vier Blocks von der Ubahn-Station 161. Strasse oder vom alten Yankee-Stadion nach Osten, suchen die wenigsten Touristen einen kleinen Park. Hier steht auf einer Säule eine Dame von heldenhafter Figur und Gewandung, denn sie ist gänzlich aus Marmor. Während sie gefährlich nach Süden blickt, darf der Besucher an drei Seiten der Säule Flachreliefs betrachten: Einen deutschen Dichter, eine Sphynx mit einem jungen Mann in den Armen sowie auch einen anderen jungen Mann beim Drachentöten. Die Säule steht wiederum auf einer Marmorplatte, die mit Tieren des Wassers verziert ist. Umgeben ist die Gruppe von einem grossen Becken, das der Anlage die Bezeichnung Fontäne verschafft hat. Die heidnische Person obenauf ist die Lorelei, und das Ganze ist jenes Denkmal für Heinrich Heine, das eine Elisabeth von Österreich und Ungarn den Bürgern seiner Geburtsstadt hatte schenken wollen, zu ihrem bekannten Unwillen. Mehr als zehn Jahre später wurde es von den Deutsch-Amerikanischen Gesellschaften der Stadt New York hier aufgestellt, in einer noch lange nicht rein jüdischen Bronx, und

nämlich mit der Inschrift »Ihrem grossen Dichter die Deutschen in Amerika«. Das war am 8. Juli 1899, und noch fünfzig Jahre später waren die Schlussfolgerungen nicht eben beliebig.
Sehr geehrter Herr Gössmann, Ihre Entscheidung gegen die Benutzung dieser Marginalie würde ich als erster begreifen; mir fehlt die Zeit, wonach auch der gute Wille nicht mehr doch zu rechnen ist.

Veröffentlicht unter dem Titel *Denkmal für Heinrich Heine*, in: Wilhelm Gössmann (Hg.), *Geständnisse. Heine im Bewußtsein heutiger Autoren*, Düsseldorf 1972, S. 225.

Die Tradition ist schon gebrochen

Umfrage der »Frankfurter Allgemeinen Zeitung« vom 17. 11. 1972
Antwort vom 27. 11. 1972

Die Redaktion der Frankfurter Allgemeinen Zeitung *hatte einige »nachdenkliche Leute« gebeten, sich zu folgenden Fragen zu äußern:*
Ist die deutsche Nation eine ständige Utopie? Ist sie eine kulturelle Einheit und wenn, wie labil oder stabil ist sie? Ist Sprache und die damit verbundene Kultur in einem Jahrhundert, in dem der sprachliche Nationalismus noch starke politische Wirkungen hat, eine einigende Gemeinsamkeit? Sollte, kann es so etwas wie eine Sprachakademie der deutschsprachigen Länder geben, eine Regel-Instanz, die die divergierende Entwicklung der sprachlichen Normen verhindert?

ANTWORT Erlauben Sie mir, bitte, zunächst die Behauptung, der Grundvertrag werde nicht einen neuen nationalen Sachverhalt herstellen, sondern einen vorhandenen bestätigen.
Diesen Sachverhalt verstehe ich, in der hier erforderlichen Kürze, als das Zusammenleben deutschsprachiger Personen in politisch getrennten Gemeinschaften. Gemeinsam mag ihnen noch sein die historische Vergangenheit oder das kulturelle Erbe, jedoch auch solche Tradition war mittlerweile dem Bruch oder divergenter Auswertung unterzogen. Andere Elemente des Nationbegriffes, zum Beispiel die Künste, dienen in ihrem jeweiligen Anwendungsbereich unterschiedlichen Zwecken, und noch die formale Diskussion läuft auseinander. Die Sprachen in den einzelnen Ländern weichen voneinander ab nicht nur durch andere Benennungen durch andere Gegenstände, auch durch unvergleichliche Beziehungen der Sprecher zu ihrer gesellschaftlichen Umgebung. Dieser Sachverhalt kann nicht anders geändert werden als mit dem Mittel der nationalistischen Gewalt, weswegen mir lieber wäre, er würde genutzt, etwa zum erkenntnisreichen Vergleich, also zur Verständigung unter den Sprechern. Was aber die sprachliche Zentralinstanz für Österreich, die deutschsprachige Schweiz, die

westdeutsche Republik und die Republik der XV Bezirke angeht, so wünschte ich das einheitliche Verbieten oder Erlauben von kulturellen Varianten beschränkt auf jene Materie, mit der das Skatgericht in Altenburg befasst ist.

Veröffentlicht in: *Frankfurter Allgemeine Zeitung*, Nr. 302 vom 31. 12. 1972.

»Warum kann Axel Springer ein solches Verhalten ertragen?«

Umfrage der »Welt« vom 30. 11. 1973
Antwort vom 8. 12. 1973

Die Redaktion der Tageszeitung Die Welt *bat für die letzte Ausgabe der »Welt des Buches« im Jahre 1973 um Antwort auf ihre Umfrage bei deutschen Autoren.*

FRAGE Woran arbeiten Sie gerade?

ANTWORT Die Frage nach meiner gegenwärtigen Beschäftigung hätte ich noch am 6. Dezember mit einer anderen Auskunft bedienen können als mit der folgenden. Am nächsten Morgen wurden meine Pläne geändert, und mein neues Vorhaben ist:
Die Antwort auf eine Frage.
Die Frage lautet:
Warum kann
der Verleger Ihrer Zeitung, Herr Axel Cäsar Springer
ein Mann von gelehrter wie moralischer Bildung, ein Freund der Künste, erfahren in Problemen des Taktes, sicher im Geschmack, geliebt für seine Diskretion, von vielen verehrt als politisches Vorbild, wie kann ein so gewandter Mann
ertragen, dass eine seiner eigenen Zeitungen, Abbild für einen Teil seines Charakters, »DIE WELT« in der Ausgabe vom Freitag, dem 7. Dezember 1973, Nummer 286, Seite 3,
einen ausländischen Staatsmann, dessen Handlung er nicht billigt, zeigt auf einem Foto zweifelhafter Herkunft als »Salvador Allende mit Privatsekretärin und Schlafanzug«, mit Namensnennung der betroffenen Frau,
statt den Toten zu widerlegen auf dem Felde, wo die Gegnerschaft besteht,
kurz,
warum kann Axel Springer ein solches Verhalten ertragen?
Das ist die Frage. Die Arbeit gilt der Antwort.
Die Arbeit soll bis ungefähr Mitte 1980 fertiggestellt sein.

Veröffentlicht in: *Die Welt,* Nr. 301, 27. 12. 1973, S. II (Welt des Buches).

»Die Literarische Gesellschaft einer mittelgrossen Stadt«

Anfrage der Literarischen Gesellschaft Karlsruhe vom 10. 10. 1973
Antwort vom 13. 10. 1973

Anläßlich ihres fünfzigjährigen Bestehens wollte die Literarische Gesellschaft, der frühere Scheffelbund, mit einer Festschrift ihre Geschichte in Erinnerung rufen. Uwe Johnson wurde um eine kurze Stellungnahme gebeten.

Dies klingt anekdotisch, dennoch möchte ich es gern glauben. Die Literarische Gesellschaft einer mittelgrossen Stadt wurde gleich nach dem Beginn des N. S.-Regimes verboten, wie alle Vereinigungen, die der Herrschaft gefährlich oder unkontrollierbar erschienen. Die Literarische überlebte alle zwölf Jahre. Zwar mussten einige Gewohnheiten vermieden werden, so Zusammenkünfte mit Gesprächen über die verbotenen Gegenstände, die Einladung und das Anhören von Schriftstellern, gar die Verleihung eines Preises an einen begabten Anfänger, etc.; die Gesellschaft blieb zusammen, getarnt in Formen des privaten Umgangs. Denn ob es nun ein Bündnis Einzelner ist oder ein ganzes Staatsvolk, es wird an einer empfindlichen Stelle krank, wenn die Leute nicht mehr mit einander besprechen dürfen, was sie an täglichen Zuständen oder Ereignissen vor Augen haben, wenn sie verhindert werden an allgemeiner Verständigung über die eigene Lage, wie sie versucht wird von der Literatur, die ein Gedicht, einen Roman anbietet als eine Wirklichkeit, zu halten gegen die Welt und zu vergleichen mit ihr. In jener Literarischen Gesellschaft bekamen also nicht nur aufrührerische Zitate aus den Stücken der jungen Klassiker einen aktuellen Stellenwert, das ging über Fontane und die Brüder Mann und Benn und Brecht hinaus bis zu den neuesten Fassungen dieser Form von Wahrheit und war so erheblich geworden, dass gefährlicher Grenzschmuggel sich lohnte. So gemeinsames Wissen und Suchen produzierte das Wort Gesellschaft in einer seiner besten Ausdeutungen; am Ende wurde sie fast vollkommen, da nun die besitzenden Bürger nicht mehr herabsahen auf die bloss gebildeten und umgekehrt, da die Bürgerlichen auch unterhalb ihrer Klasse Menschen aussuchten zur Verständigung über solche Angelegenheit. Es hat da das gemeinsame Interesse in literarischen Sachen tatsächlich beigesteuert zu dem Versuch und Erfolg, dass die Stadt in Verhandlungen, ohne Beschuss übergeben werden konnte.

Wenn einer Literarischen Gesellschaft unter Diktatur und Krieg solche Funktionen zu Gebote standen, warum sollten sie in Zeiten wie diesen nicht erhalten geblieben sein?

Veröffentlicht in *50 Jahre Literarische Gesellschaft (Scheffelbund) 1924–1974*, Mitteilungen Nr. 41/1974, S. 9.

»Für wen schreibt der eigentlich?«

Antwort auf eine Umfrage von Manfred Bosch und Klaus von Konjetzky, 1973

FRAGE Inwieweit ist für Ihr eigenes Schreiben die Frage wichtig: Wer liest meine Texte?

ANTWORT Wer etwas aufschreibt, ist schon im Begriff, sich an andere zu wenden. Wen soll er da ausschließen, da er doch genau verstanden werden möchte?

FRAGE Wie stehen Sie zu dem Bemühen einiger Arbeitskollegen, die z. B. im Rahmen des Werkkreises für Literatur der Arbeitswelt selber über ihre Arbeitssituation schreiben?

ANTWORT Es entspricht eigenen Bemühungen, jene acht täglichen Stunden Arbeit, die beste Lebenszeit, zu beschreiben als Teil der Personen, von denen ich erzähle.

FRAGE Welche Kriterien spielen Ihrer Meinung nach für eine Arbeiterliteratur eine Rolle gegenüber einer »bürgerlichen« Literatur?

ANTWORT Literatur scheint mir nicht in dem Sinne teilbar, daß eine Klasse Teile davon für sich beschlagnahmen könnte. Das einzige Kriterium bleibt die sachverständige Machart, also die haltbare.

FRAGE Darf ein Autor sagen: »Ich schreibe nicht für Arbeiter.«?

ANTWORT: Wer es dennoch tut, ist keiner.

FRAGE Sollte sich ein Autor die Frage stellen: Wem dient, was ich schreibe?

ANTWORT So nicht, was mich angeht; eher: was ist daraus zu erkennen?

FRAGE Können Sie, auf Grund Ihrer eigenen Arbeiten und Ihrer theoretischen Position, die Frage eines Arbeiters beantworten: »Für wen schreibt der eigentlich?«?

ANTWORT Für die Geschichte, die erzählt werden soll. Für den, der sie liest.

Veröffentlicht in Manfred Bosch und Klaus von Konjetzky (Hg.), *Für wen schreibt der eigentlich*, München 1973, S. 162–163.

»Wiedervereinigung«

Frage von Schülerinnen aus Vigneux vom 7.5.1974
Antwort vom 17.5.1974

FRAGE Denken Sie, daß die Wiedervereinigung möglich ist? Was denken die Westberliner über ihr Leben? Fühlen sie sich nicht von den Ostberlinern und der DDR gefangen?

ANTWORT Meine Eindrücke für diese Fragen sind subjektiv, nicht besonders nachgeprüft: die mir bekannten Bürger der D.D.R. sehnen sich nicht nach einer Vereinigung mit der westdeutschen Republik; zwar würden sie die kapitalistische Variante Deutschlands gern einmal besuchen und besichtigen, dann aber zurückgehen wollen in ihren eigenen Staat. Was mich angeht, so ist keine Aussicht, dass beide deutsche Staaten noch einmal vereinigt werden können, eben wegen der in einem Vierteljahrhundert gewachsenen Unterschiede in den Produktionsverhältnissen, der Machtverteilung, der moralischen und egoistischen Werteskala, ja auch schon in der Kultur. Die meisten der Westberliner, die ich kenne, halten ihre Stadt nach dem internationalen Abkommen für gesichert, und die klaustrophoben Stimmungen, die man vorher besonders bei älteren Einwohnern beobachten konnte, sind vergangen, seitdem jedermann an dreissig Tagen im Jahr Besuche in der D.D.R. machen kann. Die Haltung der bundesrepublikanischen Bevölkerung zur nationalen Wieder-Vereinigung würde ich beschreiben mit der Rührseligkeit, in der sie die Trennung von den Westdeutschen beklagten, und der Entschlossenheit, mit der sie die Trennung hinnahmen, auch dies über ein Vierteljahrhundert lang.

Unveröffentlicht

»Die Rückwendung zum erzählerischen Ich, sie hat mich verfehlt.«

Umfrage der »Weltwoche« vom 13. 11. 1975
Absage vom 18. 11. 1975

Die in Zürich erscheinende Zeitung Die Weltwoche *bat Ende 1975, nach dreißig Jahren deutscher Nachkriegsliteratur, achtzehn Autoren, zu ihren ersten Büchern erinnernd Stellung zu nehmen. Erwünscht war eine »Selbstrezension«, eine literarische Form, die nach Auffassung des Fragenden zu Unrecht etwas in Vergessenheit geraten sei.*
Die Frage war, ausgehend von dem ringsum und etwas unkritisch diagnostizierten »Trend« einer Rückwendung zum erzählerischen Ich:
Wie hat es damals ausgesehen, was habe ich damals gemacht, oder anders gedreht: Wie sehe ich heute das, was ich damals gemacht habe?

ANTWORT Ich bedanke mich für Ihren Brief und für die freundliche Meinung, ich hätte in Ihrer Umfrage etwas zu sagen. Nun bedaure ich sehr, Sie zu enttäuschen.
Denn die »Rückwendung zum erzählerischen Ich, die wiedereinsetzende Beschäftigung des Schreibers mit seiner eigenen Person«, sie hat mich verfehlt. Was ich trieb oder wie es mir ging in der Zeit, als ich mein erstes Buch ausdachte, es scheint mir von öffentlichem Belang nur insofern, als es das Buch möglich machte und in dem Buch aufging und nur als dieses Buch eine Nachricht.
Anders gäbe ich ja autobiografische Mitteilungen. So sehr ich das exemplarisch öffentliche Leben und Schreiben von Max Frisch bewundere, bei mir gerät es nun einmal nicht ins Beispielhafte oder ins zeitgenössisch Typische; ich vermag meine privaten oder persönlichen Erfahrungen nur zu brauchen für die Verwandlung in erfundene Geschichte.
Mein erstes Buch selber zu rezensieren, ein solcher Versuch brächte mich unfehlbar in den Geruch der Eitelkeit, denn ich bin ziemlich hilflos in der Überzeugung, dass ich kein Wort darin zurücknehmen kann und glücklich wäre, es heute noch einmal

schreiben zu dürfen. Auch bin ich dankbar dafür, dass es das Buch gibt, denn ich habe von daher eine Menge Personen, mit denen ich seit fünfzehn Jahren schreibend lebe. Sehen Sie, so darf einer doch nicht öffentlich reden von etwas, was er selbst gemacht hat, und ich zögere schon, diese Antwort überhaupt abzuschicken.
Bitte erlauben Sie mir den Vorschlag, an meiner Stelle Martin Walser mit Ihren Fragen zu beschäftigen. Unzweifelhaft wird er Ihnen Ergiebiges sagen können.

Veröffentlicht unter dem (von der Redaktion gewählten) Titel: *Warum ich nicht antworten kann,* in: *Die Weltwoche,* 23. 12. 1975, Nr. 51, S. 21.

»Zur Auslassung von Satzzeichen«

Fragen einer Schulklasse aus Emsdetten vom 7.2.1976
Antworten vom 17.2.1976

Zu den Mutmassungen über Jakob

FRAGE Welche Funktion könnte die Auslassung von Satzzeichen im Satzgefüge haben?

ANTWORT Als ich die »Mutmassungen« schrieb, war ich noch nicht weit genug weg von der Universität und übermässig befangen von der Theorie; die deutsche Grammatik, und in deren Folge die Interpunktionsregeln, würden den Funktionen und Beziehungen innerhalb des deutschen Satzes nicht gerecht, da an der Form orientiert. Das gedachte ich, zum Beispiel, bei der Beziehung zwischen Subjekt/Partizip/Objekt zu verbessern. Nehmen Sie den Satz »Er sieht den Regen«, im Vergleich zu »Er sieht dass es regnet«. Nach der Regel muss im zweiten Fall »dass es regnet« durch ein Komma abgetrennt werden, obwohl diese Fassung nach wie vor ein Objekt ist und lediglich in der Form geändert ist. Nach meiner Meinung schien mir das Komma den Satz, den Fluss des lesenden Denkens, unnötig zu zerhacken, und so sind dem Prinzip ja wohl sämtliche mit »dass« beginnenden Objektsätze zum Opfer gefallen. In Gesprächen mit Lesern wurde mir klar, dass ich sie beim Lesen störte, wenn ich ihnen entgegenzukommen meinte, und gab das Verfahren auf.

Wollte ich eine besondere Geschwindigkeit oder Stimmung erreichen, so würde ich mich auf eine ununterbrochene Wörterreihe wohl noch einmal einlassen, etwa im Falle einer Person, die auf einen entscheidenden Telefonanruf wartet: »Telefon oben Treppe Stufe Stufe Ruf Stufe Stufe Tür auf Hörer runter: falsch verbunden.« Das ist eine parodistische Andeutung, und ich erwarte die Praxis nicht häufig.

FRAGE Für welchen Leserkreis besonders meinen Sie zu schreiben?

ANTWORT Wiederum nach Gesprächen mit Lesern mag ich kaum einen »Kreis« ausschliessen, ausser eben Leute, deren politische Feindschaft mir von vornherein sicher ist, also Faschisten wie Stalinisten ganz gewiss.

FRAGE Glauben Sie, daß Ihr Roman in der heutigen veränderten Situation in Deutschland einen ähnlichen Aussagewert besitzt wie zur Zeit der Entstehung?

ANTWORT Gewiss haben die »Mutmassungen« heutzutage einen anderen Aussagewert als 1959. Damals war die D. D. R. in der westdeutschen Literatur unbekanntes Land, und zudem haben die öffentlichen Lebensbedingungen in jenem Land seitdem tiefgreifende Änderungen erfahren.

FRAGE Kann man davon ausgehen, daß in Jakobs Eindrücken vom Westen Ihre eigenen Erfahrungen mitspielen?

ANTWORT Jakobs Erfahrungen in der B. R. D. verlassen sich auf die meinen.

Unveröffentlicht

»Das Niederdeutsche ist eine Privatsache geworden«

Umfrage des Instituts für niederdeutsche Sprache aus Bremen vom Mai 1976
Antwort vom 18. 5. 1976

Das Institut bat um eine persönlich gehaltene Antwort zu den folgenden Fragen, um damit zu dokumentieren, welche Stellung die niederdeutsche Sprache in Leben und Bewußtsein der Menschen heute einnimmt.

FRAGEN Wo, wann und wie sind Sie mit der niederdeutschen Sprache in Berührung gekommen;
welche Erfahrungen haben Sie im aktiven oder passiven Umgang mit dieser Sprache gewonnen;
was bedeuten diese Kenntnisse und Erfahrungen heute in Ihrem privaten und beruflichen Leben?
Welche Meinung haben Sie über die soziale und kulturelle Bedeutung dieser Sprache in unserer Zeit?

ANTWORT Bitte erlauben Sie mir, meine Erfahrungen und die anderer in einer erfundenen Person zusammenzufassen:
Gesine Cresspahl, zum Beispiel. Geboren 1933, ist sie mit dem Plattdeutschen aufgewachsen, in einer Kleinstadt, auf dem Lande, mit Grosseltern und einem Vater, für die es noch Handlungen und Erlebnisse gab, die konnten sie allein überlegen und aufbewahren in niederdeutschen Worten. Ihr aber, als sie zurückkam von der Oberschule, fehlten viele mecklenburgische Worte für die Kenntnisse, die sie mitbrachte; die Stadt und die Universität boten keine gesellschaftliche Praxis im Niederdeutschen. Heute benutzt sie Sprichwörter, Redensarten, Zitate aus der plattdeutschen Literatur (die sie übrigens mühelos liest), aber sie tut das im vertrauten Umgang und oft zu Zwecken des Neckens, des Spassens; das Niederdeutsche ist eine Privatsache geworden. Selbst wenn sie in Bremen oder Hamburg lebte, Niederdeutsch würde von ihr kaum öffentlich verlangt, ihr selten angeboten. Sie beneidet jeden, der in dieser Sprache lieben, träumen, denken kann; es ist die verlorene Heimat.

FRIEDRICH SCHULT in seinem »Frühen plattdeutschen Kabinett« hat endgültig befunden: »Als 1603 auf ein schon hochdeutsch gehaltenes Schreiben der Hansestädte an den Grossfürsten Baryssa Fedorowitsch die Antwort der russischen Kanzlei noch in reinstem Niederdeutsch einlief, da war das für die hansische Weltsprache von ehedem nichtsdestoweniger ein schlimmes Zeichen.«[1] Erst zerfiel der grosse Bund, nach und nach die kleineren Gemeinschaften, die sich im Niederdeutschen zusammenhielten. Das Ende kam mit den Wörterbüchern, den Sammlungen: die Archivierung löste den Gebrauch ab.
Was mich angeht, so bin ich vom Insel-Verlag gebeten worden, für eine neue Ausgabe des Märchens »Von dem Fischer und syner Fru« eine hochdeutsche Nacherzählung anzufertigen[2], bedaure diesen Auftrag ungemein und werde ihn ausführen.

Anmerkungen

1 *Frühes plattdeutsches Kabinett.* Eingerichtet von Friedrich Schult, Hamburg 1938, S. 5.
2 *Von dem Fischer un syner Fru.* Ein Märchen nach Philipp Otto Runge mit sieben Bildern von Marcus Behmer, einer Nacherzählung und mit einem Nachwort von Uwe Johnson, Frankfurt am Main 1976.

Veröffentlicht in: C. Schuppenhauer (Hg.), *Niederdeutsch heute. Kenntnisse – Erfahrungen – Meinungen,* Schriften des Instituts für Niederdeutsche Sprache. Reihe Dokumentation Nr. 4, Bremen 1976, S. 123.

»Ich habe noch keines meiner Bücher ›sich am besten verkaufen sehen‹.«

Fragen von Schülern des Felix-Klein-Gymnasiums in Göttingen vom 14.4.1981
Antworten vom 18.4.1981

Der Deutschleistungskurs einer 11. Klasse des Gymnasiums stellte Uwe Johnson die folgenden Fragen zum Thema »Bestseller«.

FRAGE Welchen Themen geben Sie in Ihren Büchern den Vorzug, oder auf welche Probleme stoßen Sie bei der Auswahl Ihrer Themen?

FRAGE Wovon wird Ihre Schreib- und Arbeitsweise bestimmt? Welcher sprachlichen Mittel bedienen Sie sich?

FRAGE Wie würden Sie ihr Verhältnis zu den Lesern bzw. zu Ihren Kritikern kennzeichnen (wünschen)? Wie weit berücksichtigen Sie Kritik?

ANTWORT Die Antwort auf Ihre drei ersten Fragen habe ich zu geben versucht in meiner Arbeit »Begleitumstände« (edition suhrkamp 1019, Frankfurt am Main 1980), die vielleicht, obwohl ein Taschenbuch, in einer Bücherei Friedlands[1] vorhanden ist.

FRAGE Gibt es Probleme mit Ihrem Verlag? Inwieweit haben überhaupt Verleger bzw. Verlage Einfluß auf die Entstehung eines Bestsellers?

ANTWORT Was ich weiss, ist zum Beispiel mein Unbehagen an der uramerikanischen Bequemlichkeit in solcher Wortbildung. Denn »seller« ist ein Verkäufer, ein »bestseller« demnach ein besonders erfolgreicher Verkäufer. Dann ist in jenem Lande der unbegrenzten Unmöglichkeiten im Jahre 1852, als Harriet Beecher-Stowe's »Uncle Tom's Cabin« erschien, oder 1876, als Mark Twain mit »Tom Sawyer« auftrat, irgend ein Anbeter des kommerziellen Rekords auf den Satz verfallen: this is a best seller, I can tell you! womit die Sache auch aus dem Zustand des Verkauftwerdens, dem Akkusativ, überführt wurde in den Nominativ, der selber verkauft. Folgerichtig gibt es Listen solcher »best sellers« seit 1895 für eine lange Zeit nur in den U.S.A. (»Book-

man«), wohingegen der dem Modernen doch aufgeschlossene SPIEGEL sie erst 1961 einführte und die ziemlich flotte »Sunday Times« sich erst 1970 dazu entschloss. Es ist aber zweifelhaft, ob das hier vermutete Bedürfnis eines europäischen Publikums in der Tat besteht; wird ihm doch hier lediglich eine Quantität gemeldet. Der gemeine Nenner der Verkäuflichkeit kann angewandt werden auf Seifensorten, Schallplatten, Regenmäntel und das Buch, macht ihn das zu einer literarischen Kategorie? In Amerika bestreitet F.L. Mott (»Golden Multitudes. The Story of the Bestseller«; New York 1960 in zweiter Auflage) dies eher mit seiner Definition, der Bestseller sei eine Quantität »gleich ein Prozent der Bevölkerung der Vereinigten Staaten für die Dekade, in der er veröffentlicht wurde«, und der Chef des Verlages Simon & Schuster, Richard Snyder, versichert: »Wir benutzen *niemals* das Wort ›literarisch‹... wir sprechen von einem guten soliden kommerziellen Werk.« Schliesslich scheint mir verräterisch, dass das dem »bestseller« entsprechende Wort »Verkaufserfolg«, »Verkaufsschlager«, »Bucherfolg« im Deutschen mit einiger Scheu vermieden wird, als sei das eine Spur zu deutlich. Was England angeht, so hat der Kritiker und Biograph Michael Holroyd erst am 29. März 1981 im »Observer« darauf bestanden: »Es ist dringend, dass wir diese ziemlich bedeutungslosen Bestseller-Listen aufgeben.«[2]
Zu diesen Vorbehalten kommt noch der Umstand, dass ich noch keines meiner Bücher habe »sich am besten verkaufen sehen«, nämlich im Gegensatz zu anderen, so dass von meiner Seite auch noch subjektive Meldungen entfallen.
Einfluss eines Verlages auf Entstehung eines Verkaufserfolges.
Wenn der Verfasser eines Buches nebenbei noch etwas anders kann, ein wenig singen zum Beispiel, wird man gut daran tun, für ihn eine Gesangstournee einzurichten und das kommende Buch in der Werbung mit Tönen heimlichen Entzückens zu erwähnen. Das ergibt örtliche Interviews mit der Presse, überregionale in den Kulturmagazinen oder Quatschprogrammen des Fernsehens, und zur Buchmesse muss der Verlag nur noch ein paar bunte Bänder über die strategisch wichtigen Strassen von Frankfurt spannen, damit die Passanten sich den Titel endgültig merken können.
Eine andere Möglichkeit ist der Rundumschlag. Simon & Schuster haben kürzlich einen Roman als Buchausgabe publiziert[3], und als der Markt der Leinenkäufer abgesahnt war, kam er als Tascheninhalt bei Pocket Books heraus, wonach er denn von Paramount

verfilmt wurde. Das muss gut gehen, weil alle drei Firmen in der Hand einer einzigen sind: Gulf & Western, Öl und verwandte Produkte.

FRAGE Welche Kriterien sind nach Ihrer Meinung bestimmend für einen Bucherfolg?

ANTWORT a) für einen geplanten: Ermittlung eines Reizthemas, möglichst eines negativ belasteten. So kann man die Angst des Bürgers vor der verwalteten Medizin ausbeuten, vorausgesetzt, es hätten die »Götter in Weiss« oder der »Genius mit dem Skalpell« in den letzten Jahren ein wenig Ruhe gehabt. Viel versprechend und meist lohnend sind Metaphern und Kostümproben, die den III. Weltkrieg vorwegnehmen: Katastrophen zu Wasser, auf dem Flugplatz, im Hotel, auch unter Wasser, und in der Luft, Tendenz abnehmend: das Leben der Industriekapitäne, Filmschauspieler und Königlichen Hoheiten, wie der kleine Moritz und Paule von nebenan sie sich vorstellen. Der Anteil von Gewalttätigkeiten und sexuellen Veranstaltungen ist sorgfältig nach den Interessen möglicher Käufer auszurechnen, durch die wissenschaftlichen Institute zur Erforschung öffentlicher Meinung. Sodann der Film zum Buch, danach das Buch zum Film noch einmal. Auch »Sachbücher« kann man so planen.
b) für einen unverhofften: eine zahlreiche Gruppe oder sogar eine Generation erkennt und begreift in einem Buch die eigene Erfahrung, den ersten Weltkrieg bei Remarque, den zweiten bei Böll, das Leben im Deutschland Hitlers bei Grass, bei Böll, bei Hochhuth.

FRAGE Chamfort hat sich einmal provozierend über den Bucherfolg geäußert: »Der Erfolg vieler Werke erklärt sich aus der Beziehung, die zwischen der Mittelmäßigkeit der Ideen des Autors und der Mittelmäßigkeiten der Ideen des Publikums besteht.« Wie stehen Sie zu dieser (Ab-)Wertung?

ANTWORT Diese Formulierung halte ich weniger für einen Aphorismus denn für eine (womöglich noch eine persönliche) Bosheit, schon wegen der sprachlichen Fassung, also für unergiebig. Die Einschränkung »vieler« erlaubt, den berühmten Verkaufserfolg »Catcher in the Rye« von J. D. Salinger zu den vielen zu rechnen oder nicht zu rechnen; jedoch zählt allein, dass Salinger da für viele Jahrgänge nordamerikanischer Universitätsjugend gesprochen hat. Auch wäre zu untersuchen, ob Chamfort da schlicht ein mittleres Mass angenommen hat, was ja annehmbar wäre, oder tatsächlich die pejorative Bedeutung, die unser Jahrhundert dem Wort gegeben hat. Am Ende bliebe der Satz leer, unbenutzbar als Messinstrument, wie sich das gehört für eine Verallgemeinerung.

Anmerkungen

1 Den Brief an Uwe Johnson hatte eine Schülerin aus Friedland geschrieben.
2 *Observer*, 29. 3. 1981, Nr. 9892, S. 36, ohne Titel.
3 Gemeint ist das Buch von Judith Rossner: *Looking for Mr. Goodbar.*

Unveröffentlicht

»Nach dem Lehrplan für die Oberschulen in Mecklenburg«

Frage der Stadtbibliothek Hannover vom 5.7.1982
Antwort vom 29.7.1982

Zum 50. Jahrestag der Bücherverbrennung 1933 bereitete die Stadtbibliothek Hannover eine Ausstellung vor. In dem Katalog zur Ausstellung sollten sich Schriftsteller in einer kurzen Stellungnahme zu verschiedenen Aspekten der Bücherverbrennung äußern.

FRAGE Wann haben Sie angefangen, Bücher verb(r)annter Autoren zu lesen, und haben diese Ihre literarische Produktion beeinflußt?

ANTWORT Mit der Lektüre von Büchern, die in der Zeit vom Mai 1935 bis 1945 in Deutschland verboten wurden, habe ich 1948 angefangen, nach dem Lehrplan für die Oberschulen in Mecklenburg-Vorpommern, damals sowjetisch-besetzte Zone. Aus dem dazugehörigen Lesebuch für den Deutschunterricht erinnere ich Gedichte von Albert Ehrenstein. Zum fakultativen Lehrstoff gehörte »Unter fremden Himmeln«, ein Abriss der deutschen Exilliteratur von F. C. Weiskopf, 1948 in Ostberlin erschienen; geduldet wurde eine Zeit lang die Anthologie »verboten und verbrannt«, herausgegeben von Richard Drews und Alfred Kantorowicz, 1947 verlegt in München und Westberlin. Eine Auswirkung solcher Lektüre auf die literarische Produktion eines Vierzehnjährigen, der ja einstweilen für Zeugnisse arbeitet, werden Sie wohl selbst ausschliessen, es sei denn, Sie sähen da auch eine Beihilfe zu seiner vorläufigen Ausbildung, als Ergebnis womöglich das Staunen über die Vielfalt der literarischen Anlässe und Formen, die der Verwaltung des deutschen Faschismus als missliebig und gefährlich erschienen, damit der kindliche Wunsch, es möchten den Lesern solche Einschränkungen hinkünftig erspart bleiben.

Unveröffentlicht

»Den Fragebogen des Marcel Proust möchte ich lieber nicht beantworten.«

Anfragen der »Frankfurter Allgemeinen Zeitung« vom 11. 5. und vom 23. 8. 1983
Antwort vom 20. 1. 1984

Wiederholt hatte die Magazin-Redaktion der Frankfurter Allgemeinen Zeitung *Uwe Johnson gebeten, den Fragebogen des Marcel Proust auszufüllen. In seinem Brief vom 20. Januar 1984 entschuldigte er sich zunächst für die späte Antwort, dann heißt es: »Immerhin hatte ich genügend Zeit, mir die Sache zu überlegen, und finde nun gar keine Gründe mehr, an diesem Gesellschaftsspiel teilzunehmen.«*

Bereits 1972 hatte ein französischer Universitätslehrer Uwe Johnson gebeten, den Fragebogen auszufüllen. Ihm hatte Uwe Johnson am 8. April 1972 geantwortet:
(...) Den *Fragebogen des Marcel Proust* möchte ich lieber nicht beantworten. Einmal, bisher habe ich die von Ihnen beigefügte Fragesammlung lediglich für ein Blatt im Album von Antoinette Félix-Faure gehalten und teile den Verdacht, sie habe ihm den englischen Text nicht allzu akkurat übersetzt und es sei der verliebte Dreizehnjährige eher ihr gefällig gewesen als für sich selbst ganz zuständig. Wenn er mit zwanzig Jahren noch einmal Antworten für das Mädchen aufschrieb, so möchte ich da weiterhin Höflichkeit annehmen, nicht aber, dass er damit *Les confidences de salon* endgültig als den *Fragebogen von Marcel Proust* adoptierte. Zum anderen, mir scheint die Wissbegierde jenes Imports aus dem viktorianischen England eine zweifelhafte Herausforderung für die Person Marcel Proust, sei er nun 13 oder 20 Jahre alt gewesen, und heutzutage kein Modell mehr für die Gewissenserforschung von Personen, die eben auch nur Schriftsteller sind. Drittens, auch ich müsste die vorletzte Frage, die nach der gegenwärtigen Verfassung[1], beantworten wie Proust, nämlich: *Gelangweilt, weil ich bei der Beantwortung all dieser Fragen an mich gedacht habe,* und damit die vorhergegangenen Bekenntnisse entwerten. Dies um so mehr, als der ausgefüllte Katalog sich immer nur beziehen könnte

auf einen Zustand, der sich aus anderen Zuständen entwickelt hat, also aufschlussreich ist nur für einen Punkt im subjektiven Leben einer Person und wahrscheinlich nicht von Belang für ihre Veröffentlichungen in der Vergangenheit, von der Zukunft zu schweigen.

Anmerkung

1 Die vorletzte Frage des Fragebogens lautet: »Ihre gegenwärtige Geistesverfassung?«

Unveröffentlicht

III
Gespräche

Michael Roloff
Gespräch mit Uwe Johnson

(Am 20. 8. 1961 in New York)

ROLOFF Wann haben Sie Ostdeutschland verlassen, um nach West-Berlin zu ziehen?

JOHNSON Als die Veröffentlichung der *Mutmassungen über Jakob* ein Stadium erreicht hatte, zu dem das Schriftbild mit dem Titel des Buches und meinem Namen in Druck gehen sollte.

ROLOFF Und sind Sie weggefahren, weil dieses Buch im Westen erschien?

JOHNSON Ja. Die Entscheidung erfolgte weniger aus politischen als aus hygienischen Gründen, da ich annahm, die ostdeutschen Behörden würden eine Beschreibung als einen Angriff mißverstehen.

ROLOFF Hatten Sie überhaupt beabsichtigt, das Buch in Ostdeutschland zu veröffentlichen?

JOHNSON 1953 hatte ich einem Staatsverlag in Ostdeutschland ein Buchmanuskript angeboten, wurde aber aufgefordert, bestimmte Teile zu verändern, besonders jene, in denen Parteifunktionäre bewertet wurden. Da ich sicher war, ähnliche Forderungen würden 1959 wieder an mich gestellt werden, unternahm ich keinen Versuch mehr, das Buch in Ostdeutschland veröffentlichen zu lassen.

ROLOFF Haben Sie schon 1953 mit der Arbeit an den *Mutmassungen* begonnen?

JOHNSON Nein. Es war 1956. In jenem Jahr hatte ich sehr viel freie Zeit, weil ich arbeitslos war, und ich verbrachte viel Zeit damit zu reisen.

ROLOFF Wie war es möglich, in einem kommunistischen Staat arbeitslos zu sein?

JOHNSON Ich war sozusagen ein Widerspruch in diesem Staat, der ja die Widersprüche in seiner Entwicklung haben will. Ich war das, was es da nicht geben darf: arbeitslos. Ich war ein Student, in den der Staat einige Stipendien investiert hatte. Der glaubte dann, das Recht zu haben, seinen Studenten Arbeitsplätze zuzuweisen. Und mir wurde keiner zugewiesen. Ich hatte ein sehr ungünstiges

Führungszeugnis. Und merkwürdigerweise ging es. Ich habe sogar zeitweilig in einer Kleinstadt gelebt, wo die Leute manchmal mit den Polizisten auf du und du sind, und es hat niemanden gekümmert. Es hat mich immer gewundert, gewiß.[1]

ROLOFF War das Manuskript, das Sie einem Verlag in Ostdeutschland angeboten hatten, das eines völlig anderen Buches?

JOHNSON Ja, und ich bin froh, daß es nicht veröffentlicht worden ist, weil ich damals neunzehn Jahre alt und sehr verbittert war.

ROLOFF Haben Sie an ein bestimmtes Publikum gedacht, als Sie die *Mutmassungen* schrieben?

JOHNSON Nein. Es war eigentlich der Versuch, eine Geschichte zu erzählen. Ein sehr privater Versuch. Deshalb orientiert sich die Technik des Buches – seine Konstruktion – noch nicht an den Leuten, die es lesen werden.

ROLOFF Wie war die Reaktion in Ostdeutschland, wenn überhaupt, auf das Buch?

JOHNSON Mir ist erzählt worden, manche Leute würden es kennen – das sind die Leser. Von Funktionären wurde ich auch bei einigen öffentlichen Veranstaltungen als Feind des ostdeutschen Staates verurteilt.

ROLOFF Hatten Sie Kontakt zu irgendwelchen Schriftstellern, die im Westen wohnten, bevor Sie Ostdeutschland verlassen haben?

JOHNSON Nein. Ich hatte überhaupt keinen Kontakt mit Schriftstellern, weil ich noch 1959 nicht vorhatte, Schriftsteller zu werden. Ich hatte nur ein Manuskript vorbereitet, und die natürliche Folge schien mir, es zu veröffentlichen. Als das Buch veröffentlicht wurde, war ich sehr plötzlich ein Schriftsteller, und erst dann gewöhnte ich mich daran, als Schriftsteller betrachtet und behandelt zu werden.

ROLOFF Und Sie fühlen sich nicht als Schriftsteller im Exil?

JOHNSON Nein. Das wäre eine Reaktion auf eine Gefängnisstrafe, die ich vielleicht in Ostdeutschland erhalten würde. Es fiel mir ziemlich schwer, mich an Berlin und an den Westen zu gewöhnen – sie als eine unabhängige Realität zu akzeptieren. Aber ich bin sicherlich nicht im Exil.

ROLOFF Können Sie vom Schreiben leben, von der Veröffentlichung der *Mutmassungen*, oder müssen Sie sich auch auf andere Arbeit einlassen?

JOHNSON Als mein Verleger das Buch annahm, dachte er keinen Augenblick daran, daß ich anders denn als Schriftsteller leben könnte, und dank sehr großzügiger Zuwendungen hat er es mir ermöglicht, einfach zu leben und zu schreiben. Ich glaube nicht, daß ich sie über längere Zeit werde in Anspruch nehmen können, weil die Diskrepanz zwischen meinem tatsächlichen Einkommen und diesen großzügigen Zahlungen ... ich weiß nicht, sobald die Diskrepanz zu groß wird, werde ich andere Arbeit finden müssen.

ROLOFF Ist die Tatsache, daß Sie in West-Berlin leben, zufällig? Bedauern Sie in irgendeiner Weise, nicht in Ostdeutschland zu leben?

JOHNSON Nein. Es ist kein Zufall. Bis zum letzten Wochenende war West-Berlin ein Ort in Deutschland, an dem man die Angebote von beiden Seiten – vom Osten und vom Westen – genau miteinander vergleichen konnte, und mir war dieser Vergleich sehr wichtig, weil es ein Vergleich zwischen zwei unterschiedlichen Lebensarten ist. Ich bedauere in der Tat, daß ich nicht nach Ostdeutschland reisen oder dort bleiben kann, obwohl ich dort nicht würde wohnen wollen. Denn für mich ist Ostdeutschland eine Ansammlung von Erfahrungen und Einsichten, die aufgeben zu müssen mir sehr leid tat.

ROLOFF Haben Sie eine Universität in Ostdeutschland besucht?

JOHNSON Ja. Zuerst die Rostocker, dann die Leipziger Universität, die Karl Marx-Universität genannt wird. Offiziell habe ich Deutsche Literatur und Philologie studiert; inoffiziell studierte ich vieles andere – z. B. die Straßenbahnen.

ROLOFF Die Straßenbahnen? Oder haben Sie nur bei der Straßenbahn gearbeitet?

JOHNSON Nein. Das war Freizeit, in der man nichts anderes zu tun hatte, als zu lernen, und zu jener Zeit lernte ich viel mehr als zu jeder anderen.

ROLOFF Haben Sie promoviert?

JOHNSON 1959 hätte ich sehr gern das, was man eine Universitätslaufbahn nennt, angetreten, und dann hätte ich natürlich promoviert. Aber ich erhielt keine Erlaubnis, an einer Universität zu arbeiten, weil die Behörden meine bisherige Führung und meine Haltung den Aktionen der staatlichen Organisationen gegenüber mißbilligten.

ROLOFF Gerieten Sie in Konflikt mit diesen Organisationen, weil Sie nicht mit ihnen kooperiert haben oder weil Sie ihnen aktiv entgegengetreten sind?

JOHNSON Einige Male zeigte ich eine Passivität, die den Behörden als aktive Opposition erschien, nur weil sie ihren Interessen zuwiderlief.

ROLOFF Haben Sie *Mutmassungen über Jakob* sehr schnell niedergeschrieben oder erst nach einer langen Inkubationszeit?

JOHNSON Ich habe ein Jahr gebraucht, um über die Geschichte nachzudenken, und ein weiteres, um sie niederzuschreiben.

ROLOFF Dann haben Sie also das Buch nicht sofort als eine Untersuchung oder Erforschung, man könnte fast sagen als eine Art Obduktion konzipiert?

JOHNSON Nein. Ich versuchte, verschiedene Erzähltechniken zu verwenden. Daß sich diese Form des Untersuchens herausgebildet hat, ist eher zufällig; einfach weil das Suchen, das Untersuchen oder das In Frage stellen eng mit einer der Personen in dem Buch verknüpft sind.

ROLOFF Was war Ihr erster Gedanke zu diesem Buch – hatte er etwas mit Jakob zu tun?

JOHNSON Ich mußte im Herbst 1956 viel reisen, besonders vom Süden in den Norden Ostdeutschlands. Es war eine Reise von acht Stunden, aber in jenem Herbst dauerte sie manchmal elf oder zwölf Stunden. Wenn man Glück hatte, konnte man eine Zeitung am Ankunftsort kaufen, in der der Minister für Verkehrswesen erklärte, der gesamte Eisenbahnverkehr verliefe normal. Wenn der Zug aus keinem ersichtlichen Grund auf offener Strecke anhielt, war eine Gleichgültigkeit unter den Reisenden zu beobachten, die sich etwa folgendermaßen äußerte: normalerweise sagten sie, ohne ihre Köpfe aus den Fenstern zu strecken: »Der Zug hat keine Einfahrtserlaubnis erhalten«, und sie meinten damit das Signal. Für sie war das eine ausreichende Erklärung. Mich interessierte, was hinter diesem Signal stand, warum ich vier Stunden verlor, und nach einiger Zeit entdeckte ich eine Menge – daß es Eisenbahndispatcher in den Dienststellen gab, und dann begannen mich die technischen Aspekte dieser Einrichtung zu interessieren, und so führte eines zum anderen. Ich habe die Einführung dieses Themenkreises in das Buch gerechtfertigt, indem ich mir sagte, es sei ein Beispiel für die tiefe Verflechtung einer Person mit den gesellschaftlichen Prozessen in einem industrialisierten Staat. Ich glaubte, daß die Veränderungen, die in einer Person bewirkt werden, die eine verantwortliche Stelle in einer durch so viele Aspekte gekennzeichneten Organisation einnimmt, symptomatisch für die Gesellschaft als Ganze sind. So ist die Eisenbahn in das Buch gekommen und damit auch Jakob, den ich nicht eigens erfunden habe – er war plötzlich da in einer solchen Dispatcherdienststelle.

ROLOFF Und Sie haben dann das Buch um ihn herum gestaltet... Aber woher nahmen Sie die Idee für das Buch? War es die Situation bei der Eisenbahn, oder war es die Entdeckung einer Person wie Jakob?

JOHNSON Es war tatsächlich die Stelle eines Eisenbahndispatchers in einer solchen Dienststelle, die gerade einem solchen Menschen wie Jakob vorbehalten war. Vorausgesetzt, er bemüht sich um die Reisenden, und es macht ihm etwas aus, daß ihre Reise verzögert wird, und weiterhin vorausgesetzt, der Staat hat ein Auge auf ihn geworfen – dann bot diese Stelle Raum und Konturen für eine solche Person. Aber *gestaltet* hört sich viel zu absichtsvoll an. Ich habe einfach das Leben, das ein solcher Mensch vielleicht hätte führen können, die Art Leute, die ihn, und die Art Leute, die er vielleicht kennen würde, in Betracht gezogen.

ROLOFF Bei der Lektüre der *Mutmassungen* fiel mir auf, wie eng das Leben jeder der Figuren mit ihrer Arbeit verbunden wird. Haben Sie bewußt diesem Aspekt des Buches besondere Aufmerksamkeit gewidmet? Und war es Ihnen auch bewußt, daß dies Sie von einem großen Teil der modernen Literatur unterscheiden würde?

JOHNSON Nein. Ich habe das Buch nicht gegen irgendeine literarische Tradition oder Position geschrieben. Wenn ich mich mit der Arbeit, die diese Personen verrichten, beschäftigt habe, dann deshalb, weil acht bis zehn Stunden ihres täglichen Lebens aus dieser Arbeit besteht. In Ostdeutschland bedeutet diese Arbeit nicht nur eine Beschäftigung oder eine Art, an Geld zu kommen, denn jede berufliche Stellung muß gegen die Bedeutungszuweisung verteidigt werden, die ihr die Staatsführung zu jedem beliebigen Zeitpunkt zu geben bereit ist. Jeder einzelne muß überlegen, ob er diese Arbeit dennoch machen will, obwohl sie als Geste zur Unterstützung der Staatsführung mißverstanden wird, oder ob er damit nur das weitere Leben der Gesellschaft und aller ihrer Mitglieder fördern und unterstützen will – einfach im Hinblick auf das praktische und nützliche Zusammenleben der Leute und nicht für privaten Profit oder den Aufbau des Kommunismus.

ROLOFF Mir ist Ihre Beschreibung der Katze aufgefallen. Im Gegensatz zu den übrigen Teilen des Buches, in dem wir unsere Informationen wegen der Beschaffenheit der Geschichte und Ihrer Art, sie zu erzählen, nur in Partikeln und Stücken und in nur teilweisen Gegenstandsbeschreibungen erhalten, bieten Sie in diesem Fall eine sehr eingehende Beschreibung. Die Szene fiel mir auf, gerade weil sie so ausführlich ist. Wahrscheinlich hatten Sie etwas Spezielleres im Sinn als den Gegensatz zwischen der dahinschwindenden Lebensqualität, die Sie beschreiben, und etwas so Positivem und Sinnlichem wie einer Katze, aber ich bin mir nicht sicher, was das sein könnte.

JOHNSON Als ich die Katze beschrieben habe, wollte ich nur das Haus beschreiben, in dem Cresspahl lebte, und ich tat es in solcher Ausführlichkeit, weil die Katze fast allen Personen bekannt und von fast allen gesehen worden war, und weil dieses Haus, in dem die Katze wohnte, für Katzen besonders geeignet war. Und ich dachte daran, in dieser Katze, in dieser Katzen-Person alles zusammenzufügen, was in den Reaktionen der Personen fehlte, weil sie hauptsächlich mit dem beschäftigt waren, was in dem Augenblick geschah, sich aber der Vergangenheit nicht bewußt waren – einer Vergangenheit, die ihnen auch wichtig war, und so hoffte ich, in dieser Katze einen Teil der Vergangenheit von jeder Person unterzubringen.

ROLOFF Warum haben Sie das Buch *Mutmassungen* genannt?

JOHNSON Das ergibt sich aus der Geschichte, aus der Person, die sie betrifft. Jakob ist tot, wenn die Geschichte anfängt, wenn einer anfängt, die Geschichte zu erzählen, und die Frage ist, was bleibt von einem Menschen übrig, wenn er einmal tot ist. Er lebt nur in der Erinnerung der Personen weiter, die ihn gekannt haben, die ihn gesehen oder von ihm gehört haben, und so versuchte ich, diese drei Personen – Gesine, Jonas, Rohlfs – sich erinnern zu lassen, zumindest an die Woche vor Jakobs Unglück, und auch an das, was ihm während dieser Zeit hätte zustoßen können.

ROLOFF Es gibt, so meine Interpretation, ein Element des Unausweichlichen in Jakobs Tod, und so ist das Buch vor allem die Tragödie eines Menschen, an den Forderungen gestellt werden, die bei weitem sein Verständnis oder seine Fähigkeit, sie zu meistern, überschreiten. Würden Sie dem zustimmen?

JOHNSON Eigentlich nicht. Das Unglück, bei dem Jakob getötet wird, ist das Ende der Geschichte. So gehört es zur Geschichte und kann nicht symbolisch sein. Es geschieht, und deshalb muß es erwähnt werden. Nehmen Sie mich, oder nehmen Sie den Erzähler einfach als jemanden, der auch von dem Unglück gehört hat, und der auch nur wenig von den zugehörigen Ereignissen weiß oder sie auch erzählt bekommen hat. Weil er Jakob nicht besser kennt als die anderen Personen, wird er sorgsam darauf bedacht sein, die Ereignisse, die dem Unglück vorausgehen, nicht mit dem Unglück selbst in Verbindung zu bringen. Zu mutmaßen, ob es doch eine Verbindung gibt, bleibt denen überlassen, die über die Geschichte nachdenken. Aber zu Ihrer Frage ist zu sagen, daß Jakob durch seine Halbschwester Gesine und den Offizier vom Staatssicherheitsdienst, Rohlfs, gezwungen wird, die Alternative zwischen den beiden deutschen Staaten zu begreifen, und weil keiner dieser beiden Staaten tatsächlich eine deutsche Lösung bietet – beide sind nur Übergangslösungen –, muß Jakob auch verstehen, daß keine dieser Alternativen vernünftig ist und daß man sich weder für die eine noch für die andere entscheiden kann. Aber man kann mit einer solchen Frage nicht weiter leben, man muß einen Ausweg finden, den Jakob vielleicht nicht gefunden hat.

ROLOFF Aber ist es nicht gerade wichtig, daß Jakob stirbt? Mir fällt es sehr leicht, die Ereignisse, die seinem Tod vorhergehen, mit dem Tod selbst in Verbindung zu bringen – als ob es eine immanente Logik gäbe, selbst wenn es eine absurde Logik ist –, und so wäre der Tod nicht einfach als ein vereinzeltes Ereignis zu betrachten, das nur das Ende der Geschichte ist.

JOHNSON Ja. Diese Interpretation muß ich Ihnen überlassen.

ROLOFF Haben Sie das Buch in der Reihenfolge der Geschichte geschrieben?

JOHNSON Ja, so habe ich es gemacht. Damit will ich sagen, daß eine Geschichte schon fertig ist, wenn man sie erzählt. Man kennt ihr Ende, und ich wählte die drei Manieren des Erzählens aus, indem ich überlegte, ob der Blickwinkel des Erzählers oder der Monolog einer Person oder ein Dialog den jeweiligen Teil der Handlung am besten erfassen würde.

ROLOFF Warum haben Sie sich dafür entschieden, das direkte Erzählen mit den eingefügten posthumen Dialogen sowie den Monologen der drei Personen – Gesine, Jonas und Rohlfs – zu umrahmen?

JOHNSON Ich habe zuerst versucht, die ganze Geschichte aus dem Blickwinkel eines Erzählers zu schreiben. Dabei entstanden stilistische Schwierigkeiten, da in einem gewissen Sinn der Erzähler die Meinungen und Absichten eines Hauptmanns des Staatssicherheitsdienstes wohlwollend hätte reproduzieren müssen. Da ich aber diese Perspektive nicht zur gleichen Zeit einnehmen konnte, zu der ich aus anderen Blickwinkeln zu sprechen hatte, war ich gezwungen, Rohlfs für sich selbst sprechen zu lassen. Dazu kam, daß sich größere Zusammenhänge entwickelten, die sich gegen eine chronologische Erzählweise sperrten, die nach einer eigenen Bearbeitung verlangten, und die deswegen auch unabhängig bearbeitet werden mußten; zum Beispiel die Eisenbahn.

ROLOFF Ist Ihnen der Einfluß irgendeines Autors auf Ihre Arbeit bewußt?

JOHNSON Nein. Während der vier Jahre an einer Universität hat man eine gewisse Gleichgültigkeit sowohl gegenüber lebenden wie toten Schriftstellern entwickelt. Man erwirbt eine Kenntnis ihrer Methoden, man lernt ihre Techniken kennen. Wenn diese Techniken einmal angewandt worden sind, gehören sie zum Bereich des Möglichen, sind Teil des literarischen Kanons, und man – beziehungsweise ich – benutze sie dort, wo sie am nützlichsten zu sein scheinen.

ROLOFF Verdanken Sie zum Beispiel einige der literarischen Techniken, die Sie in den *Mutmassungen* benutzt haben – ich denke an den inneren Monolog –, Faulkner?

JOHNSON Ja. Ich glaube, während der Lektüre von *Schall und Wahn* wurde mir klar, daß ein geschriebener Monolog kursiv gesetzt werden konnte. Und, bezogen auf literarische Techniken, wäre es dies, was ich Faulkner zu verdanken habe. Übrigens, der innere Monolog ist eine Technik, die schon bei Tolstoi entwickelt worden ist, und man kann eine Abstammungslinie ihres Einflusses – Faulkner, Joyce, Tolstoi – erkennen.

ROLOFF Haben die Vorschriften dessen, was man als sozialistischen Realismus bezeichnet, einen direkten oder auch indirekten Einfluß auf Ihre schriftstellerische Arbeit ausgeübt?

JOHNSON Ich habe die Theorie des sozialistischen Realismus als eine unter anderen kennengelernt. Ich konnte damit aber keinen Versuch machen, weil ihre Anwendung eine Billigung des Kommunismus beinhaltet, wie er in Ostdeutschland praktiziert wird. Aber ich habe beobachtet, mit Interesse beobachtet, was für Bücher diese Theorie produziert hat, wenn sie befolgt worden ist, und ich glaube, die Wahrheit ist deutlicher zu erkennen, wenn man den Unterschied zwischen diesen Büchern des sozialistischen Realismus und der Realität zur Kenntnis nimmt.

ROLOFF Was hat Ihnen die größten Schwierigkeiten beim Schreiben des Buches bereitet?

JOHNSON Eigentlich war es nicht schwierig, es zu schreiben, sobald ich die Erzählform, die zu der Geschichte paßte, gefunden zu haben glaubte. Die einzige Schwierigkeit war, daß man kein Schreibmaschinenpapier in Ostdeutschland erhalten konnte. Ich wollte unbedingt Papier von gleicher Größe und Qualität für das Typoskript benutzen, aber solches Papier war nicht zu bekommen, manchmal gab es überhaupt keins.

ROLOFF Glauben Sie, daß eine amerikanische Leserschaft Wohlwollen oder Verständnis für einen Menschen aufbringen wird, der sich nicht in den Westen abzusetzen oder von West- nach Ostdeutschland zurückzukehren wünscht, wie es Jakob tut?

JOHNSON Ich glaube nicht, daß ein solcher Standpunkt verständlich ist in einem demokratisch regierten Land. Unter einer Diktatur, oder sagen wir mal in Ostdeutschland, erscheint einem das Leben viel wichtiger, weil jede Handlung eines Individuums in Beziehung gesetzt wird zu einer starken Gegenkraft – das ist die Überwachung durch den Staat, und das sind die staatlichen Drohungen. Man kann sich diesen Drohungen gegenüber passiv verhalten und sich einfach gefährdet fühlen, aber das Ergebnis ist, daß das eigene Bewußtsein in jeder Minute des Tages verstärkt wird. Man kann sich dem Staat gegenüber auch aktiv vorkommen und alles, was man tut, entweder als eine Handlung gegen die Interessen des Staates oder auch als Handlungen für den Staat begreifen. Das, glaube ich, kann man nicht verstehen. Sofern es Jakob betrifft, er war in verantwortlicher Position an seiner Arbeitsstelle.

ROLOFF Ein Nebenprodukt des Lebens in Ostdeutschland ist demnach eine außergewöhnliche Sensibilität dem Staatswesen gegenüber, die – zumindest in den Vereinigten Staaten – so nicht vorhanden ist.

JOHNSON Ja. Man könnte sagen, daß die Idee einer demokratischen Regierung lebendiger ist und schärfer konturiert wird in einem Staat, der nicht demokratisch regiert wird. Der Mangel an Demokratie prägt Demokratie viel entschiedener aus; und durch die scharfen und oft sehr weitgehenden Eingriffe des Staates in das persönliche Leben seiner Bürger kristallisiert sie sich noch deutlicher heraus.

ROLOFF Eine Frage zur Tradition der deutschen Literatur – hat es, Ihrer Meinung nach, einen irreparablen Bruch gegeben?

JOHNSON Nur insofern hat es einen Bruch in der Tradition gegeben, als die Bildung der sowjetischen Besatzungszone eine Änderung aller Lebensbedingungen mit sich gebracht hat. Und vielleicht muß man eine neue Situation mit neuen stilistischen Mitteln beschreiben. Ansonsten bleibt die Tradition der deutschen Literatur ungebrochen. Bis 1945 war Deutschland kulturell gesehen vom Rest der Welt abgeschnitten. Westdeutschland, das von den Westmächten besetzt wurde, hatte natürlich auch seine literarische Nachholzeit. Die ersten Jahre wurden beherrscht von den erzählerischen Methoden Kafkas, Faulkners und Hemingways. Andererseits wurde die Szene in Ostdeutschland natürlich von der Veröffentlichung sowjetischer Romane beherrscht, die selbstverständlich auch in jenem Teil Deutschlands unbekannt waren, und auch durch einige Bücher von Antifaschisten. Keine dieser Positionen konnte man nachahmen – jene sowjetischen Ursprungs nicht, weil Ostdeutschland noch kein kommunistischer Staat war; die der Antifaschisten nicht, weil der Faschismus nicht mehr existierte.

ROLOFF Hatten Sie die Möglichkeit, während der vier Monate, die Sie bisher hier verbracht haben, irgendwelche Schlußfolgerungen über die Vereinigten Staaten zu ziehen?

JOHNSON Ich glaube, ich habe nur überprüft, ob das Gerücht wahr ist. Für mich war es ein Gerücht, daß es die Vereinigten Staaten gibt. Ich habe dies überprüft, und ich muß zugeben, daß sich das Gerücht weitgehend bewahrheitet hat. Und ich glaube nicht, daß ich dazu fähig bin, dem Bild der Vereinigten Staaten, wie ich es aus vielen Büchern erhalten habe, etwas hinzuzufügen oder es auch zu revidieren. Die Schlußfolgerungen, die ich ziehen konnte, sind nur persönlicher Art. Sie sind es nicht wert, erwähnt zu werden. Und diese persönlichen sind auch wieder typische Folgerungen. Zum Beispiel der Gebrauch einer fremden Sprache. In den ersten Tagen macht man Fehler, weil man allzu eifrig bemüht ist, genau zu sein. Man achtet mehr auf die Grammatik als darauf, was man sagen will.

ROLOFF Aber diese Eindrücke könnten von Interesse sein, gerade weil sie von jemandem gemacht wurden, der zum ersten Mal in diesem Lande war.

JOHNSON Ja. Natürlich wird der amerikanische Himmel, den man zum ersten Mal über dem Flughafen Idlewild [Anm. der Übersetzer: heute John F. Kennedy Airport, New York] sieht, für immer der wichtigste Himmel über Amerika bleiben, und natürlich werden die ersten Unterschiede in der Form der Feuermelder und der Briefkästen oder in der Reaktion von Polizisten auf Fragen – alle diese Unterschiede, es sei denn, man korrigiert sie durch einen längeren Aufenthalt, werden einem zunächst als unverkennbar amerikanisch erscheinen, vielleicht für immer.

ROLOFF In Boston[2] erwähnten Sie mir gegenüber, daß Ihr zweites veröffentlichtes Buch weniger ein Roman wäre als das erste. Meinten Sie damit, daß es etwas Autobiographisches sei, oder eine Sammlung kürzerer Texte?

JOHNSON Nein. Ich meinte damit nur, daß die Art, in der dieses Buch (*Das dritte Buch über Achim*) geschrieben wurde, das Buch sehr unterscheidet von einem Buch, auf das die traditionelle Bezeichnung »Roman« anwendbar ist, bzw. man würde das behaupten. Ansonsten entschloß ich mich, dieses Buch zu schreiben, weil ich dachte, daß die Teilung Deutschlands in bestimmten Aspekten für die Teilung der Welt repräsentativ wäre, und weil ich glaubte, daß die Konfrontation zweier Lebensweisen, zweier verschiedener Kulturen, zweier verschiedener Wirtschafts- und Regierungsformen – und ich bin von der Gegensätzlichkeit dieser Unterschiede überzeugt – die Wahl verdeutlichen könne, vor die wir gestellt sind.

ROLOFF Bedeutet die Tatsache, daß das Buch kein Roman im traditionellen Sinn ist, daß Sie bestimmte Techniken, die Sie für die *Mutmassungen* erfunden hatten, weiterentwickelt haben, oder unterscheidet es sich völlig von diesem Buch?

JOHNSON Ich hätte das Buch gern »Die Beschreibung einer Beschreibung« genannt. Dieser Titel bedeutet ganz anderes als »Roman«. Man kann nicht einfach das Wort »Roman« unter »Beschreibung einer Beschreibung« setzen. Ich glaube, man sollte sich einfach die Geschichte selbst ansehen. Während eines Besuchs in Ostdeutschland lernt ein westdeutscher Journalist einen ostdeutschen Radrennfahrer kennen, der berühmt ist. Aus diesem kurzen Besuch entwickelt sich ein längerer, da der Westdeutsche das Leben eines Ostdeutschen zu beschreiben versucht – seine Arbeit besteht darin, das Leben von Leuten zu beschreiben, und er unternimmt diesen Versuch. Es stellt sich heraus, daß der Westdeutsche den Ostdeutschen nicht versteht und daß der Ostdeutsche die Art, wie der Westdeutsche das Leben in Ostdeutschland zu erklären versucht, vehement mißbilligt. Sie haben eine gemeinsame Sprache mit Wörtern, die ähnlich klingen, aber für jeden einzelnen sind diese Wörter mit einer bestimmten Ordnung, einem System, einem bestimmten Wertsystem assoziiert und beziehen sich jeweils auf unterschiedliche Positionen. Das Endergebnis ist natürlich, daß das Buch nicht geschrieben wird. *Das dritte Buch über Achim* ist nur die Darstellung des Versuchs einer Beschreibung des Westdeutschen – so daß das Leben des Ostdeutschen in dieser Beschreibung des Versuchs einer Beschreibung enthalten ist. Ich weiß nicht, ob Sie das als Roman bezeichnen würden. Mein Verleger und ich, wir haben es so genannt, weil wir den Buchhandel nicht durcheinanderbringen wollten. Es gibt bestimmte Rubriken für Bücher – für Romane –, und der Buchhandel wäre nicht bereit gewesen, unter den Rubriken für Kurzgeschichten, Novellen und Romane eine neue zu schaffen für erzählende Werke, für die keine dieser Kennzeichnungen zutrifft.

ROLOFF Wenn ich Sie recht verstehe, wird das Mißverständnis zwischen dem Ostdeutschen und dem Westdeutschen gewissermaßen indirekt dargestellt.

JOHNSON Ja. Richtig. Der Westdeutsche beschreibt zum Beispiel, was der Ostdeutsche ihm erzählt hat, als er ihm das Typoskript zur Bewertung überreichte. Es stellt sich heraus, daß der Westdeutsche es neu zu schreiben hat, weil der Ostdeutsche behauptet, daß es überhaupt nicht so war – aber so hatte ihn der Westdeutsche verstanden –, und es gibt viele Stunden im Leben des Ostdeutschen, die aus dem Buch gestrichen würden müssen.

ROLOFF Was zum Beispiel?

JOHNSON Aus den Geschichten, die der Radrennfahrer erzählt, wird deutlich, daß er 1945 die Rote Armee für den Feind hielt, mit ihr unzufrieden war, sogar vor ihr Angst hatte. Nachdem er fünfzehn Jahre in Ostdeutschland gelebt hat, würde er gern seine frühere Position widerrufen, und er würde gern das ungeschehen machen, was er in jener Zeit getan und gedacht hat. Er streitet ab, was er damals gedacht und gesehen hat, und die Blätter, auf denen der deutsche Journalist dies aufgezeichnet hat, müssen verschwinden.

ROLOFF Glauben Sie – und dies kann nur eine sehr persönliche Frage sein –, daß es noch möglich ist, in der traditionellen Romanform zu schreiben, daß es noch möglich ist, überhaupt etwas mit ihr auszudrücken, wenn man das Erzählen einer Geschichte so erzählen muß, wie Sie es in dem *Dritten Buch über Achim* machen mußten?

JOHNSON Das ist eine ziemlich grundsätzliche Frage und sie verlangt eine endgültige Antwort, und ich kenne keine endgültige Antwort. Ich bin sicher, es gibt Geschichten, die man einfach so erzählen kann, wie sie zu sein scheinen. Ich kenne keine.

(Aus dem Englischen von Eberhard Fahlke und Jeremy Gaines)

Anmerkungen

1 Vgl. Horst Bienek, *Werkstattgespräch mit Uwe Johnson*, S. 191. Dieser Hinweis findet sich bereits bei Roloff.

2 Uwe Johnson hielt sich vom 20. April 1961 bis zum 21. August 1961 in den Vereinigten Staaten auf. Eingeladen vom International Seminar (Professor Dr. Henry Kissinger) der Harvard University, ist er während dieser Zeit Gast der Wayne State University in Detroit und der Harvard University in Cambridge/Mass. Das erste Treffen mit Michael Roloff fand am 6. August 1961 statt.

Veröffentlicht (erst drei Jahre nach der Aufnahme des Gesprächs) in: *Metamorphosis. A Literary Magazine*, Nashville, Vol. 4, 1964, S. 32–42.

Arnhelm Neusüss
Über die Schwierigkeiten beim Schreiben der Wahrheit

Gespräch mit Uwe Johnson
(Am 10. 9. 1961 in West-Berlin)

NEUSÜSS Herr Johnson, Ihr erster Roman, *Mutmassungen über Jakob*, hat Sie in den Ruf gebracht, der bisher einzige deutsche Autor zu sein, der sich ganz dem Phänomen des geteilten Deutschland zugewandt hat. Darüber hinaus wurde dem Roman bescheinigt, daß er sehr kompliziert geschrieben sei, so schwierig im Aufbau, daß eine gewisse Nebelhaftigkeit der Darstellung geradezu zu Ihrem Kennzeichen geworden sei. Niemand zweifelt jedoch daran, daß diese »Nebelhaftigkeit« und Schwierigkeit, die das Lesen erschwert, gerade die Intention des Autors sei...

JOHNSON Wenn Sie wollen, möchte ich Ihnen gleich etwas sagen zu der Schwierigkeit... Das ist nicht eigentlich Eigensinn, daß das Buch schwierig ist. Sie haben sicher in der Zeitung gelesen von dem Mann, der beim Durchschwimmen des Teltow-Kanals erschossen wurde. Der Mann verbarg sich im Gebüsch, zog sich aus, band sich eine Aktentasche um den Hals und warf sich ins Wasser, was sicher ein Fehler war, er hätte auch leise reingehen können. Und dann wurde er ungefähr in der Mitte des Kanals erschossen. Von diesem Mann ist so gut wie nichts bekannt. Man weiß nicht sein Gesicht, und die Behörden im Osten suchen wahrscheinlich auch noch nach seiner Identität. Sie wissen, daß der West-Berliner Polizeipräsident eine Belohnung für den Mörder ausgesetzt hat, Sie wissen, daß die Ostdeutschen sagen, der West-Berliner Senat solle gefälligst seine Mordhetze lassen. So gibt es über diesen Mann mehrere Meinungen, obwohl nicht einmal sein Name bekannt ist. Unter solchen Verhältnissen, wie sie in Deutschland sind, kann man eigentlich nicht sagen, daß der Schriftsteller aus lauter Eigensinn die Dinge schwierig mache...

NEUSÜSS Ihr Beispiel zeigte die Schwierigkeit dieser Wirklichkeit, sagt aber noch nichts darüber, ob sich diese Wirklichkeit adäquat nur diffizil gestalten läßt.

JOHNSON Ich habe bei der Geschichte, die darin steht, nur eine Form, eine Lösung gesucht, diese Geschichte zu erzählen. Es ist aber dabei keinerlei germanistische oder konstruktivistische Überlegung vorausgegangen, sondern die Verhältnisse der Geschichte haben einfach die Darstellung bestimmt. Der Mann, um den es geht, ist tot am Ende der Geschichte, das ist überhaupt die Geschichte! Sie ist geschehen, bevor die Beteiligten anfangen, sich ihrer zu entsinnen. Das Erzählen fängt an, wenn die Geschichte zu Ende ist. Die Frage ist nun: was bleibt von einem Menschen übrig im Gedächtnis seiner Umgebung. Das sind sehr verschiedene Dinge. Ich habe auch den ersten Versuch zu diesem Buch auf eine ganz treuherzige Weise gemacht. Ich habe so ungefähr ein Viertel chronologisch geschrieben, ohne da irgendwelche Gespräche oder Monologe dazwischen zu schieben, aber dann ergaben sich stilistische Schwierigkeiten, etwa von der Art, daß ein unbeteiligter Erzähler nicht gut die entschiedene Haltung und Meinung von Herrn Rohlfs wiedergeben kann, ohne sich in seiner allzu kritischen oder allzu ironischen oder allzu feindseligen Art dazu zu verhalten. Das schadet natürlich der Gestalt Rohlfs und darum wurde aus Herrn Rohlfs ein innerer Monolog. Außerdem: die Gewohnheiten, mit Hilfe derer man sich eines Verstorbenen erinnert, sind eben Gespräche und erinnernde Monologe. Das ist dann alles so ziemlich von selbst gekommen.
Ich habe das Buch so geschrieben, als würden die Leute es so langsam lesen, wie ich es geschrieben habe. Wir haben aber eine ganz besondere Form des Lesens heutzutage, die sehr hastig ist und sich eigentlich nur nach Signalen orientiert...

NEUSÜSS Haben Sie das Buch auch vorher schon einem Verlag in der DDR angeboten?

JOHNSON Nein, das habe ich nicht. Ich hatte einige Erfahrungen, die mir davon abrieten. Das war ein anderes Buch, und es war im Jahre 1956, als der Schriftstellerkongreß von den Schreibenden Ehrlichkeit und größere Nähe zur Wirklichkeit forderte. Und ich fühlte mich ermutigt, da ein Buch anzubieten.

NEUSÜSS Und es ist Ihnen zurückgegeben worden. Haben Sie Ärger bekommen?

JOHNSON Ach nein, Ärger nicht, nein, es wurden mir Änderungen vorgeschlagen, nicht stilistischer oder ästhetischer Art, sondern sozusagen politischer. Ich hätte mein Bewußtsein ändern müssen, um diese Änderungen anzubringen, und dazu war ich damals nicht fähig. Und ich nahm es dann zurück. Das war 1956, und dieses Buch hier ist erst im Jahre 1958 geschrieben worden.

NEUSÜSS Ihr zweiter Roman: *Das dritte Buch über Achim,* in dem die Lebensbeschreibung eines DDR-Radrennfahrers durch einen westdeutschen Journalisten daran scheitert, daß sich der westdeutsche Journalist und der ostdeutsche Verlag nicht über Sprachregelungen einigen können, über das Gewicht und die Bedeutung von Fakten im Leben des Rennfahrers, woraus die unterschiedliche Entwicklung der gleichen deutschen Sprache in den beiden Deutschland nach 1945 deutlich wird – könnte man diesen Roman nicht mit weit mehr Berechtigung einen »gesamtdeutschen« nennen als den ersten, die *Mutmassungen*?...

JOHNSON Ja, das ist nun eine treuherzige Hoffnung, daß eine, wie man sagt: »gesamtdeutsche Literatur« entsteht, wenn man Personen zu beiden Seiten der Grenze beschreibt.

NEUSÜSS Das aber ist doch im Buch über Jakob eigentlich gar nicht geschehen. Es handelt sich dort doch hauptsächlich um das Leben eines in der DDR lebenden Menschen, der nur durch die Flucht seiner Ziehschwester dazu verleitet wird, in den Westen zu kommen, wobei er natürlich auch mit Westleuten zusammentrifft, die aber eigentlich nur sehr pauschal dargestellt werden; ich denke da z. B. an die Szene vor der musicbox.

JOHNSON Das ist ein ganz allgemeines Mißverständnis. Diese Sache mit dem Badenweiler Marsch – erstens ist sie nicht übertrieben. Es gab lange Zeit am Bahnhof Zoo ein Lokal, wo Sie diesen Badenweiler Marsch für zwanzig Pfennig drücken konnten.
Diese Geschichte – sie endet mit der Prügelei –, diese Geschichte steht kursiv. Und kursiv sind in diesem Buch alle Monologe. Was aber diese Personen, Rohlfs, Dr. Blach und Gesine sich da so zusammendenken über Jakobs letzte Tage, wie sie gewesen sein könnten, was da war, als sie selbst es nicht sahen – das ist ja unzuverlässig, das bilden die sich ja ein, das sind Interpretationen. Diese Geschichte mit der musicbox, die erfindet Herr Rohlfs, weil das besser zu seinem Sehen paßt.

NEUSÜSS Eigentlich paßt es nicht ganz zu Jakob, der doch eigentlich weniger geprägt ist von der gesellschaftlichen und politischen Situation der DDR als von seinem persönlichen Verhältnis zur Arbeit, das ihn ja auch gar nicht auf den Gedanken kommen läßt, die DDR zu verlassen. Ein politisches Engagement selbst gegen Relikte des Faschismus, noch dazu handgreiflich, scheint da weniger zu Jakob zu passen?

JOHNSON Es würde schon passen..., denn es ist das ja auch eine Frage, ob und wann sich jemand anständig verhält!

NEUSÜSS Als Sie anfingen, den Roman zu schreiben, hatten Sie da von vornherein die Absicht, verschiedene Auffassungen der Gesellschaft gegeneinanderzustellen, abzuwägen...

JOHNSON So programmatisch und didaktisch war es ganz gewiß nicht, ich wollte nur die Geschichte erzählen. Natürlich ist es ein Grund immerwährenden Staunens, daß wir dieselbe Sprache und andere Verhältnisse haben. Es ist einfach die Umwelt, und da kam sie mit herein. Es sind Erfahrungen, die jeder von uns gemacht hat, die bis zu einem gewissen Grad stellvertretend sind, und darum, glaubte ich, durfte man sie erwähnen.

NEUSÜSS Herr Johnson, man munkelt, Sie seien Marxist – mit dem Attribut »nach-wie-vor«. Vielleicht könnte man das auch aus dem Roman herausinterpretieren...

JOHNSON Nun, das weiß ich nicht, deutlich kann man das sicher nicht. Sehen Sie, dieser Titel Marxist: wer verleiht den? Da gibt es die Wissenschaften in Westdeutschland, die können das sozusagen abstrakt destillieren, das hat dann eine Verwandtschaft mit Thesen, die Karl Marx im vorigen Jahrhundert aufgeschrieben hat – folglich ist das ein Marxist, der sich darum bemüht. Nun gibt es aber auch eine ostdeutsche Verwaltung dieses Begriffes, und da ist ein Marxist ganz jemand anderes.

NEUSÜSS Wäre es Ihr Wunsch gewesen, den Roman drüben zu veröffentlichen, vielleicht um konstruktive Kritik beizutragen...

JOHNSON Ja, das könnte man sich schon wünschen. In der DDR besteht ja mehr Interesse für die DDR als in der Bundesrepublik. Und sicher, wenn es eine allgemeine Redefreiheit geben würde, würde ich mit diesem Buch z.B. ganz gerne mitreden. Wenn alle Vorschläge machen dürfen, möchte ich auch einen machen. Dann! Nur unter diesen Verhältnissen!

NEUSÜSS Wieweit trifft sie aber nun zu, diese westliche Interpretation... z.B.: »Aber Jakob hat doch unabweisbar erfahren, daß die politische Wirklichkeit mehr von ihm verlangt, als saubere, tägliche Arbeit, mehr auch als er zu geben bereit ist.«

JOHNSON Naja, Sie fragen, ob das eine Anklage ist gegen die dortige Art, das Leben der Leute zu verwalten. Eine Anklage ist es nicht. Ich dachte es wirklich nur zu erzählen. Denn sehen Sie, was dann an Moralischem hineinkommt, an Protest und Mitarbeit, das überlasse ich den Leuten, die das lesen. Sie können sich dann dazu verhalten. Ich möchte Ihnen aber noch etwas zu Ihrer vorigen Frage sagen, welches deutsche Staatswesen denn meiner Meinung nach das bessere wäre – ich finde sogar: man kann sie gar nicht vergleichen. Es ist eine sehr zufällige Alternative und eine nicht notwendige. Sie ist aus den Folgen des Krieges entstanden, und die beiden Siegerparteien versuchen nun auf ihrem jeweiligen Gebiet die Nützlichkeit ihrer Art zu leben, nachzuweisen. Logisch ist das ein Zufall. Das kann man nicht vergleichen. Man kann sich allerdings fragen: was nützt das der größten Anzahl von Leuten.

NEUSÜSS Ja, und da fängt doch erst die Alternative an. Die mag noch so zufällig und unlogisch sein, noch so willkürlich, aber sie ist faktisch, fängt an bei der Entscheidung des einzelnen: Für oder Gegen!

JOHNSON Wobei ein Für noch lange nicht ein Gegen bedeuten muß. Wenn Sie in der Bundesrepublik leben, heißt das noch lange nicht, daß Sie gegen die DDR sind. Das kann auch ein Mangel an Interesse sein.

NEUSÜSS Als Sie den Roman schrieben, sah die Situation in der DDR noch etwas anders aus als heute. Im Moment könnte man auf den Gedanken kommen, daß man tatsächlich dagegen sein muß und daß der Westen doch eine handfeste Alternative ist...

JOHNSON Da bin ich nicht so zuversichtlich! Die amerikanische Börse notiert dann die höchsten Punkte, wenn die Berlinkrise auf dem Höhepunkt ist.

NEUSÜSS Sie waren ja gerade in Amerika und konnten das dort wahrscheinlich sehr genau beobachten. Wie sind Sie nach Amerika gekommen, haben Sie eine Privatreise gemacht?

JOHNSON Ja, nein. Ich war von zwei Universitäten eingeladen, und mein Verleger hat mir eine Reise von zwei Monaten ermöglicht. Die erste Einladung kam aus Detroit zu einem Symposion über soziologische und ästhetische Probleme. Da werden Wissenschaftler aus Amerika eingeladen, und damit ein gewisses Gleichgewicht besteht, eine Art Korrektur, werden auch Europäer eingeladen, und, ich weiß nicht, ob nur zur Dekoration, eben auch Schriftsteller, Dichter. Ich habe da einen Vortrag gehalten, auf den Titel haben wir uns vorher geeinigt: *Berlin, die Grenze der geteilten Welt, als ein Platz zum Schreiben.* Aber ich habe dann doch lieber über die Berliner S-Bahn gesprochen, und warum es mir unmöglich ist, eine Kurzgeschichte über dieselbe zu schreiben.[1]

NEUSÜSS Und warum ist das nicht möglich?

JOHNSON Na, es gibt da so allerhand Fehlerquellen. Sehen Sie, es gibt z.B. zwei Informationssysteme, eins auf jeder Seite. Wer mit der S-Bahn fährt, kann leicht für das eine zum Flüchtling, für das andere zum Verräter werden. Wie zum Beispiel wollen Sie den Vorgang, daß einer aus einem S-Bahn-Zug steigt, überhaupt erfahren? Es stehen da Leute herum, die alle ihre Meinung haben, Christen mögen es sein, Katholiken oder auch SPD-Leute, oder auch einfach Kleingärtner, und jeder von denen hat nun seine natürlicherweise beschränkte oder verzerrte Aufnahmefähigkeit; wenn die einem die Geschichte weitererzählen, dann kann sie sich schon zu sieben Geschichten ausgewachsen haben. Der nächste Berichterstatter, der das der Presse gibt, bringt dann ein Adjektiv hinein, das die Geschichte mit etwas Falschem beschweren oder mit etwas Richtigem ausstatten kann, das weiß man alles nicht. Und außerdem – Sehen Sie, solche Geschichten ... – man kann in der Welt eigentlich nicht über Deutschland reden. Eigentlich hätten wir nach 1945 alle still sein müssen. Ich jedenfalls würde mich eigentlich nicht darüber äußern mögen. Das ist ein Land mit einer Schande, die nicht vergeben werden kann. Das Einzige, was ein Reden oder Schreiben über Berlin rechtfertigen könnte, das ist eben die Teilung, die Grenze, die Entfernung. Und dies, weil ich meine – und das ist natürlich eine Ausrede –, daß diese Grenze in Deutschland vielleicht stellvertretend ist für den Unterschied in den beiden heute angebotenen Arten zu leben und für die Dringlichkeit der Alternative, die die eine eben für die andere darstellt. Das könnte die Welt interessieren, und das gibt uns ein Recht zu sagen: wir sind da, wir sind beachtenswert. Aber sonst nichts! Und wenn man solche Verhältnisse, wie sie vor dem 13. August auf der S-Bahn möglich waren, beschreibt, dann kann man nicht einfach sagen: das ist nun einmal so, die Ostdeutschen haben die Gebietshoheit hier, die dürfen hier kontrollieren und dürfen hier Fahnen hinhängen, dürfen SED-Versammlungen abhalten usw., während auch die West-Berliner Polizei auf den S-Bahnsteig gehen kann. Das ist ja alles sehr unverständlich. Und daß diese Bahnhöfe umgeben sind von ganz anderen, sehr verschiedenen Gegenständen – da muß man schon erklären, wie es dazu kam, muß also den Krieg in irgendeiner Weise miterwähnen.

NEUSÜSS Und da wird es dann peinlich?

JOHNSON Ja. Man kann es versuchen. Vielleicht sind an irgendeinem dieser Diensthäuschen auf dem Bahnsteig noch Kugeleinschläge zu sehen, das wäre ein Anlaß, aber das ist schon hergeholt. Oder auf dem Namenschild der Station kann immer noch der Durchschuß sein von 1945. Das ist eben nicht repariert, weil die Ostdeutschen nichts reparieren, außer an den Prachtstraßen Ostberlins. Oder es kann sogar eine Ruine in unmittelbarer Umgebung des Bahnhofs stehen geblieben sein – da man den Krieg erwähnen muß, kann man versuchen, es da reinzubringen, aber ich glaube nicht, daß der Krieg in der Ruine allein oder in dem Einschlag oder dem Durchschuß ist. Es ist also nicht mit drei Sätzen zu machen. Und derjenige, der da ankommt auf diesem Bahnhof, der hat eine ganz andere Sprache, führt mit sich das Bewußtsein von Verhältnissen, die es hier gar nicht gibt. Hier hingegen gibt es eine Wirklichkeit und Handlungen, Entscheidungen und Gefühle, die er nicht kennt. Die müssen Sie aber doch auch beschreiben! Und wie ihm zumute ist! – Das sind so die Schwierigkeiten: es gibt noch mehr!

NEUSÜSS Könnte es aber sein, daß Ihre amerikanischen Eindrücke einmal »verarbeitet« werden?

JOHNSON Nein, dazu kenne ich es nicht genau genug. Nach vier Monaten hat man ungefähr begriffen, daß es Amerika wirklich gibt, denn für den, der nie da war, ist Amerika ja ein Gerücht. San Francisco z. B. stand sehr befremdend um mich herum. Ich hätte mich nicht getraut, auch nur brieflich zu behaupten, daß San Francisco eben eine sehr weiße Stadt sei. Das ist es schon, aber da ist auch Nebel, und im Frühjahr soll das ganz anders sein, ist mir gesagt worden: da ist es nämlich blühend, da gibt es ganz dicksatte Farben, und die Sonne verbrennt es. Und wenn dann alles Gras auf den Hügeln, die San Francisco umgeben, braun ist und grau gebrannt von der Sonne, ja, dann haben die weißen Häuser eine ganz andere Wirkung, dann kann man sagen, daß San Franzisco eine weiße Stadt sei –, aber ich habe mich nun einmal nicht getraut.

NEUSÜSS Sie schreiben überhaupt nur über Dinge, die Sie im Detail kennen.
Das eben fällt ja auf in Ihren Büchern: die Darstellung technischer Einzelheiten bis ins Detail auf der einen Seite, und auf der anderen Seite...

JOHNSON Sie wissen, wie eine Aktentasche aussieht, und wie ein durchschnittlicher Mensch schwimmt, und wie Schützen aussehen, die am Ufer stehen, wenn sie Gewehre haben, auf ihn zielen oder nicht auf ihn zielen können – Hauptsache, sie schießen, und Sie wissen, daß, wenn man eine Maschinenpistole hat, die Wahrscheinlichkeit des Treffens sehr viel größer ist. Aber was die Schießenden sich dabei denken, und warum dieser Mensch sich noch eine Aktentasche um den Hals binden mußte, das weiß man nicht, da kann man nur vermuten. Was wollte der Mann hier? Wollte der hier in die »Freiheit«? Wollte er hierher, weil es hier anders war als in Ostdeutschland, wollte er hierher, weil er glaubte, es sei besser hier, oder hatte er hier Frau und Kinder? Wo die Realität nur ungenau bekannt ist, würde ich nicht versuchen, sie bekannter darzustellen.

NEUSÜSS Das scheint Ihr Hauptproblem zu sein: wie es möglich ist, so genau wie möglich an die Wirklichkeit heran zu kommen.

JOHNSON Nicht immer. Doch die Wissenschaften vom Zusammenleben der Personen und die von den Einzelpersonen selbst sind nicht so besonders exakt. Man kann natürlich versuchen, eine Person psychologisch darzustellen. Aber dann müßten Sie eigentlich alle Ergebnisse der Psychologie in den letzten hundert Jahren kennen.

NEUSÜSS Im *Jakob* sind Sie ja auch eigentlich kein psychologischer Autor. Vielmehr scheinen da die Personen gleichberechtigt mit ihrem Autor, der ihnen nur den Platz einräumt, ihre Meinung zu sagen.

JOHNSON Ja. Der Verfasser weiß die Geschichte von außen, und man könnte sagen, daß der Verfasser mit den Personen zusammenarbeitet, wo Gelegenheiten auftreten, in denen sie es eigentlich besser wissen müßten, weil sie zu dem fraglichen Gegenstand ein intimeres Verhältnis haben, oder: wenn sie dabei waren, dann sollen sie es eben sagen. Das ist eine Verteilung der Kompetenzen. Dem liegen natürlich wieder solche Ausreden zugrunde: Es ist besser zu erzählen, es war besser zu erzählen.

NEUSÜSS Der Versuch der Annäherung an die Wahrheit, die eingekreist wird von verschiedenen Meinungen und Aspekten, das ist ja auch im *Achim* das Grundmotiv. Dort ist die Annäherung dann anscheinend überhaupt nicht mehr möglich, weil die Sprache nicht mehr zueinanderfindet.

JOHNSON Was ist denn die Wahrheit? Es gibt eine subjektive,

die Erlebniswahrheit, die unter anderem an sich hat, daß ein Vorgang von fünf Minuten in der Erinnerung auf eine Sekunde zusammenschrumpfen kann, oder eine Sekunde weitet sich aus zur Unendlichkeit: da ist nichts genau zu fixieren. Es gibt bei dieser subjektiven Wahrheit der Erlebniszeit auch Teilwahrheiten, einzelne Aspekte der Wahrheit, die gar nicht formulierbar sind. Wie wollen Sie zum Beispiel eine Gesichtsbewegung beschreiben? Sie können es mit einer Beschreibung des Ablaufs der Muskelbewegung versuchen, aber wo finden Sie im Muskelreflex die Verbindung zu dem, was er eigentlich bedeutet? Dann gibt es auch objektive Wahrheiten, etwa die Geschichtsschreibung oder die Statistik, und dann gibt es auch noch die parteiische Wahrheit. Die Wahrheit des Sachwalters oder die Wahrheit des Kanzlers: all diese Teilwahrheiten: sie mögen sich manchmal überdecken, mitunter bestätigen sie sich, aber sie alle greifen von ganz verschiedenen Aspekten her den Gegenstand oder den Vorfall oder das Gefühl an, und sehr oft widersprechen sie sich. Was ist denn da die Wahrheit?

NEUSÜSS Vielleicht kann man aber sagen, daß in den Ostblockstaaten weniger große Differenzen auftreten in den Begriffen und den Möglichkeiten, sie zu verstehen, als im Westen. Die ideologischen Grundlagen sind da einheitlicher.

JOHNSON Wer z. B. in der DDR lebt, der hat natürlich mit den meisten Leuten in der DDR gemeinsame Interessen, sie befinden sich in einer gemeinsamen Lage. Das kann man von der Bundesrepublik nicht so sagen, das sagt auch niemand: daß wir alle gemeinsame Interessen hätten.

NEUSÜSS Das würde die beiden Arten der Gesellschaft heute – im Groben – kennzeichnen in einem Punkt. Daran muß noch nicht Kritik angeknüpft werden. Sehen Sie aber irgendwo eine Gesellschaftsform – vielleicht nur in der Entwicklung –, die Ihren Vorstellungen von der Gesellschaft entgegenkäme?

JOHNSON Ich halte das für eine ganz abstrakte und eben dekorative Überlegung, welches Staatswesen denn nun eigentlich das beste sei. Man kann darüber ein Buch schreiben, oder man wird eben Politiker und verwirklicht einen Bruchteil von seinen Vorstellungen und Hoffnungen. Ich möchte mich eigentlich mehr an das halten, was es gibt, an das Vorhandene.

NEUSÜSS Man kann doch aber auch als Schriftsteller versuchen, mit seinen bescheidenen Mitteln, d. h. in Kenntnis der geringen

Möglichkeiten zu wirken und zu verändern, mitzuverwirklichen, was man als Ideal betrachtet?

JOHNSON Nein, das glaube ich nicht! Man kann einem Buch, das den Leuten angeboten wird, von einigen Leuten gelesen wird, dann nicht mehr helfen. Was da an Wirkung vorfällt, ist völlig der Kontrolle und der Aufsicht des Verfassers entzogen. Die Wirkungen können sehr zufällig sein. Bei Vorausberechnungen der Wirkung kann man sich sehr irren, man kann auch recht behalten.

NEUSÜSS Hatten Sie früher einmal andere Berufsabsichten?

JOHNSON Ich hatte bis zu dem Zeitpunkt keine Berufsabsichten, weil ich keine Berufsaussichten hatte.

NEUSÜSS Deswegen sind Sie von drüben weggegangen?

JOHNSON Nein, nein, nicht deswegen. Ich bin weggegangen in die Gegend, wo das Buch gedruckt wurde, weil ich meinte, daß die Reaktionen der ostdeutschen Behörden unvernünftig sein würden, daß sie einen Angriff vermuteten, wo eine Darstellung war.

NEUSÜSS Hans Mayer, bei dem Sie studierten, steht ja auch jetzt noch auf Ihrer Seite, verteidigt Sie, ist der Meinung, daß Ihr Buch eigentlich genau zu der Literatur gehört, die es in der DDR geben sollte. Meinen Sie nicht, daß irgendeine Hoffnung besteht, daß Leute wie Hans Mayer doch einmal größeren Einfluß bekommen könnten? Daß es einmal möglich sein wird ...?

JOHNSON Einmal! Man soll ja nichts ausschließen! Aber jetzt ist es eben gar nicht zu sehen. Die Mauer in Berlin, die Absperrungsmaßnahmen haben das Klima so rauh gemacht, die Verhältnisse so verhärtet, daß ich mir nicht vorstellen kann, daß man jetzt einfach so reden kann, um sich zu verständigen. Können Sie sich das vorstellen?

Anmerkung

1 Veröffentlicht unter dem Titel *Berliner Stadtbahn*, in: *Merkur*, 15. Jg. 1961, Nr. 162, S. 722–733.

Veröffentlicht in: *konkret*, 1962, Nr. 1, S. 18–19 (mit dem Hinweis, daß das Gespräch vor der Auseinandersetzung Uwe Johnsons mit Hermann Kesten stattgefunden hat).

Horst Bienek
Werkstattgespräch mit Uwe Johnson

(Am 3.–5. 1. 1962 in West-Berlin)

(...)

BIENEK Herr Johnson, erlauben Sie mir zu Beginn unseres Gesprächs ein paar biographische Fragen. Es ist nicht persönliche Neugierde, eher der Versuch, damit Ihre literarische Zugehörigkeit einzukreisen. Sie haben, wie ich lesen konnte, in Rostock und Leipzig Germanistik studiert. Was taten Sie danach?

JOHNSON Ich fuhr drei Jahre lang umher und herum, es kam mir eigentlich nur darauf an, Geld zu verdienen: so viel Geld, daß ich ab und zu kein Geld verdienen mußte.

BIENEK Wann hatten Sie das erste Mal den Wunsch zu schreiben?

JOHNSON Den Wunsch weiß ich nicht mehr, aber angefangen habe ich in einem Wintermonat im Jahre 1953.

BIENEK Ihre ersten literarischen Arbeiten, waren das Gedichte, Erzählungen, oder haben Sie sich gleich an einen Roman gemacht?

JOHNSON Nein, das waren Wiederholungsversuche, Erzählversuche; immer gleich erzählende Texte.

BIENEK Wann haben Sie mit Ihrem ersten, in Westdeutschland veröffentlichten Roman *Mutmassungen über Jakob* begonnen?

JOHNSON Im Frühjahr 1957.

BIENEK Haben Sie vorher in Ostdeutschland schon etwas veröffentlicht?

JOHNSON Nein, gar nichts.

BIENEK Sie sagten, daß Sie ein paar Jahre umher- oder herumgefahren sind. Konnte man das damals eigentlich? Man ist doch da in der Zone ziemlich registriert und wird sehr leicht von der Polizei beobachtet.

JOHNSON Ich war sozusagen ein Widerspruch in diesem Staat, der ja die Widersprüche in seiner Entwicklung haben will. Ich war das, was es da nicht geben darf: arbeitslos. Ich war ein Student, in den der Staat einige Stipendien investiert hatte. Der glaubte dann, das Recht zu haben, seinen Studenten Arbeitsplätze zuzuweisen. Und mir wurde keiner zugewiesen. Ich hatte ein sehr ungünstiges

Führungszeugnis. Und merkwürdigerweise ging es. Ich habe sogar zeitweilig in einer Kleinstadt gelebt, wo die Leute manchmal noch mit den Polizisten auf du und du sind, und es hat niemanden gekümmert. Es hat mich immer gewundert, gewiß.

BIENEK Sagen Sie, als Sie dann *Mutmassungen über Jakob* schrieben – glaubten Sie da an eine Veröffentlichung?

JOHNSON Nein. Erstens, wenn man die allgemeine Situation betrachtete, konnte man diese Hoffnung oder überhaupt diesen Gedanken nicht fassen, und zweitens habe ich mit einem anderen Manuskript im Jahre 1956 Erfahrungen gemacht, die mich bewogen, das gar nicht erst zu versuchen.

BIENEK Können Sie etwas zu diesen Erfahrungen sagen, welcher Art sie gewesen sind – vielleicht nur andeuten?

JOHNSON Ja. Das war ein Romanmanuskript, das ich von 1953–55 geschrieben habe und dann einem Staatsverlag in Ostberlin anbot, nachdem sich der XX. Parteitag der Sowjetunion auch auf die Literatur ausgewirkt hatte. Die alten großen Männer standen auf und sagten, nun sei die Stunde der Wahrheit gekommen, nun müsse man endlich der Wirklichkeit ihr Recht geben, und da ich mein Manuskript auch für ein Stück Wahrheit und ein Stück Wirklichkeit hielt, bot ich es an. Der Verlag schätzte die literarischen Qualitäten dieses Romans, aber wünschte sich einige Änderungen politischer Natur, eigentlich mehr innenpolitischer Natur, und dazu hätte ich mein Bewußtsein ändern müssen, das konnte ich nicht. Da nahm ich das Manuskript zurück.

BIENEK Handelte es sich dabei um die *Mutmassungen*?

JOHNSON Nein, nein, das war eine ganz andere Geschichte. *Mutmassungen über Jakob* ist das erste *veröffentlichte* Buch.

BIENEK Herr Johnson, was geschah dann später. Wie kamen Sie zu einem westdeutschen Verlag, wie kamen Sie, sagen wir es genau, zu Suhrkamp?

JOHNSON Ich hatte mir, Herr Bienek, aus dem vergleichsweise allgemeinen Eindruck, den man in Ostdeutschland von den Verlagen in der Bundesrepublik haben konnte, Suhrkamp herausgesucht. Ich kannte Peter Suhrkamp, und immer, wenn er in Berlin war – nicht immer, aber sehr oft –, habe ich ihn hier in Berlin besucht. Er hat mich einfach durch die Ausmaße seiner Persönlichkeit bedeutend zurechtgewiesen. Es war eigentlich eine persönliche Entscheidung nachher, zu Suhrkamp zu gehen. Leider ist er gestorben.

BIENEK Es bestand auch eine persönliche Vereinbarung zwischen Ihnen?

JOHNSON Ja, unausgesprochen. Es war ein Dialog, der sich mehr auf die Ausbreitung einer Beziehung bezog, und irgendwelche geschäftlichen, sachlichen Gegenstände gar nicht so sehr brauchte.

BIENEK Sie sprachen vorhin davon, daß Ihnen der ostdeutsche Verlag Änderungen nahegelegt habe. Als dann Ihr Buch bei Suhrkamp erscheinen sollte: hat Ihnen da Suhrkamp irgendwelche Änderungen vorgeschlagen?

JOHNSON O ja. Bei der ersten Besprechung wurde ich mit dem Unterton eines kleinen privaten Skandals gefragt, wie denn das mit der Interpunktion sei, denn ich bin da, wo die Schulgrammatik Satzzeichen vorschreibt, etwas sparsam verfahren; und mir wurde mitgeteilt, daß das ja auch einige Arbeit bereitet. Darauf sah ich mir das Manuskript an, und richtig waren überall, wo Kommata hätten sein sollen, kleine Bleistiftstriche für Kommata. Dann, so wurde mir gesagt, nach der Seite 100 oder so, habe sich die Annahme durchgesetzt, daß es nicht ein schlampiges oder nachlässig geschriebenes Manuskript sei, sondern daß offenbar ein Prinzip vorliege. Ich konnte das nur bestätigen, ich erklärte das Prinzip, und wir haben dann einige Zeit damit verbracht, die Kommata wieder herauszuradieren – die mit Bleistift eingeschriebenen.

BIENEK Es war Ihnen damals klar, daß Ihre persönliche Existenz gefährdet ist, falls Ihr Roman in einem westdeutschen Verlag erscheint?

JOHNSON Ich würde es nicht so pathetisch ausdrücken, aber ich nahm gewiß an, daß die ostdeutschen Behörden für einen Angriff, für eine Anklage mißverstehen würden, was eine Erzählung, eine Erklärung war, und dieses Mißverständnis hätte gewiß irgendwelche Folgen *kriminaltechnischer* Art gehabt, denen ich ausweichen wollte.

BIENEK Gingen Sie also deshalb nach dem Westen?

JOHNSON Ja, ich ging dorthin, wo das Buch gedruckt wurde. Es kam mir nicht so sehr darauf an, das Buch nur in Ostdeutschland zu veröffentlichen, sondern es zu veröffentlichen.

BIENEK Mit Ihren beiden Romanen haben Sie sich als der Autor des zweigeteilten Deutschland ausgewiesen – ein Thema, das vorher bei uns noch keiner gültig gestaltet hat. Es ist doch nicht zufällig, daß Sie sich gerade dieses Thema zum Vorwurf genommen haben?

JOHNSON Nein. Dieses Thema kriege ich täglich zum Frühstück, ohne daß ich die Zeitung lesen müßte. Dieser Zustand hat das Leben vieler Leute und auch mein Leben auf das erheblichste verändert, mitunter negativ. Und wir werden ja daran umkommen – oder zu einem guten Ende.

BIENEK Es hat vielleicht seinen Grund, warum unsere Autoren dem brennendsten Problem Deutschlands, nämlich dem der Teilung, ausgewichen sind. Meinen Sie nicht auch, das war mit herkömmlichen Mitteln nicht zu erfassen? Ein so heißes Thema konnte wirklich nur mit unterkühlten Mitteln bewältigt werden: in der Fabel, in der Sprache, in der Form. Mir scheint, daß Sie diese Dimension getroffen haben. Haben Sie vorher versucht, mit anderen Mitteln oder Erzählweisen dieses Thema zu gestalten, sagen wir, gingen stilistische Experimente voraus?

JOHNSON Was meine Mittel oder Erzählweisen angeht, so habe ich da keine Experimente gemacht. Ich habe gewartet, bis ich für die Geschichte, die mir bekannt war und die ich erzählen wollte, die Form wußte und hatte, die ich brauchte.

BIENEK Warum haben Sie zur zentralen Figur dieses Buches, zum Gegenstand einer Analyse des zweigeteilten Deutschland ausgerechnet einen Radfahrer, ich verbessere mich, einen Radrennfahrer gewählt, im Gesamtkolorit der DDR ausgerechnet einen Rennfahrer? Diese bewußte Banalität der Biographie scheint mir doch mit Absicht vorgenommen ...

JOHNSON Ich würde nicht sagen, daß irgendein menschliches Leben banal ist. Jede individuelle Existenz enthält von ihrer menschlichen, von ihrer sozialen Umwelt genug Bezüge. Man kann die Umgebung darin sichtbar machen und auch daraus erschließen, sogar auf erzählerische Weise. Allerdings ist dieser Rennfahrer mit einiger Absicht ausgewählt, denn ich halte ihn für ziemlich stellvertretend für das, was Sie »das Gesamtkolorit der DDR« nennen. Er ist beliebt bei den Leuten und beliebt bei den Oberen, da aber die Leute und die Oberen etwas auseinander sind, ist er eine sehr vermittelnde Figur, und das machte ihn mir interessant. Es hätte allerdings auch ein Boxer sein dürfen.

BIENEK Sie wollten also im Sportlermilieu bleiben. Man hätte ja meinen können, daß man sich zur Biographie eine künstlerische Persönlichkeit oder einen Staatsmann wählt.

JOHNSON Wissen Sie, ich meine nicht, daß es in der modernen Industriegesellschaft noch so etwas gibt wie fest abgegrenzte, undurchlässige Milieus. Eins hängt mit dem andern zusammen und ist von ihm abhängig. Zum anderen, für mein Vorhaben wäre eine künstlerische oder überhaupt eine intellektuelle Existenz nicht geeignet gewesen, denn die intellektuelle Situation ist nicht geeignet, einem größeren Kreis vorgetragen zu werden. Und was die Sorgen der Intellektuellen angeht, so kann ihnen dabei niemand helfen.

BIENEK Herr Johnson, darf ich ein paar Einzelheiten zur Rolle des Erzählers fragen. Die klassische Perspektive, die des allwissenden Erzählers, ist bei Ihnen aufgehoben. Was aber wissen Sie von Ihren Figuren? Von ihrer Zukunft, ihrer Vergangenheit, ihrem Geschehen. Können Sie das vielleicht etwas definieren?

JOHNSON Die klassische Perspektive ist nur insofern aufgehoben, als sie sich auf die Manieren des Erzählers, diese Allwissenheit, bezieht. In der anderen Hinsicht ist sie natürlich nicht aufgehoben, denn die Geschichte umfaßt nach wie vor alles, was sie zusammensetzt und ihr einen Anfang und ein Ende gibt.

BIENEK Darf ich ein Beispiel für Ihren Stil nennen. Auf den Seiten 157 bis 160 schildern Sie zwei Herren vom Amt für Literatur, die an der Wohnungstür von Frau Liebenreuth klingeln, wo Karsch in Untermiete wohnt. Sie dringen in das Zimmer von Karsch ein, der gerade im Stuhl vor dem Schreibtisch liegt und ein dickes Buch über den Radsport liest. Es heißt dann bei Ihnen: »Aber damit dieses alles wahrhaftig so vorgefallen sein könnte, müßte der eine von linkischem Wesen Herr Fleisg gewesen sein und der andere auch ein Mitarbeiter des Verlages für Junge Literatur, die nämlich unterwegs waren, um nachzusehen, ob die vertraglich gebundenen Schriftsteller auch etwas taten für die Vorschüsse, von denen sie lebten, und konnte ein Entmutigter den Abgesandten einmal nicht ein Manuskriptbündel von erwartbarem Umfang vorblättern, sollten sie ungefähr sagen: Also mein Lieber, woran liegt es denn?« – »Aber damit dies alles wahrhaftig so vorgefallen sein könnte... sollten sie ungefähr sagen...«: Diese Unbestimmtheit, dieses Unverläßliche, diese Mutmaßung: ist das bei Ihnen ein Prinzip, und was möchten Sie damit ausdrükken?

JOHNSON O nein. Das ist kein Prinzip. Was Sie zitieren, hat sich nicht aus einer Einzelheit der Geschichte ergeben. Karsch wird nach seiner Rückkehr aus Ostdeutschland in Hamburg von den anderen Leuten, die dageblieben sind, gefragt, wie es denn war und ob man da leben könne, und wie es dem und jenem geht. Und nachdem Karsch dies eine Weile beschrieben hat, wird er, und an dieser Stelle, zurechtgewiesen von dem zwischenfragenden Leser: es ist so gar nicht spannend! Daraufhin versucht Karsch sich gefällig zu erweisen und etwas Spannendes zu erzählen, daß da also zwei finstere Herren kamen, zunächst sehen sie gefährlich aus. Nach dem könnte das, denkt Karsch sich, um Spannung zu erzeugen, der Besuch des Verlags sein, der nachsehen will, ob der mit Vorschüssen ausgestattete Autor auch etwas tut für sein Geld. Nachher fällt ihm ein – denn diese übliche Vorschrift solcher Verlagsverträge für junge Autoren hat er streichen lassen bei sich –: so kann es also gar nicht gewesen sein. Er unternimmt im gleichen Kapitel noch einige Versuche, es spannend zu machen, muß dann aufhören: Spannend war es nicht. Aber er setzt hinzu: Das ist ja auch gar nicht versprochen worden. – Das ist nichts Prinzipielles.

BIENEK Wenn ich Sie richtig verstanden habe, dann ist *Das dritte Buch über Achim* sozusagen die Erzählung Karschs, der nach Westdeutschland zurückkehrt und seinen Freunden die Erlebnisse in Ostdeutschland berichtet.

JOHNSON Sozusagen. Das ist die Beschreibung einer Beschreibung, die Umstände einer Biographie und was in dieser Biographie enthalten sein sollte.

BIENEK Ja, aber das, was Sie aufgeschrieben haben (wollen wir das einmal genau festhalten), sind also nichts anderes als Karschens Erzählungen?

JOHNSON Es sind seine Erzählungen.

BIENEK Ist es richtig, Herr Johnson, wenn ich sage, daß Ihr Stil mich im gewissen Sinne an die Starrheit von Fotos erinnert, fast an das Negativ von Fotos, ja sogar an Röntgenbilder. Nicht von ungefähr scheint es mir, daß Sie ja auch häufig starre Fotos beschreiben.

JOHNSON Ja, ich mag tatsächlich in diesem Buch viele Fotos haben, die sogar beschrieben werden. Aber ich habe nicht beabsichtigt, Ihnen diesen Eindruck zu verschaffen, und dieser Vergleich mit der Fotografie: es ist doch so, daß das allgemeine Denken unserer Zeit von der Fotografie entscheidend beeinflußt ist. Denken Sie an die Familienalben und denken Sie auch an die Pressefotos in der Zeitung, die uns das Geschehen des Vortags, bei dem wir zugegen waren, in einer ganz anderen Haltung und Bedeutung servieren. Und die Fotografie ist ja von unserem Denken zunächst einmal geschaffen und dann geformt worden, so daß wir sie benutzen. Ich glaube nicht, daß ich so besonders fotografisch denke.

BIENEK Wenn ich noch ein Beispiel dafür geben darf, wie Sie röntgenartig durch die Erscheinungen sehen, dann möchte ich noch einmal eine Stelle zitieren. Auf Seite 157 (auch hier das Ungefähre, das Konjunktivische): »Sehr aufregend könnte an Frau Liebenreuths Klingelknopf eine sauber um den Nagel gerundete Fingerspitze erschienen sein, die mit Druck und Senkung den offenen Stromkreis schließt und auf der anderen Seite regelmäßige Schläge der Hammerfeder gegen eine isoliert aufgehängte Glokkenscheibe auslöst.« Und jetzt kommt: »Das bekannte Klingelrasseln dröhnt durch den düsteren Flur, der noch leer zwischen den geschlossenen Türen steht, und endet so entschieden wie es begann.« Also, die Deutung einer Erscheinung, die nicht sichtbar ist, es sei denn durch den Röntgenblick – und dann das Bekannte, das man sieht oder hört, also mit den gewöhnlichen Sinnen aufnehmen kann. Mir geht es jetzt darum, auf diese Vermischung hinzuweisen.

JOHNSON Man sollte dazu sagen, daß dieser Satz zu Anfang eines etwas spaßhaften Kapitels steht, in dem Karsch sich bemüht um Spannung. Es scheint mir erlaubt, daß man eine Situation vom bildhaften Ende her anfängt zu erzählen. Also, man muß nicht immer gleich alles auf einmal sagen wollen: Türen und zwei Herren und Klingeln und Türenschlagen drinnen: auf einmal. Ich habe mit der Einzelheit angefangen. Das ist ein sehr üblicher Vorgang in der Tätigkeit des Gehirns, diese punktförmige Erinnerung ist von Arno Schmidt[1] auf überzeugende Weise beschrieben worden. Das ist nicht programmatisch, aber in diesem Falle empfahl es sich. Es war der Versuch der Spannung, Karschens Versuch.

BIENEK Sie wollen also nur beschreiben, aufzählen, darstellen, was ist. Vorhin sagten Sie, *Das dritte Buch über Achim* hieß ursprünglich ›Beschreibung einer Beschreibung‹. Das deutet über den Titel hinaus zugleich auf die Position des Erzählers hin, der ja dann nichts anderes als ein Beschreiber sein will. Ist das Ihre Haltung?

JOHNSON Das ist meine Haltung – gewesen, meine Haltung zu einer bestimmten Geschichte. Sehen Sie, das vorige Buch hieß *Mutmassungen über Jakob*, und mutmaßliche Mutmaßungen etc. wurden sogleich Kennworte für meinen mutmaßlichen Stil. Sehen

Sie, und das zweite Buch, das ›Beschreibung einer Beschreibung‹ geheißen hatte, gibt nun wiederum so ein Signalwort ab. Nein, es ist lediglich ein erzählerisches Verhalten, das für diese Geschichte erfunden und benutzt wurde, und, so glaube ich, nur für diese Geschichte geeignet war.

BIENEK Gibt es einen bestimmten Autor, ein bestimmtes Werk, das Sie nachhaltig beeindruckt hat?

JOHNSON Gewiß, aber ich wüßte Ihnen das nicht zu sagen. Ich habe Germanistik studiert, und wenn man vier Jahre lang mit allen Mitteln und Ausflüchten und Auskünften der Literatur seminaristisch vertraut gemacht worden ist, stellt sich eine gewisse Gleichgültigkeit gegenüber den Techniken ein. Natürlich hatte ich auch Großeltern, und die Großeltern hatten auch einen Dachboden, und da war in einer Holzkiste der Daniel Defoe, der *Robinson.* Es ist sicher das erste Werk, das mich »nachhaltig« beeindruckt hat... Aber nachher kamen sehr viele andere, und man müßte vielleicht nach der Reihenfolge gehen. Das führt jetzt vielleicht zu weit.

BIENEK Sehen Sie bei den großen Protagonisten unseres Jahrhunderts gewisse Vorbilder oder Beeinflussungen, sei es stilistischer oder formaler, sei es engagierter Art?

JOHNSON Die Literatur ist auf einer gewissen Ebene ein Gewerbe, und alles, was in diesem Gewerbe unternommen wird, ist voneinander abhängig. Ein Versuch bestimmt den anderen. Sicher sind da Beeinflussungen. Vorbilder wären eine persönliche Sache. Ich wüßte keine.

BIENEK Das Überraschendste ist ja, daß Ihr erzählerischer Stil so wenig von den derzeit gängigen Moden aufweist. Er ist nicht sozialkritisch, nicht moralistisch, nicht engagiert. Was ist er und was wollen Sie, wenn ich so fragen darf?

JOHNSON Was mein Stil ist, das weiß ich nicht, denn ich sehe ihn nicht von außen. Ich kann nur sagen, was ich ihm wünsche, nämlich: daß er geeignet sein sollte für die Geschichte, der er angepaßt ist. Und was ich will, ist: eine Geschichte zu erzählen, mehrere Geschichten, die neu sind und interessant wegen ihrer Neuheit, wegen der in ihnen enthaltenen Erfahrungen und Kenntnisse, und zum anderen, weil das unterhaltsam genug ist.

BIENEK Sie sagen »unterhaltsam«, aber viele Ihrer Kritiker meinen, Ihr Stil wäre ein Vexierrätsel.

JOHNSON Ja, auf Vexierrätsel den Begriff »unterhaltsam« nicht anzuwenden, das hieße ihn sehr eng begrenzen. Außerdem: ich habe keinerlei Rätselerfindungen da beabsichtigt.

BIENEK Ein »sprachschöpferischer« Kritiker hat bei Ihnen von »verfaulknern« gesprochen. Nach dem Begriff »kafkaesk« haben wir, wie ich fürchte, ein neues literarisches Schlagwort, das eine der Lieblingsvokabeln der Kritik zu werden verspricht. Ich sehe nicht eine so entscheidende Beeinflussung von Faulkner. Die meisten Klassiker der neuen Erzählweise haben ja längst auf die jungen Schriftsteller nicht mehr so viel Einfluß wie etwa auf die Generation von Döblin oder auch von Koeppen. Ich glaube eher, daß die ganz Jungen etwas ganz Neues präsentieren werden. Wie ist da Ihre Meinung?

JOHNSON Ich hoffe, daß dieses Wort nicht zu den Lieblingen der deutschen Kritik heranwachsen wird, denn das heißt, daß die Sprache der Kritik noch weiter heruntergeht. – Ich bin nicht sicher, daß man die Generationen so trennen kann. Das Handwerk oder das Gewerbe des Erzählens bringt es mit sich, daß ein junger Schriftsteller sehr genau wissen muß, was Thomas Mann erreicht hat und wie er es erreicht hat, und das Neue, das Sie sich von den Jüngeren erwarten, wird immer an den persönlichen Entscheidungen und Haltungen dieser Jungen liegen und nicht etwa in ihrer literarischen Unabhängigkeit.

BIENEK Wenn ich noch einmal auf Faulkner zurückkommen darf: seine Bücher dürfen ja in der sogenannten DDR nicht erscheinen. Dort gilt solche Literatur als »westlich-dekadent«. Wie also kann sich ein junger Schriftsteller drüben ein Bild von einer solchen Erzählweise machen?

JOHNSON Ich höre mit Befriedigung, daß Sie endlich »sogenannte DDR« gesagt haben, daß Sie, nachdem Sie schon ein paarmal die DDR erwähnten, auch einmal hinzufügen »sogenannt«. Ich halte es für eine sehr korrekte Hinzufügung, denn tatsächlich haben die ostdeutschen Kommunisten es »so genannt«. Und in diesem Staat ist tatsächlich 1957, es mag auch 58 gewesen sein, in einem Ostberliner Verlag *Light in August* erschienen. Man kann sich im übrigen von der gesamten westlichen Literatur in Ostdeutschland ein Bild machen, vorausgesetzt ist nur Interesse dafür. Es wird einem nicht ins Haus getragen und angepriesen, man muß sich selbst darum kümmern. Es gibt Büchereien, in denen diese Werke enthalten sind, es gibt Alte, die sie in ihren Privatbibliotheken haben; die Deutsche Bücherei in Leipzig hat von jedem Buch in deutscher Sprache ein Exemplar, heißt es, es hat in den meisten Fällen gestimmt. Und bevor Berlin endgültig geteilt wurde, war es für jeden literarisch Interessierten nicht gerade eine finanzielle, aber eine technische Kleinigkeit, sich Paperbacks zu kaufen oder Taschenbücher. Außerdem setzen sich solche Kenntnisse durch das Gespräch unter den interessierten Leuten sehr weit fort.

BIENEK »Aber ein Buch«, sagt Böll sehr genau und sehr entschieden ebenfalls in einem Werkstattgespräch, »ist ja nicht eigentlich da, wenn man es schon kennen muß, um es in einer Bibliothek herauszufischen. Ein Buch ist erst da, wenn es in der Kritik da ist und frei erhältlich und jedermann in die Hand geraten kann.«[2] Das wäre eigentlich nur zu bestätigen. – Doch nun zu einer anderen Frage: wie ist die Form Ihres ersten Romans *Mutmassungen über Jakob* entstanden? Ich meine jetzt rein äußerlich, diese Dreiteilung von Erzählung, Dialog, Monolog?

JOHNSON Durch langes Nachdenken über die Geschichte, die in diesem Roman enthalten ist. Man weiß die Geschichte, wenn man anfängt, sie zu erzählen. Und ich versuchte mir klarzumachen, daß der Held, Jakob, tot ist, wenn der Erzähler anfängt. Das bringt natürlich die Frage herauf: was bleibt von einem toten Menschen übrig im Gedächtnis seiner Freunde oder seiner Feinde oder seiner Geliebten? Und da wurde mir klar: natürlich, die erinnern sich an ihn. Widersprüchlich, einer weiß was anderes als der andere, sie streiten sich mitunter, wenn nicht immer, sie erinnern sich. Das wäre der Monolog. Sie reden über ihn und versuchen ihre Meinung gegen andere durchzusetzen: das wäre der Dialog. Und dann ist der Erzähler berechtigt, das hinzuzutun, was er auch noch weiß. Und das ist wirklich der Anfang dieser Geschichte. Ich holte ihn aus dem ersten Satz: Jakob sei immer über die Gleise gegangen, und ich begriff, das war der Anfang eines Gesprächs, ein protestierender Anfang, der die Geschichte nicht glauben wollte.

BIENEK Ist das alles für Sie zugleich ein Versuch, dem Leser eine aktive Rolle zuzuschieben?

JOHNSON Ja, wissen Sie, Herr Bienek, »zuzuschieben«: etwas so Lästiges und Unangenehmes ist eine aktive Rolle nicht gerade. Ich versuche schon, den Leser zu interessieren, aber ich glaube, so viel Respekt ist man einem Leser schuldig, daß man ihn nicht in etwas hineinredet oder hineinüberzeugt, illusioniert.

BIENEK Wieso? Es ist auch Aufgabe der Literatur, durch verschiedene Mittel, sagen wir durch Suggestion des Stils oder durch ein gewisses Engagement, den Leser aktiver an die Lektüre heranzuführen – als ihn vielleicht nur zu unterhalten. Das haben große Schriftsteller oft versucht. Das empfinde ich durchaus als eine noble Zielsetzung.

JOHNSON Ich würde es vorziehen, daß der Leser, also der Adressat der Geschichte, sich zu ihr selbst verhält, sie selbst überdenkt und dann zu seinen eigenen Schlüssen kommt. Denn es ist ja *sein* Leben, mit dem er das anfängt, fünf Stunden oder noch etwas länger – denn so lange dauert ein Roman beim Lesen.

BIENEK Wenn Sie mir erlauben, möchte ich jetzt ein paar Fragen zu Ihrer Arbeitsweise stellen. Da wäre zunächst die Fabel. Wie entsteht sie bei Ihnen? Als eine Art Erfindung, Konstruktion? Entsteht sie aus dem Erlebnis?

JOHNSON Ich kann Ihnen das nicht an einzelnen Stoffen darstellen. Mir fällt eine Geschichte ein und zwar stückweise, mit immer zugehörigen Einzelheiten. Es ist eine Art Erinnerungsvorgang, und gewiß, da wirken Erlebnisse ein, Wahrnehmungen, Erfahrungen, Tagesläufe aller Art.

BIENEK Dann zum Handlungsgerüst: was geht der Niederschrift eines Werkes voraus. Machen Sie sich Skizzen, Entwürfe?

JOHNSON Skizzen oder Entwürfe wären mir zu unvorsichtig, denn das wären Festlegungen in einer viel zu frühen Zeit, da man noch nicht alles genau weiß. Ich schreibe mir vorher gar nichts auf, ich überlege mir die Geschichte. Bisher hat das immer ein Jahr gedauert, und wenn ich sie von Anfang bis Ende weiß, beginne ich sie aufzuschreiben. Das dauert dann meist auch ein Jahr.

BIENEK Dann zur Methodik des Schreibens. Arbeiten Sie regelmäßig, zu bestimmten Zeiten?

JOHNSON Diese überlegenden Vorbereitungen, die gehen über den ganzen Tag. Aber das Schreiben ist regelmäßig. Ich benutze dafür den Vormittag bis zum Mittag. Und ich bin froh, wenn ich zwei Seiten am Tag fertig bekomme. Danach überlege ich mir, was ich am nächsten Tag tun werde.

BIENEK Ändern Sie viel?

JOHNSON Eigentlich nicht. Ich schreibe es gleich in die Maschine, d. h. rechts auf eine in der Längsmitte unterteilte Seite, und zwar weil die Typen der Maschinenschrift mich daran hindern, das Niedergeschriebene als etwas so Vertrautes aufzufassen wie meine eigene Handschrift. Auf die linke Seite kommen die Änderungen, Worte werden ausgewechselt, aber im wesentlichen liegt eine solche Seite fest. Sie ist ja vorbereitet genug.

BIENEK Brauchen Sie bestimmte Bedingungen zum Schreiben?

JOHNSON Oh, ja, ich habe immer ganz gern ein Zimmer, dessen Türen nur von mir geöffnet werden können während der Arbeit. Sonst brauche ich nichts.

BIENEK Ist Schreiben für Sie eine angenehme Beschäftigung oder möchten Sie lieber etwas anderes tun?

JOHNSON Oh, ich habe schon auf der Schule gelernt, daß man mit den meisten Körperteilen, die man hat, auf eine angenehme und auf eine nicht angenehme Weise arbeiten kann, so auch mit dem Kopf. Man kann damit eine mühsame und lästige Arbeit betreiben oder sich ein Vergnügen bereiten. Und ich habe mich für das arbeitsame Vergnügen der Literatur entschieden. Es ist der mir angenehmste Beruf, den ich bisher hatte.

BIENEK Gibt es für Sie so etwas wie den anderen, das Gegenüber, den Leser, an den Sie bei der Niederschrift einer Arbeit denken? Oder wird in diesem Augenblick der Leser für Sie völlig unwichtig.

JOHNSON Ich vergesse nicht, daß ich mich mit diesen Erzählungen an Leute wende, und also behalte ich im Gedächtnis, wie Leute – das ist eine Art allgemeines Leserbewußtsein – sich verhalten würden zu dem, was ich da mache, und ob sie es verstehen würden und wie. Das berücksichtige ich.

BIENEK Nach dem Schreiben, brauchen Sie da etwas zur Entspannung?

JOHNSON Ich tue da was anderes. Ich weiß nicht, ob das der Entspannung dient: ich gehe auf das Postamt und hole mir die Briefe, und ich gehe hin und kaufe die Zeitung und esse zu Mittag – es ist sicher sehr entspannend.

BIENEK Herr Johnson, vielleicht können Sie mir da eine etwas schwierige, aber delikate Frage beantworten. Welche Fähigkeiten oder Eigenschaften muß – nach Ihrer Meinung – ein Romancier in besonderem Maße haben?

JOHNSON Natürlich kann ich keinen Katalog für Erzähler überhaupt aufstellen. Ich könnte Ihnen lediglich aufzählen, ohne was ich nicht glauben würde auszukommen. Da wäre zunächst die Überzeugung, daß ich dies nicht ebensogut wie alles andere machen könnte. Dann ist es wohl die Fähigkeit, größere Wirklichkeitszusammenhänge oder gedankliche Zusammenhänge in vielen Schichten gleichzeitig im Kopf auseinanderhalten und ordnen zu können. Das ist also eine Denkfähigkeit, die es vorzieht, sich zu erinnern. Und drittens: Fleiß.

BIENEK Haben Sie vor der Veröffentlichung Ihres ersten Buches *Mutmassungen über Jakob* an einen solch großen Erfolg gedacht?

JOHNSON Nein, es war überhaupt alles nicht sehr planmäßig. Ich verfiel einfach auf eine gedankliche Verbindung, die ich nie ausprobiert hatte. Mir war bekannt: wenn da ein Manuskript liegt, so ist es bestimmt, ein Buch zu werden. Und erst, als es gedruckt war und rezensiert wurde, begriff ich, daß ich für einen Schriftsteller gehalten wurde.

BIENEK Herr Johnson, Sie sagten irgendwann einmal, Sie wären nicht nach dem Westen geflüchtet. Ich kann das verstehen, denn der Begriff des Flüchtlings hat ja eine bestimmte Definition. Aber umziehen konnte man ja seit 1949 nicht mehr. Man bekam von den Ostbehörden keine polizeiliche Abmeldung nach Westdeutschland.

JOHNSON Diese Frage scheint mir ein Opfer der auch terminologischen Teilung Deutschlands. Sehen Sie, ein Umzug, darunter begreift man die Verlagerung des Besitzes und die Verlegung des Wohnsitzes. Dazu bekommt man natürlich von den Ostbehörden nicht so leicht Erlaubnis, und ich hatte sie auch nicht. Ich bin also in ostdeutscher Terminologie ein Flüchtling. In westdeutscher Amtssprache bin ich kein Flüchtling, sondern jemand, der umgezogen ist. Ich würde nach wie vor sagen: ich bin umgezogen. Außerdem halte ich den Ausdruck »Flüchtling« nicht für anwendbar auf jemanden, der eine nur oberflächliche Kontrolle überstanden hat und dann von einer S-Bahn-Station zur andern gefahren ist. Ich glaube, Flüchtlinge gibt es erst neuerdings im eigentlichen Wortsinn. Flucht ist eine Reise von einem Ort zu einem anderen unter sehr großem Risiko, eine Reise, die mit allen möglichen Mitteln behindert wird und in der sehr viel Gefahr enthalten ist: man wird verfolgt, man läuft, es ist einem alles egal, außer daß man ankommt – die Leute, die das tun, sind echte Flüchtlinge. Ich mag nicht, daß man Worte, auf welche Weise auch immer – dies wäre eine bürokratische Weise – beschädigt.

BIENEK Warum sind Sie gerade nach Berlin gezogen?

JOHNSON Ich hielt Berlin für die interessanteste Stadt in Europa. Sie war, als ich hierherging, gesamtdeutsch, d.h., alle Vorrichtungen dieser Stadt, Lokale, Kinos, Straßen, Theater, Geschäfte wurden von West- wie Ostdeutschen gleichberechtigt mitbenutzt. Und man hatte hier in Berlin (man hat es immer noch) sehr genau vor Augen, was die ostdeutschen Kommunisten einem als Alternative für unsere Lebensweise anbieten. Ich hatte nicht Lust, das zu vergessen.

BIENEK Im Zusammenhang mit der Mauer, Herr Johnson, sind Sie in den Zeitungen angegriffen worden. Ein gescheiter Mann hat Ihre Position so verteidigt: »Johnson ist nicht vor der Mauer, nicht hinter der Mauer, er ist auf der Mauer.« (Übrigens wäre das dann wieder die Proustsche Position: der Erzähler beschreibt, was er sieht, kühl, registrierend, genau.) Aber sagen Sie, ist dies heute im zweigeteilten Deutschland für einen Deutschen noch eine mögliche Position?

JOHNSON Wörtlich verstanden ist das natürlich nicht möglich. Wer heute auf der Mauer ist, *auf* der Mauer, der sitzt nicht, der steht nicht, der lacht nicht, der redet nicht – der hängt oder liegt, weil er erschossen wurde. Sollte mit dieser Formel »auf der Mauer« aber die Mitte zwischen beiden deutschen Staaten gemeint sein, so würde ich zustimmen. Der Gedanke der Wiedervereinigung scheint mir zu verlangen, daß wir uns gründlich und geduldig, d. h. also durch den Versuch eines Verständnisses und der Kenntnisnahme, darauf vorbereiten. Insofern, glaube ich, ist es eine mögliche Position. Ich bin dem Lande West-Berlin dankbar für das Gastrecht, das es mir gewährt, und ich habe mir diese Seite der Mauer ausgesucht, weil es einem hier garantiert und erlaubt ist, daß er seinen Beruf auf eine Weise ausübt, die er für richtig hält.

Anmerkungen

1 Vgl. Arno Schmidt, *Berechnungen I und II,* in: A. Schmidt, *rosen & porree*, Karlsruhe 1959, S. 283 ff.

2 Horst Bienek/Karl Markus Michel, *Werkstattgespräch mit Heinrich Böll,* in: H. Bienek, *Werkstattgespräche mit Schriftstellern,* München 1962, S. 146.

Veröffentlicht in: *Frankfurter Hefte,* Bd. 17, 1962, H. 5, S. 333–342.

Alois Rummel
Gespräch mit Uwe Johnson

(Am 18. 6. 1964 in West-Berlin)

RUMMEL Als im Jahre 1959 Ihr Roman *Mutmassungen über Jakob* erschien, da wurden Sie von der Literaturkritik wie ein westdeutscher Autor behandelt, der auch in erster Linie von westlichen Schriftstellern beeinflußt sei. Niemand wies zunächst Einflüsse östlicher Autoren nach, obwohl auch dieser Roman in der Ostzone geschrieben wurde. Wie ist das möglich? In welchem Umfang westlich oder östlich beeinflußt fühlen Sie sich selbst? Gibt es also so etwas wie eine sichtbare Nahtstelle in Ihrem Denken?

JOHNSON Ich kann nur nach den Kenntnissen gehen, die ich habe erwerben können. 1957, als ich anfing, mir dieses Buch zu überlegen, war die Grenze zwischen den beiden Teilen Deutschlands noch verhältnismäßig offen. Das Studium der Literaturwissenschaft war einigermaßen zureichend. Es war möglich, sich Informationen über die politischen wie die literarischen Zustände in Deutschland zu beschaffen. Ich habe also von beiden Gegenden Deutschlands Kenntnis gehabt, und das war für mich eine Einheit des Bewußtseins. Ich sehe da keine Nahtstelle.

RUMMEL Herr Johnson, die Kritik, die Literaturkritik hat Einflüsse westlicher Autoren nachgewiesen. Das ist ja gewiß nicht zufällig, denn die Literaturkritik kennt auch östliche Autoren. Darf man daraus schließen, daß Sie selbst sich sehr stark von westlichen Autoren angezogen und beeinflußt fühlten?

JOHNSON Wissen Sie, während des Studiums auf der Universität lernt man eine ziemlich unsentimentale, kühle Weise, mit Gegenständen der Literatur umzugehen, und wenn Sie in einer Seminararbeit oder in einem Seminar beweisen müssen, wie bei Fontane Schlüsse gemacht werden oder wie bei Döblin Absätze mit Schnelligkeit versehen werden, dann, glaube ich, verliert man ein beeinflußbares Verhältnis zur Literatur; dann ist es die bloße Kenntnis der Techniken, die erfunden und gefunden worden sind, um die sich verändernde Welt zu beschreiben. Und wenn die einmal da sind, gehören sie zum Standard des literarischen Handwerks, dann kann jeder sie benutzen, vorausgesetzt natürlich, sie passen zu der Sache, die er vorbringt.

RUMMEL Herr Johnson, der sogenannte sozialistische Realismus zwingt den Autor zur Parteilichkeit, zur Stellungnahme, während Sie auch in Ihren im Osten Deutschlands geschriebenen Büchern jegliche Deutung außer acht lassen. Sie sehen in der Darstellung dessen, was ist, was Sie beobachten, Ihre erste Aufgabe. Wie würden Sie diese Art von künstlerischem Realismus literarisch bewerten?

JOHNSON Ich sehe keinen Grund, dem sozialistischen Realismus zu widerstehen oder gar gegen ihn etwas zu tun, da es ihn nicht gibt. Es gibt eine Theorie, die verschiedentlichen Wandlungen unterworfen war. Nach dieser Theorie ist kein gelungenes Buch geschrieben worden, das mir bekannt ist. Wenn es gelungen wäre, müßte ich es anerkennen; aber da nichts von dieser Theorie und Auswirkungen vorhanden ist, kann ich nichts dagegen tun.

RUMMEL Wer seine Heimat preisgibt, Herr Johnson, weil er nicht mehr frei atmen kann, weil ihm der geistige Raum fehlt, in dem er auch künstlerisch sich entfalten kann, der erwartet von der Freiheit all das, was er in einem diktatorisch regierten Land vermißt hat. Ist nun Ihre eigene Dichtung, Ihre Haltung gegenüber der Kunst anders geworden, seit Sie im freien Teil von Berlin leben können?

JOHNSON Ja, es ist eine technische Erleichterung. Ich habe hier die Möglichkeit, die Sachen, die ich vorbringen und erzählen möchte, an die Leute zu bringen. Es ist mir erlaubt, sie zu verkaufen. Ich bin nur davon abhängig, ob ich dafür einen Verleger finde; ich bin nicht davon abhängig, eine staatliche oder andere Instanz fragen zu müssen, ob das politisch vernünftig ist.

RUMMEL Mit dieser Antwort bin ich nicht ganz zufrieden, denn es ist ja doch nicht nur so, daß Sie hier einen Verleger suchen müssen, der sich dann gütigerweise bereit erklärt, Ihre Dichtung, Ihre Werke abzudrucken und zu verlegen, sondern es kommt doch auf den geistigen Raum an, auf die Freiheit an, innerhalb der man schreiben kann. Also das prägt doch einen Dichter, und das schafft doch erst Voraussetzungen, damit er frei dichten kann.

JOHNSON Ja, erlauben Sie mir zu wiederholen, daß sich für mich eigentlich nichts geändert hat; sondern da die Grenze zwischen den beiden Gegenden Deutschlands offen war, hatte ich Kenntnis von beiden Teilen und die Möglichkeit, diese Kenntnisse zu vervollständigen. Jetzt habe ich die gleiche Möglichkeit – allerdings dadurch, daß ich auf der anderen Seite bin, nachdem die Grenze geschlossen ist. Für mich hat sich, in Fragen der Kunst, durchaus nichts geändert.

RUMMEL Herr Johnson, Nachrichten über die Lage zu bieten, das ist Ihr schriftstellerisches Bemühen. Wie würden Sie selbst Ihren geistigen Standort bestimmen, und gleichzeitig welches geistige Bemühen liegt Ihrer schriftstellerischen Arbeit zugrunde?

JOHNSON Den eigenen geistigen Standort zu bestimmen, ist sehr schwierig, und, erlauben Sie mir, das zusammenzufassen. Ich nehme an, daß ich mich verlasse auf Wissenschaften, deren Ergebnisse ich habe überprüfen können, die mich also nicht im Stich gelassen haben. Ein geistiges Bemühen für diese Art Beruf wüßte ich bei mir nicht zu nennen. Es kommt mir lediglich darauf an, Geschichten zu finden, zu erfinden und sie dann vorzutragen – möglichst so, daß man etwas Neues erzählt, und möglichst so, daß es nicht langweilig ist.

RUMMEL Heinrich Böll sagte mir vor einigen Tagen, als ich ihn fragte, nennt man Sie zu Recht einen moralischen Dichter, dann sagte er: »Ich bin gerne bereit, mir dieses Signum aufdrücken zu lassen, obwohl ich von der Moral, der bürgerlichen Moral, nichts halte. Ich bilde meine eigene künstlerische Moral.« Aber er hat den moralischen Dichter als geistigen Standort gelten lassen. Wie würden Sie Ihre Dichtung selber einordnen?

JOHNSON Ich höre des öfteren, daß das ein rein politisches Geschäft ist, das ich betreibe, und das kann ich nicht glauben. Erlauben Sie mir, dieser Auffassung zu widersprechen. Zwar befasse ich mich in meinen Büchern mit Lebensverhältnissen, die durch die deutsche Teilung in Deutschland entstanden sind. Das ist aber nicht eigentlich ein politisches Vorhaben; nicht in dem engen Sinn der parlamentarischen oder sonstigen politischen Wirksamkeit. Es sind einfach die Gegenstände, mit denen wir zu leben haben, eminent politisch, und es ist kaum möglich, zwischen tagespolitischen Hauptstadt-Ereignissen und den Alltagsvorgängen eine Grenze zu ziehen und zu sagen: Das hier nun ist nicht mehr politisch.

RUMMEL Und das Politische, Sie haben das selber angedeutet, spielt in Ihrer Dichtung eine besondere Rolle. Es gab ja eine ausgesprochen politische Literatur. Würden Sie so Ihre eigene Dichtung einordnen als politische Literatur, oder ist das falsch? Besteht oder gibt es für Sie den Begriff des Ästhetischen in der Literatur überhaupt nicht mehr?

JOHNSON Ja. Doch natürlich. Das ist die Geschichte, wie wir leben oder wie Leute leben. Sie sind gezwungen, unter politischen Verhältnissen politisch zu leben. Das andere betrifft die Form der Erzählung. Wie bringe ich es vor, und zwar so, daß die Geschichte in ihrem richtigen Tempo, in ihren Farben und in ihrer Richtung deutlich erscheint? Das ist die Ästhetik. Sie ist ungeheuer wichtig.

RUMMEL Die Ästhetik hat ja nicht nur etwas mit der Form zu tun, nicht wahr. Die Ästhetik ist nicht nur ausdrücklich das Handwerkliche, sondern in der Form demonstriert der Dichter, macht er deutlich, was er sagen will. Also jeder geistige Inhalt hat eine bestimmte Form, braucht eine bestimmte Form. Welches ist Ihre Form? Ich meine ausdrücklich nicht nur irgendeine Fertigkeit. Welches ist Ihre handwerkliche Form?

JOHNSON Ich habe die Erfahrung gemacht, daß noch jede Geschichte, die ich wußte, ihre ganz eigene bestimmte Form verlangt. Diese Form ist auf andere Geschichten nicht zu übertragen. Mehr kann ich darüber nicht sagen.

RUMMEL Herr Johnson, bitte würden Sie mir noch sagen, von welchen Dichtern Sie sich im besonderen beeindruckt und im Blick auf Ihre Dichtung beeinflußt fühlen?

JOHNSON Das kann ich Ihnen nicht sagen. Das weiß ich nicht. Ich kann Ihnen nur sagen, welche Leute ich immer wieder lese.

RUMMEL Und welche sind das?

JOHNSON Tja, es sind Thukydides, Herodot, die lateinischen Geschichtsschreiber.

RUMMEL Modernes?

JOHNSON Fontane.[1]

Anmerkung

1 In einer englischen Transkription dieses Interviews hatte Uwe Johnson handschriftlich ergänzt: Brecht, Faulkner, new publications. Als »Interview für Goethe-Institute, SWF etc.« hatte er sich diesen Gesprächstermin in seinem Notizkalender vermerkt.

(Transkription einer Tonband-Aufzeichnung des Gesprächs aus dem Deutschen Rundfunk-Archiv; Aufnahme-Ort: Berlin; Herkunft: Inter-Nationes, Bonn; Aufnahme-Datum 1964; Uwe Johnson-Archiv.)

Peter Michael Stahlberg/Ulrich Schmitz
Begegnung mit Uwe Johnson

(Am 26. 10. 1965 in Essen)

(...)

INTERVIEWER Herr Johnson, Sie wurden in Pommern geboren, lernten in Ihrer Kindheit den Nationalsozialismus kennen und studierten später in Rostock und Leipzig Germanistik. Ihr erster Roman wurde vom Ostberliner Aufbau Verlag nicht angenommen; mit einem zweiten Manuskript siedelten Sie um nach West-Berlin. Hier bezeichnete man Sie als »Dichter des zweigeteilten Deutschland«. Ist die Thematik aller Ihrer Werke allein auf Ihre Lebensumstände zurückzuführen?

JOHNSON Dieses Etikett »Dichter der beiden Deutschland«, das sich anhört wie eine Berufsbezeichnung oder eine Lebensstellung, ist mir sehr heikel, und ich finde, so sollte man niemanden kennzeichnen. Denn es ist nicht mein Beruf, nicht wahr? Allerdings verhält es sich bei mir wohl wie bei anderen Schriftstellern, die das, wovon sie schreiben, kennen wollen. Ich habe diese Erfahrungen gemacht und schreibe deswegen über die Lebensverhältnisse in beiden deutschen Gebieten.

INTERVIEWER Ihr Thema ist zwar aktuell, aber damit auch zeitgebunden. In näherer oder fernerer Zukunft wird die deutsche Teilung besiegelt oder beseitigt sein; unser jetziges Problem war dann nur ein geschichtliches Ereignis. Glauben Sie nicht, daß damit Ihre Werke an literarischem Wert einbüßen?

JOHNSON Das muß der Leser jener Zeit, von der Sie sprechen, entscheiden. Ich meine, daß die Einengung dieser Bücher auf den Begriff »Problematik des geteilten Deutschland« dem Inhalt nicht ganz gerecht wird. Es sind ja nebenher noch Geschichten. In ihnen ist, so hoffe ich, auch enthalten und wird eines Tages zu lesen sein, wie wir zu unserer Zeit gelebt haben, wie die Verhältnisse zu unserer Zeit waren. Die Neugier des Menschen nach der Vergangenheit, nach sich selbst, wird dann diese Bücher zu prüfen haben, ob sie dafür ausreichen.

INTERVIEWER Ihre Bücher sollen also auch die Gegenwart darstellen. Glauben Sie, daß der Mensch der Neuzeit einer selbstgeschaffenen Welt der Organisationen, Apparate und Automaten hilflos und ohnmächtig gegenübersteht?

JOHNSON Das ist sehr allgemein, nicht? Nach den Erfahrungen, die ich habe, würde ich ebenso allgemein und mit Hinweis auf diese Allgemeinheit – das ist als Einschränkung gemeint – sagen: das ist wohl nicht so. Gleichzeitig mit der Einführung neuer Technik wird ja die Anpassung der Menschen an die Technik vorbereitet. Daß es Schäden gibt in manchen Lebensbereichen, ist sicher. Aber ich würde nicht eindeutig sagen, daß alle Leute daran verzweifeln.

INTERVIEWER Sie haben also wahrscheinlich kein bestimmtes Ziel mit Ihrer Dichtung. Sie wollen nur darstellen und nicht etwa Weltverbesserer sein?

JOHNSON Man kann mit Literatur nicht die Welt verbessern wollen – das ist ja ihr Unterschied zur Propaganda. Und an diese aktivistische Theorie – ein Roman sei eine Zeitbombe: eines Tages wacht man auf und die Wirkung ist da – glaube ich nicht. Ich glaube auch nicht an die Möglichkeit, die Welt in einer wissentlich oder offensichtlich falschen Weise hinzustellen und dann die Leser zu überzeugen, daß die Welt so sei. Was man so macht, nämlich daß man Geschichten erfindet und aufschreibt und unter die Leute bringt, geschieht ja nur, um Lesern seine Version von der Welt anzubieten – zum Vergleich, zum Ansehen. Was sie dann mit dieser Version machen, ob sie aus dieser Version Neuigkeiten herausnehmen und mit der eigenen Meinung vergleichen, ob dann eine Meinungsänderung dabei herauskommt, das ist erstens nicht nachweisbar und zweitens nicht die wichtigste Wirkung von Literatur.

INTERVIEWER Herr Johnson, Ihr Leser hat es nicht leicht. Warum verwenden Sie einen so ungewohnten und daher schwierigen Stil? Ist es nur eine Marotte oder eine Modefrage, wie manche Kritiker meinen?

JOHNSON Die schwierige Erzählform geht – so jedenfalls meine ich, es zu wissen – zurück auf Schwierigkeiten der Geschichte. In den *Mutmassungen über Jakob* ist es der Versuch, einen Todesfall und die Handlungen und Unterlassungen des Toten vor dem Todesfall herauszufinden und zusammenzusetzen, da es dafür an Gewährsleuten eben nur solche gibt, die sich etwas vorstellen, sich etwas einbilden, die also innere Monologe abhalten, in denen sie sich die Tatsachen zurechtbiegen; daß es als zweite Quelle der

Untersuchung das Gespräch gibt unter Freunden, Feinden, Verwandten usw. und drittens noch nicht immer zuverlässige Zeugenberichte; das alles zusammenzusetzen erzeugt den Eindruck von Schwierigkeiten. Es ist aber nicht meine Absicht gewesen zu zeigen, wie vertrackt man es machen kann. Die Schwierigkeit geht aus der Geschichte hervor.
Bei dem anderen Buch, dem *Dritten Buch über Achim,* das ja wohl auch schwierig genannt wird, entwickelt sich die Form der Geschichte aus dem Versuch, eine Biographie zu schreiben, zugleich mit den Hindernissen, die dieser Biographie entgegenstehen – in der Biographie also das Leben des Beschriebenen zu zeigen gleichzeitig mit den Arbeitsumständen und den Einwänden des Beschriebenen gegen das Geschriebene. (Das ist ja die klassische Problematik der Biographie.) Und wenn man einen solchen Arbeitsvorgang zusammen mit dem Arbeitsmaterial schreibt, wird das natürlich schwierig. Dies, aus dem ich heute abend vorgelesen habe, die *Zwei Ansichten,* ist demgegenüber einfach. Es handelt sich um zwei parallele und bis ins Unvernünftige hinein eingebildete Liebesgeschichten, Situationen von voneinander getrennten Personen, Situationen, die sich nicht berühren, also Stränge, die nebeneinander herlaufen. Natürlich ist das einfacher.

INTERVIEWER Manche andere Schriftsteller schreiben einen ähnlich schwierigen Stil wie Sie. Glauben Sie, daß sie alle die gleichen Gründe haben?

JOHNSON Ganz allgemeine Gründe wüßte ich nicht zu sagen. – Es gibt natürlich ästhetische Begründungen für die Unterschiede der westdeutschen Nachkriegsliteratur und ihrer Sprache gegenüber der Literatur der zwanziger Jahre.

INTERVIEWER Wie sehen Sie die Stellung Ihrer Werke in der modernen Literatur? Wie beurteilen Sie die moderne Literatur überhaupt? Gibt es Stilrichtungen?

JOHNSON Einen einheitlichen westdeutschen Stil gibt es nicht. Es gibt dagegen einen einheitlichen ostdeutschen Stil. Dieser Stil ist zusammengehalten durch gewisse Prinzipien des sozialistischen Realismus, nach denen man durch Beschreibung der Welt in einer parteilichen Form die Auffassung der Leser von der Lage verändern zu können glaubt; oder etwa durch das Prinzip der sogenannten Volkstümlichkeit, das sich stilistisch auf den Rahmen Balzacs oder Fontanes beschränkt. Für die westdeutsche Literatur wüßte ich eigentlich kein einheitliches Kennzeichen.

INTERVIEWER Das Wort »Dichter« verwendet der heutige Mensch gewöhnlich nur für Klassiker – ein moderner Künstler heißt im Volksmund »Schriftsteller«. Worauf führen Sie diese Erscheinung zurück?

JOHNSON Auf den Geniekult, den das 19. Jahrhundert mit einigen Schriftstellern und anderen Geistesgrößen getrieben hat, ohne je Gebrauch von ihnen zu machen. Als Folge dieses dummen Kults ist man wohl allergisch geworden gegen das Wort »Dichter«. Ich glaube, es sind wohl mehr die Schriftsteller selbst, die von dem Wort »Dichter« keinen Gebrauch gemacht wissen wollen. Aber es kommt ja heute noch vor, daß dieses Wort ganz sachlich als Berufsbezeichnung für einen Lyriker genutzt wird.

INTERVIEWER Gibt es heute noch Genies?

JOHNSON Ich glaube nicht, daß es Genies gibt oder je gab. Einen Menschen mit einer überragenden Leistung gleich ein Genie zu nennen, soll offenbar die Leistung aus dem Menschlichen ausklammern und in irgendeinen höheren Bereich, dessen Nutzen ich nicht einsehe, übertragen. Warum soll man nicht sagen, es ist eine große Leistung?

INTERVIEWER Gibt es so etwas heute noch und wird das noch anerkannt?

JOHNSON Ja. Dafür haben wir doch Anzeichen, nicht? Zum Beispiel die sechziger Jahre werden sicherlich unter dem Namen Günter Grass bekannt sein.

INTERVIEWER Wie sehen Sie das Verhältnis des Künstlers zur modernen Gesellschaft? Steht er darin genau so wie ein Arbeiter oder Ingenieur?

JOHNSON Für Schriftsteller ist das anders als für Schauspieler oder für andere Künstler. Schriftsteller haben in dieser Gesellschaft eigentlich gar keinen Ort, sie haben keinen Vertrag mit der Gesellschaft, ihre Funktion ist nicht nachweisbar, sie wird auch nicht benötigt, und wovon sie leben können in konsolidierten Zeiten, ist das Interesse der Leute an Geschichten, Neugier auf neue Geschichten.

INTERVIEWER Wir danken Ihnen, Herr Johnson.

Veröffentlicht in: *Konturen* (Schülerzeitung, Gymnasium Essen-Werden), 1965, H. 18, S. 6–8.

Adalbert Wiemers
Keine Mutmaßungen über Johnson mehr

Ein VORWÄRTS-Gespräch
(Am 15.1.1966 in West-Berlin)

WIEMERS Herr Johnson, kann man Literatur von der politischen und gesellschaftlichen Gegenwart ausschließen, oder soll ein Roman nur Kunstwerk sein?

JOHNSON Ich kann es nicht!

WIEMERS Wie ist Ihre Haltung zum politischen Engagement?

JOHNSON Die Sache hat zwei Seiten. Erst muß jemand da sein, der einem einen Auftrag gibt. Dann muß eine politische Machtgruppe da sein, die richtige Lösungen anbietet. Keine Partei bietet augenblicklich richtige Lösungen an, die ich akzeptieren kann. Mich stört eine unklare Verbindung.

WIEMERS Offensichtlich sind Sie in dieser Frage anderer Meinung als Ihr Freund Günter Grass?

JOHNSON Man ist nicht deshalb miteinander befreundet, weil man die gleiche politische Meinung vertritt. Über seine politische Betätigung habe ich oft mit Grass gesprochen, er ist da anderer Ansicht, aber das hat unserer Freundschaft keinen Abbruch getan.

WIEMERS Können Sie uns etwas zu dem neuen Stück von Grass *Die Plebejer proben den Aufstand* sagen?[1]

JOHNSON Ich war in der Hauptprobe. Es ist ein gutes Stück, aber ich finde es anti-intellektuell. Mehr möchte ich jetzt dazu nicht sagen.

WIEMERS Halten Sie Günter Grass für einen Anti-Intellektuellen?

JOHNSON Ja, ja, das ist er ganz sicher!

WIEMERS Haben Sie besondere Beziehungen zu anderen Kunstarten, wie Malerei, Musik?

JOHNSON Nein, nur aufnehmender Art bei der Malerei, nicht für spezielle Maler, sondern für einzelne Bilder. Zum Beispiel für das Bild des van Gogh, das er von seinem Nervenarzt gemalt hat, als er im Sanatorium war. Es erzählt eine Geschichte.

WIEMERS Haben Sie einen Lieblingsschriftsteller?

JOHNSON Das nicht, aber ich lese immer wieder einzelne, wie

Tolstoi, Tschechow, Fontane, Heinrich Mann, Thomas Mann, Thomas Wolfe. Faulkner. Dann die Klassiker: Plutarch, Herodot.

WIEMERS Was halten Sie vom Nouveau Roman, wie er zum Beispiel von Robbe-Grillet vertreten wird?

JOHNSON Diese Richtung interessiert mich nicht. Es geht da etwas verloren, was mir wichtig erscheint: die Geschichte.

WIEMERS In welcher Stadt möchten Sie wohnen, wenn nicht in Berlin?

JOHNSON In New York. Dort sind die Mechanismen des täglichen Lebens zupackender als anderswo sonst. In Deutschland nur in Berlin. Dann noch vielleicht in Stockholm, Kopenhagen oder Amsterdam.

WIEMERS Welches sind Ihre literarischen Pläne für die Zukunft, und woran arbeiten Sie augenblicklich, an einem neuen Roman?

JOHNSON Zuletzt habe ich die Bearbeitung des Werkes von Brecht aus dem Nachlaß abgeschlossen.[2] Für Suhrkamp. Dann eine Vortragsreise für Suhrkamp gemacht und daraufhin viele Briefe bekommen, die jetzt alle beantwortet werden müssen. Über weitere literarische Pläne möchte ich im Augenblick nicht sprechen.

WIEMERS Hätten Sie Lust, ein Schauspiel oder ein Fernseh-Stück zu schreiben?

JOHNSON Wenn sich ein Stoff für ein Schauspiel anbietet, warum nicht? Aber nur, um auch mal ein Schauspiel zu schreiben: nein!

Anmerkungen

1 Die Premiere des Theaterstücks *Die Plebejer proben den Aufstand* sollte am gleichen Tag, dem 15. Januar 1966, im Schloßtheater stattfinden. Die Generalprobe war am 14. Januar.

2 Uwe Johnson hatte die redaktionellen Arbeiten an Bertolt Brecht, *Me-ti. Buch der Wendungen,* Frankfurt am Main 1965, abgeschlossen und die editorischen Nachbemerkungen geschrieben. Dank der großzügigen Unterstützung von Helene Weigel hatte Uwe Johnson diese Arbeiten im Brecht-Archiv unternehmen können.

Veröffentlicht in: *Vorwärts. Sozialdemokratische Wochenzeitung für Politik, Wirtschaft und Kultur,* Bad Godesberg 1966, Nr. 8 vom 16. Februar, S. 20.

Reinhard Baumgart
Uwe Johnson im Gespräch

(Am 2. 8. 1967 in München)

BAUMGART Herr Johnson, Sie sind geboren in Pommern – ich glaube, in Hinterpommern – stimmt das?

JOHNSON Das stimmt nicht ganz, Herr Baumgart. Das ist an der Dievenow und gehört eigentlich zur Mitte. Außerdem war das eher Zufall, weil meine Mutter dort aus einem Dorf westlich der Dievenow war. Sie kam da in das nächst verfügbare Krankenhaus auf der anderen Seite. Ich habe mich da nur sehr kurze Zeit aufgehalten.

BAUMGART Sie wurden also, pauschal gesagt, in Pommern geboren, Sie sind aufgewachsen in Mecklenburg, Sie haben später studiert in Leipzig, Sie waren dann wieder in Mecklenburg und sind schließlich, wie Sie gesagt haben, »umgezogen« nach West-Berlin.
Was mich interessieren würde: Sie leben also getrennt von den Landschaften, von den Ortschaften und vor allen Dingen von dem Menschenschlag, mit denen Sie aufgewachsen sind – bedeutet diese Trennung etwas für Sie, und bedeutet das insbesondere etwas für Sie als Erzähler?

JOHNSON Ich glaube nicht, daß der Verlust der Besuchsmöglichkeiten sehr viel ausmachte. Für mich ist das längst eine Vergangenheit und wird infolgedessen für manche der Personen, die ich erfinde, Vergangenheiten liefern.

BAUMGART Sie würden also auch, wenn Ihnen diese Landschaften zugänglich wären, wahrscheinlich heute nicht dort leben?

JOHNSON Das glaube ich nicht. Weil ich dort nicht veröffentlichen könnte.

BAUMGART Nein, ich meine, vorausgesetzt, die Zustände dort wären anders, würden Sie dann nicht in Mecklenburg irgendwo auf dem Lande leben wollen oder schreiben können?

JOHNSON Ich würde sogar zögern, in die landschaftlich und im Dialekt sehr ähnliche Gegend des Herzogtums Lauenburg zu ziehen, weil gerade diese Verwandtschaft mich hineintäuschen würde in eine Nähe zu Sachen, die vorbei sind – aufgegeben.

BAUMGART Ich habe gefragt, weil ja behauptet wurde, es gäbe auch heute noch, und zwar auch in höheren Lagen der Literatur, eine Heimat-Literatur, und weil ich glaube, daß es tatsächlich zwei Spielarten von Heimatschriftstellern gibt, die einen, die in den Gegenden noch leben, in denen sie aufgewachsen sind, in Deutschland wären das zum Beispiel Walser und Böll, und die anderen, die nicht mehr dort wohnen, entweder unter Zwang wegzogen oder freiwillig, wie etwa Bobrowski oder Grass oder Härtling oder Faecke oder Sie. Aber mehr noch interessiert mich etwas anderes. Sie sind geboren worden 1934, und in einer Vita, die ich gelesen habe, steht als erstes Datum das Jahr 1945, mit der Angabe: »wurde im Juli 11 Jahre alt«. Ich weiß nicht, ob diese Vita von Ihnen verfaßt worden ist. Es hört sich jedenfalls so an, als hätte damals, 1945, mit 11 Jahren Ihr Leben erst begonnen.

JOHNSON Ja, ich fing da an, mit eigenen Augen zu sehen. Das war der Anfang einer neuen Zeit, der Anfang von ganz neuen Umständen, auf die ich mich würde einzurichten haben, während das andere bloß erlebter Vorrat war.

BAUMGART Aber in Ihren Büchern spielen ja Reminiszenzen aus der Nazizeit für die Figuren in diesen Büchern eine große Rolle, auch Reminiszenzen von Personen, die damals Kinder waren, wie Sie. Erinnern Sie aus dieser Zeit des Dritten Reiches mehr als nur Anekdotisches? Hatten Sie den Eindruck, oder haben Sie heute den Eindruck, daß Sie damals schon eine Einsicht hatten in das, was damals gespielt wurde?

JOHNSON Nein, keineswegs, die Erinnerung deformiert ja das, was man aufbewahrt hat, es bleiben dann übrig ganze Landschaftsansichten oder die Raumverteilung auf einem Bauernhof oder meinetwegen Winter- und Weihnachtsgefühle, das alles weiß man noch, aber zu diesen damaligen Szenen kann man doch nicht addieren, was man später als die wesentliche Komponente der Situation erfahren hat.

BAUMGART Also gibt es einen Konflikt zwischen dem, was man damals erlebt hat – etwa »Winter- und Weihnachtsgefühle« – und einer Interpretation dieser Zeit, dieser Nazizeit, dieses Dritten Reiches, die einem später nachgeliefert wurde, die man später sich selbst, sagen wir: erarbeitet hat?

JOHNSON Nein, es ist nicht ein Konflikt, das sind zwei Ebenen des Bewußtseins der damaligen Zeit, die sich nicht auf eine harmlose Weise einander näherbringen lassen.

BAUMGART Sie sind also dann in dieser neuen Zeit, die für Sie mit 11 Jahren begann, aufgewachsen, zur Schule gegangen, zur Universität gegangen, alles in der DDR, und dieser Staat DDR heißt in einem Ihrer Bücher »ein strenger wunderlicher Lehrer«...

JOHNSON Nein, das ist nicht meine Auffassung. Das sagt eine junge Krankenschwester, die den Staat so auffaßte.

BAUMGART Gut, aber ich würde schon sagen, dieser Staat hat etwas Besserwisserisches: er versteht die Welt und versucht, seine Weltinterpretation allen Staatsbürgern anzubieten, besonders den jungen, die er schulen kann. Auch Sie müssen ja diese »Schulung« genossen haben. Glauben Sie heute, und zwar wieder als Schriftsteller, als Autor Ihrer Bücher, daß Sie davon etwas profitiert haben, oder war das eigentlich mehr ein Ärgernis, diese Schulung?

JOHNSON Ich habe davon profitiert, nehme ich an. Denn der Staat DDR gründete sein moralisches Recht der Existenz weitgehend darauf, daß die vorige Staatsform abscheulich war. Und diese Herleitung wurde mit einer sehr genauen Dokumentation der Nazischeußlichkeiten begleitet, und ich habe davon einen ziemlich genauen Eindruck, und ich halte ihn für wichtig.

BAUMGART Und haben Sie als Schriftsteller auch profitiert von dem, was man Dialektik, historischer Materialismus und, pauschal, Marxismus nennt?

JOHNSON Ja, die Denkwege jener Schule sorgen jetzt für eine breitere Auswahl an Denkmöglichkeiten.

BAUMGART Das hat für Sie auch als Schriftsteller, als Erzähler, eine Rolle gespielt?

JOHNSON Ob als Erzähler, weiß ich nicht. Aber ich kenne verschiedene Seiten der deutschen Wirklichkeit, verschiedene Möglichkeiten, sie zu beurteilen oder sie zu untersuchen, und ich halte es für einen Vorteil, wenn man die andere Seite mit ihren eigenen Augen sehen kann.

BAUMGART Darf ich noch einmal durch die Hintertür kommen mit einer Frage. Es gibt von Ihnen einen unveröffentlichten Roman – ich weiß nicht, ob es Ihr erster war –, Sie haben ihn wahrscheinlich mit zwanzig oder Anfang zwanzig geschrieben. Haben Sie den je wieder gelesen?[1]

JOHNSON Ja, ich habe ihn wieder gelesen, natürlich.

BAUMGART Vor kurzer Zeit noch?

JOHNSON Ja, denn mir liegt ja an der Geschichte, die in dem Buch ist. Die Geschichte ist durch die Art des Erzählens ziemlich verstellt und nicht ganz klar zu sehen, aber auf die Geschichte würde ich keineswegs verzichten. Alle diese Bestandteile der Geschichte brauche ich, insbesondere die Personen, die in der Geschichte vorkommen.

BAUMGART Aber die Art des Erzählens kam Ihnen fremd vor?

JOHNSON Ja, man merkt dem Buch an, daß ich da neunzehn Jahre war, und zwanzig, und die Welt ziemlich ungerecht fand.

BAUMGART Ich habe nichts von diesem Roman gelesen, ich kenne nur eine stichworthafte Information über ihn, aber ich habe später eine, ich glaube, die früheste Ihrer veröffentlichten Geschichten gelesen, und da fiel mir als großer Unterschied auf zu Ihren späteren Büchern, daß nämlich in dieser frühen Geschichte die Leute sehr *unbedingt* – jetzt im Wortsinne ...

JOHNSON Welche Geschichte meinen Sie, Herr Baumgart?

BAUMGART *Osterwasser.*[2]

JOHNSON Das ist keine frühe Geschichte, die ist von 1963.

BAUMGART 1963, dann habe ich mich getäuscht. Ich glaubte, da einen Zusammenhang zu sehen mit diesem unbekannten ersten Roman, so wie er mir geschildert worden ist, als ein Roman, in dem sehr viel Sonne und Meer ...

JOHNSON Nicht gerade Meer, aber mecklenburgische Binnengewässer.

BAUMGART ... in dem also die Leute offenbar sehr unbedingt, sehr lauter oder naiv, oder wie immer man es nennen soll, durch ihre Erfahrungen hindurchgingen, und ich hätte mir vorstellen können, daß hier der Unterschied zu Ihren späteren Büchern liegt, wo die Figuren eben keineswegs mehr unbedingt sind, sondern bedingt immer durch eine politische, historische Konstellation, die alles, was sie erleben, verändert.

JOHNSON Dem kann ich nicht ganz zustimmen. Ich glaube, daß die Erzählung einer Geschichte immer sehr von der Eigenart der Geschichte abhängt. Und in diesem Buch, das *Reifeprüfung 1953* hieß, sind es eben Schüler, und zwar Schüler, die in der DDR gerade 17 und 18 Jahre alt waren, Schüler, denen das Elternkonzept von politischem und moralischem Anstand weggenommen ist, die mit einem neuen Gesellschaftsentwurf konfrontiert werden und natürlich – 17jährig – versuchen, danach zu leben. Nicht blind, aber das Neue gab sich so als gut aus ...

BAUMGART Also, dann waren auch das schon Schüler des Jahres 1953 in der DDR, nicht irgendwelche jungen Menschen schlechthin?

JOHNSON Na ja. Im Grunde habe ich es immer für eine Liebesgeschichte gehalten.

BAUMGART Ja, und da kommt ja immer schon ein bißchen was sozusagen Überzeitliches hinein.

JOHNSON Nein. Jene Liebesgeschichte war nur 1953 möglich.

BAUMGART Gut, aber wir wollen nicht weiter über Unbekanntes reden oder über mir Unbekanntes.
Sie sind im Jahre 1959 »umgezogen«, um das Wort noch einmal zu gebrauchen, und zwar, wie Sie sagten, mit Genehmigung der Behörden von Ost-Berlin nach West-Berlin, und in diesem Jahre 1959 erschien dann Ihr erster Roman *Mutmassungen über Jakob*. Sie sind anläßlich dieses ersten Romans oder, ich glaube, erst des zweiten *Das dritte Buch über Achim* genannt worden: »Der Dichter der beiden Deutschland«.[3]

JOHNSON Also damit können Sie mich jagen.

BAUMGART Das war eine patente Formel von einem uns bekannten Kritiker, die aber auch vom Verlag in der Werbung eingesetzt worden ist, und sie schien zu passen, aber Ihnen also paßt sie nicht?

JOHNSON Ja, das macht einen Schriftsteller zu einem Markenartikel, nicht? Dies ist sein Monopolfeld, und darüber hat er zu schreiben. Nun halte ich aber die deutsche Teilung nicht für einen ganz isolierten Aspekt unserer zeitgenössischen Wirklichkeit, sondern für einen von vielen, und ich nehme an, daß in meinen Büchern sehr viele Frühstücke beschrieben worden sind, die ganz ohne den Aspekt der Teilung zustande kamen und genossen wurden.[4]

BAUMGART Sehen Sie zwischen diesen drei dicken Büchern, die Sie veröffentlicht haben, nicht auch schon wesentliche Unterschiede? Läßt es sich einfach so sagen, das seien lauter Bücher über die deutsche Teilung, nur Variationen über ein Thema, oder hat sich das Thema nicht auch selbst fortentwickelt?

JOHNSON Das sind Erfahrungen in beiden Teilen Rest-Deutschlands. Diese Geschichten befassen sich mit Leuten, die entweder auf beiden Seiten leben oder auf nur einer Seite leben, jedoch mit der anderen Seite verbunden sind. Und diese verschiedenen Verkehrsmöglichkeiten und die Verbindungen zwischen den Personen, die da stattfinden, die haben mit diesem deutschen Problem der sogenannten deutschen Teilung nicht ausschließlich zu tun. Das ist unsere Wirklichkeit insgesamt.

BAUMGART Es sind also Variationen über Ihre Umzugserfahrung?

JOHNSON Nein, es sind mitgeteilte Erfahrungen aus beiden Teilen Deutschlands, und ich habe da nicht etwa einen Markenartikel aufbauen wollen, bloß weil dieses Feld noch nicht ausgenutzt wurde in der westdeutschen Literatur mangels Kenntnis, oder Interesse. Übrigens verstehe ich sehr wohl, daß das Elsaß einem westdeutschen Schriftsteller etwas näher liegt als die mecklenburgische Ostseeküste.

BAUMGART Nun sind Sie aber vor inzwischen 8 Jahren in diesen Teil Deutschlands gekommen. Nimmt die Erinnerung an die Erfahrungen im anderen Teil Deutschlands nicht ab? Sie mußten sich doch in Ihrem letzten Buch *Zwei Ansichten,* das im Jahre 1961 spielt, schon auf Informationen eher verlassen als auf eigene Erfahrung.

JOHNSON Nicht unbedingt, und außerdem, diese Informationen sind nicht dadurch zweitklassig, daß man sie nicht selbst gesammelt hat. Dieses Buch geht in besonderem Maße auf Gespräche mit sogenannten Fluchthelfern und Flüchtlingen dieser Zeit zurück, und ich halte das für genauso zuverlässig, als wäre ich dort hingegangen. Außerdem, das Buch ist 1964 geschrieben, und das psychologische Klima in West-Berlin und Ost-Berlin von 1961 ist historisch, das gibt es nicht mehr. Ich hätte es sowieso nicht durch persönliche Besuche rekonstruieren können.

BAUMGART Nun verstehe ich, daß Sie allergisch sind gegen eine Formulierung wie »Dichter der beiden Deutschland«, die ja auch ein bißchen feierlich ist, in der allerhand Glück und Rührung mitzittert.

JOHNSON Es ist eine ungeheure Fälschung, denn dieses Problem, das in der Politik nicht verhandelt oder behandelt wird, das soll nun wenigstens in der Literatur irgendwie von jemandem wahrgenommen werden, da dann endlich Ruhe sei. Denn »Dichter der beiden Deutschland« würde doch heißen, daß man für beide spricht, und das ist in meinem Fall durchaus nicht so, und es würde heißen, daß man in beiden Ländern gelesen werden kann, dem ist auch nicht so.

BAUMGART Ist es zufällig, daß Ihr letztes Buch im Jahre 1961 spielt, und zwar in den Wochen vor und nach dem Bau der Berliner Mauer? Wäre es nicht möglich, daß dieses Thema: Wie verhalten sich Menschen in diesen beiden verschiedenen Gesellschaften, die nur durch das Adjektiv deutsch scheinbar noch verbunden sind –, daß das ein Thema der fünfziger Jahre war und daß es heute auf diesem Feld kaum noch etwas zu entdecken gibt? Wenn Sie also etwa beweisen, daß in dem Buch *Das dritte Buch über Achim* ein westdeutscher Journalist, ein Hamburger Journalist, das Leben eines Leipziger Radrennfahrers gar nicht mehr beschreiben kann, weil er dazu eine neue Sprache und Erfahrungen, die er nie gemacht hat, haben müßte, daß also eine Wiedervereinigung schon für zwei Personen – wie es in dem Buch heißt – nicht mehr möglich ist, dann wurde das damals, als das Buch erschien, vielleicht noch mit einem gewissen Entsetzen aufgenommen, als man es las und erkannte: der Beweis ist schlüssig. Wäre das heute noch eine Entdeckung?

JOHNSON Für mich nicht, und ich würde nicht versuchen, das als eine Botschaft noch irgendwo unterzubringen. Mir ging es um die Geschichte.

BAUMGART In den *Zwei Ansichten* haben Sie eine neue Fassung des Romeo-und-Julia-Motivs erzählt, die Geschichte einer eingebildeten Liebe, die aus der Trennung rührt und der späteren Wirklichkeit nicht standhält. Ich hielt das für eine Geschichte, die man lesen darf, auch ohne ihre politischen Implikationen sehr ernst zu nehmen. Denn ich glaube, Sie waren nie ein Spezialist für dieses eine politische Thema, als den man Sie gern einsetzen wollte. Das Wort »einsetzen« ist nicht übertrieben. Ich meine in Ihren Büchern allgemeinere Themen zu erkennen, die nur aktuell auf eine besondere politische Situation angewendet werden, nämlich Themen der Trennung, der Fremdheit zwischen Personen oder der Fremdheit zwischen Personen und ihrer Umwelt. Wenn z. B. Karsch in der *Reise wegwohin* einmal vor einer mecklenburgischen Landschaftsidylle steht und diese nicht mehr zurückzugewinnende »gute alte Zeit« und ihre Gesten und ihre Menschen beobachtet, dann empfindet er genausoviel Fremdheit wie etwa ein westdeutscher Besucher in einer »zurückgebliebenen« westdeutschen Landschaft. Oder: Jakob steht etwa so fremd vor der früheren Freundin Gesine wie Karsch vor seiner früheren Freundin Karin. Ich würde also, wenn ich Sie schon zu einem Spezialisten schlagen soll, sagen, Sie seien ein Spezialist solcher Kommunikations- und

Verständigungsschwierigkeiten. Würden Sie sich dagegen wehren?

JOHNSON Nicht sehr, solange ich immer hinzufügen dürfte, daß mich die Personen interessieren und ihr Verhalten zueinander. Bitte, das ist Verlust, Entfremdung, ich würde auch Verrat hinzufügen und insbesondere die Erinnerung einer Person, die eine Person ausmacht. Alles, was die Person von ihrem vorherigen Leben erinnert, das setzt sie eigentlich in ihrem Selbstverständnis zusammen, und diese Erinnerung – sie fälscht. Sehen Sie, in solchen Fällen wie »Heimweh« bildet man sich totale Wiederherstellung des Vergangenen ein, gleichzeitig macht man aber Beziehungen, die damals vor zehn, fünfzehn Jahren ausgelaufen sind, wieder kräftig in der unmöglichen Rückkehr ins Vergangene. Mich interessiert, daß da eine Wirklichkeit entsteht, die ganz vom Belieben der Person abhängt.

BAUMGART Wenn Sie das interessiert, dann braucht sich also niemand, der Sie einmal für den »Dichter der beiden Deutschland« hielt, Sorgen zu machen um Ihre Zukunft, falls wirklich »Die deutsche Frage«, so wie sie die gleichen Leitartikler verstehen, veraltet. Sie hätten dann genügend Themen.

JOHNSON Ich hoffe es.

BAUMGART Sie gelten als ein schwieriger Schriftsteller, ein schwer lesbarer Schriftsteller, das wird Ihnen oft auch direkt gesagt worden sein. Sind Sie gegenüber solchen Einwürfen ungeduldig, verstehen Sie die, oder wie erklären Sie sich die Schwierigkeiten, die manche Leute beim Lesen Ihrer Bücher haben?

JOHNSON Die erkläre ich mir mit den Schwierigkeiten der jeweiligen Geschichte. Ich habe nämlich in keinem Fall versucht, mit Schwierigkeiten anzugeben, zu zeigen, wie kompliziert und verwickelt man es machen kann, ich habe in jedem Fall die gewählte Form und Struktur der Erzählung für die einzig mögliche gehalten. Ich hörte das immer über die *Mutmassungen*, die seien schwierig, weil dort verschiedene Schriftbilder vorherrschen oder verschiedene Personen sprechen, ohne daß sie identifiziert werden. Da gab es aber gar keine andere Möglichkeit, als zuzugeben, daß man den Schluß der Geschichte, den Tod Jakobs, schon weiß, bevor man beginnt zu erzählen, und daraus ging die Frage hervor, was von dieser Person bleibt. Was bleibt, sind Monologe der beteiligten Personen, weiterhin die Dialoge und schließlich ein ungenannter Zeuge. Also konnte diese Geschichte am besten erzählt werden, indem die Beteiligten miteinander sprechen oder sich erinnern. Folglich müssen sie einander abwechseln, da sie an verschiedenen Stellen teilgenommen haben, und müssen sie ihre Versionen (denn natürlich will da jeder seine Rolle verändern) vergleichen oder bestreiten. Das schien mir ein natürlicher Ablauf. Und was das Technische angeht, daß die Monologe kursiv gesetzt sind und die Dialoge mit einem Strich eingeleitet werden, das sind optische Signale und nicht die allerneuesten Hüte.

BAUMGART Wenn man also feststellt, und das hat man mit einem Seufzer der Erleichterung hier und da getan, daß Ihre Bücher doch neuerdings einfacher zu lesen seien, so würden Sie sagen, das ist keine Entwicklung etwa zum Konventionellen, leichter Eingängigen, sondern das ergibt sich jeweils aus einer anderen Themenzusammenstellung. Die *Zwei Ansichten* also, wenn sie einfacher zu lesen sind, sind einfacher zu lesen, weil diese Geschichte sich einfach erzählen läßt.

JOHNSON Ja, es geht hier nicht um die Aufklärung eines Todesfalles und um verschiedene Personen, die verschiedene Interessen bei dieser Aufklärung verfolgen, sondern es geht in den *Zwei Ansichten* um allein zwei Personen, die jede ihre Ansicht von der Entwicklung vortragen kann. Das ist eine einfachere Geschichte.

BAUMGART Nun sehen Sie die Schwierigkeiten offenbar hauptsächlich in der Erzählweise, weniger im sprachlichen Detail. Aber sind nicht auch Ihre Sätze schwierig, und können Sie sich das noch erklären aus der Geschichte, die Sie jeweils erzählen?

JOHNSON Nein, das wüßte ich nicht. Da müßten Sie mir einen schwierigen Satz sagen.

BAUMGART Oh, ich weiß keinen auswendig, und ich selbst finde diese Sätze sogar spannend, eben weil sie hier und da ein bißchen chiffriert sind, und man muß sich um ihre Auflösung bemühen. Sie sind sogar »spannend«, vielleicht im Wortsinn, weil sie oft Satzteile später liefern, als man sie grammatisch streng erwarten dürfte.

JOHNSON Ja, als man sie nach dem Schema erwarten würde, das stimmt. Ich habe gelegentlich versucht, zwischen Subjekt und Objekt eine direkte Verbindung durch das Verb herzustellen und die späteren Bestandteile der Handlung nachzuliefern, weil sie lediglich Bestimmungen sind.

BAUMGART Nun kommt ja der deutsche Satzbau eigentlich solchen Bestrebungen schon entgegen.

JOHNSON Ja, es ist weder verboten noch agrammatisch. Nehmen Sie einen Satz wie: »Der junge Beck konnte die Hand auf großes Geld legen und kaufte sich einen Sportwagen.«

BAUMGART Das ist eine Metapher. Und Sie lieben es, das kommt auch in Ihren Büchern vor, dann im nächsten Satz zu sagen: »Das ist ein Vergleich«, um damit den Leser ein bißchen aus seinem schönen Gefühl über diesen Satz zu stoßen. Allerdings »die Hand auf großes Geld legen« ist eine Metapher, kein Vergleich.

JOHNSON Das habe ich bei anderen Geschichten gemacht. Es gibt so eine Vergleichssucht in manchen schriftstellerischen Werken, und in einem Falle ging es um einen bestimmten Sprachstil, nämlich den Sprachstil ostdeutscher Funktionäre, die ganz alltägliche Sachen ausschmücken und vergleichen. Dazu benutzte ich Ausdrücke wie den von der »Gischt des täglichen Lebens« und gab sofort zu: das ist ein Vergleich, um auf das etwas Unklare solcher Redeweise hinzuweisen.

BAUMGART Aber manche dieser sogenannten Sprachschwierigkeiten bestehen offenbar darin, daß Sie einer konventionellen, schon abgebrauchten, abgeschliffenen Ausdrucksweise ausweichen. Sie »umschreiben« im Wortsinne, Sie werden Ulbricht nie den Vorsitzenden nennen, sondern Sie nennen ihn den Sachwalter, und Sie sagen an einer anderen Stelle, wo Sie den Leser darauf aufmerksam machen wollen, wie wenig selbstverständlich manche Worte sind, nicht Fahrrad zu einem Fahrrad, sondern das ist eine »zweirädrige Maschine, die durch Kettenantrieb...«, ich kann den Satz nicht ganz auswendig.

JOHNSON Ja, das sind unwichtige Sachen. Da wollte ich den Leser necken, der sagt: Fahrrad kennen wir, und ich wollte darauf hinweisen, daß wir das nicht alles kennen. Aber es gibt andere Worte, die außerordentlich verdächtig geworden sind, wie etwa die Bewältigung der Vergangenheit, oder das Allgemeinwohl, oder das gesellschaftliche Interesse. In solchen Fällen muß man durchaus neue Worte suchen, die es genauer ausdrücken.

BAUMGART Diese Art von Umschreibung oder Abschweifung oder Ausschweifung ist eigentlich ein humoristisches Stilmittel. Sie sagten schon, Sie wollen den Leser damit necken. Sie sagen etwa in einer Zwischenüberschrift »Das ist so gar nicht spannend« oder »Das ist auch gar keine Geschichte«, das heißt, Sie schmeißen den Leser immer bewußt aus seinen schönen Illusionen. Ich meine, man wird in Zukunft noch viel mehr als bisher, da man

Ihnen hauptsächlich feierlich begegnet, den Humoristen in Ihnen entdecken.

JOHNSON Ja, Herr Baumgart. Ich habe den Anfang jenes Buches *Zwei Ansichten* in Deutschland vorgelesen und bekam dafür ernstes Schweigen. Dann habe ich ihn in Amerika vorgelesen und bekam Gelächter. Das gefiel mir besser.

BAUMGART Herr Johnson, gerade jetzt, da Sie sich zu loben beginnen, sehe ich einen Wink im Hintergrund, man könnte sagen, das Ende winkt, das ist ein Vergleich, und als Zuschauer von solchen Fernsehgesprächen ist es mir immer so gegangen, daß ich am Ende dachte, jetzt haben die sich endlich warm gesprochen, und jetzt könnte es eigentlich ganz unterhaltsam und sogar interessant werden, und in diesem Augenblick hört es immer auf...

JOHNSON Ja und Ihr Spickzettel?

BAUMGART Bleibt unausgenützt. Es hört auf, und obwohl wir diesmal die Beteiligten sind, können wir nichts dagegen machen.
Vielen Dank, Herr Johnson.

Anmerkungen

1 Posthum veröffentlicht: Uwe Johnson, *Ingrid Babendererde / Reifeprüfung 1953*, Frankfurt am Main 1985.

2 Veröffentlicht in: Uwe Johnson, *Karsch und andere Prosa*, Frankfurt am Main 1964, S. 7–17.

3 Gemeint ist der Literaturkritiker Günter Blöcker. Seine Rezension der *Mutmassungen über Jakob* wurde in der *Frankfurter Allgemeinen Zeitung* vom 31. Oktober 1959 unter dem Titel: »Roman der beiden Deutschland« veröffentlicht. 1961 schreibt er dann: »Gleich mit seinem ersten Roman ›Mutmassungen über Jakob‹ ist er zum Dichter der beiden Deutschland geworden, und mit seinem neuen Buch befestigte er diese Position auf das nachdrücklichste.« Vgl. Günter Blöcker, *Roman der deutschen Entfremdung. Uwe Johnson: Das dritte Buch über Achim*, in: *Frankfurter Allgemeine Zeitung* vom 16. September 1961.

4 Mit dieser Antwort spielt Uwe Johnson auf eine Polemik von Peter Hacks an. In einem Vortrag zum Thema »Literatur im Zeitalter der Wissenschaft« hatte Hacks am 28. November 1959 einem Publikum, das die *Mutmassungen über Jakob* kaum kennen konnte, in der Akademie der Wissenschaften in Ost-Berlin folgende Sätze zugemutet: »Also, Herr

Johnson weiß nichts über das primäre menschliche Interessengebiet, die Gesellschaft. Er dehnt (in einem wissenssoziologisch normalen Prozeß) sein Nichtwissen von der Gesellschaft aus auf die Welt und erachtet sie, bestens unterstützt von allen reaktionären Ideologen, für nicht erkennbar, möglicherweise für nicht existent. Er glaubt sich in einer Welt des Scheins, die er – hierin konsequenter und zugleich verwahrloster als Kant – nicht mehr für geordnet hält und nicht mehr für beschreibbar. Wenn ich mich da mal ein bißchen einfühle: für Herrn Johnson muß es ja eine ständige Quelle freudiger Überraschungen sein, morgens, nach dem Aufstehen, seinen Frühstückstisch noch an der gewohnten Stelle wiederzufinden; dafür hat er ja eigentlich gar keine Erklärung. Wie stabil er aber immer die Ordnung der praktischen Welt finden mag, in der Literatur macht Herr Johnson keine Kompromisse. Frühstückt er auch morgens als Materialist, so schreibt er wenigstens nachts als radikaler Subjektivist. (...)« Vgl.: Ingeburg Kretzschmar (Hg.), *Literatur im Zeitalter der Wissenschaft. Öffentliche Diskussion des Deutschen PEN-Zentrums Ost und West, geführt in der Deutschen Akademie der Wissenschaften zu Berlin,* Berlin 1960, S. 71.

Veröffentlicht in: Werner Koch (Hg.), *Selbstanzeige. Schriftsteller im Gespräch,* Frankfurt am Main 1971, S. 47–56. (Das Gespräch mit Reinhard Baumgart wurde für das Westdeutsche Fernsehen [III. Programm] aufgezeichnet und am 8. Januar 1968 gesendet.)

Armin Halstenberg
»Dichter sollte man nicht stören«

Heute am Telefon: Uwe Johnson
(Am 19.7.1969 in West-Berlin)

HALSTENBERG Herr Johnson, Sie kommen gerade aus New York...[1]

JOHNSON Ja, ich habe dort zwei Jahre gearbeitet. Diese Zeit wird auch in mein neues Buch eingehen. Eine meiner Personen wird nicht länger in Düsseldorf oder Berlin leben, sondern in New York.

HALSTENBERG Liest man in den USA deutsche Autoren?

JOHNSON Ich glaube, die Lektüre ist bei Fontane stehengeblieben. Mit einer Ausnahme: Hermann Hesse. Die andere große Ausnahme: Günter Grass. Sein Blechtrommler wurde sogar zum Markenzeichen eines Taschenbuchverlags.

HALSTENBERG Was ist mit Ihren Büchern?

JOHNSON Bei mir gibt es wohl mehr eine Rezeption durch Hörensagen: Drei- bis viertausend Exemplare wurden verkauft.

HALSTENBERG Haben Sie amerikanische Autoren kennengelernt?

JOHNSON Ich war zwar in Amerika, aber ich habe nicht mit amerikanischen Autoren gesprochen. Dichter sollte man nicht stören. Die amerikanischen Autoren haben auch andere Themen: Sie reagieren auf das Rassenproblem oder interessieren sich für die Ehe.

HALSTENBERG Held eines Ihrer Bücher ist ein Mann, der Züge in die richtigen Gleise einweist. Entspricht das Ihrer Methode, Bücher zu schreiben?

JOHNSON Nein, das hat damit nichts zu tun. Ich erfinde Geschichten.

HALSTENBERG Aber Sie fahren nach New York, um über New York zu schreiben. Das erinnert mich an einen Reiseschriftsteller, der zum Amazonas reist, um Krokodile zu beschreiben...

JOHNSON Das ist meine Arbeitsweise: Ich dokumentiere die Gegenstände, die ich in meinen Büchern vortrage, indem ich sie aufsuche, damit die Geschichte auch an dieser Stelle einiges an Wahrheit aufweist.

HALSTENBERG Sie haben in der DDR gelebt. Was halten Sie vom sozialistischen Realismus?

JOHNSON Den gibt es nicht. Das ist eine Theorie. Es gibt keine Literatur, es gibt keine Literatur, die diese Theorie stützen könnte.

HALSTENBERG Man sagt »spannend wie ein Roman«. Muß ein Roman spannend sein?

JOHNSON Das würde ich bestreiten. Damit fördert man eine ganz bestimmte Leseerwartung: reine Unterhaltung und Ablenkung, vielleicht Ersatz für fehlende eigene Erlebnisse durch Knall und Fall und Schüsse an der Haustür. Allerdings sollte man Geschichten erzählen, die bisher noch nicht erzählt wurden. Neuigkeiten mitteilen, aus denen man nicht nur lernen, an denen man auch Vergnügen haben kann.

HALSTENBERG Sie haben als einer der ganz wenigen deutschen Autoren Bücher mit gesamtdeutschen Themen geschrieben. Haben deutsche Schriftsteller eine gesamtdeutsche Aufgabe?

JOHNSON Nein. Man kann nur von seinen eigenen Erfahrungen berichten. Ich habe in beiden Teilen Deutschlands gelebt, konnte also diese Erfahrungen verarbeiten. Aber es gibt keine Pflicht, die von den Politikern verschlampte Wiedervereinigung durch die Hintertür der Literatur zu betreiben. Meine Bücher waren deshalb auch kein politisches Unterfangen, sondern Geschichten, deren Personal auf beiden Seiten lebte.

HALSTENBERG Ist der Protest eine Form der literarischen Existenz?

JOHNSON Ein Schriftsteller hat die Aufgabe zu schreiben. Meist wird seine Meinung von der seiner Leser abweichen. Er wendet sich an die Leser in der Hoffnung, ihre Haltung zu den Dingen zu ändern. Das ist sein Engagement. Natürlich hat er wie jeder andere Bürger auch das Recht zum Protest, wenn er findet, daß ein Mann mit NS-Vergangenheit nicht Kanzler sein sollte.

HALSTENBERG Eines Ihrer Bücher hat den Titel *Mutmassungen über Jakob*. Bedeutet dieser Titel, daß auch für Sie die Zeit des Geschichtenerzählens vorbei ist?

JOHNSON Das glaube ich nicht. Das ist ein Protest gegen Nebensachen beim Geschichtenerzählen. Ich glaube nicht, daß es möglich ist, die Neugier der Menschen auf Geschichten auszurotten: auf etwas, das geschehen ist, von dem sie nichts wissen. Der Buchtitel entwickelte sich aus dem Zustand meiner Geschichte:

Die Hauptfigur ist tot, das Buch ein Versuch, die letzten Tage dieses Mannes zu rekonstruieren. Abschließende Auskünfte sind da nicht möglich, deshalb Mutmaßungen.

HALSTENBERG Haben Sie ein bestimmtes Thema, bestimmte Figuren, die immer wieder in Ihren Büchern auftauchen?

JOHNSON Ich nehme an, viele Themen, nicht ein Thema. Mit den Personen verhält es sich so: Wenn sie in meinen Büchern nicht zu Tode kommen, betrachte ich sie als weiterhin Mitlebende und finde es auch recht und billig, daß ich mich hin und wieder um sie kümmere.

Anmerkung

1 Uwe Johnson war fast ein Jahr zuvor – am 23. August 1968 – aus den Vereinigten Staaten nach West-Berlin zurückgekommen.

Veröffentlicht in: *Kölner Stadtanzeiger*, 1969, Nr. 158, 12. 7., S. 14.

Wilhelm J. Schwarz
Gespräche mit Uwe Johnson

(Am 10. 7. 1969 in West-Berlin)

Die folgenden Aufzeichnungen sind nicht als formelles Interview, sondern als zwanglose Gespräche zwischen dem Verfasser und Uwe Johnson im Juli 1969 zu verstehen, betont Wilhelm J. Schwarz in einer Vorbemerkung.

SCHWARZ In einem Interview wurde Uwe Johnson einmal nachgesagt, seine Position sei »auf der Mauer«, das heißt in der Mitte zwischen den beiden deutschen Staaten. In seinen Büchern glaubt man aber neben einer Reihe von kritischen Stellungnahmen zur Politik der BRD doch grundsätzlich Sympathien des Autors für die westdeutsche Staatsform als Alternative zur ostdeutschen zu entdecken. Auf der anderen Seite setzt sich Johnson ziemlich kompromißlos und rücksichtslos mit dem diktatorischen Charakter der DDR auseinander, wofür man ihn dort wahrscheinlich auf der schwarzen Liste führt. Außerdem wählte Johnson West-Berlin als dauernden Wohnsitz, wo man ihn als mehr oder weniger zugehörig betrachtet, während ihm als Bürger der DDR dort auf Grund seiner Bücher höchstwahrscheinlich Repressalien der verschiedensten Art drohen würden. Alle diese Tatsachen sprechen gegen eine Position der Mitte, zu der sich der Autor theoretisch bekennt. Was hat Uwe Johnson hierzu zu sagen?

JOHNSON Der Ausdruck »auf der Mauer« stammt nicht von mir, sondern von einem Journalisten. Ich glaube nicht, daß man wirklich eine Position »auf der Mauer« einnehmen kann. Ich habe den Westen nicht aus ideologischen Gründen gewählt, sondern ich bin auf Grund der Arbeitsbedingungen umgezogen: Ich bin dorthin gezogen, wo mein Buch gedruckt wurde. Ich glaube auch nicht, daß ich in der DDR wirkliche Repressalien zu befürchten hatte, denn ich habe keinerlei Delikte begangen. Wenn ich in meinen Büchern den »Sachwalter« kritisierte, war das weniger eine Anspielung auf die Person, auf den Vornamen Ulbrichts als auf das Amt, das er bekleidet. Sie müssen wissen, daß man drüben alle Leute amnestiert hat, die vor 1961 das Land verlassen haben. In den Augen der DDR-Funktionäre bin ich immer noch ein Bürger der DDR. In meinen beiden ersten Büchern habe ich – ganz nebenbei gesagt – gegen das Bild von der DDR gearbeitet, das man so oft im Westen antrifft: Man sieht dort die DDR als einen Staat, in dem die Geheimpolizei das Frühstück des einzelnen Bürgers überwacht.

SCHWARZ Sieht Johnson nicht doch gewisse Unterschiede, zum Beispiel in bezug auf Freiheit der Rede, zwischen BRD und DDR?

JOHNSON Sicherlich ist die DDR eine Diktatur, in welcher die Ansichten der Regierten unterdrückt werden, wenn sie mit denen der Regierenden kollidieren. Es gehört zum Wesen der Diktatoren, daß sie die Leute zu ihrem Glück zu zwingen versuchen.

SCHWARZ Wo fühlt sich Uwe Johnson nun eher zu Hause, in der westlichen oder der östlichen Gesellschaftsform?

JOHNSON Ich wohne nun seit zehn Jahren im Westen, doch zog ich aus beruflichen, nicht aus privaten Gründen um. Ein gesellschaftliches System kann ohnehin keine Heimat bieten. Heimat ist schließlich ein privater Bereich, das sind Personen, das ist eine Landschaft, dazu kann man sich bekennen.

SCHWARZ Thomas Mann hat sich während des Zweiten Weltkrieges zu den Vereinigten Staaten bekannt, und das war doch eher eine politische, eine gesellschaftspolitische Entscheidung für die Demokratie, gegen die Diktatur.

JOHNSON Bei Thomas Mann war das eine einfache moralische Gegenüberstellung – auf der einen Seite relative Sauberkeit, auf der anderen die Verbrechen der Nazis. Als diese Gegenüberstellung aufgelöst war, kehrte er nach Europa zurück.

SCHWARZ Würde Uwe Johnson ein anderes gesellschaftliches System als das kapitalistische westdeutscher Prägung oder das sozialistische ostdeutscher Prägung wünschen und vorziehen?

JOHNSON Was nützt es wohl, sich ein anderes System zu wünschen, wenn man an den bestehenden Ordnungen doch nichts ändern kann? Um etwas zu ändern, muß man Macht haben, und ich habe kaum mehr Macht als der Durchschnittsbürger.

SCHWARZ Zu welchem Staat gehört Uwe Johnson tatsächlich?

JOHNSON Ich bin heute ein Einheimischer in West-Berlin. Ich besitze einen Paß der BRD, meine Nationalität ist deutsch.

SCHWARZ Hat Uwe Johnson noch gefühlsmäßige Bindungen, Beziehungen irgendwelcher Art zu dem Ort oder zu der Landschaft, wo er geboren ist?

JOHNSON Nein. Ich gebe zu, daß solch ein Ort eine Heimat sein könnte. Ich habe diesen Ort jedoch zu früh verlassen, um heute noch ein tieferes Gefühl für ihn zu empfinden. Zwischen dem zehnten und sechzehnten Lebensjahr hatte ich auch keine politische Heimat, lediglich eine individuelle, persönliche Heimat. Berlin könnte meine Heimat werden, denn hier habe ich persönliche Bindungen verschiedener Art.

SCHWARZ Jakob Abs erinnert sich einmal an den Vater, den er im Krieg oder nach dem Krieg verlor. Gleichzeitig steigt vor seinen Augen ein idyllisches Bild von einem Gutshof mit alten Linden auf, mit Leiterwagen in der Sonne. Könnte diese Träumerei eine ganz persönliche Erinnerung von Uwe Johnson sein, des Sprößlings einer alten Bauernfamilie?

JOHNSON Meine Eltern waren keine Bauern, sondern Kinder von Bauern. Es stimmt, daß mein Vater dem ländlichen Milieu nie ganz entkommen ist. Er war Angestellter eines Tierschutzamtes und lebte in einer Kleinstadt. Er überwachte die Qualität der Milch und war verantwortlich für Beratung in der Tierzucht. Mein Vater ist 1947 oder 1948 gestorben, das genaue Datum wissen wir nicht. Er war nach dem Krieg interniert worden und starb in einem Arbeitslager in Weißrußland. Über die Umstände seines Todes ist uns nichts bekannt, wir werden es wohl auch nie erfahren. Ob ich manchmal Heimweh verspüre nach dem Ort, wo ich die ersten Jahre meines Lebens verbrachte? Ich glaube nicht. Ich möchte ihn wohl mal gerne wiedersehen, wie alle. Ich möchte auch meine Mitschüler gerne einmal wiedersehen. Aber das ist eher Neugier, Heimweh würde ich es nicht nennen. Heimweh ist eine sehr sentimentale Empfindung; man glaubt, nur an einem ganz bestimmten Ort zufrieden leben zu können. So geht es mir nicht.

SCHWARZ Was hält Johnson von seinem Erstlingswerk *Ingrid Babendererde*, das nie gedruckt wurde?

JOHNSON Das Werk hatte keine Chance, es wurde von einem Neunzehnjährigen konzipiert. Sicherlich wurde es vor allem aus politischen Gründen abgelehnt, doch bin ich heute froh, daß es nicht mein erstes Buch geworden ist. Der Name eines Autors steht oft auf eine fatale Art in Verbindung mit seinem ersten veröffentlichten Buch. Es gibt heute nur zwei Exemplare des Manuskripts von *Ingrid Babendererde*, ein drittes ging verloren. Die Geschichte von *Ingrid* gebe ich noch nicht auf, ich werde sie sicherlich noch einmal aufgreifen.

SCHWARZ Welches waren die ersten Bücher, die Johnson als kleiner Junge las und die ihn nachhaltig beeinflußten?

JOHNSON Die Grimmschen Märchen und *Robinson Crusoe*.

SCHWARZ Wenn man sich mit Schriftstellern auseinandersetzt, greift man immer wieder auf Vorbilder zurück. Kann sich Johnson an einen bestimmten Autor erinnern, der ihn vor andern beeinflußt hat?

JOHNSON Ich habe keine persönlichen Vorbilder, und literarische Vorbilder gibt es für mich nicht. Jeder Schriftsteller muß sich seinen Stoff selber beschaffen, er muß sich seine Form selbst erarbeiten. Von Buch zu Buch ist das jedesmal ein neuer Fall, eine neue Konstellation. Man kann doch eigentlich recht wenig übernehmen. Sicherlich läßt sich das Handwerkszeug früherer Schriftsteller anwenden, doch ein totales, gesamtes Vorbild halte ich im Falle eines wirklichen Schriftstellers für ausgeschlossen. Ich habe Literatur studiert und mir dabei ein objektives Verhalten angeeignet. Eine große Leidenschaft literarischer Art habe ich jedenfalls nicht, für mich ist die gesamte Literatur gesammelte Erfahrung. Von Zeit zu Zeit lese ich alles noch einmal, wie ich überhaupt viel lese, moderne und alte, klassische Texte.

SCHWARZ Welche deutsche Autoren schätzt Johnson besonders?

JOHNSON Von etwa zwanzig lebenden deutschen Autoren lese ich alles, was erscheint, und zwar sofort. Ich halte es für wichtig, was diese Leute schreiben, ich vertraue auf immer neue Möglichkeiten, etwas Interessantes mitzuteilen.

SCHWARZ Was hält Uwe Johnson von den Werken der ostdeutschen Schriftsteller?

JOHNSON Ich lese mit Hoffnung alles, was ich von denen in die Finger kriege; einiges, wie das neueste Buch von Christa Wolf, mit Bewunderung.[1]

SCHWARZ 1945 war Uwe Johnson zehn bis elf Jahre alt, er lebte in einem nationalsozialistischen Internat in Posen. War er wohl von der Ideologie des Dritten Reiches infiziert, bedeutete der Zusammenbruch einen Schock für ihn?

JOHNSON Der Untergang des Nationalsozialismus war für mich eher eine Erfahrung als ein Schock. Sicherlich besaß ich damals das Weltbild, das die Schule vermittelt hatte, das Weltbild, das alle anderen hatten. Aber ein Schock war es gewiß nicht. Die Wirklichkeit veränderte sich einfach für mich, sie nahm an Tempo zu. 1945 wurde eine Diktatur durch eine andere abgelöst, doch bestand für mich ein Unterschied zwischen diesen beiden Diktaturen. Die faschistische war die Verschärfung der kapitalistischen Ordnung und kann kaum mit der sozialistischen Diktatur verglichen werden, die das Gemeinwesen als Ganzes verwaltet. Auch nach 1945 fehlte es nicht an Interessenkonflikten, doch waren sie anderer, geringerer Natur. Ich habe das nationalsozialistische Gedankengut schnell und schmerzlos ablegen können. Ich hatte ja nicht viel zu ersetzen. Nicht der Führer stand im Mittelpunkt meines Lebens, sondern meine Eltern. Ich war noch zu jung, um nachhaltig beeinflußt zu sein. In jenem Internat galt mein Hauptinteresse immer dem Urlaub. Da ich so jung war, kam ich auch mit dem Leben davon. Die älteren mußten zurückbleiben und kämpfen, sie sind fast alle umgekommen.

SCHWARZ Wie kam Johnson in dieses nationalsozialistische Internat?

JOHNSON Bis zum Jahre 1944 lebte ich mit meinen Eltern. Die Familie, die ganze Verwandtschaft hing sehr zusammen. Die Sommerferien verbrachte ich regelmäßig bei den Großeltern, den Eltern der Mutter, in einem Dorf auf der Insel Wollin, die heute polnisch ist. Damals wurden die Schulen von einer staatlichen Prüfungskommission nach begabten Schülern durchkämmt. Ich war in der ersten Klasse des Gymnasiums und fiel der Kommission auf; zum Glück hatte ich einen Augenfehler, sonst wäre ich in eine Ordensburg gekommen. Mein Vater hatte keine Wahl in dieser Angelegenheit. Er wollte wahrscheinlich seine Familie sichern, es war wohl ein Akt der Selbstverteidigung. Mein Vater war seit 1936 oder so Mitglied der Partei.

SCHWARZ Stand Johnson nach 1945 innerhalb der neuen Gesellschaftsordnung oder war er von vornherein ein Außenstehender?

JOHNSON Das ist eine komplexe Frage. Ich war Mitglied der FDJ, galt dort aber als bürgerlich. Das ist nicht als Schimpfwort zu verstehen; es ist eine ideologische Bestimmung und bezieht sich nicht auf die Herkunft, sondern auf den persönlichen Standpunkt. Daneben gab man natürlich überall an den Oberschulen und Universitäten den Kindern von Arbeitern und Bauern den Vorzug.

SCHWARZ Welches seiner Bücher hält Johnson für sein bestes, sein gelungenstes?

JOHNSON Die Frage kann ich nicht beantworten.

SCHWARZ Welche seiner Gestalten steht Johnson am nächsten?

JOHNSON Vor allen anderen interessiert mich immer noch Gesine Cresspahl. In meinem neuen Buch lebt sie in Amerika, und ich möchte mich noch öfters mit ihr beschäftigen.

SCHWARZ Gibt es lebende Vorbilder für Gesine?

JOHNSON Meine Gestalten sind mir gegenüber unabhängige Personen. Sie sind eher »composites« als Abbilder von lebenden Menschen. Was sie von tatsächlichen Personen meiner Bekanntschaft in sich haben, weiß ich nicht.

SCHWARZ Verspürt Johnson nicht manchmal Lust, sich in einer anderen Gattung der Literatur zu versuchen?

JOHNSON Mit Lust ist da nicht viel zu machen, man braucht hier vielmehr Begabung. Ich bin nicht völlig überzeugt von meiner Begabung für Lyrik oder Drama und überlasse das Feld gern denen, die mehr davon verstehen.

SCHWARZ Was für persönliche Pläne hat Johnson für die Zukunft?

JOHNSON Ich werde noch mindestens ein Jahr in Berlin bleiben, um den Roman *Jahrestage* fertigzustellen. Was dann kommt, weiß ich noch nicht.

SCHWARZ Sind einige von Johnsons Werken in den Ostblockstaaten erschienen?

JOHNSON Es gibt lediglich eine serbische Ausgabe meiner Bücher.[2] Die Herausgabe in der DDR würden schon die ostdeutschen Schriftsteller zu verhindern wissen.

SCHWARZ Was hat Uwe Johnson gegen Westdeutschland?

JOHNSON Ich anerkenne die kapitalistische Gesellschaftsform der Bundesrepublik Deutschland. Wesentlich ist aber vor allem, was die politischen Parteien aus dem öffentlichen Leben machen. Die öffentlichen Institutionen Westdeutschlands geben einfach nicht zu, daß Deutschland den Krieg verloren hat. Die territorialen Forderungen, die hier und da immer wieder laut werden, halten unsere Nachbarn, besonders unsere östlichen Nachbarn, in einem dauernden Zustand der Unruhe. Dabei handelt es sich doch um Heucheleien der widerlichsten Art. Dieselben Menschen, die nach den Gebieten jenseits der Oder und Neiße schreien, hätten ohne irgendwelche Gewissensbisse nicht nur Polen und Rußland, sondern wahrscheinlich ganz Europa annektiert. Wenn man einen Krieg gewinnt, dann hat man ihn gewonnen, wenn man ihn verliert, dann hat man ihn verloren und muß die Konsequenzen ziehen. Diese banale Tatsache will man in Westdeutschland einfach nicht zugeben. Auch stellt man kaum einmal die Frage, wer an dem Krieg verdient hat. Man hat weder die Konzerne zerschlagen noch eine Bodenreform durchgeführt; der Krieg hat weder zu einer Neuordnung der Vermögenslage geführt noch einen wirklichen, wirksamen Antifaschismus hervorgebracht. Es war eine spezifisch deutsche Blindheit und dazu eine ziemliche Unfreundlichkeit gegenüber unseren Nachbarn, einen früheren Nazi in die Regierung zu wählen. Bei unserer moralischen Belastung ist das eine unverantwortliche Heuchelei, und für einen Deutschen, der ins Ausland reist, ist es mehr als bloß genierlich.

SCHWARZ Setzt sich aber nicht zumindest die SPD für eine Anerkennung der Oder-Neiße-Linie und der DDR ein?

JOHNSON Ja, aber seit wann? Außerdem betrachtet man die Anerkennung immer noch als Preis, als Objekt in einem Handel, wo doch ein Handel schon lange nicht mehr möglich ist.

SCHWARZ Im *Dritten Buch über Achim* äußert sich Johnson ziemlich kritisch über die Bodenreform, wie sie in der DDR durchgeführt wurde.

JOHNSON Ich bin keinesfalls gegen die Bodenreform. In einem sozialistischen Staat, der die Formel um den Menschen ständig in den Mund nimmt, hätte man das allerdings *mit* den Betroffenen machen sollen, nicht gegen sie, und nicht mit Gewalt.

SCHWARZ Hat Uwe Johnson irgendwelche religiösen, ideologischen Bindungen?

JOHNSON Nach dem Krieg verlor ich das Interesse an der Religion. Auf den ostdeutschen Schulen lernte ich den Antifaschismus gründlicher kennen, als das je in westdeutschen Schulen möglich gewesen wäre. Wegen übernommener, traditioneller Vorstellungen ist es mir schon damals unmöglich gewesen, im gesamten Westen das Reich des Teufels zu sehen. Persönliche Erfahrungen hinderten mich immer, eine Ideologie rückhaltlos mitzudenken, mitzuerleben. Konkretes war mir immer wichtiger, auch heute noch. Nein, ich habe keine religiösen Bindungen, aus der Kirche bin ich ausgetreten.

SCHWARZ Woher bezieht Uwe Johnson seine innere Ruhe und Ausgeglichenheit? Hat er nicht irgendwelche Leidenschaften, starke Neigungen?

JOHNSON Ich begnüge mich mit der Passion im Privatleben.

Mit dem Schreiben möchte ich die Wahrheit herausfinden. Mit meinen Personen und Geschichten versuche ich näher an das tatsächliche Leben heranzukommen. Das ist meine Arbeit, sie reicht mir für meine Gelassenheit. Ich kann sagen, daß ich gerne lebe, daß ich den Tod als einen Verlust betrachte. Ich habe keine große Leidenschaft, auch kein Hobby. Was ich in dieser Hinsicht tue, ist durchschnittlich: Ich sammle Bücher und ich fotografiere. In der Musik gehe ich bis zu Anton von Webern, danach komme ich nicht mehr mit. Ich hatte einmal die Illusion, in dieser Hinsicht mehr zu verstehen, doch habe ich sie längst aufgegeben. Von Bach liebe ich nicht das Gesamtwerk, sondern einzelne Teile. Ich selbst spiele kein Instrument.

SCHWARZ Was denkt Johnson von seinem zweijährigen Aufenthalt in New York?

JOHNSON In New York habe ich mich wohlgefühlt. Das Leben war leicht, ich verdiente genug Geld, außerdem genoß ich alle Privilegien der Weißen. Das bedeutet unter anderem, daß ich eine Wohnung hatte, wie ich sie mir wünsche, daß unsere Tochter in einen guten Kindergarten ging und so weiter. Dann hatte ich dort immer das Bewußtsein, zu Gast im Lande zu sein. Man war der direkten Verantwortung für die ethnischen Probleme enthoben, man war nicht mitschuldig. Es kommt nun einmal darauf an, was Sie auf einem Gutshof sind, Arbeiter oder Besitzer. Ich kann nicht eigentlich sagen, daß ich Amerika liebe, ich liebe New York. New York hat mich als Experiment einer Stadt fasziniert, so etwas gibt es sonst einfach nicht. Ich meine damit die gesamten Mechanismen, die gesellschaftlichen wie die technischen. Ich war zum Beispiel beeindruckt, mit welchem Aufgebot an Maschinen man mit einem heftigen Schneefall fertig wurde. Von einem Zwischenbesuch in Deutschland kam ich nach New York wie nach Hause zurück. Ich fand diese Stadt bis zum letzten Tag interessant.

SCHWARZ Was hält Johnson von der gesellschaftlichen Stellung der Farbigen in Amerika?

JOHNSON Das ist ohne Zweifel eine unsägliche, ganz offensichtliche Unterdrückung und Ungerechtigkeit.

SCHWARZ Vermißte Johnson in der Riesenstadt New York nicht die Natur, das Land?

JOHNSON Ich wohnte auf der Riverside Drive, mit einem dicken Park vor dem Fenster, das reichte mir. Die unverbaute Landschaft, die Arbeit auf dem Lande gehört der Vergangenheit an, man kann nicht rückwärts gehen. *Sie* sind Theoretiker, Sie können wohnen, wo Sie wollen.[3] *Ich* muß mit vielen Leuten zusammenkommen, ich bin auf Menschen angewiesen. *Sie* brauchen Bücher, die Sie sich schicken lassen können. *Ich* muß mir meine Kenntnisse selber abholen.

SCHWARZ Johnsons Verhältnis zur englischen Sprache?

JOHNSON Ich spreche gern Englisch, ich lese gern Englisch. Es gibt gewisse Sachverhalte und Situationen, die ich nur auf Englisch benennen kann. Das ist mehr als bloße Vorliebe, das ist eine Denkungsart – ich bin so etwas wie ein Überläufer. Ich wünschte, ich hätte schon mit acht Jahren Englisch gelernt.

SCHWARZ Wenn Johnson eine ähnliche Einladung bekäme wie damals nach New York, würde er auf einige Zeit in eine andere Großstadt gehen, nach Montreal zum Beispiel?

JOHNSON I certainly would not accept *any* invitation, I wouldn't want to teach – but I might accept a similar offer as I had from New York. After I finish this book, I shall have a lot of time. I might prepare another book, but for some time to come I would not write it.

SCHWARZ Wie verhält es sich, bei Johnsons Vorliebe für Englisch und für New York, mit seiner Beziehung zur deutschen Sprache, zur deutschen Geschichte, zum Deutschtum überhaupt?

JOHNSON Ich bin Deutscher, ich fühle mich als Deutscher. Deutsch ist die Sprache, mit der ich aufgewachsen bin, ohne sie kann ich nicht arbeiten. Da ich nun einmal in diesem Beruf arbeiten will, muß ich mich die meiste Zeit in Deutschland aufhalten. Ich kann mich weder von der deutschen Vergangenheit noch von der deutschen Gegenwart dispensieren. Für jeden Ausländer bin ich ein Deutscher. Unsere Tochter wuchs in New York mit Kindern von Juden auf – wir waren immer nur die Deutschen. Die deutsche Geschichte ist für mich ein unumgänglicher Faktor. Für jede Person, für jede erfundene Person ist sie eine der wichtigsten Fragen. Günter Grass nennt das »Großmutter«: Man sollte kein Leben beschreiben, ohne mit der Großmutter anzufangen. Mir geht es genauso.

SCHWARZ Gibt es neben Englisch, Deutsch und Geschichte noch andere Gebiete, die Johnson besonders interessieren?

JOHNSON Mein Lieblingsfach war immer Latein, Sprache sowohl als Literatur. Ich liebe Latein immer noch, obwohl es nun ziemlich eingerostet, außer Gebrauch ist.

SCHWARZ Wird Johnson mit den Gestalten und Handlungsorten seiner ersten Bücher weiterarbeiten? Es fällt da immer wieder das Überwiegen von biblischen Namen auf – Jonas, Jerichow, Jakob und so weiter.

JOHNSON Es gibt so viele Jerichows in Sachsen, der Name braucht gar nicht mit biblischen Assoziationen verbunden zu sein. Jonas hätte allerdings anders heißen müssen; ich gebe zu, daß es ein zu hohes Angebot an biblischen Namen ist. Diesen Namen eine biblische Sinndeutung zu geben, kann nicht funktionieren, weil es nicht so gemeint ist. Bei Jonas Blach habe ich sicherlich nicht an eine biblische Beziehung gedacht. Er stammt schließlich aus einer Kleinstadt in Sachsen. Für jemanden, der triefnaß aus dem Regen kommt, gibt es dort immer noch eine Redensart: »Du bist ja naß wie ein Jonas.« Ich glaube aber gerne, daß ich mit diesen Namen etwas vorsichtiger hätte sein sollen.

SCHWARZ In Johnsons Werk läßt sich immer wieder der biblische Tonfall nachweisen. Daneben gibt es biblische und religiöse Beziehungen, die sich nicht so einfach verleugnen lassen. In der kleinen Studie *Jonas zum Beispiel* wird nicht irgendein Jonas, sondern der biblische Prophet von Jehova in die Stadt Ninive geschickt. Jakob Abs wird öfters »gerecht« oder »der Gerechte« genannt – es gibt da einen spanischen Heiligen Jakob der Gerechte.

JOHNSON Mit dem biblischen Tonfall mag es angehen. Ich bin protestantisch erzogen worden und habe viel in der Bibel gelesen. Daß es einen Heiligen Jakob der Gerechte gab, wußte ich nicht. Es besteht ganz bestimmt keine Beziehung zwischen diesen beiden Figuren: Wo kämen wir hin, wenn wir zur Erklärung jeder literarischen Gestalt die Geschichte seiner Vorgänger heranziehen würden. Mit *Jonas zum Beispiel* ist es wieder etwas anders. Es handelt sich hier um einen Versuch, die Schwierigkeiten zu erklären, in die ein Intellektueller kommt, wenn er sich mit Macht affiliiert und dann wegen taktischer Schwenkungen sitzengelassen wird.

SCHWARZ Immer wieder manifestieren sich in Johnsons Büchern erstaunlich präzise Milieukenntnisse. Der Reichsbahnbetrieb in *Mutmassungen über Jakob* zum Beispiel wird mit unglaublich gewissenhafter Genauigkeit beschrieben, die auf persönliche Erfahrungen des Autors schließen lassen. Das gleiche ließe sich über das Radfahren und einige andere Fachgebiete sagen.

JOHNSON Meine Mutter war eine Zeitlang Güterzugschaffnerin bei der Reichsbahn, sie kannte das Gebiet ein bißchen. Das Buch mußte ich allerdings noch auf andere Weise vorbereiten.

SCHWARZ Als fünfundzwanzigjähriger Autor stellte sich Uwe Johnson dem lesenden Publikum mit einem Buch vor, dessen Syntax, Zeichensetzung und semantische Eigenheiten stark von den herkömmlichen Gepflogenheiten der Sprache abwichen. Hatte er die Absicht, mit seinen Neuerungen den deutschen Sprachgebrauch zu beeinflussen?

JOHNSON So radikal waren meine Neuerungen gar nicht. Es war vor allem in der Interpunktion, wo ich etwas eigenwillig vorging. Daneben habe ich in den ersten Büchern versucht, das Verb vorzuziehen; damals dachte ich die Beziehung zwischen Subjekt und Objekt durch das Verb herzustellen, was nicht zum allgemein akzeptierten Gebrauch gehörte. In *Zwei Ansichten* ging ich dann schon viel konventioneller vor, auch was die Kommata angeht. Auf der Maschine tippe ich manchmal »ss«, auch wenn ein »ß« da ist. Das ist aber nicht so wichtig.

SCHWARZ Tippt Johnson seine Manuskripte direkt in die Maschine?

JOHNSON Gewöhnlich denke ich etwa ein Jahr lang über ein Buch nach, mache also Pläne. Nach diesen Plänen tippe ich dann den Text auf die rechte Hälfte des Papiers und lasse die linke frei für Korrekturen.

SCHWARZ In den Jahren vor seinem Umzug nach West-Berlin konnte sich Johnson nirgendwo zu einer geregelten, einer »bürgerlichen« Arbeit niederlassen. Fühlte er sich damals schon als kommender Autor?

JOHNSON Ganz und gar nicht. Nach Abschluß meines Studiums wurde über meine Verbindung mit der FDJ ein Gutachten ausgestellt, das negativ ausfiel. Somit war es für mich unmöglich, eine Assistenz zu bekommen, denn ein günstiges Zeugnis der FDJ war Voraussetzung. Ich bekam auch keine andere Stellung. Ich hatte über Ernst Barlach geschrieben, über den *Gestohlenen Mond*, das Manuskript ging beim Umzug verloren. Die Arbeit wurde nur akzeptiert, weil Mayer dort war. Von den anderen Professoren wäre sie sicher nicht angenommen worden, weil die damaligen Literaturtheorien in der DDR keinerlei Beziehung hatten zu Barlach. Hans Mayer sprach sich damals zu seinem persönlichen Nachteil für einen Fluß zwischen den Nationalliteraturen aus. Faulkner und Proust waren zu der Zeit Geheimtips, Kafka war für den Giftschrank, nur für Eingeweihte. Heute ist das alles anders, besser, doch dauert es wohl noch zwanzig Jahre, bis man *The Sound and the Fury* im ersten besten Buchgeschäft kaufen kann. Ich suchte mir also Gelegenheitsarbeiten, übersetzte Herman Melvilles *Israel Potter.* Die Übersetzung lieferte ich erst aus West-Berlin ab; ich wurde dafür bezahlt, gab das Geld dann an Freunde. Das war eine Auftragsarbeit. Offiziell gibt es drüben keine Arbeitslosen, doch ich war arbeitslos. Als *Ingrid Babendererde* abgelehnt wurde, war der betreffende Verlag so freundlich und gab mir etwas zu tun, eine Arbeit über Werfel. Die Verbindung zu diesem Verlagshaus brach dann aber ab, ohne daß ich eine Erklärung dafür erhielt. Danach exzerpierte ich Bismarcks Werke – ich mußte eben jeden Auftrag annehmen, den ich erhielt. Damals war es wohl die Methode der ostdeutschen Funktionäre, jemanden, der nicht in den Kram paßte, so lange auf das Aussichtslose seiner Situation zu stoßen, bis er in den Westen ging. Ich ging erst drei Jahre später.

SCHWARZ Warum blieb Johnson trotz Schwierigkeiten und Widerständen so lange im Osten?

JOHNSON Der Westen interessierte mich nicht. Ich liebte das Land, in dem ich lebte, ich sah keinen Grund, es voreilig zu verlassen.

SCHWARZ War die Flucht dann wirklich notwendig?

JOHNSON Man hätte mir nach dem Erscheinen von *Mutmassungen über Jakob* unter Umständen ein Gerichtsverfahren anhängen können, wegen staatsfeindlicher Veröffentlichungen etwa. Eine Zeitlang plante ich, das Werk unter einem Pseudonym im Westen erscheinen zu lassen, doch rieten mir meine Freunde davon ab. Ich bin auch wirklich umgezogen, nicht geflüchtet, ich hatte sogar eine Genehmigung. Der Ortswechsel war kein politischer, sondern ein technischer, hygienischer, neutraler Akt. Mit den Wörtern »Flucht« oder »Flüchtling« treibt man überhaupt so viel Mißbrauch. Zu einer richtigen Flucht gehören Schüsse und Polizeihunde und so weiter. Ich bin in aller Ruhe umgezogen, mit der Schreibmaschine in der einen Hand und einer Aktentasche in der anderen.

SCHWARZ Hatte Johnson den durchschlagenden Erfolg seines ersten veröffentlichten Werkes erwartet?

JOHNSON Nein. Ich war überhaupt nicht auf die Existenz des

Schriftstellers vorbereitet. Was man schreibt, ist nicht so sehr ein Buch als ein Objekt, an dem man arbeitet, das man herstellt. Dann schickt man es an einen Verlag, und plötzlich ist man ein Schriftsteller. Ich hatte mir meine Zukunft nicht in dieser Richtung vorgestellt. Außerdem sollte man in meinem Fall nicht von durchschlagendem Erfolg reden. Ich hatte noch mehrere Jahre nach dem Erscheinen von *Mutmassungen über Jakob* eine Menge Schulden. Das Buch war ein Erfolg in der Kritik, kein finanzieller Erfolg, man konnte nicht davon leben.

SCHWARZ Hat Johnson heute noch finanzielle Probleme?

JOHNSON Wir sind zur Zeit wieder in Schulden, weil ich meine Ersparnisse angegriffen habe, um noch ein Jahr in New York leben zu können. Ein Jahr lang war ich Verlagsangestellter, dann überließ man mir freundlicherweise für ein weiteres Jahr ein Büro, das ich für eigene Zwecke benutzen konnte. Ich arbeitete dort für mich. Ich fand das sehr großzügig, denn *office space* ist dort knapp. Im übrigen lebten wir auf eigene Faust. Ich lebe nicht üppig, aber ich möchte gern meinen Bedürfnissen entsprechend leben können.

SCHWARZ In der Berliner Gesellschaft kennt man Uwe Johnson kaum.

JOHNSON Ich habe zu arbeiten. Auch fühle ich mich nicht besonders wohl auf Parties.

SCHWARZ Was tut Uwe Johnson zu seiner Entspannung?

JOHNSON Ich trinke gern ein Glas Wein, auch zwei oder drei, dabei unterhalte ich mich gern mit den Leuten. Sport treibe ich keinen mehr. Ich fahre schon mal mit dem Fahrrad zur Post oder zum Friseur, aber das ist kein Sport. Bis 1959 machte ich jedes Jahr eine Reise mit dem Faltboot, die Havel herauf, die Havel herunter. Jetzt mache ich gerne Fotos, um dem Vergessen vorzubeugen. Ich lade aber keine Leute ein, um Fotos anzusehen. Ich habe eine Reihe Freunde in Berlin.

Anmerkungen

1 Christa Wolf, *Nachdenken über Christa T.*, Halle 1968 (Lizenzausgabe: Neuwied 1969).
2 Uwe Johnson, *Tretja Knjiga o Achimu*, Ljubljana 1970 (übersetzt von Darko Dolinar).
3 Der Gesprächspartner ist Professor für den modernen deutschen Roman an der Universität Laval, Quebec.

Veröffentlicht in: Wilhelm Johannes Schwarz, *Der Erzähler Uwe Johnson*, München 1970, S. 86–98.

Hendrik Bebber
In einer Phase der Angst

Ein Gespräch mit Uwe Johnson über Sozial- und Rassenprobleme in den USA (Am 9. 11. 1970 in Fürth)

BEBBER Sie haben in den *Jahrestagen* die besondere Form der rassischen Diskriminierung im Norden der USA beschrieben. Wie beurteilen Sie die Chancen der militanten Negerorganisationen, die Emanzipation der farbigen Bevölkerung zu erreichen?

JOHNSON Diese Chancen sind sehr gering. Die Negerorganisationen sind untereinander zerstritten und durch den Polizei- und Justizapparat ihrer führenden Köpfe beraubt worden. Zudem ist die Frage nach der Emanzipation der Neger bei den militanten Organisationen wie etwa den »Black Panthers« nicht mehr aktuell. Sie planen eine schwarze Revolution.

BEBBER Ist der Kampf der Neger nicht mehr ein soziales als ein rassisches Phänomen? Gibt es Bestrebungen einer Solidarisierung der farbigen Slum-Bewohner mit den verelendeten Weißen, aus den Appalachenbergen beispielsweise?

JOHNSON Dreihundert Jahre alte, festgefahrene Verhaltensmuster aus der Zcit der Sklaven- und Plantagenwirtschaft verhindern bei den Weißen eine Solidarisierung. Selbst die Angehörigen der »White Trash« (»Weißer Abschaum«), die unterprivilegierten Weißen in den Südstaaten, fühlen sich wegen ihrer Hautfarbe selbst den begüterten Negern noch turmhoch überlegen.

BEBBER Sehen Sie im Verhalten der amerikanischen Gesellschaft wesensverwandte Merkmale zum Faschismus?

JOHNSON Faschismus ist für mich ein historisch auf das Italien Mussolinis und das Deutschland Adolf Hitlers festgelegter Begriff, der nicht auf die Gegenwart angewendet werden sollte. Die amerikanische Gesellschaft zeichnet sich durch die Bereitschaft der Privilegierten aus, die Besitzlosen mit Terror in einer Phase der Angst zu halten.

BEBBER Woraus resultiert die Abneigung der Neger gegen die weißen Liberalen, die doch noch vor einigen Jahren in den »Civil Rights Movements« (Bürgerrechtsbewegung) die Hauptstreiter für eine Aufhebung der Rassenschranken waren?

JOHNSON Das liegt an der Inaktivität der Liberalen und an ihrer Angst vor Gewalt und Revolution. Ein besonders bedrückendes Kapitel ist dabei das Verhältnis zwischen Negern und Juden. Gerade die Juden hatten das meiste Verständnis für die rassisch Unterdrückten. Sie stehen aber unbedingt und loyal zum Staat und lehnen die Vertreter des Anarchismus in den Negerorganisationen ab. Die Neger bezichtigen die Juden des Profitstrebens, und umgekehrt werden sie der blinden Gewalt beschuldigt.

BEBBER Ist der Krieg in Vietnam ein amerikanischer Krieg? Trotz ständig wachsender Proteste in der amerikanischen Öffentlichkeit dauert er an. Wer unterstützt ihn? Wer ist die »schweigende Mehrheit«?

JOHNSON Die »schweigende Mehrheit« ist eine politische Fiktion. Es hat sie nie gegeben, sie hat sich nicht artikuliert, als sie dazu aufgefordert wurde. In erster Linie dient der Krieg den Militärs und der Rüstungsindustrie, die wunderbare Manöver- und Erprobungsfelder vorfinden. Das Militär will sich diesen »herrlichen« Krieg nicht wegnehmen lassen. Bezeichnend dafür ist der Slogan, der bei Vietnam-Diskussionen immer fällt: »Should we give the war back to the Vietnamese?« (»Sollen wir den Krieg den Vietnamesen zurückgeben?«)

BEBBER Haben Sie nach Ihrer Rückkehr nach Deutschland eine Veränderung im politischen Klima der Bundesrepublik feststellen können?

JOHNSON Als ich zurückkam, kam mir alles so seltsam vor. Ich verstand die Logik nicht, die hinter den Aktionen während der Studentenunruhen stand. Enteignet Springer! – Als wenn sich durch Enteignung an dem Phänomen Springer etwas ändern würde. Ich bin jetzt immer noch mehr nach New York hin orientiert als nach Deutschland. Ostpolitik, ja, aber sonst? Hat sich hier was verändert?

Veröffentlicht in: *Fürther Nachrichten,* 1970, Nr. 262, 11. November, S. 17.

Harald Gröhler
»Ich fabriziere keinen Text, ich schreibe ihn.«
Ein Gespräch mit dem Schriftsteller Uwe Johnson (Am 19. 11. 1970 in Köln)

GRÖHLER Sie haben jetzt in der Literarischen Gesellschaft Köln gelesen. Warum machen Sie diese Lesereise?

JOHNSON Es gibt da einen ganzen Stoß von Einladungen. Sie haben sich im Lauf der letzten Jahre angehäuft, und die versuche ich jetzt einmal einzulösen.

GRÖHLER Sie sprachen heute lange Passagen aus Ihrem neuen Roman *Gesine Cresspahl* auswendig. Haben Sie die Passagen schon so oft vorgelesen? Oder haben Sie das Buch so oft überarbeitet?

JOHNSON Das waren ja heute sehr oft Dialoge. Die kann man schon auswendig. – Überarbeiten? Was ich am Abend ablege, das ist fertig. Es gibt keine Fassungen, sondern Korrekturen.

GRÖHLER Verbessern Sie viel?

JOHNSON Relativ wenig.

GRÖHLER Andere Autoren überformen ihre Texte ununterbrochen. Wie sind Sie zu Ihrer Arbeitsmethode gekommen?

JOHNSON Durch Überlegung. Ich stelle den Tabulator auf die Mitte: Auf einer Hälfte schreibe ich, auf der anderen Seite mache ich die Korrekturen.

GRÖHLER Sie arbeiten von vornherein mit der Schreibmaschine?

JOHNSON Ja. Weil das Maschine-Schreiben einen davor bewahrt, eine Ordnung vorzutäuschen, die nicht da ist. Das Typenbild objektiviert den Text.

GRÖHLER Würden Sie die *Gesine Cresspahl* als eine Biographie bezeichnen?

JOHNSON Grundsätzlich ist es ja nicht nur eine Biographie, sondern auch ein Buch aus Tagen. Der Tag ist die Situation, aus der heraus etwas geschildert wird. Ausgangspunkt ist da immer das Datum.

GRÖHLER Arbeiteten Sie lange an der *Gesine Cresspahl*?

JOHNSON Ich mußte erst mal in New York leben. Das Schreiben dieses Buches hat nur etwa vierzehn Monate gedauert.

GRÖHLER Sie sind Jahrgang 34. Empfinden Sie sich als zwischen zwei Generationen stehend: zwischen Böll, Andersch und Wondratschek, Vesper, Handke?

JOHNSON Ich gehöre wahrscheinlich zu der letzten Generation, die noch durch die Verbrechen der Nazis kompromittiert ist. Danach wird wohl keine mehr kommen, die das als Last ansieht. – Das gehört zum Bewußtsein, zum Selbstverständnis des Individuums dazu.

GRÖHLER Wenn Sie einen Text fabrizieren...

JOHNSON Ich fabriziere keinen Text, ich schreibe ihn.

GRÖHLER Und ist Ihnen dann eine unverwechselbare, individuelle Diktion wichtig?

JOHNSON Nein, ich mußte wie jeder andere das erforderliche Arrangement mit dem Zeitstil und den Erfordernissen meiner Geschichten herstellen. Jeder hat seinen andern Gradmesser für das, was man noch sagen kann und was nicht. Ich würde z. B. nicht sagen: »Diese Dame ist süß«, sondern »Diese Dame ist hübsch«.

GRÖHLER Süß?

JOHNSON Ist ungenau, ist Geschmack: etwas zum Essen. Und »süß« ist Kitsch.

GRÖHLER Würden Sie gewissen anderen Autoren den Vorwurf machen, daß sie mit der Sprache unpräzise umgehen?

JOHNSON Literature is a free country. Ich will niemandem was vorwerfen. Anderseits würde ich mich auch nicht als Reaktionär bezeichnen.

GRÖHLER Gewisse junge Autoren gehen mit Synonyma sehr freizügig um, Sie benutzen Lexika.

JOHNSON Ich mache meine Recherchen, aber: um meine Geschichte zu erzählen. Während es auf der anderen Seite Versuche gibt, das bei allgemeinen – nicht gezielten – Recherchen gefundene Material zu verwerten. Das ist dann Zitat, Montage. Die bedarf nicht des Vorwandes der Geschichte. Und vielleicht nicht des Erzählens als Zweck.

GRÖHLER Und ist das akzeptabel?

JOHNSON Selbstverständlich. Jeder macht seins. Aber da ich »über dreißig bin« und man mir »demzufolge nicht trauen darf«, so Wondratschek, muß ich mich damit abfinden, daß da manches mit meinen Lesegewohnheiten kollidiert. Jede junge Gruppe versucht die älteren hinwegzudiskutieren. Das haben Grass, Walser und ich nicht in dem Maße gemacht: Wir waren da etwas konziliänter mit Böll z. B. Aber Wondratschek und andere junge Autoren gehen eben so vor.

Veröffentlicht in: *Kölner Stadt-Anzeiger*, 1970, 26. November, Nr. 275, S. 23.

Christof Schmid
Gespräch mit Uwe Johnson
(Am 29.7.1971 in West-Berlin)

»Literarische Werkstatt« war der Rahmentitel für Sendungen, die das Bayrische Schulfernsehen seit 1968 ausgestrahlt hat. Diese Sendungen wendeten sich an Schüler in den Abschlußklassen der Gymnasien. Auf die Frage, wie ein Roman entsteht, gaben Gabriele Wohmann, Peter Bichsel, Günter Grass und Uwe Johnson Antworten. Im folgenden sind Uwe Johnsons Antworten zusammenhängend wiedergegeben. Die Auslassungszeichen (...) beziehen sich auf Antworten der drei anderen Autoren, die von den Herausgebern der Sendereihe zusammengeschnitten worden sind.

(...)

JOHNSON Mein Beruf stimmt in manchem noch mit der ursprünglichen Bezeichnung überein: Das Romane-Schreiben kann auch Geschichten-Erzählen sein. Für mich ist da aber noch etwas anderes dabei, nämlich der Versuch, ein gesellschaftliches Modell herzustellen. Das Modell besteht allerdings aus Personen. Diese Personen sind erfunden, sind zusammengelaufen aus vielen persönlichen Eindrücken, die ich hatte. Und insofern ist der Vorgang des Erfindens eigentlich ein Erinnerungsvorgang.
Mit diesen Personen versuche ich ein Bild der Gesellschaft zu geben. Das heißt: durch die Personen, durch das, was ihnen so passiert ist und passieren kann, und was die Gesellschaft ihnen für Mittel gegeben hat, um diesen Ereignissen zu widerstehen. Daraus entsteht dann eine Geschichte der Personen und, so hoffe ich, auch eine Geschichte der Gesellschaft.
Ich sage: Geschichte. Damit meine ich nicht: Fabeln. Das halte ich für ein gewaltsames Arrangement, das vor zwei Jahrhunderten vielleicht notwendig war, das ich jetzt aber nicht mehr für durchaus angebracht halte. Denn es kommt nicht darauf an, daß irgendwelche sensationellen, aufregenden oder sonstwie emotionalfeuchten Ergebnisse groß vorgetragen werden, sondern es kommt darauf an, Personen, ihre Veränderungen und ihre Geschichte zu

zeigen. Was dabei herauskommen könnte im Fall dreier oder vierer oder im Fall von 17 Personen, wäre das Bild einer Gesellschaft, das Bild von Entscheidungszwängen, Entscheidungsmechanismen, das wäre persönliches Leben von außen und von innen verändert.

Es ist ein eigenartiges Gewerbe, es ist mit der Gesellschaft in keinem Punkte verabredet. Das Gewerbe hat keine festen Häuser. Es hat keine Unterstützung durch das jeweilige Gemeinwesen. Das Gewerbe kann nur von einzelnen Personen ausgeübt werden, selbst wenn gegenteilige Ausnahmen bekannt sind. Es ist da jeweils eine Person am Werk und versucht den anderen etwas zu zeigen, wovon sie durch was für Arbeitsteilung immer nichts haben sehen können. Es ist ein Beruf, von dem etwas Gesehenes angeboten wird, also gezeigt, und dieses Zeigen ist lediglich ein Angebot, kein Zeigefinger dabei und keine Moral und keine Aufforderung, jetzt entsprechend zu handeln, das Leben zu ändern. Das wäre ein ganz anderes Gewerbe. Es ist Geschichten-Erzählen; etwas vortragen von Leuten, die man sonst nicht gekannt hätte.

(...)

Gerechtfertigt ist dieser merkwürdige Beruf durch ein Bedürfnis, das zwar nicht gleich hinter Trinken, Essen und anderen Sachen kommt, aber vielleicht doch an zehnter Stelle: das Bedürfnis, von den Menschen etwas zu erfahren, von anderen Leuten, von Nachbarn, die man so nicht kennenlernt. Dabei ist es gleichgültig, ob diese Nachbarn nun 200 Jahre entfernt sind oder in der Nebenwohnung oder in einem anderen Land leben. Die Literatur hat da ihre eigenen Möglichkeiten, die Nachrichten zu übermitteln. Insofern ist das Erzählen auch eine Vermittlung von Beziehungen. Ja, man könnte sagen, daß daraus der größte Teil des Erzählens im Roman besteht: daß über eine Person ihre Beziehungen zu anderen Personen dargestellt werden, die relevanten Beziehungen, nämlich die, die diese Person in den Zustand gebracht haben, in dem sie jetzt ist, und die Beziehungen, die sie jetzt unterhält, um am Leben zu bleiben, sich zu behaupten, sich zu verändern. Danach könnte man den Roman auch das Beziehungssystem der Personen nennen: Beziehungen allerdings nicht nur zwischen Personen, sondern auch zu gesellschaftlichen Instituten oder auch zum Wetter, wozu ja ein Individuum seine eigene, ihm unabsprechbare Beziehung hat. Was das letztens soll, ist eine Diskussion mit dem Leser. Es ist ein Denk- und Diskutierangebot, und es ist auf eine nicht nur subjektive Art der Versuch, dem dauernden Vergehen und Verfallen der Zeit einen kleinen Riegel vorzuschieben, die Vergangenheit aufzuheben, sie sicherzustellen, damit das erreicht wird, was wir als Leser heute aus den Romanen vergangener Jahrhunderte lernen, wie man damals gelebt hat. Das kann nur der Roman.

(...)

Es geht in dem, an dem ich sitze und arbeite und noch lange sitzen werde, darum, die Geschichte einer Person herzustellen und damit den Zustand zu erklären, in dem sie ist. Das ist eine Person vom Jahre 1933, die im Jahre 67/68 nicht mehr in Deutschland sitzt, wo sie geboren ist, sondern in New York, und die in den eigentümlichen Zustand geraten ist, der manche Leute um die 30 ankommt. Das ist der Zustand, in dem man sich unverhofft, ohne daß man es vorher geahnt hat, fragt: »Woher komme ich eigentlich, was sind meine Eltern gewesen, was ist das für ein Land, in dem ich aufgewachsen bin, wie kamen meine Eltern dazu, daß ich 1933 geboren wurde in dem Zustand Deutschlands, der damals war?« Das fragt sich diese Person. Sie ist sicherlich nicht die einzige, die sich das fragt, und sie versucht nun durch Erinnerungsversuche, durch Rekonstruktionsversuche, sich selber zu finden. Das alles soll aber trotzdem kein Lehrstück sein, sondern eine Erzählung; die Erzählung einer Person, das Vorstellen einer Person, diesmal aber mit Bekanntgabe aller Mittel zur Bildung einer Person. Gemacht wird das auf literarische Weise. Das heißt: Es gibt da formale, ästhetische Probleme. Es ist aber eine mir sehr geläufige und dringende Vorschrift, daß alles dieses, was man das Literarische an einem Buch nennt, in der Erzählung aufgeht, nicht mehr sichtbar wird, so daß die Geschichte nur sie selbst ist. Das heißt: daß alle Farbenschnelligkeiten, alle Eigenheiten der Geschichte zwar da sind, daß man aber nicht mehr sieht, wie es gemacht wurde, so daß die Geschichte sie selbst ist, daß es keinen Widerspruch mehr gibt zwischen Inhalt und Form, so daß also auch auf dieser literarischen Seite zwar alles erledigt ist, aber nicht mehr wichtig.

(...)

Wenn ich den Roman ein Modell, die Möglichkeit eines Modells genannt habe, oder ein System, so meine ich damit nicht großmächtige soziologische Wissenschaft, sondern im Grunde ganz gewöhnliche Dinge: Eine kleine Stadt kann für viele kleine Städte

stehen, selbst wenn sie erfunden ist; sie könnte möglich sein; so könnte es gewesen sein. Es ist das Gleiche, wie wenn es sich um eine große Stadt handelt, die es wirklich gibt, z. B. New York. Auch da handelt es sich dann um den Versuch, eine Wirklichkeit, die vergangen ist, wiederherzustellen. Und das heißt nicht etwa, eine Wirklichkeit in verkleinerter Form nachzubauen, sondern eine Wirklichkeit in allen ihren Beziehungen zusammengefaßt noch einmal möglich zu machen.
(...)

Veröffentlicht in: Gertrud Simmerding/Christof Schmid (Hg.), *Literarische Werkstatt. Interviews mit Friedrich Dürrenmatt, Tankred Dorst, Peter Zadek, Peter Handke, Hans Erich Nossack, Helmut Heißenbüttel, Günter Grass, Gabriele Wohmann, Peter Bichsel und Uwe Johnson,* München 1972, S. 63–72.

Barbara Bronnen
»Beauftragt, Eindrücke festzustellen.«
Ein Gespräch mit dem Schriftsteller und Büchner-Preisträger Uwe Johnson (Am 30. 11. 1971 in Erlangen)

(...)

BRONNEN Uwe Johnson, Sie haben Gesine, die Hauptperson Ihrer *Jahrestage*, zuerst die DDR, dann die BRD verlassen lassen, um sie zuletzt nach New York zu schicken. War es so, daß die westdeutsche Kulisse für Sie erschöpft war und Sie Gesine deshalb nach New York, in die Metropole des Kapitalismus schicken mußten?

JOHNSON Zunächst war es ja nicht so, daß die endgültige Trennung zwischen den beiden deutschen Staaten mir jede Arbeit entzogen hätte. Ich hatte genug zu tun, was mit den ost-westdeutschen Verhältnissen nichts zu tun hatte.

BRONNEN Sind Sie mit der literarischen Absicht nach New York gegangen, um dorthin Ihre fiktive Romanwelt mitzunehmen und zu neuem Leben zu erwecken?

JOHNSON Ich war der Meinung, daß man New York nicht nur zwischen Flugplatz und Hotel schildern kann, sondern daß man in einem Land arbeiten, dort eine Wohnung haben muß, mit Nachbarn, Arbeitskollegen verkehren muß. Durch den von mir erwünschten Job habe ich mich den Bedingungen des Angestellten-Lebens unterworfen. Es ist möglich, daß mich das erinnert hat an Gesine, die seit 1955 als Angestellte arbeitet. Dann kam ich auf den Gedanken, daß sie wahrscheinlich in New York lebt, und so fand ich einiges: die Schule, in die sie ihr Kind schickt, den Fleischer, bei dem sie einkauft.

BRONNEN Haben Sie Gesine sich deshalb in New York lebend vorgestellt, weil sie Ihre Sprache spricht? Eine von der DDR in bestimmter Weise mitgeformte Sprache?

JOHNSON Diese Gesine hat die DDR 1953 verlassen; da dürfte sehr wenig übrig sein an sprachlicher DDR-Erfahrung, viel öfter blankes Unverständnis. Dazu kam eine lange westdeutsche Zeit, Frankfurt und Düsseldorf, dann New York. Ich muß mich danach richten. Für mich ist die DDR 12 Jahre vorbei.

BRONNEN Sie beginnen erst mit der Niederschrift, wenn Sie den Romanplan bereits fertig entwickelt haben. Sind Sie im Prozeß des Durchdenkens bereits so weit, daß Sie den Teil III der *Jahrestage* schon in sich tragen?

JOHNSON Er ist fertig gewesen, als ich anfing, den ersten Band zu schreiben. Band III endet mit dem Einzug der Sowjets in der ČSSR 1968. Das ist ein Zufall, bei dem man mir mißtrauen wird. Ich hatte nach vielen Denkversuchen das Bedürfnis, endlich anzufangen. Das war zu einer Zeit, als ich noch genau ein Jahr in New York hätte bezahlen können. Mein Plan war, in diesen 365 Tagen jeweils den vorhergehenden Tag in einem Kapitel zu umfassen und pro Tag 2 oder 1 ½ Seiten, also insgesamt ca. 700 Seiten, zu schreiben. Da ich New York Ende August 1968 würde verlassen müssen, nahm ich einen beliebigen Tag im August 67, den ich an der See verbracht hatte, als Anfang. Damals war nicht zu sehen, daß ein Jahr später die Sowjets die ČSSR besetzen würden. In dieser Sache bin ich auf Vertrauen angewiesen, obwohl ich sogar ein datiertes Manuskript zeigen könnte. Dann kamen größere Zwischenfälle, störende hinzu, und überdies merkte ich, daß der Plan größer war, als ich angenommen hatte. Also fing ich erst im Herbst 1969 an, kontinuierlich zu schreiben.

BRONNEN Können Sie präzisieren, für wen Sie schreiben? Oder schreiben wollen?

JOHNSON Für jedermann, der bereit wäre, mich auszulesen. Der beim Lesen seine Unabhängigkeit bewahrt und seine eigenen Schlüsse zieht. Die Diskrepanz zwischen der Aufnahmefähigkeit des Publikums und den Bedürfnissen, die das Handwerk, die sogenannte Kunst stellt, ist mir bekannt. Ich glaube nicht, daß der Verfasser von Literatur jemals verantwortlich zu machen wäre für den Zustand der Gesellschaft, in der ein großer Teil der Bevölkerung daran gehindert wird, solche Privilegien wie das Lesen zu erwerben. Die Aufgabe des Verfassers ist es, seine Sache in einer haltbaren Form vorzubringen, daß sie selbst und das was ihre Nachricht ist, möglichst genau bekannt werden kann. Was die von der Herrschaft eingeübten Lesegewohnheiten angeht, das Abhängigsein von klischierten Meinungen etwa, so wäre es eher die Gesellschaft, die geändert werden müßte. In meinem neuen Buch hieße das: wäre die Lesergruppe 60 bis 80 Jahre alt, sie könnte an diesem Versuch die Biographie einer 35jährigen erkennen, was diese in der Kindheit über sie dachten, oder denken. Diese Biographie, dieser Versuch, wendet sich gleichermaßen an Leute unter Dreißig. Sie könnten daraus erkennen, mit welcher Generation sie noch zu leben haben, was sie hergerichtet hat, zugerichtet hat. Das Lesen wie das Schreiben ist eben Wirkung für eine Person. Grade in diesem Buch haben meine erfundenen Personen eine ziemlich festgelegte Vorgeschichte; ich muß das konsultieren, bevor ich ihnen was antue und dann den jeweiligen Vorfall, der mir geschenkt wurde, so umbauen, umwenden, bis er nur noch zu dieser einen Person paßt und nur noch dieser passiert sein könnte.

BRONNEN Welche zeitgenössischen Schriftsteller (deutsche) zu lesen interessiert Sie am meisten?

JOHNSON Es gibt einige von denen, die ich unbesehen nehme und von denen ich mir einige nach ihrer Erstausgabe sofort beschaffte, Böll, Walser, Enzensberger, Grass.

BRONNEN Können Sie sich vorstellen, immerfort Bücher zu schreiben, eins nach dem anderen?

JOHNSON Das wäre für mich möglich. Ich habe bei vielen Anlässen gedacht, das wäre eine Kurzgeschichte, sie haben sich in der Regel ausgewachsen zu Romanen. Ich habe nun einen neuen Anlaß, von dem ich vermute, er käme in der Präsentation als Fernsehfilm genauer und vor allem faßlicher weg.

BRONNEN Bei Erhalt des Büchner-Preises haben Sie als bis jetzt einziger Schriftsteller vom Geld geredet. Wie daraus hervorgeht, haben Sie das Geld ausschließlich verwendet, um Ihre Roman-Personen zu unterhalten. Welche Bedürfnisse hat der Schriftsteller Johnson noch, außer diesen?

JOHNSON Ich habe das Bedürfnis, neben der Vorbereitung und Ausführung meiner Arbeit eine Vierzimmerwohnung zu bezahlen.

BRONNEN Sie betrachten als Ihre Aufgabe das Schreiben. Halten Sie diese für unvereinbar mit einer aktiven politischen Betätigung?

JOHNSON Mir gelänge es schon quantitativ, vom Leserpublikum her, nicht, ein größeres Publikum dazu zu gewinnen, zu Veranstaltungen zu kommen. Mir scheint auch die Verbindung zwischen politischem Auftreten und literarischer Betätigung nicht erwiesen. Man sollte einen Test machen für solche Verbindungen: einen Schriftsteller zwei Jahre lang ein Gemeinwesen von 5000 Einwohnern verwalten lassen.

BRONNEN Hält Uwe Johnson sein privates Leben für wichtig?

JOHNSON Ich halte es nicht für wichtig, im größeren Kreis vorgetragen zu werden. Es ist ein ziemlich zufälliges Leben. Dieses mein Privatleben ist zu großem Teil das Instrument meiner Arbeit. Es wird ja alles, was einem passiert, darauf angesehen, ob es für die Arbeit brauchbar ist.

BRONNEN Die Personen treten in Ihren Büchern immer mehr hinter den Materialien zurück, wie die Person Uwe Johnson hinter ihren geschaffenen Figuren. Soll das als Verarmung des »Menschlichen« zu interpretieren sein?

JOHNSON Das finde ich nicht. Das hat zu tun mit der Tatsache, daß die meisten Leute, jedenfalls die meisten meiner Personen, quantitativ wie qualitativ den wachsten wie den größten Teil des Tages mit Arbeit zubringen müssen. Es gibt Arbeiten, die weiterentwickeln, es gibt andere. Diese Arbeit verändert die Leute, ob das nun ihren biologischen oder ihren Bewußtseins-Status angeht.

BRONNEN Ist aber Ihre Art zu produzieren nicht ein intellektueller Prozeß, der mit Sinnlichkeit und Spontaneität kaum noch etwas zu tun hat?

JOHNSON Wenn Sie eine Sache vorbereiten und sie dann zu Papier bringen, so schließt das Spontaneität oder, wie Sie sagen, Sinnlichkeit nicht aus. Wenn ich imstande bin, von einer Kindheit Baumprofile, den Geruch von Ackerboden im März oder das erste Erlebnis von Heimat angesichts eines örtlichen Lichteinfalls gegen Abend auf interessante Weise zu Papier zu bringen, muß doch vorher ein Erlebnis stattgefunden haben, eine spontane Reaktion auf etwas Wirkliches.

BRONNEN Ist Gesine eine Figur, die sich verselbständigt hat?

JOHNSON Wie kann sie, ich habe sie erfunden. Was mir objektiv gegenübersteht, ist meine Erfindung von ihr, ob aufgeschrieben oder nicht. Wenn sie überrascht, überrascht sie mich selbst. Sowenig wie von anderen Leuten würde ich behaupten, daß ich sie ganz und gar kenne. – Eine Leserin hat mir einmal zu einer bestimmten Situation gesagt, Gesine trüge dort ein Kostüm aus einem Pepita-Stoff. Beim Schreiben hatte ich an den Stoff nicht gedacht und nach einigem Bedenken habe ich der Leserin darin recht geben müssen.

BRONNEN Ist Gesine eine Denk- und Spielfigur, hinter der sich Uwe Johnson verbirgt?

JOHNSON Dieses Mißverständnis würde voraussetzen, daß ich

eine von mir erfundene Person, der ich durch meine Erfindung Lebensmöglichkeit verschaffen wollte, verkrüpple und durch meine eigene Idee verändere. Dazu wäre ich nicht imstande. Ich würde mich jedenfalls darauf verlassen wollen, daß man Personen in einem Roman ebenso aufmerksam gegenübertritt wie Personen hier in einem Hotel, so daß man sie also nicht verwechselt mit Leuten, die ein anderes Geburtsjahr haben, die auf völlig andere Schulen gegangen sind, in völlig anderen Landschaften aufwuchsen.

BRONNEN Warum ist Gesine eigentlich eine Frau?

JOHNSON Ich habe einmal drei Wochen ihres Lebens beschrieben – in den *Mutmassungen* –, das war der Herbst 1956, da war sie ein Mädchen, geboren im März 33. Daran ist wenig zu ändern. Ich hatte den Plan, die Biographie einer heute 34/35jährigen zu schreiben. Sie schien mir die am meisten geeignete.

BRONNEN Hat Gesine sinnliche Bedürfnisse?

JOHNSON Die üblichen, zunächst einmal. Sie hat ein Kind. Wer an der Ostsee aufgewachsen ist, wird es mit den Meeren auf eine dringlichere Weise zu tun haben. Wer in einer Landschaft aufgewachsen ist mit nur leichter Bebauung, hinter einem demnach größeren Himmel zu leben gelernt hat – wenn der in eine Gegend wie New York kommt, so wird er dort eindringlicher leben, was Anblicke betrifft.

BRONNEN Besteht eine Identität zwischen Ihrer Person und der Fiktion?

JOHNSON Nein. Ich habe Sachen, die ich erfahren habe, objektiviert. Das ist die Person in ihrem eigenen Recht, so wie sie vor den Leser tritt.

BRONNEN Wäre es für Sie nicht möglich gewesen, sich selbst als Ich in Amerika zu beschreiben?

JOHNSON Ich ziehe das Konkrete vor. Andernfalls wäre ich notwendig auf meine subjektiven Zufälle angewiesen gewesen.

BRONNEN Gibt es also Uwe Johnson primär als Medium, als Transporteur, als Chronisten?

JOHNSON Das ist ja die Fiktion, daß ich beauftragt bin, den Eindruck jedes Tages festzustellen oder ein erinnertes Stück Vergangenheit.

(...)

BRONNEN Wie kommt es, daß ich das Gefühl habe, jede Ihrer Antworten sei vorfabriziertes Material?

JOHNSON Es gibt eine definitive Form des Interviews, seinen ganz bestimmten Inhalt, bestimmte Abläufe. Ich versuche, mich so wenig wie möglich zu langweilen, indem ich bei den zu absolvierenden Interviews meine Antworten jeweils anders formuliere.

BRONNEN Und ein Ausbruch aus dieser definitiven Form ist für Sie nicht möglich?

JOHNSON Sie fragen, und ich antworte, und ich weiß, daß Sie es veröffentlichen. Ich kann nicht die Form des Interviews mißbrauchen, um mich als Person darzustellen.

Veröffentlicht in: *Publikation. Der literarische Markt*, 21. Jg. 1971, H. 12, S. 33–34 (abgedruckt auch in: *Abendzeitung* [München], 1971, Nr. 282 vom 4./5. Dezember, S. 8 und in *Bücherkommentare* [Freiburg], 21. Jg. 1972, H. 1, S. 11).

Matthias Prangel
Gespräch mit Uwe Johnson

(Am 6.3.1974 in Rotterdam)

PRANGEL Ursprünglich hatten Sie vor, in den *Jahrestagen* nicht nur 365 Tage aus dem Leben der Gesine Cresspahl zu erzählen, sondern das Buch auch an ebensoviel aufeinanderfolgenden Tagen auf etwa 600 bis 700 Seiten zu schreiben. Unter der Hand hat sich das Unternehmen dann ausgeweitet, und man stellt nun fest, daß auch der dritte Band noch nicht bis zum letzten Jahrestag vorgedrungen ist und uns demnächst ein vierter ins Haus steht. Das alles mag unter anderem verlegerische Gründe haben, scheint mir aber vor allem auch ein Licht auf Ihr erzählerisches Verfahren zu werfen. Wo liegt für Sie die Grenze zwischen architektonisch vorausplanendem Erzählkalkül und dem unbeschränkten Recht des Erzählaugenblicks selbst?

JOHNSON Ich folge einem altehrwürdigen Brauch und stelle ein besonders dickes Buch in Ablieferungen zur Verfügung. Was die Struktur dieses Buches angeht, so sieht sie auf den ersten Blick schematisch aus: 365 Tage und dazu die Jahre von 1920 bis zur Zeit eben dieser 365 Tage. Ich möchte aber doch meinen, daß es eine flexible Struktur ist, insofern ich mir für den Moment des Schreibens vorbehalten kann, was ich in den jeweiligen Tag als Gegenwart oder Erinnerung hineinlege. Da bin ich ganz frei. Ich brauche nicht schematisch einmal die Zeitebene 1967/68 zu nehmen und dann etwas aus der Vergangenheit, bloß weil es dran wäre. Ich habe mir ja durch Anklänge an Nachrichten der *New York Times,* aus Problemen, die für das Kind aus diesen Nachrichten entstehen und die dann diskutiert werden und wiederum Erzählung mit sich bringen, eine Assoziationsebene geschaffen. Das ist eine Struktur, die Änderungen während des Schreibens erlaubt, und sie mußte ja so angelegt werden, wenn sie im Verlauf dieses Jahres weltgeschichtliche, zeitgeschichtliche Ereignisse aufnehmen sollte, die ich noch gar nicht kannte.

PRANGEL Durch die vielen stofflichen Übereinstimmungen und Ähnlichkeiten sind nicht nur die Einzelbände der *Jahrestage* untereinander, sondern auch diese mit Ihren früheren Werken eng verbunden. Welche Vorteile hat es für Sie, an den gleichen Figuren immer weiter zu dichten, gewissermaßen einen Roman ohne Ende zu schreiben? Ergeben sich da nicht gewisse Festlegungen für die Zukunft oder finden sich in den Randbereichen des Stoffkomplexes dann doch immer wieder Ansatzmöglichkeiten für Geschichten, die keinerlei Beschränkung verlangen und potentiell ganz offen sind?

JOHNSON Das Personal in den *Jahrestagen* ist im Wesentlichen noch einmal das der *Mutmassungen*. Und das bietet mir einen Vorteil. Denn da die Geschichte des Buches *Mutmassungen über Jakob* ja auf einen geschichtlichen und persönlichen Augenblick zusammengedrängt ist, konnte ich die beteiligten Personen auch nur im jeweiligen Augenblick klären und nur die Haltung, Entscheidung oder Tat, die sie gerade zu zeigen hatten. Aber es war mir nicht möglich, dies nun auch sofort zu erklären. Und ich habe also in den *Jahrestagen,* die die Vergangenheit jener Personen enthalten und – insofern die Erzählung über die Erzählzeit der *Mutmassungen* hinausgeht – auch ihre Zukunft, die Möglichkeit, diese Personen mit biographischen Tatsachen und Überlegungen auszustatten, die sie weiter erklären. Ich wüßte aber nicht, daß ich dadurch in der Zukunft irgendwie festgelegt sein sollte. Ich behalte mir für meine Personen das Recht vor, daß sie genauso ein langes oder kurzes Leben haben, wie es im gewöhnlichen Leben vorkommt – ausgenommen Herr Cresspahl, der ja mit 74 Jahren gestorben ist, oder andere, die auch zu früh gestorben sind. Aber auch die Verstorbenen würde ich nicht ganz aus der weiteren Entwicklung herauslassen, denn die Toten wirken weiterhin auf uns ein, indem wir fortfahren, uns von ihnen Bilder zu machen, und indem sie fortfahren, durch das Bild, das sie in uns haben, uns zu verändern.

PRANGEL »Jahrestage« meint ja einmal ganz einfach die Tage eben eines Jahres. Daneben aber hat das Wort die Bedeutung der Jährung eines bestimmten Ereignisses, faßt also entschieden bereits ein Erinnerungselement. Hatten Sie mit Ihrem Titel gerade auch diese zweite Bedeutung im Auge?

JOHNSON Gedacht habe ich das Buch tatsächlich während der ganzen amerikanischen Zeit und während der Planung immer als *anniversary,* und das ist eindeutig das zweite.

PRANGEL So daß man sagen könnte, daß für Gesine jeder dieser 365 Tage zum Jahrestag des je erinnerten Ereignisses wird?

JOHNSON Eines potentiellen Tages. *Anniversaries* heißt aber außerdem, daß dieser Ausdruck den anderen, den zuerst genannten, decken sollte. Ich möchte für den Leser durchaus keine Trennung dieser beiden Begriffsebenen, sondern vielmehr, daß das Buch unter dem Titel »Jahrestage« zusammengehalten wird, obwohl das wahrscheinlich nur im Deutschen möglich ist.

PRANGEL Gesine ist mit einem ganz besonderen Verhältnis zur Zeit ausgestattet. Auf der Projektionsfläche ihres Bewußtseins entsteht da zwischen Vergangenheit und Gegenwart, zwischen Ende der Weimarer Republik, Nazizeit und Nachkriegszeit einerseits und der amerikanischen Wirklichkeit des Jahres 1967/68 andererseits ein historisches Bezugsfeld. Sie haben sich selbst immer entschieden gegen die Unterstellung moralisierender Intentionen und gegen eine platte Gleichung wie etwa Faschismus – Vietnamkrieg gewehrt. Und tatsächlich gibt es nun einmal zwischen Vergangenheit und Gegenwart unüberbrückbare hermeneutische Differenzen. Dennoch hat dieses unentwegt erinnernde und registrierende Bewußtsein Gesines, durch das sie sich selbst überhaupt erst aufbaut, doch wohl eine aktiv wirkende Funktion im Hinblick auf ihre Zukunft und vor allem die ihrer Tochter Marie.

JOHNSON Wenn Sie sagen »unentwegt erinnern«, so kann ich darauf hinweisen, daß Gesine doch immer wieder etwas anderes erinnert, und zwar in grob chronologischer Folge, so daß sich daraus ein Ablauf ergibt: nämlich die Geschichte, Ausbildung und Abrichtung einer Person. Da möchte also offenbar jemand in einem bestimmten Alter und biologischen Zustand noch einmal feststellen, woher er gekommen ist, und er möchte das nicht nur zum Zwecke der eigenen Erkenntnis, sondern um daraus gewonnene Erfahrungen in der Diskussion mit dem eigenen Kinde weiterzugeben, an jemanden, der nicht in dieselben Fallen laufen soll wie er selber.

PRANGEL Gegenüber den früheren Büchern zeichnen sich die *Jahrestage* durch eine entschiedene Weitung der Perspektive aus: aus Ost- und Westdeutschland werden Jerichow und New York, neben die Gegenwartsebene tritt die Vergangenheitsebene. Haben wir es hier mit einem Versuch zu tun, ein Zeitalter in Raum und Zeit auszumessen?

JOHNSON Es ist keine verkleidete Geschichtsschreibung. Es ist nur der Versuch, die Geschichte einer Person zu schreiben. Dies aber ist, obwohl wir hier als Perspektive das Bewußtsein nur einer einzigen Person haben und nicht die Notwendigkeit, die Perspektive mehrerer Personen vorzuführen, ein sehr kompliziertes Unternehmen. Es ist eine andere Art Geschichte, und die Struktur des Unternehmens hat ihre Folgen in der Struktur des Buches gehabt.

PRANGEL Ich meine, ergibt sich aus der Inbezugsetzung Amerika–Jerichow und Gegenwart–Vergangenheit ein gewisser Anspruch, die Totalität dieser ganzen Zeit in der einen Person Gesine Cresspahl zu erfassen; wird sie also zu einem Organon dieses Zeitalters?

JOHNSON Solange ich mich auf die Wahrnehmungsfähigkeiten und das Bewußtsein eines einzelnen Subjekts beschränken muß, werde ich ein totales Panorama, ein totales Geschichtsbild wohl nicht erreichen können. Das ist auch nicht meine Absicht. Es käme mir höchst unnatürlich vor, wenn ich einem Subjekt statt individueller Reflexionen und Spiegelungen geschichtliche Gesetze oder sogar Geschichtsschreibung unterlegen sollte.

PRANGEL *Jahrestage* ist ein Werk der Fiktion. Es gibt aber Passagen, in denen man den Fiktionscharakter vergessen könnte. Wirklichkeitsmaterial nimmt in dem Buch einen breiten Raum ein...

JOHNSON Es ist wahr, daß gelegentlich etwa ein Zitat aus der *New York Times* wörtlich, ohne Kommentar vorkommt. Dann ist es aber ein Zitat, das für sich selbst spricht, insofern ihm gegenüber nur noch ein sprachloser Zustand des erzählenden Subjekts stehen kann. Es steht dann für ein Ereignis oder für die Konfrontation mit einer Sache, der gegenüber dieses Subjekt zu müde oder zu ermüdet ist, sich überhaupt noch zu artikulieren. Das kommt aber sehr selten vor. In der Regel kommen die Zitate aus der *New York Times* nicht verbatim vor und auch nicht in Anführungszeichen, sondern sprachlich bearbeitet durch die Ausdrucksweise eben dieses Subjekts Gesine Cresspahl und mit ihrem eingearbeiteten Kommentar, der nicht nur an den darin benutzten Adjektiven oder Injektiven zu erkennen ist, sondern auch schon als Haltung gegenüber der dort mitgeteilten Tatsache.

PRANGEL Sie haben eine auffällige Beziehung zu einem epischen Element mit großer literarhistorischer Tradition: zum Wasser. Alle drei Bände der *Jahrestage* beginnen bezeichnenderweise mit dem Wassermotiv. Löst das Wasser eine Art kontemplativen

Zustand aus, in dem das Erinnern Gesines überhaupt erst stattfinden kann?

JOHNSON Ich habe die Ostsee erst im Jahre 1950 kennengelernt und habe also kein naives Verhältnis zu ihr. Es ist nicht mein Verhältnis zum Wasser, das dieses Buch zu schildern hat, sondern das Verhältnis dieser erfundenen Person Gesine Cresspahl. Sie ist an der Ostsee aufgewachsen, sie ist nach dem Kriege auf Leistungsschwimmen trainiert worden, und das Schwimmen in den Seen Mecklenburgs hat für sie des öfteren biographische Bedeutung gehabt. Ich richte mich da ganz und gar auf diese Person.

PRANGEL Dennoch muß es doch eine Affinität des Autors Uwe Johnson zu seinen Personen geben. Warum erfindet er eben eine Person mit solch intensivem Verhältnis zum Wasser, wenn er selber das Verhältnis nicht in irgendeiner Weise auch hat?

JOHNSON Der Autor muß versuchen, seine Personen zu verstehen, ohne daß er sich da zur Identifikation hinreißen läßt.

PRANGEL Gut. Aber nicht die erfundene Person ist für Ihr Schreiben verantwortlich, sondern umgekehrt Sie für die erfundene Person. – Ihre bisherigen Bücher tragen in Sprachform, Milieu, Gefühlslage unverwechselbar norddeutsche Merkmale in so hohem Grade, daß sie sich vielen, auch durchaus lesegewohnten Menschen weitgehend verschließen. Ist der norddeutsche Habitus Ihres Werkes eine angenommene Haltung oder der Schatten, über den Sie nicht zu springen vermögen?

JOHNSON Das ist ein Element, über das dieser Schriftsteller nicht springen will. Denn die Nähe zum Dialekt, zur Mundart, sei diese Nähe nun verbatim ausgedrückt oder sei sie nur durch andere Ausdrucksweisen zugegeben, hilft jedem Schriftsteller schreiben, und ich sehe nicht ein, warum diese Mundartanklänge gerade mich von einem Publikum entfremden sollten, da doch ein Schriftsteller wie Martin Walser mit seinem Alemannisch auch in Hamburg gelesen wird. Insofern hängen wir alle doch an der gemeinsamen Schriftsprache und sind nicht nur belustigt, sondern in den vielen Bedeutungen des Wortes Unterhaltung eben auch unterhalten von diesen Nachlieferungen der Mundart aus Gegenden, die schließlich zum deutschen Sprachgebiet gehören.

Veröffentlicht in: *Deutsche Bücher* (Amsterdam), Bd. 4, 1974, S. 45–49.

Werner Bruck
»Ein Bauer weiß, daß es ein Jahr nach dem andern gibt.«
Interview mit Uwe Johnson (Am 24.4.1975 in Köln)[1]

BRUCK Herr Johnson, als der Suhrkamp Verlag den dritten Teil Ihrer *Jahrestage* ankündigte, hieß es »Die vollendete Trilogie«. Nun wird aber der vierte Teil erscheinen. Haben Sie Ihre Absichten geändert?

JOHNSON Ich liefere dieses Buch einfach in Fortsetzungen ab. Diese Methode der Ablieferung läßt keinen Schluß zu auf die Struktur des Buches. Es ist ein Buch, und wenn ich es gliedere in der Ablieferung, dann sagt das nichts aus über die Gliederung des Buches selber.

BRUCK Bedeutet das, daß noch mehrere Fortsetzungen zu erwarten sind?

JOHNSON Nach dem Plan der Struktur des Buches ist nur noch ein vierter Band zu erwarten, der eben jene Zeit bis zum August '68 enthält, die es im Verein mit dem August '67 berechtigt, den Titel *Jahrestage* zu führen.

[BRUCK Und wie geht es in diesem Buch weiter gegenüber dem dritten Band?

JOHNSON Da muß ich Sie bitten zu warten, bis es gedruckt vorliegt. Es sind Teile dabei, die ich noch schreiben möchte, und ich mag mich nicht festlegen auf Sachen, die ich vielleicht noch nachzuprüfen hätte. Es wird ganz gewiß weitergehen in dem Buch, und Sie wissen, daß ohne mein Wissen in den Plan des Buches Realität eingedrungen ist: so die Ermordung von Robert Kennedy, so die Ermordung von Martin Luther King und so – da ich das Buch naiverweise am 20. August 1967 begonnen habe – der Einmarsch der sowjetischen Truppen in die Tschechoslowakei. Das habe ich nicht gewußt, das alles wird noch kommen müssen.]

BRUCK Seit der Zeit, da Sie das Buch planten, hat sich eine Menge Neues ereignet, täglich. Inwieweit spielt die Veränderung der Gegenwart in die Vergangenheit, die das Buch beschreibt, hinein, inwieweit hat sie einen Einfluß?

JOHNSON Sie hat faktisch keinen Einfluß. Ich war neulich auf drei Wochen in den Vereinigten Staaten, besonders in New York, und was ich auf der oberen Westseite, der Gegend dieses Romans, gesehen habe, ist alles nicht brauchbar. Denn da gibt es Leute, die planen, einen der wichtigsten Blocks in meiner ganzen Gegend abzureißen. Er enthielt drei kleine Geschäfte, so ein Eßgeschäft, ein Geschäft für Bekleidung, und er enthielt zwei Kinos, was alles eben Zentren der Begegnung waren für die Nachbarn. Sie planen, das alles abzureißen und an der Stelle, ausgerechnet hier an der 96. Straße und am Broadway, einen Turm zu errichten aus Wohnungen, und obendrein planen sie, in den Fuß dieses Turms ein Ladengeschäft zu schmuggeln. Sehen Sie, das ist später als '68, das kann ich nicht mehr hineinbringen, und abgesehen von meiner Trauer über diese Zerstörung einer Nachbarschaft wird es für das Buch nichts ergeben.

[BRUCK Ich meinte mit meiner Frage eigentlich mehr, wie sich die Perspektive von heute auf 1968 während des Schreibens verändert...

JOHNSON Sie kann sich nicht sehr verändern. Was Mrs. Cresspahl dort hinnehmen muß als Reaktion ihrer Tochter auf den Tod von Kennedy, das wird sicherlich durch die seitdem erschienene Sekundärliteratur über die Kennedys aufs Genauere hin bewegt werden. Sonst läßt sich an der Perspektive gar nichts ändern, es steht fest, daß das Buch endet am 20. August '68.

BRUCK Und die Bewertung dieser Fakten wird sich auch nicht ändern? Oder gehen Sie nur auf die Darstellung dieser Fakten in einem poetischen Zusammenhang aus?

JOHNSON Ich glaube, die Fakten, die uns zwischen dem August '67 und '68 geboten wurden, und eben als Anwürfe der Realität, daß die einen poetischen Zusammenhang gar nicht ermöglichen und außerdem auch gar nicht verdienen.

BRUCK Wie ist es denn mit dem Verhältnis von Realität, Erfindung und Materialdisposition?]

JOHNSON Dieser Roman, der sich gibt als Versuch einer Lebensbeschreibung oder einer teilweisen Lebensbeschreibung von Mrs. Gesine Cresspahl, ist natürlich eine Fiktion. Es ist eine erfundene Person. Je mehr Eigenschaften, je mehr Äußerlichkeiten, je mehr Ansichten ich ihr zulege, desto unabhängiger wird sie und desto weniger willkürlich kann ich sie bewegen. [Natürlich muß ich die von mir erfundene Geschichte, bevor ich überhaupt zu schreiben beginne, dokumentieren, indem ich Einzelheiten aus der biographischen Vorgeschichte dieser Person nachprüfe. Das betrifft eben durch ihren Großvater den Kapp-Putsch und durch ihren Vater die Wirtschaftsverhältnisse im England des Jahres 1928, das betrifft durch sie selbst das, was sie vergessen haben könnte, Durchführungsbestimmungen zu einem Gesetz der sowjetischen Militäradministration von 1946. Das alles stützt aber nur die Erfindung und macht sie dann am Ende um so wirklicher.]

BRUCK Und die Materialien, die Sie aus New York verwenden, vor allem Zitate aus der *New York Times* und auch eigene Beobachtungen, wie kommen die in den biographischen Zusammenhang? Wie ist das Verhältnis dieser vielleicht von jedermann nachprüfbaren Fakten zu dem Erfundenen?

JOHNSON Es trifft zu, seit ich mich zu diesem Buch entschloß, habe ich im Dienste dieses Buches gelebt. Das hieß, die Integrität der von mir erfundenen Personen zu respektieren und niemals sie zu mißbrauchen als Träger meiner Meinung oder als Vermittler meiner Erfahrung. Alles, was ich in New York sah und was mir in New York passierte, konnte ich in dieses Buch nicht in meiner Fassung bringen, und ich mußte mir überlegen, stimmt das für Mrs. Cresspahl, stimmt das für eine Frau, stimmt das für diese besondere Frau?

BRUCK Inwieweit wollen Sie über diese einzelne Person hinaus etwas Exemplarisches darstellen? Oder wollen Sie nur diese Historie in einer subjektiven Biographie spiegeln?

JOHNSON Ich finde, daß gerade das Leben einer so alltäglichen und nicht berühmten Person exemplarisch sein kann. Es haben schließlich verschiedene Gesellschaftsordnungen sich bemüht um sie und haben versucht, sie ihren jeweiligen Forderungen und Bedürfnissen gemäß zu verändern, das hinterläßt seine Spuren bei jemand, der 35 Jahre alt ist. Er wird auf Ereignisse in Japan, Indien, der Türkei oder den USA immer mit diesen vorhandenen Spuren in seiner Sicht antworten.

BRUCK Was verbürgt, daß die Faktizität, die Sie mit unglaublicher Akribie in diesem Roman versammeln, in dieser Figur exemplarisch gespiegelt wird?

JOHNSON Dafür gibt es überhaupt keine Garantie, als daß ich mir Mühe gegeben habe.

BRUCK Herr Johnson, wenn wir noch einmal auf Mecklenburg

und auf die Beschwörung des Klimas der Nachkriegszeit zurückkommen, könnte man dann sagen, daß Sie sich noch immer als Exilschriftsteller fühlen, mithin das Bewußtsein eines Schriftstellers haben, der etwas beschreibt, das er verloren hat?

JOHNSON Ich bin genau wie andere Leute ein Schriftsteller ohne irgendeinen Vorsatz. Man sollte vielleicht davon abgehen, die privaten Wendungen und Ereignisse im Leben eines Schriftstellers allzu schnell und allzu deutlich auf das Produkt dieser Leute übertragen zu wollen. Denn ihre Erfahrungen machen diese Leute ja nicht allein, um zu schreiben, sie machen sie erst mal ins Unreine. Was sie dann aussuchen, das wird gegliedert durch das, was sie vorhaben, und nicht durch ihre private, subjektive Situation.

BRUCK Glauben Sie, daß Ihre besondere Art zu schreiben durch Ihre Herkunft als Mecklenburger Bauernsohn besonders bestimmt worden ist?

JOHNSON Das glaube ich schon. Es ist immer etwas anderes, ob man aufwächst in einer Hochsprache oder in einem Dialekt. Und die vielen Spuren von mecklenburgischem Ausdruck in meinen Büchern verdanken sich ganz gewiß der Überzeugung, daß die Leute sich nur in dieser Sprache ausdrücken konnten und verstanden werden konnten von Leuten, die sie für ihresgleichen hielten. Und das ist eine ganz andere Schicht als jene Sprache, die man für den Verkehr mit Ausländern, Fremden oder Behörden benutzt. Der Dialekt ist ein ausgezeichnetes Instrument, um zu überprüfen, was das Hochdeutsche denn nun wirklich bedeuten soll und will.

BRUCK Glauben Sie nicht, daß auch in Ihrer Art zu schreiben, in Ihrer Art, sich langfristige Projekte vorzunehmen, etwas durch diese Herkunft vorgezeichnet ist?

JOHNSON Ich glaube nicht, daß Bauern so langfristig denken dürfen, denn es gibt immer neue Saat-, Bestell- und Erntetermine. Ein Bauer weiß ja ganz genau, sie werden sich nicht wiederholen. Da gibt es das Wetter, das wird alle Bedingungen verändern. Was ein Bauer weiß, ist, daß es ein Jahr nach dem anderen geben wird. Und ich hoffe, daß ich das nicht nur in Worten begriffen haben werde.

BRUCK Herr Johnson, was glauben Sie, kann man der Romanform heute noch zutrauen? Das ist eine Frage an Sie, der Sie den Roman intensiv gepflegt haben und der Sie sogar vielleicht mit der größten Anstrengung, die die deutsche Nachkriegsliteratur kennt, sich um den Roman bemüht haben.

JOHNSON Solange Fiktion akzeptiert wird von einem Leser als ein Mittel des Erzählens, traue ich dem Roman schlechthin alles zu. Es ist sehr schade, daß die Auffassungsmöglichkeit des Publikums so schlecht gepflegt wird von den öffentlichen Schulen, daß zum Beispiel niemand von uns da weitermachen kann, wo James Joyce aufgehört hat. Aber da machen wir ja alle einen Kompromiß, wir wollen alle doch verstanden werden, mit einer Ausnahme, und ich habe kein Vertrauen in den Tod des Romans. Ich halte das überhaupt nur für eine Formel, die geeignet war, gewisse Aufsprünge des Feuilletons zu fördern.

BRUCK Wenn Sie die *Jahrestage* abgeschlossen haben werden, was werden Sie dann schreiben?

JOHNSON Ich habe den Plan, dann sehr lange eine Berliner Zeitung zu lesen. Und das ist der Jahrgang 1932.

Anmerkung

1 Das Gespräch wurde am 24. April 1975 von der Deutschen Welle, Köln, gesendet. Ob es früher aufgezeichnet wurde, ist nicht bekannt. Es wurde in gekürzter Fassung in der *Süddeutschen Zeitung* veröffentlicht. Die gekürzten Passagen stehen in eckigen Klammern. Darüber hinaus weicht die gedruckte Fassung in einigen Passagen von der Transkription des Gesprächs ab, die uns von der Deutschen Welle zur Verfügung gestellt worden ist. Diese Stellen sind im vorliegenden Text durch eckige Klammern gekennzeichnet.

Veröffentlicht in: *Süddeutsche Zeitung*, 1975, Nr. 128, 7./8. Juni 1975, S. 84.

Ree Post-Adams
Antworten von Uwe Johnson

Ein Gespräch mit dem Autor
(Am 26. 10. 1976 in San Franzisko)

POST-ADAMS Sie kennen San Franzisko von Ihrem vierzehntägigen Aufenthalt im Frühsommer 1961 her, aber Sie haben diese Großstadt nie ausführlicher beschrieben; hingegen beschreiben Sie New York des öfteren. In *Ein Brief aus New York*, ein Text aus dem Jahr 1967, fassen Sie das Charakteristische, das Andersartige an dieser Stadt in einem Signalwort – »Gelb« – zusammen. Können Sie auch Ihren Eindruck von San Franzisko in einem Begriff zusammenfassen?

UWE JOHNSON Ich würde mich mitnichten unterfangen, eine Stadt in einem einzigen Symbol unterzubringen, das wäre wohl ziemlich eng für all die Leute, die darin wohnen. Behalten habe ich seit 1961 natürlich die verbrannte Vegetation, die braune Farbe und die weißliche Architektur, und hätte daran San Franzisko im Traum erkennen können. Was aber jenen Aufsatz über das Gelbe in New York angeht, so ist das ein Jux gewesen – ein unterhaltsamer Beitrag zu der Zeitschrift *Kursbuch* von Hans Magnus Enzensberger, und er richtet sich auf jene Leute, die nach ganz kurzer Zeit Aufenthalts in einer fremden Stadt genau wissen, wo es lang geht und warum alles so funktioniert, und solchen Leuten wäre vielleicht Gelb aufgefallen, und da habe ich eben an dem Gelb ein paar Sachen aufgehängt, die stimmen, und ein paar Sachen, die nicht stimmen, und es war wirklich nur im Scherz vorgetragen.

POST-ADAMS Obwohl der vierte Band der *Jahrestage* noch nicht erschienen ist, wissen die Leser doch, daß die Hauptperson Gesine Cresspahl im August 1968 von New York wegziehen wird. Sie haben in Ihrer Büchner-Preis-Rede in Darmstadt 1971 als eine Möglichkeit für ihr neues Ziel auch San Franzisko erwähnt.

JOHNSON Ja, das ist eine Gegend, die ich ihr gönnen würde. Ich habe aber auch schon vergeblich versucht, sie zu Umzügen in kleinere westdeutsche Städte zu überreden – das geht nicht; sie hat jetzt in dieser Bank, in der sie arbeitet, den speziellen Job, eine tschechoslowakische Anleihe vorzubereiten für den Herbst 1968, daher wird sie wohl in einer durchaus verschiedenen Gegend zu vermuten sein in der Zeit.

POST-ADAMS Seitdem 1973 der dritte Band der *Jahrestage* veröffentlicht wurde, haben Sie sich zunehmend als Kritiker betätigt. Sie haben zusammen mit Hans Mayer das Berliner Colloquium über das Werk von Samuel Beckett (Frankfurt 1975) herausgegeben, Sie haben die *Stichworte* zum Werk von Max Frisch ausgesucht (Frankfurt 1975), in einer Dokumentensammlung zur modernen Romantheorie ist ein neuer Aufsatz von Ihnen abgedruckt, *Vorschläge zur Prüfung eines Romans* (Lämmert, *Romantheorie II*, Köln 1975), und in diesem Herbst ist der zweite Band einer Aufsatzsammlung *Über Max Frisch* (Frankfurt 1976) erschienen, in dem Sie ebenfalls mit einem Beitrag vertreten sind. Sie haben ja Germanistik und Anglistik in Rostock und Leipzig (unter Hans Mayer) studiert, werden Sie sich jetzt zunehmend auch als Kritiker betätigen?

JOHNSON Ich halte das noch nicht für eine kritische Tätigkeit. Was das Beckett-Colloquium angeht, so war ich da eigentlich der Veranstalter. und der Leiter war Hans Mayer als Direktor der Abteilung Literatur der Akademie der Künste, und ich half da mit, eben als Vizepräsident der Akademie der Künste in West-Berlin – das war Diskussionsleitung, Übersetzung und allgemeines Organisieren. Was den Aufsatz über Frisch angeht, so war das ein Brief, der aus einem privaten Anlaß geschrieben war und durchaus zu keiner Veröffentlichung bestimmt ist, das hat sich so ergeben. Von den *Stichworten* muß ich sagen, daß da ein Leser am Aussuchen gewesen ist, wie das auch ausdrücklich im Vorwort versichert wird. Und schließlich das letzte, dieser von Ihnen erwähnte Aufsatz über die Prüfung eines Romans, das war ein für eine Vortragsreise, spezifisch auf Englisch geschriebener Text, der auf der doch wohl irrigen Annahme beruhte, ein angelsächsisches Publikum zöge theoretische Vorschläge zu einer Diskussion vor. Und ich habe nun gemerkt, daß solches Fixieren auf kritische Überlegungen gar nicht so fruchtbar ist wie das Verfahren, beim persönlichen Fall zu bleiben und dann die daraus erwachsenen Schwierigkeiten vorzuführen. Diese vier von Ihnen erwähnten Sachen sind meines Erachtens nicht kritische Aktivitäten, denn kritische Aktivitäten, das wäre ja doch wohl das Ausüben ästhetischer Maßstäbe, die man selber hat, an den Büchern anderer Autoren – das habe ich nicht getan.

POST-ADAMS In derselben Zeitspanne zwischen 1973 und heute

haben Sie eine Sammlung von Texten unter dem Titel *Berliner Sachen* (Frankfurt 1975) herausgegeben und haben dort in dem ersten Aufsatz, in dem Sie einen poetischen Standpunkt beziehen, nämlich *Berliner Stadtbahn,* der zuerst 1961 im *Merkur* abgedruckt wurde, nun einen Vermerk angebracht, daß dieser Aufsatz »veraltet« sei. Können Sie diesen ersten poetischen Aufsatz mit dem zweiten gerade erwähnten und 1975 gedruckten vergleichen und hervorheben, inwiefern der erste veraltet ist?

JOHNSON Ich meine kaum, daß ich in dem Aufsatz *Berliner Stadtbahn* so etwas wie eine Poetologie angedeutet habe... der Aufsatz weist vielleicht hin auf den Zustand, in dem ich mich damals befand und in dem ich mich wahrscheinlich nicht mehr befinde, deswegen vielleicht der Zusatz »veraltet«. Aber vor allen Dingen zeigt dieser Zusatz auf die Schließung der Grenze. Es ist der Vorfall, den ich zur Grundlage des Aufsatzes machte: Ein Mann fährt von einer Hälfte der Stadt Berlin in die andere Hälfte; dieser Vorgang ist jetzt so nicht mehr möglich, daher ist die Diskussion des Falles veraltet.

POST-ADAMS Könnte man als einen wichtigen Punkt der Veränderung Ihres poetischen Standpunktes den nennen, daß es Ihnen nun nicht mehr darum geht zu zeigen, *wie* eine Geschichte ist, unter welchen Bedingungen sie zustande kommt und erzählt werden kann, sondern, daß es Ihnen mehr darauf ankommt, zu zeigen, *was* das Neue an einer Geschichte ist?

JOHNSON Das sind beides Ansprüche, auf die ich nie verzichten werde.

POST-ADAMS Aber Sie sagten in einem Interview (mit Manfred Durzak), daß Sie es bei Ihrer gegenwärtigen Aufgabe nicht mehr für notwendig halten, das Handwerkszeug des Romanschreibers vorzuzeigen. Sie sagen das zu einem Zeitpunkt, an dem es fast zu einer Norm für den Schriftsteller geworden ist, zu zeigen, wie er vorgeht und sich dabei zu rechtfertigen, warum er so vorgeht.

JOHNSON Bei dieser Aufgabe *Jahrestage* handelt es sich um eine Biographie, da führe ich ja auch Schwierigkeiten vor beim Finden von Sachen, beim Besprechen von Sachen mit der Person, deren Biographie das einmal werden soll. Es ist wahr, daß da Schwierigkeiten beim Präsentieren des Erzählens nicht mehr vorgeführt werden, nicht mehr erwähnt werden.

POST-ADAMS Hat sich der Erzählerstandpunkt nicht auch geändert?

JOHNSON Ja, durchaus hat er sich geändert. Hier wird aus einem Subjekt erzählt, d. h. von einer ziemlich unabhängigen Position her, nämlich der Position von Gesine Cresspahl, aus deren Subjekt ja die ganze Geschichte vorgeblich kommt.

POST-ADAMS Sie erzählen also von einem traditionelleren Standpunkt her, der aber nicht als ein allwissender verstanden werden kann.

JOHNSON Wenn Sie wollen, ist das sogar ein naturalistischer Blickwinkel; ich erzähle so viel, wie die Person wissen kann, nicht aber, was sie nicht wissen könnte.

POST-ADAMS Aber Sie verzichten dabei auf einen allwissenden Erzählerstandpunkt; im Gegenteil, Sie haben einmal zugegeben, daß die Person, Gesine Cresspahl, Ihr Auftraggeber ist und daß Sie nur noch ausführende Funktion haben, so daß Sie dann eigentlich den Romanpersonen nicht übergeordnet, sondern ihnen untergeordnet sind.

JOHNSON Allwissend – wer ist das schon? Aber wenn diese Person entscheidet, daß sie etwas mehr über ihren Großvater wissen möchte, dann muß ich eben hingehen und ihr den Kapp-Putsch und ihr die mögliche und wirkliche Rolle ihres Großvaters zeigen. Wenn sie das wissen will, dann besorge ich ihr das Wissen.

POST-ADAMS In dem noch in Arbeit befindlichen Roman *Jahrestage* treten Sie selber und namentlich auf: wir sehen, wie der Schriftsteller Uwe Johnson vor dem Jewish American Congress einen Vortrag hält, wir sehen Sie also in einer biographisch-historischen Situation, und wir treffen Sie kurz darauf in einer fiktiven Situation: dort unterhält sich der Erzähler Johnson mit seiner Hauptfigur Gesine Cresspahl. – Da stellt sich doch die Frage, ob in diesem Roman überhaupt noch zwischen Autor und Erzähler unterschieden werden kann, ob in den *Jahrestagen* nicht vielmehr von einer Kongruenz zwischen Autor und Erzähler gesprochen werden kann.

JOHNSON Ich erzähle das, was diese Mrs. Cresspahl für wichtig hält in ihrem Leben, ich bin also begrenzt durch die Aufgabe, die sie mir gestellt oder vielmehr erlaubt hat. – Ich verstehe übrigens den Unterschied zwischen Autor und Erzähler nicht, denn ich bin ja, ich muß notwendigerweise beides sein, und ich muß ihre Geschichte erzählen, und da sie leider, leider eine erfundene Person ist, bin ich also auch der Vorbringer, der Autor, beides in einem. Sie meinten mit Autor die Beschreibung meines Berufs; dann müssen Sie eine Situation wie diese dazu nehmen, und in dieser Situation mit Ihnen im Coffee Shop des Hotels Canterbury in San Franzisko am 26. Oktober 1976 bin ich ein Autor von Berufs wegen und werde interviewt.

POST-ADAMS Rührt nicht eines der größten Probleme für den einzelnen in der Gesellschaft daher, daß ihm heutzutage so wenig Zeit bleibt, um seine Entscheidungen zu treffen? Entscheidungen, die ihre Hauptperson Gesine Cresspahl mit der Hilfe des Autor-Erzählers noch treffen kann? Sie kann sich doch zum Beispiel noch in Ruhe das Für und Wider ihrer Situation überlegen, und sie scheint in ihren Entschlüssen zum Umzug beispielsweise noch relativ ungebunden zu sein.

JOHNSON Nein, sie kann sich das längst nicht mehr aussuchen. Zum Beispiel, sie hat seit 1957 ein Kind und keinen Vater dazu, das zwingt sie zu mehr Vorsicht bei ihren beruflichen Unternehmungen. Einmal auf dieses laufende Band gesetzt, also ins Bankgeschäft eingetreten der Sicherheit des Kindes wegen, muß sie zwangsläufig, durch Zufall und durch Resultate ihrer Begabung in diesem Feld, einmal in New York landen und eben durch ähnliche Zwischenfälle sich einlassen auf einen Auftrag, dem man im Anfang die Gefährlichkeit gar nicht anmerkt, dem aber sie nicht mehr entgehen kann. Verzichtet sie darauf, so kommt sie auf eine schwarze Liste und wird niemals wieder einen guten Arbeitsplatz im Bankwesen haben, *und* sie wird auf einen Schlag all jene Sicherheiten verlieren, die sie um sich und um das Kind herum gebaut hat. Das ist schon längst nicht mehr ihre Entscheidung, es ist doch die Gesellschaft, die über die Entscheidungen des einzelnen befindet.
Ich habe das Buch angefangen zu schreiben im August 1967, die tschechoslowakische Entwicklung zu einem mehr menschlichen Sozialismus beeinflußte nun mit einem Mal auch das Leben dieser Person in New York, die dann von einem Vizepräsidenten der Bank für die Vermittlung der Anleihe in einem kommunistischen Land ausgesucht wird – gerade weil der nun die blödsinnige und richtige Theorie hat, daß die Kommunisten den überzeugten Gegner, als der sie gilt, am meisten achten werden. Ich habe das nicht erfunden, sondern ich habe mit Bankpräsidenten gesprochen und habe solche Meinungen gefunden. Das sind Tatsachen, und wenn ich diese Person in den tatsächlichen Sachverhalt versetze, wie er sich aus der Anstellung bei einer Bank und dann in führenden

Etagen der Bank ergibt, dann wirken die Tatsachen sofort auf sie ein – dann kann ich nicht sagen, nun gehen Sie doch weg aus New York und von dieser Bank, weil sie mir dann entgegenhalten wird, daß ich ihrem Kind die Heimat New York entreiße, was man bei Zehnjährigen nicht tun solle. Oder, daß sie bei einem Verzicht auf diesen tschechoslowakischen Job eben das ganze Leben dieser kleinen Familie riskiert. Also, ich habe dafür gesorgt, daß sie diese Tochter hat, daß sie da in New York lebt, daß sie diese Anstellung hat, dies sind nun die Konsequenzen, da können wir beide nicht mehr heraus.

POST-ADAMS Worin sehen Sie Ihre wichtigste soziale Aufgabe als Autor?

JOHNSON Wenn man es brutal zusammenfaßt, dann möchte ich gern eine Geschichte erzählen, daß sie die Leute unterhält, und zwar in dem doppelten Sinne, wie man unterhalten werden kann durch Musik, oder wie eben eine Brücke oder ein Haushalt unterhalten werden; das heißt, ich liefere Nachrichten über die Lage an Hand einer Geschichte, die dem Leser durch seine Entfernung in anderen Abwesenheiten, wie Arbeit oder andere Belastung, vorenthalten sind. Dann hätte ich gern, daß der Leser zumindest sagt, ja, so ist das, so leben wir ... dazu die Hoffnung, er würde auch noch zu der Frage gelangen, ja, ist uns denn das recht, daß wir so und so leben?

POST-ADAMS Sehen Sie in diesem Versuch zur Aktivierung des Lesers auch die soziale Rechtfertigung Ihrer Romane und Ihrer Existenz als Schriftsteller?

JOHNSON Ich sehe nicht ein, warum gerade der Erzähler, oder der sogenannte Novellist, seinen Beruf mehr zu rechtfertigen hat als irgendein anderer. Er bedient ein menschliches Grundbedürfnis, das Peter Suhrkamp einmal definiert hat als die Neugierde des Menschen auf seinen Nachbarn und auf sich selbst.

POST-ADAMS Die Aufgabe des Schriftstellers, hat Elias Canetti einmal definiert[1], sei es, Verwandlungen zu vollziehen. Würden Sie dem zustimmen?

JOHNSON Nun, das ist der Vorgang, in dem der Schriftsteller seine Erfahrungen, ob sie ihm nun am eigenen Leib passieren oder ob er mögliche Erfahrungen recherchiert, als Material betrachtet und es dann behandelt. Und auch verwandelt, nicht wahr, er scheidet aus, er setzt hinzu, er schneidet weg, worauf es aber dann ankäme, wäre zu zeigen, *wie* eine erzählte Person verwandelt wird. Wie man in der Musik sagt, es wird da das Schicksal einer Melodie gezeigt ... ich glaube nicht nur das Schicksal, ich glaube, es wird die Verwandlung eines Menschen, einer Person gezeigt.

POST-ADAMS Ja, es handelt sich hier um die Verwandlung eines Menschen, es geht aber auch um die Verwandlung eines Stoffes; wenn Sie zum Beispiel den Pyramus-und-Thisbe-Stoff verwandeln zu den Ereignissen von *Zwei Ansichten,* wenn Sie das dargestellte Problem auf die Gegenwart projizieren.

JOHNSON Ja, es ist eine Variation des Themas. Ich habe nur versucht, meine Variation auch von Romeo und Julia neu zu machen, und zu zeigen, daß solche einfachen Geschichten von unglücklicher und verunglückter Liebe heute bei uns immer noch passieren und *wie* sie bei uns passieren.

POST-ADAMS Bei mehreren Ihrer Romane fehlt die Gattungsbezeichnung. Glauben Sie, daß der Roman Elemente anderer Gattungen, des Journalismus, der Dokumentation, der philosophischen Abhandlung oder des Essays absorbiert hat und weiter absorbieren wird?

JOHNSON Ja, das hat er doch längst getan; ich meine, da war John Dos Passos nicht der erste; er wird auch Elemente des Films benutzen, und das um so legitimer, als ja der Film eine Tochter des Erzählens ist. Wenn ich einmal, bei den *Zwei Ansichten,* das Wort Roman nicht verwendet habe, so weil ich das Buch eher als eine Doppelerzählung ansah und den Leser mit diesem Titel nicht verwirren wollte. Andererseits war mir die Bezeichnung »Novelle« zu anspruchsvoll, die Kriterien wurden da nicht erfüllt, so ließ ich es lieber gleich weg zu sagen, was das nun eigentlich ist, und vertraute darauf, daß der Leser auf der ersten Seite sieht, hier wird von jemandem erzählt.

POST-ADAMS Und in *Eine Reise nach Klagenfurt?*

JOHNSON *Eine Reise nach Klagenfurt,* das ist der Versuch, mit noch vorhandenem historischem, statistischem, architekturellem und anderem Material, in der Stadt Klagenfurt zu finden, unter welchen Bedingungen Ingeborg Bachmann als Kind aufgewachsen ist und was sie bewogen hat, von dem heutigen Zustand ihrer Geburtsstadt sich verschiedentlich abzuwenden und sich schließlich endgültig zu entscheiden für die Stadt Rom, in der sie jedoch nicht begraben ist, obwohl ihr das freigestanden hätte als Protestantin – sie ist in Klagenfurt begraben.

POST-ADAMS Sie erwähnten gerade den Film als Tochter epischen Erzählens, würden Sie gerne im Medium des Films arbeiten?

JOHNSON Recht ungern, da ich von meinen Personen, so erfunden sie sein mögen, sehr genaue Vorstellungen habe, und es mir unbehaglich wäre, wenn ich dieses Bild jetzt plötzlich wiederfinden müßte in der Gestik, in der Mimik, in der Bewegungsart, überhaupt im Gesicht eines Schauspielers, an den ich ja nicht gedacht habe, als ich die Person erfand. Der Film setzt für den Autor eine Art Verwechselbarkeit seiner Personen voraus, und dazu ist mein Verhältnis mit ihnen, nun sagen wir, zu intim.

POST-ADAMS Der dritte Band der *Jahrestage* wurde 1973 veröffentlicht, und in der Zwischenzeit hat der Leser sich gründlich überlegen können, wohin zum Beispiel die Hauptperson umziehen wird und welche Gründe sie dafür haben könnte. Ist diese Wartezeit Teil des Konzeptes, den Leser stärker in den Überlegungsprozeß miteinzubeziehen?

JOHNSON Wer so auf die Geduld und Langmut seiner Leser vertrauen wollte, der beginge ja wohl so etwas Ähnliches wie einen Versuch, sich selbst auszulöschen. Nein, das hat private Gründe, daß da so eine große Pause entstanden ist.

Anmerkung

1 Vgl. Elias Canetti, *Der Beruf des Dichters. Münchner Rede, Januar 1976*, in: E. Canetti, *Das Gewissen der Worte*, München/Wien 1976 (2. erw. Aufl.)/TB-Ausgabe, Frankfurt am Main 1981, S. 283/84.

Veröffentlicht in: *The German Quarterly*, Vol. 50, 1977, Nr. 3 (May), S. 241–247.

»Ein verkannter Humorist«
Gespräch mit A. Leslie Willson

(Am 20. April 1982 in Sheerness-on-Sea)

WILLSON Ich habe gelesen, Kritiker haben über Uwe Johnson und die Geschichte geschrieben, daß Sie eigentlich Geschichtsschreiber sind und daß Sie Ihre Personen durch Geschichtliches, auf geschichtliche Ereignisse reagieren lassen. Ist das eine Art von Geschichtsschreibung?

JOHNSON Ich glaube schon, daß in diesem Zeitalter in Europa eine Menge Leute verändert werden durch den Umgang mit gesellschaftlichen Vorgängen, und verändern kann da heißen, befördert oder beschädigt. Es ist schlecht möglich, abseits der Zeitgeschichte zu leben.

WILLSON Ist das ein Merkmal des 20. Jahrhunderts oder war das nicht immer so?

JOHNSON Ich glaube, das hat zu tun mit der Machtergreifung des Faschismus und seinen Folgen. In Irland, glaube ich, kann man unpolitischer leben als in Deutschland.

WILLSON Warum sind Sie – vor acht Jahren jetzt – nach England umgezogen?

JOHNSON Das ist ein privater Unglücksfall und hat sich jetzt herausgestellt als ein befestigter Zufall.

WILLSON Sind Sie hier glücklich mit dieser Aussicht über das Wasser?

JOHNSON Ich benutze sie nicht. Ich sitze für gewöhnlich im Keller.

WILLSON Sie sitzen in diesem Zimmer nicht sehr oft?

JOHNSON Nein, nur abends.

WILLSON Ist Ihr Arbeitszimmer im Keller?

JOHNSON Ja. Das bedeutet nichts. Ich kam hier an mit einem so großen Tisch, daß er nur durch ein Fenster ins Haus ging, und dann mußte es das bequemste Fenster sein. Und da steht er heute noch.

WILLSON Ist das ein alter Tisch?

JOHNSON Nein, es ist ein Baujahr 1965, denke ich.

WILLSON War Hans Mayer Ihr erster Förderer? Ich weiß, Sie

haben bei Hans Mayer, ich glaube an der Universität Leipzig, studiert.

JOHNSON Ja, ich habe bei ihm Vorlesungen gehört und bei ihm an Seminaren teilgenommen, und ich bin bei ihm geprüft worden. Das war 1956. Ich glaube 1958, da hat er mir verschiedentlich Hilfe angeboten und geleistet.

WILLSON Mit Verlegern?

JOHNSON Nein. Nein. Nein. Mit Geld.

WILLSON Sie hatten einen ersten Versuch geschrieben, das heißt einen Roman. Wie hieß dieser erste Roman?

JOHNSON Der hieß *Reifeprüfung*.

WILLSON *Reifeprüfung*? Ich dachte an die Babendererde, das *Babendererde*-Manuskript. Das ist nicht der Titel, das ist der Name der Hauptperson?

JOHNSON Es ist eine Person namens Babendererde in der Geschichte. Und eine Person namens Niebuhr. Und *Reifeprüfung* hieß es, weil diese beiden an einer mecklenburgischen Oberschule im Frühsommer 1953 ihr Abitur machen sollen, aber die Berechtigung dazu verlieren, weil sie sich gegen den Kirchenkampf der damaligen Regierung wenden. Das war vor dem Juni 1953, da versuchte die Regierung über ihre Staatsjugendorganisation »Freie Deutsche Jugend« die Mitglieder der sogenannten »Jungen Gemeinde«, also evangelische Schüler, aus dem Lande zu drängen. Und das stand in einem Widerspruch zur Verfassung des Landes, und das kann achtzehn- bis neunzehnjährige Oberschüler aufbringen und sie zweifeln machen an der Weisheit des Staates. Übrigens sind diese Aktionen gegen die Kirche, besonders die evangelische Kirche, nach dem Aufstand vom Juni 1953 sämtlich gestoppt worden, und entlassene Schüler, der Schule verwiesene Schüler wurden aufgefordert, an die Schulen zurückzukommen, und Lehrer desgleichen. Aber das ist nicht mehr in der Geschichte drin.

WILLSON Dieses Manuskript wurde nicht gedruckt. Sie haben daraus aber ein paar Teile drucken lassen, nicht wahr?

JOHNSON Das sollte gedruckt werden, sagte jedenfalls Peter Suhrkamp. Aber er hatte damals einen Mitarbeiter, der fand das Ganze zu norddeutsch – da wurde immerzu gesegelt, und es wurden Bäume beschrieben und überhaupt Landschaften, das roch ihm verdächtig nach Blut und Boden, und so entfiel der Plan. Das ist heute mein Verleger, und dieser Verleger hatte, ich glaube 1968, den Einfall, einen Sammelband zu machen aus aufgegebenen Werken. Und da wurde ich dann freundlich eingeladen, ein Kapitel aus diesem Manuskript einzureichen.

WILLSON Das ist dann erschienen?

JOHNSON Das ist erschienen.[1]

WILLSON Wo ist heute dieses Manuskript?

JOHNSON Unten im Keller.

WILLSON Hat Hans Mayer eine Kopie davon?

JOHNSON Nein. Hans Mayer hat es einmal gelesen und hat es gegenüber Peter Suhrkamp erwähnt. So war es gewissermaßen vorgestellt im Hause Suhrkamp, bevor es ankam.

WILLSON Wann haben Sie angefangen zu schreiben, d. h. ernsthaft zu schreiben? War es an der Leipziger Universität oder schon vorher?

JOHNSON Das war im Winter 1953. Ich hatte mir über die Kirchenverfolgung in der DDR einige Blessuren zugezogen. Ich sollte zum Beispiel wegen meines Eintretens für die verfassungsmäßigen Rechte der Kirche relegiert werden. Das wurde nach dem 17. Juni rückgängig gemacht, aber stillschweigend. Ich habe versucht, diese Sache in einer Vorstufe von *Die Reifeprüfung* zusammenzufassen.[2]

WILLSON Wann sind Sie nach West-Berlin umgezogen? War das 1956?

JOHNSON Nein, 1959.

WILLSON Der Roman *Mutmassungen über Jakob* ist auch 1959 erschienen.

JOHNSON Ja, das war der Anlaß. Meine Freunde hatten mich davon überzeugt, daß ein Pseudonym nicht wirken würde, nicht auf die Dauer haltbar wäre. Denn, wäre es nach mir gegangen, ich wäre ganz gern in der DDR geblieben, die mir damals erschien als ein Land, in dem sich etwas verändern wird. Aber meine Freunde meinten, wenn der Staatssicherheitsdienst mindestens so tüchtig ist, wie ich ihn in dem Buch *Mutmassungen* dargestellt habe, dann hat er mich nach ein paar Monaten, und so bin ich also an dem Tag, an dem in einer westdeutschen Druckerei ein Name auf ein Titelblatt eingefügt werden mußte, an diesem Tag bin ich in West-Berlin aus der S-Bahn gestiegen.

WILLSON Würden Sie das geplante Pseudonym verraten?

JOHNSON Nein. Das kann ich nicht. Wer weiß, wozu ich das noch brauche.

WILLSON Hat jeder Schriftsteller irgendwann ein Pseudonym, oder denkt er daran, einen anderen Namen für sich zu gebrauchen? Was meinen Sie dazu?

JOHNSON Ich weiß nur von Günter Grass, daß er zu ungefähr der Zeit, als sich sein Buchruhm abzeichnete, mit Seufzen sagte: Ach, hätte ich doch ein Pseudonym gewählt. Denn damals hätte er noch ganz gern seine Ruhe gehabt.

WILLSON Ich glaube, er hat einmal wenigstens unter einem Pseudonym geschrieben.

JOHNSON Ja. Das war eine Erzählung. Er wollte ausprobieren, was für eine Magie in einem Namen steckt. Und diese Erzählung ist erst kürzlich von Klaus Röhler ausgegraben worden in einer Anthologie mit dem Bemerken, daß sie zur Zeit ihres Erscheinens überhaupt keinen Erfolg hatte und gar nicht beachtet wurde, obwohl, das sieht man bei der Lektüre, sie deutliche Kennzeichen Grass'schen Stils aufweist.[3] Das aber müßten Sie ihn selber fragen.

WILLSON Wo wir von Stilen sprechen. Sie haben selbst auch von Anfang an einen sehr eigenartigen Stil entwickelt. Wie ist das gekommen? Ist das absichtlich gemacht worden, ich meine die vielen Semikolons, etwas nicht Gebräuchliches oder nicht sehr oft Vorkommendes. Sie hatten das und andere Interpunktionen verwendet, die man eigenwillig fand.

JOHNSON Die Interpunktion ist mir fragwürdig geworden auf der Universität wegen ihrer Orientierung auch auf die Form statt auf die Funktion. Wenn Sie den Satz als Beispiel nehmen: »Ich sehe den Regen«, dann haben Sie das Subjekt, das Prädikat, das Verbum und das Objekt – da läuft die Beziehung durch, das eine geht über das andere zum dritten. Wenn jetzt eines dieser Teile die Form verändert, und aus dem Objekt wird ein Objektsatz, obwohl die Objektfunktion dabei erhalten ist, dann muß da ein Komma hin, da muß diese laufende Beziehung zerhackt werden durch ein Komma. Das hat mir nicht eingeleuchtet, um so weniger, als ich zur gleichen Zeit in der englischen Sprache sah, daß man da den Leuten zutraut, eine Funktion mitzudenken in einem Satz. Ja, derlei Überlegungen hat der junge Mann auch auf andere Probleme der Interpunktion verwandt mit dem Erfolg, daß sie in gedrucktem Zustand den Leser störten. Und da mir daran wenig lag, habe ich auf diese heiligen Prinzipien bald verzichtet. Was nun aber das Semikolon angeht, so ist das für mich unentbehrlich, weil es den Rhythmus eines Satzes andeutet.

WILLSON Stärker als ein Komma? Ich meine die Pause, die dadurch entsteht.

JOHNSON Es ist eine Pause von anderem Gewicht.

WILLSON Sie haben auch mit sehr vielen Fragen gearbeitet. Ich denke beispielsweise an *Das dritte Buch über Achim*, in dem viele kursiv gesetzte Fragen zu finden sind. Was für eine Rolle sollen die spielen? Wer stellt die Fragen?

JOHNSON Herr Karsch hat eine Reise gemacht, und zwar in ein damals sehr unbekanntes und viel beschrienes Land, das sogenannte Ostdeutschland, die Zone, das kommunistische Deutschland, was immer das ist, die Fremde, in den fremden Teil Deutschlands. Und wenn einer eine Reise macht, und er hat Freunde, dann fragen sie ihn beim Zurückkommen: »Wie war es denn?« Und mit der Antwort auf diese Frage beginnt das Buch, und es wird vorangetrieben und angetrieben durch die Fragen von Leuten in Hamburg nach den Personen, die er getroffen hat, nach den Lebensbedingungen, die man sich doch ganz anders vorgestellt hat. Sie fragen jemand aus, der von einer Reise zurückkommt.

WILLSON Sie spielen auch eine andere Rolle, fällt mir eben ein, denn Sie locken den Leser immer weiter in die Geschichte hinein, die in dem Roman erzählt wird.

JOHNSON Ja, ich hoffte, daß diese Fragen allmählich zu Fragen des Lesers würden.

WILLSON Ich hatte eigentlich das Gefühl beim ersten Lesen dieses Romans, daß ich derjenige war, der manchmal die Frage stellte.

JOHNSON Ja.

WILLSON Das war Ihre Absicht? Hans Bender hat einmal über die Absichten eines Autors in einem Stück Prosa gesprochen, und mir wurde immer gesagt, man sollte nicht die Absicht des Autors enträtseln wollen, denn es sei etwas Unenträtselbares.

JOHNSON Dies ist eigentlich keine Absicht, dies ist mehr ein Benehmen des Verfassers. Er hat noch lange nicht verraten, um was es ihm ging.

WILLSON In diesem Falle, meinen Sie, im Falle dieses Romans?

JOHNSON Im Falle der Fragen. Und ich glaube, daß ich weder da noch in einem anderen Buch den Leser an der Hand führe bis zu der Absicht, die ich habe; und ich vertraue darauf, daß der Leser diese Schritte für sich selbst tut und das erkennt, was er erkennen will.

WILLSON Aber Ihr amerikanischer Verleger des ersten Romans,

oder war es die Übersetzerin, hatte dieses Vertrauen nicht. Ich spreche von denjenigen, die in dem Buch miteinander sprechen oder denken oder schreiben. Sie werden genannt, während das in der deutschen Ausgabe nicht vorkommt.

JOHNSON Das ist in den *Mutmassungen* der Fall. Wir sprachen eben von dem *Dritten Buch über Achim.*

WILLSON Aber da dachte ich, Sie wollten den Leser nicht an der Hand nehmen und selbst führen. Es scheint mir jedoch, in der Übersetzung der *Mutmassungen* ist das geschehen.

JOHNSON Ja, aber das ist eine andere Funktion; die Namenlosigkeit der Leute im Druck gründete sich auf das Vertrauen, der Leser werde aus der Sprech- und Redeweise der Leute erkennen, wen er vor sich hat. Das tut man ja in jedem Eisenbahnabteil, wenn man einer Unterhaltung zuhört. Man weiß ungefähr, woher die Leute kommen und auf welche Schule sie gegangen sind und wohin sie unterwegs sind. Und diese interessante Mühe des Zuhörens, die habe ich den Lesern der deutschen Ausgabe allerdings zugemutet. Daß man das schwer übertragen kann auf eine Leserschaft in einem ganz anderen Lande, die von den Gegenständen des Buches wenig Ahnung hat, das liegt auf der Hand.

WILLSON In der Übersetzung der *Jahrestage* haben Sie sich entschieden, vieles zu streichen, auszulassen.

JOHNSON Ja, auf Wunsch des Verlages.

WILLSON Auf Wunsch des Verlages? Ich glaubte, das wäre von Ihnen gekommen.

JOHNSON Nein, der Wunsch nicht. Aber es schien einmal so, als sei da die Wahl zwischen Strichen oder keinem Buch, und da habe ich dann ein gekürztes Buch vorgezogen. Und mein Anteil daran ist beschränkt. Ich meinte, wenn schon gestrichen werden muß, dann tue ich es selber. Und es sind in der Mehrzahl solche Kapitel weggefallen, die sich mit amerikanischen Verhältnissen beschäftigen und bei denen man annehmen kann, daß das Publikum sie schon kennt, wenngleich vielleicht nicht in der Beleuchtung der *Jahrestage.*

WILLSON Als ich die *Jahrestage* gelesen habe, ist das Jahr 1967/68 so lebhaft geworden, für mich selbst, als Amerikaner, und alles, was während des Jahres geschehen war, all die Ereignisse sind frisch geworden – es war unwahrscheinlich.

JOHNSON Ja. Freunde in New York haben mich auf eine klagende Weise beglückwünscht zu all den Sachen, die die Geschichte mir in das Buch reinhaute, in den Plan reinhaute; denn so etwas wie die Ermordung Kennedys oder Martin Luther Kings waren nicht im Plan drin. Sogar das Ende des Buches hat sich als ein weltgeschichtliches Datum erwiesen, denn an diesem 20. August 1968 sind die Sowjets in die Tschechoslowakei einmarschiert.

WILLSON In den *Zwei Ansichten* haben die Hauptpersonen keine Namen, d. h., sie sind durch Initialen vertreten oder angegeben. Gibt es einen Grund dafür? Denn die anderen Romane enthalten sehr interessante Namen.

JOHNSON Ich wollte durch den Verzicht auf voll ausgeschriebene Nachnamen verhindern, daß der Leser in dieser Geschichte ein Gefühl für die Personen an den Tag legt. Es ist ja eine Geschichte, die Sentimentalität anzieht. Man kann sie schwerer anbringen, wenn man bloß einen Buchstaben hat für eine Person... Und diese Tradition, die es in Deutschland immerhin gibt, die mußte ich bei der amerikanischen Ausgabe aufgeben, und da heißt nun der junge Herr D. mit dem vollen Namen[4] und das Fräulein B. heißt Dusenschön mit Nachnamen.

WILLSON Das habe ich gar nicht gewußt, denn ich hatte nicht die amerikanische Übersetzung, sondern nur das deutsche Buch gelesen. Sie haben so raffiniert in diesem Buch etwas ganz Alltägliches gezeigt, woran ich gar nicht gedacht hatte, und das ist die Grenze zwischen der DDR und der BRD aus der Luft gesehen, als der Herr D. nach Berlin geflogen ist. Es gibt wenige Grenzen, glaube ich, die so gekünstelt und auffällig sind, die man aus der Luft sehen kann. Flüsse und Berge kann man ungefähr aus der Luft erkennen, aber daß es diese Grenze gibt und in dieser Weise, daß sie in die Landschaft eingezeichnet ist...

JOHNSON ...so gekünstelt kommt sie mir nicht vor. Die Anti-Hitler-Koalition hat eben bestanden aus Mächten mit unterschiedlicher Gesellschaftseinrichtung. Nachdem sie gesiegt hatte, wurde das Gewonnene verteilt, und jeder richtete auf seinem Anteil ein, was er da wünschte. Und daß sich die Kolchosenpolitik in dem sowjetisch gewonnenen Teil abbildet, das war zu erwarten.

WILLSON Wie viele Vorlesungen haben Sie im Jahre 1979 in Frankfurt gehalten?

JOHNSON Das waren fünf Vorlesungen, in denen ich versucht habe, möglichst alle Fragen zu beantworten, die mir in diesem Beruf bisher begegnet sind. Das heißt, ich habe mich da als einen Fall betrachtet und ihn vorgeführt.

WILLSON Andere Schriftsteller hatten die Vorlesungen vor Ihnen gehalten. War nicht Ingeborg Bachmann die erste?

JOHNSON Ich weiß die Reihenfolge nicht.

WILLSON Sie haben über Ingeborg Bachmann geschrieben, in dem Buch *Eine Reise nach Klagenfurt.*

JOHNSON Nein, ich habe nicht über sie geschrieben.

WILLSON Worüber denn?

JOHNSON Über einige Gegenstände, die ihr Leben ausgemacht haben, nicht über alle, nur über einen Teil. Das Buch heißt ja auch nicht »Ingeborg Bachmann«, sondern »Eine Reise nach Klagenfurt«.

WILLSON Sie haben Klagenfurt und die Gegend beschrieben. Wie sind Sie auf dieses Werk gekommen, warum wollten Sie dieses Werk schreiben?

JOHNSON Ich hatte die Ehre, mit ihr befreundet zu sein. Und mir war dieser Tod nicht recht. Und dies Buch war das einzige, was ich gegen ihn unternehmen konnte.

WILLSON Sind Sie seitdem wieder in Klagenfurt gewesen, oder haben Sie nur die eine Reise gemacht? [Längere Pause an dieser Stelle; keine Antwort Uwe Johnsons. E. F.] Ich hätte noch eine Frage: Sollte ein Roman, Ihrer Meinung nach, den Leser unterhalten oder belehren oder aufklären oder keines von den dreien? Was soll ein Roman?

JOHNSON Unterhalten. Aber in der doppelten Bedeutung des Wortes. Man unterhält ja auch eine Familie oder einen Haushalt. Man stützt also etwas, man sorgt für etwas. Diese Leistung sollte vom Roman auch erwartet werden. Und auch eine Art Unterrichtung über einen Gegenstand, über den man etwas erfahren will, das ist auch eine Unterhaltung, ein Divertimento.

WILLSON Bei einem Symposion vor anderthalb Jahren an der Universität von Texas in Austin[5] stritten Historiker über das Thema, ob die Geschichte, die von Historikern vorgestellt wird, die wahre sei oder der Wahrheit entspreche. Was meinen Sie?

JOHNSON Ich glaube an die individuelle Wahrheit, die persönliche.

WILLSON Gibt es dann viele Wahrheiten?

JOHNSON Ja, notwendigerweise miteinander streitende Wahrheiten.

WILLSON Es gibt historische Fakten in Ihren Büchern. In den *Jahrestagen* zum Beispiel Temperaturangaben, das Wetter an bestimmten Tagen vor Jahren in Deutschland, und auch die in New York 1967/68 werden erwähnt. Sind sie aus Zeitungen entnommen, oder woher haben Sie diese Temperaturen?

JOHNSON Na, in dem Buch ruft Mrs. Cresspahl bei der Wetterauskunft an.

WILLSON Aber in Deutschland, als sie noch bei ihrem Vater war, werden auch Temperaturen erwähnt.

JOHNSON Ja, ich glaube, die habe ich dann für sie beschafft.

WILLSON Ich habe auch bemerkt, daß Sie immer Frau Cresspahl sagen oder Mrs. Cresspahl.

JOHNSON Das hat sie sich hart verdient. Als sie 1957 ihr Kind in die Welt brachte, war sie ja nicht verheiratet, und das war im West-Deutschland der fünfziger Jahre keine Empfehlung. Fräulein mit einem Kind, das klang nicht gut. Und in Deutschland ist es ihr auch nicht gelungen, die Anrede Frau zu erwerben. Um so mehr hat sie in Amerika darauf geachtet, daß sie niemals Miss war.

WILLSON Wenn Sie sie erwähnen, sagen Sie immer Frau Cresspahl statt Gesine Cresspahl, das ist mir aufgefallen. Ich weiß nicht, ob Ihnen das auch aufgefallen ist.

JOHNSON Ich glaube, das hängt mit der Situation zusammen, in der sie ist; wie ich von ihr berichte. Gesine Cresspahl, das ist meistens das Kind, die Schülerin, und Mrs. Cresspahl, das ist die Bürgerin von New York.

WILLSON Man hält Romananfänge für etwas ganz Wichtiges – wie ein Autor einen Roman anfängt, wie die ersten Worte lauten, was auf der ersten Seite vorkommt.[6] Halten Sie dies auch für wichtig?

JOHNSON Ja. Ich habe auf den Anfang der *Jahrestage* mehr als fünf Monate lang gewartet. Ich hatte ja einen Plan. Ich hätte das Buch gern sofort geschrieben, aber ich mußte diese ganze Zeit warten, bis sich die ersten Sätze einstellten.

WILLSON Der erste Satz der *Mutmassungen* ist, glaube ich, berühmt geworden, denn er enthält eigentlich im Kleinen, im Kleinsten, alles, was in diesem Buch vorkommt. Finden Sie das auch?

JOHNSON Wenn Sie sich diesen Satz auch als gesprochen vorstellen können, gesprochen von verschiedenen Leuten in dem Buch, ja.

WILLSON Er enthält auch eine Frage, nicht...

JOHNSON ... mehrere Fragen...

WILLSON ... oder mehrere Fragen, die da nicht ausgesprochen

werden, die dann allmählich gestellt werden und zu Recht am Ende nicht aufgeklärt sind.

JOHNSON Die nicht aufgeklärt werden können; denn die dunkle Stelle in der Zeit und im Raum ist eine, da war Jakob allein. Es hat niemand sehen können, infolgedessen kann man nicht darüber berichten.

WILLSON Wie kommen Sie auf die Namen für Ihre Personen in den Romanen? Gesine Cresspahl zum Beispiel, oder der Name Cresspahl?

JOHNSON Den Namen Gesine, den habe ich einmal rufen hören, von einem vierjährigen Kind, und der gefiel mir. Warum, fand ich dann bei Fontane, der gerade bei Effi sagte, e und i, das sind die schönsten Vokale, gerade recht für das Mädchen, das ich im Sinne hatte, für Mrs. Cresspahl von damals; und Cresspahl, weil es außerordentlich mecklenburgisch klingt und dennoch als Name in Mecklenburg so nicht belegt ist. Jeder Mensch verdient einen Namen für sich allein. ... Ich habe niemals jemanden getroffen, der den Namen Cresspahl trägt, außer dieser, meiner Person.

WILLSON Kennen Sie den amerikanischen Romancier John Cheever?

JOHNSON Nur dem Namen nach.

WILLSON Er hat einmal gesagt: Der größte Schmerz für einen Schriftsteller käme, wenn er stockte, wenn er nicht schreiben könnte. Das wäre der größte Schmerz, was meinen Sie dazu?

JOHNSON Ich glaube, es gibt da verschiedene Schmerzen, und ebenso schlimm, glaube ich, kann das Empfinden sein, dies ist nicht gut, was ich schreibe.

WILLSON Werfen Sie vieles weg?

JOHNSON Nein. Nein, das ist die Kehrseite eines Verfahrens, das nun wieder in sich unpraktisch ist. Ich zögere mit dem Aufschreiben, ich kann es nicht aufschreiben, bevor es mir nicht einwandfrei klingt. Das heißt, ich verbringe viel Zeit vor der Schreibmaschine, ohne sie zu benutzen.

WILLSON Schreiben Sie viel um, oder warten Sie, bis das eigentlich in Ihrem Sinne fertig ist, und dann schreiben Sie es auf?

JOHNSON Eine fertiggeschriebene Seite ist eine fertige Seite. Ich weiß, es gibt andere Verfahren, man kann in drei Fassungen schreiben, unter anderem. Ich bin nicht einmal imstande, ein Loch offenzulassen.

WILLSON Aber Sie fangen nicht mit dem Ende an, sondern mit der ersten Seite.

JOHNSON Ja, ich arbeite mich Zeile für Zeile voran.

WILLSON Gibt es vorher einen Entwurf, eine Handlung?

JOHNSON Es gibt nichts Schriftliches. Von den *Jahrestagen* gab es den Titel, in der Form »Anniversarii«.

WILLSON Anniversari?

JOHNSON Anniversarii. Das ist italienisch.

WILLSON Das ist aber das englische Wort »anniversary«.

JOHNSON Ja, aber Italienisch ist eine von den Sprachen, die die Dolmetscherin Cresspahl spricht. Damit stand fest 365 Tage, 365 Kapitel. Und die Überlegung »Jahrestage« oder »Anniversaries« wird zwei Bedeutungen haben, einmal Tage eines Jahres und zum anderen jene Momente, in denen sich ein Ereignis in der Erinnerung wiederholt.

WILLSON Ich habe einmal Frau Helen Wolff[7] gefragt, wie dieser Roman auf englisch heißen würde, und da hat sie mir geschrieben »Days of The Year«, und ich hatte mich schon für »Anniversaries« entschieden. Als dann das Buch erschienen ist, habe ich gesehen, daß es doch »Anniversaries« hieß. Was ich richtig finde, denn da ist...

JOHNSON ...wahrscheinlich hat Frau Wolff mich und den Titel beschützen wollen.

WILLSON Ja, meinen Sie? Es kann sein, denn das war vor dem Erscheinen des Buches. Ich wollte es, ich weiß nicht mehr wo, in einem Bericht oder in einer Vorlesung auf englisch erwähnen, und deswegen hatte ich sie gefragt. Interessieren Sie sich für kritische Meinungen? Lesen Sie die Kritik, die Buchbesprechungen?

JOHNSON Ich lese sie... ohne viel Interesse.

WILLSON Gibt es Kritiker, deren Hand Sie nicht schütteln möchten?

JOHNSON Ich bemühe mich um ein höfliches Betragen bei jedermann.

WILLSON Und die Germanisten? Sie sind, wie Sie wohl wissen, schon Gegenstand der Interpretationsversuche verschiedener Germanisten jeden Alters, jüngerer und älterer. Was halten Sie von Germanisten, die Sie besprechen? Stört es Sie, daß Sie dieser Gegenstand geworden sind?

JOHNSON Nein, es muß mir doch recht sein, wenn meine Arbeit

anderen Leuten zu Amt und Würden verhilft. Hindern kann ich sie ohnehin nicht.

WILLSON Lesen Sie das, was Sie geschrieben haben, ich meine, nachdem es gedruckt worden ist? Oder ist das jetzt etwas Vollendetes, und Sie lesen es nicht?

JOHNSON Das kann ich auswendig.

WILLSON Können Sie auswendig?

JOHNSON Ja, es würde mich nicht überraschen.

WILLSON Haben Sie eine Lieblingsperson unter Ihren fiktiven Personen? Oder gibt es einen Charakter, mit dem Sie sich nicht vertragen?

JOHNSON Ich habe sie erfunden, sie sind ein Teil von mir. Ich könnte nicht sagen, daß ich einen Finger meiner linken Hand lieber habe als einen anderen. Sie sind da.

WILLSON Sind sie alle gleich da, ich meine auf einem Niveau?

JOHNSON Sobald ich mich mit ihnen beschäftige, ob in Gedanken oder vermittels des Schreibens, sind sie mir gleich gegenwärtig.

WILLSON Karsch finde ich sehr interessant, weil er selber sich verändert hat. Die Reise in die DDR, der Versuch, noch ein Buch über Achim oder *das* Buch über Achim zu schreiben, die ganzen Erfahrungen, die er dort erlebt hat, sie haben ihn verändert. Meinen Sie, daß Erfahrungen und Reisen einen Menschen verändern?

JOHNSON Ja.

WILLSON Sind Sie durch Ihr Leben in England verändert worden?

JOHNSON Nein, denn seit ich hier bin, befasse ich mich mit den letzten Seiten der *Jahrestage* und gehe also mit den Personen dieses Buches um.

WILLSON Wann wird dieses Buch fertig? Wissen Sie es?

JOHNSON Da fasse ich Holz an, da sage ich nichts.

WILLSON Es sind viele Leute darauf gespannt, das wissen Sie wohl.

JOHNSON Ja, man schreibt mir; bisher aber immer noch geduldig.

WILLSON Bekommen Sie sehr oft Briefe von Lesern?

JOHNSON Nicht sehr oft. Eine Dame schreibt mir, sie hätte nun mit Hilfe meines Buches über Klagenfurt diese Stadt besucht und bedankte sich für diesen Reiseführer. In der Küche steckt eine Ansichtspostkarte von einer Dame, die sich offenbar mit Hilfe der

Jahrestage in Staten Island umgesehen hat; dergleichen kommt aber nicht oft.

WILLSON Das ist interessant; denn ich meine, es geschieht nicht oft, daß das Werk eines Autors unterhalten – in beiden Bedeutungen – könnte und auch als Reiseführer etwa dient.

JOHNSON Ich glaube, die Leute wollen nur nachsehen, ob es denn stimmt; ob der Riverside Drive tatsächlich New York nach Westen begrenzt, und sie gehen hin und sehen sich das an.

WILLSON Gefällt es Ihnen, daß man das macht?

JOHNSON Es ist mir recht, wenn man sich mit meinen Büchern beschäftigt.

WILLSON Wie würden Sie gerne als Autor in der Zukunft von einem Kritiker, von einem Germanisten, von einem Leser vorgestellt werden?

JOHNSON Ich möchte nicht vorgestellt werden.

WILLSON Wenn man sich fragt, wer ist Uwe Johnson?

JOHNSON Das ist gleichgültig.

WILLSON Würden Sie sagen, die Identität von Uwe Johnson ist rätselhaft?

JOHNSON Nein, sie ist ohne Belang für das Verstehen der Bücher oder für die Benutzung der Bücher.

WILLSON Sie haben einmal Ihren eigenen Nachruf als Sondermeldung für die *New York Times* geschrieben.

JOHNSON Nicht Meldung, es war ein etwas längerer Bericht.[8]

WILLSON Wie lautete die Schlagzeile?

JOHNSON Die habe ich vergessen. Es gibt viele Überschriften in dem Bericht.

WILLSON Ich erinnere mich, ich glaube es heißt auf englisch: *Author's Identity in Doubt.*

JOHNSON Das ist einer von den Titeln, ja. »Publishers Defiant«; »Sister Declines Comment«.

WILLSON Was für Wirkungen hat dieser Bericht gehabt?

JOHNSON Gar keine.

WILLSON Gar keine? Hat niemand ihn erwähnt? Ich nehme an, Sie haben das gelesen.

JOHNSON Es wird sicherlich in Rezensionen erwähnt worden sein, aber das nenne ich keine Wirkung. Was für eine Wirkung meinen Sie?

WILLSON Ich meinte, ob Sie Briefe bekommen haben, zum Beispiel.

JOHNSON Nein, nein. Nun ist das ja auch nur auf englisch erschienen.

WILLSON Ja, stimmt; aber hinten in dem Buch war die deutsche Übersetzung.

JOHNSON Ja, ich hatte mich so hineinversetzt in den Stil der *New York Times,* ich war außerstande, es ins Deutsche zu übersetzen. Das hat jemand anderes gemacht. Das war in einem Anhang und ist leicht zu übersehen.

WILLSON Ich habe den Eindruck, der nicht stimmen mag, daß viele Sie für einen humorlosen Menschen halten. Was meinen Sie? Haben Sie Humor?

JOHNSON Ich bin ein verkannter Humorist.

WILLSON Gibt es Humor in Ihren ernsten Werken? Wo ist Ihr Humor? Worin besteht er?

JOHNSON Das ... das muß der Leser definieren. Ich kann mich ja nicht selber einer solchen Eigenschaft rühmen und das dann auch nachweisen und sagen, aber dies zum Beispiel ist Humor.

WILLSON Was ist Humor? Das ist eine schwierige Frage. Wenn man etwas liest und dabei für sich selbst lächelt, das könnte Humor sein ...

JOHNSON ... das ist eine Wirkung von Humor ...

WILLSON ... an dieser Wirkung hat man irgendwie Gefallen, sonst würde man nicht lächeln.

JOHNSON Ja, und lustig ist es auch.

WILLSON Ich erinnere mich daran, als Sie in Austin *Eine Kneipe geht verloren*[9] vorgelesen haben, haben Sie selber einige Male gelächelt.

JOHNSON Das war unbewußt. Der Kampf mit der Katze, das möchte ich nun doch anführen. Der Kampf, den der Großstädter Blach mit der Katze in Cresspahls Jerichow aufführt[10], ich glaube das könnte solche Wirkungen haben.

WILLSON Ich sehe, diese Katze. Ist das eine Katze?[11]

JOHNSON Es ist eine Südsee-Katze, ja.

WILLSON Gibt es andere Katzen? Ich erinnere mich nicht, ob es in New York in der Wohnung bei Mrs. Cresspahl eine Katze gibt?

JOHNSON Es gibt bei Herrn Professor Erichson Katzen. Und eine Oberkatze.[12]

WILLSON Aber Marie hat keine Katze.

JOHNSON In einem Dreizimmer-Appartement, das wäre Tierquälerei. Gesine Cresspahl ist ein Kind vom Lande, die weiß, wie man mit Tieren umgehen muß.

WILLSON Haben Sie Katzen gern?

JOHNSON Ich kannte bisher so an die fünf Katzen, mit denen ich befreundet war. Katzen als Gattung würde ich da nicht nennen, denn sonst hätte ich ja welche in diesem Haus.

WILLSON Waren es Katzen aus Ihrer Jugend? Oder hatten Sie als Kind Katzen?

JOHNSON Nein, ich hatte niemals Katzen. Ich ging mit ihnen um; Eigentümer war ich nie.

WILLSON Können Sie sich an den Namen einer dieser Katzen erinnern?

JOHNSON Die hießen alle Katz – Katt auf Plattdeutsch.

WILLSON Sie hatten alle denselben Namen: Katt. Also etwas anonym. Ist Katt eigentlich das niederdeutsche Wort für die Katze?

JOHNSON De Katt.[13]

WILLSON Das erinnert mich an unsere Katze zu Hause, und sie heißt: Kikk, Kitty eigentlich, aber wir sagen Kikk.
Sie haben verschiedene Übersetzer ins Englische gehabt, oder sind es nur zwei gewesen?

JOHNSON Drei.[14]

WILLSON Wie sucht ein Autor einen Übersetzer aus?

JOHNSON Bei den *Jahrestagen* ist es so gewesen, daß Helen Wolff um Probeübersetzungen bat. Und das war die von Frau Vennewitz, das ist die einzige, an die ich mich erinnere. Das, was sie bisher ins Englische übertragen hat, das kommt mir so vor, wie ich es ganz gern auf englisch geschrieben hätte.

WILLSON Lesen Sie auch die Übersetzung, seitdem Sie so gut Englisch können? Ich meine während der Arbeit?

JOHNSON Während der Arbeit, während die Übersetzung entsteht, ja.

WILLSON Machen Sie auch Vorschläge? Stellt die Übersetzerin Fragen an Sie?

JOHNSON Ja, sie schickt den Text, und sie schickt Listen mit Fragen.

WILLSON Sind das stilistische Fragen? Oder vielleicht besondere, vielleicht technische Ausdrücke?

JOHNSON Zum Beispiel, was ein Pumpenleder ist, mußte ich erklären.[15]

WILLSON Pumpenleder?

JOHNSON Ein Pumpenleder. An einer Wasserpumpe brauchen Sie eine Vorrichtung aus Leder.

WILLSON Aus Leder?

JOHNSON Ja, oder aus einem anderen Material.

WILLSON Woher wissen Sie das? Haben Sie Schwierigkeiten mit Wasserpumpen gehabt?

JOHNSON Nein, aber ich habe einmal in einem Haus gelebt, das bezog sein Wasser aus einer Außenpumpe. Ich habe also viel Wasser getragen und mußte mich für die Pumpe interessieren, als Kind.

WILLSON In den *Mutmassungen* ist sehr viel über das Bahnwesen geschrieben. Haben Sie Forschungen dafür gemacht, oder haben Sie das durch irgendeine Erfahrung schon gewußt?

JOHNSON Sobald mir aufging, daß Jakob Eisenbahner ist, habe ich versucht, seiner Arbeit den Platz in der Erzählung zu geben, den sie in seinem täglichen Leben hat, also eine beträchtliche Menge. Sicherlich habe ich sein Arbeitsgebiet recherchiert, so gut wie ich konnte, bevor ich anfing zu schreiben.

WILLSON Reisen Sie oft nach Amerika, jetzt?

JOHNSON Ich gönne mir das einmal im Jahr.

WILLSON Nach New York oder anderswohin?

JOHNSON Nein, das ist New York. Als Ausrede dient, daß das Arbeitskontrollen sind.

WILLSON Möchten Sie noch einmal gerne eine Zeitlang in Amerika wohnen? Sie waren zwei Jahre lang in New York.

JOHNSON Etwas länger als zwei Jahre. Ob in Amerika, das weiß ich nicht. In New York sehr gerne.

WILLSON Was gefällt Ihnen an der Stadt New York?

JOHNSON Ich kann es nicht mehr aufzählen. Ich war zum ersten Mal im Jahre 1961 da für vier Wochen. 1965 noch einmal für zwei Wochen und in den zweieinhalb Jahren, die ich dort als Bürger und Steuerzahler lebte, ist das für mich eine Heimat geworden.

WILLSON Riverside Drive besonders?

JOHNSON Nein, das ist die Gegend, wo ich gewohnt habe.

WILLSON Die ganze Stadt?

JOHNSON Die ganze Stadt, ja.

WILLSON Hätten Sie jetzt eine Frage an mich?

JOHNSON Nein, ich bin abergläubisch.

WILLSON Was heißt das: abergläubisch?

JOHNSON Man soll es nicht berufen.

WILLSON Das heißt, wenn Sie eine Frage an mich stellen würden, dann würden Sie etwas in Gang setzen?

JOHNSON Oder etwas im Gange behindern, oder etwas beim Namen nennen, das sich bisher von der Hoffnung ernähren soll.

WILLSON Oder weil Sie ein Gentleman sind?

JOHNSON Jeder hört gern ab und zu ein Kompliment.

WILLSON Ich glaube, das wär's ... oder?

JOHNSON Sie führen das Gespräch.

WILLSON Ich wollte kein Gespräch führen, eigentlich.

JOHNSON Ja, ich meinte, Sie bestimmen das Gespräch. Wenn Sie keine Fragen mehr haben, wär' es das.

WILLSON Ich hätte noch eine Frage. Denken Sie schon an die nächste Arbeit, nachdem Sie mit den *Jahrestagen* fertig sind? Oder wird das einfach kommen?

JOHNSON Diese Arbeit habe ich – die, die wartet.

Anmerkungen

In englischer Übersetzung von A. Leslie Willson veröffentlicht in: *Dimension. Contemporary German Arts and Letters.* University of Texas, Austin; Vol. 15, 1982, Nr. 3, S. 400–413.

A. Leslie Willson teilte dem Herausgeber mit, daß das Gespräch seinerzeit auf deutsch geführt worden war. Freundlicherweise stellte er dem Uwe Johnson-Archiv eine Kopie der Tonbandaufnahme zur Verfügung. Das Band wurde vom Herausgeber transkribiert, dabei wurden einige Kürzungen und Übertragungsfehler der englischen Druckfassung korrigiert.

1 Vgl. Uwe Johnson, *Eine Abiturklasse. Aus einem aufgegebenen Roman,* in: Siegfried Unseld (Hg.), *Aus aufgegebenen Werken. Samuel Beckett, Karl Krolow, Wolfgang Koeppen, Hans Erich Nossack, Peter Weiss, Uwe Johnson, Wolfgang Hildesheimer, Nelly Sachs, Paul Celan, Martin Walser,* Frankfurt am Main 1968, S. 107–123.

2 Diesen Text gab es in »drei Exemplaren, gebunden nach Art der Dissertationen, für den ersten Blick einer polizeilichen Durchsuchung wenig auffällig« (vgl. Uwe Johnson, *Begleitumstände. Frankfurter Vorlesungen,* Frankfurt am Main 1980, S. 74). Diese »Vorstufe« des Textes ist offenbar nicht erhalten, zumindest ist er noch nicht gefunden worden. Die anderen Fassungen von *Ingrid Babendererde. Reifeprüfung 1953* befinden sich im Uwe Johnson-Archiv.

3 Unter dem Pseudonym Arthur Knoff, einem angeblich 1937 in Hirschberg, Schlesien, geborenen Autor, hatte Günter Grass 1966 in der zu dieser Zeit von Walter Höllerer und Hans Bender herausgegebenen Zeitschrift *Akzente* (Heft 5 und 6) einige Geschichten veröffentlicht. Sein Motiv: Ein »berühmter« Autor hatte wissen wollen, was er bei der Literaturkritik gilt, wenn er sich als Anfänger tarnt. In beiden Heften wurden übrigens auch Gedichte von Günter Grass, allerdings unter seinem Namen, publiziert. 1968 wurden die Erzählungen Arthur Knoffs dann im Verlag des Literarischen Colloquiums, Berlin, veröffentlicht. Vgl. dann wieder: Artur Knoff, *Einer unserer Mitbürger: Prinz Karneval*, in: Klaus Roehler, *Geschichten aus der Geschichte der Bundesrepublik Deutschland 1949–1979*, Neuwied 1980, S. 147–150.

4 Vgl. Uwe Johnson, *Two Views*, New York 1966. Der junge Herr B. heißt in der amerikanischen Ausgabe »Dietbert«, die Krankenschwester D. »Beate«.

5 A. Leslie Willson ist Professor für Literaturwissenschaft an der Universität von Texas in Austin und der Herausgeber der dort erscheinenden Zeitschrift *Dimension. Contemporary German Arts and Letters*, für die er dieses Gespräch führte. Berater des Herausgebers ist Hans Bender.

6 Vgl. Walter Höllerer, *Die Bedeutung des Augenblicks im modernen Romananfang*, in: Norbert Miller (Hg.), *Romananfänge. Versuch zu einer Poetik des Romans*, Berlin 1965, S. 344–377.

7 Zu Helen Wolff siehe S. 317.

8 Vgl. Uwe Johnson, *Dead Author's Identity in Doubt; Publishers Defiant*, in: Karl Heinz Kramberg (Hg.), *Vorletzte Worte. Schriftsteller schreiben ihren eigenen Nachruf*, Frankfurt am Main 1970, S. 116–124.

9 Vgl. Uwe Johnson, *Eine Kneipe geht verloren*, in: *Kursbuch*, Jg. 1965, Nr. 1, S. 47–72.

10 Vgl. Uwe Johnson, *Mutmassungen über Jakob*, Frankfurt am Main 1959, S. 167ff.

11 Im Wohnzimmer Uwe Johnsons gab es eine Holzplastik, auf die sich A. Leslie Willson an dieser Stelle bezieht. Diese Katze wird heute im Uwe Johnson-Archiv aufbewahrt.

12 Uwe Johnson spielt hier auf die »Katze Erinnerung« an, von der es in den *Jahrestagen* heißt: »Unabhängig, unbestechlich, ungehorsam. Und doch ein wohltuender Geselle, wenn sie sich zeigt, selbst wenn sie sich für unerreichbar hält.« (*Jahrestage*, Bd. 2, S. 670)

13 Damit spielt Uwe Johnson zugleich auf Dr. phil Joachim de Catt an. Im Werk Uwe Johnsons ist er ein mecklenburgischer Schriftsteller, der sich, »weil der eigene Name sich angelassen habe wie ein Pseudonym«, eines erfunden habe, ein »mehrwertiges«: Joe Hinterhand (vgl. Uwe Johnson, *Skizze eines Verunglückten*, Frankfurt am Main 1982, S. 14).

Unter dem Pseudonym Joachim Katt war den Herausgebern der Zeitschrift *Akzente* ein Stück aus den *Mutmassungen über Jakob* zum Vorabdruck angeboten worden. Abgedruckt wurde es dann aber unter seinem Namen. Vgl. Uwe Johnson, *Cresspahls Tochter*, in: *Akzente*, 6. Jg. 1959, H. 5, S. 432–441.

14 Ursule Molinaro übersetzte *Speculations about Jakob*, zuerst 1963 in London bei Jonathan Cape erschienen; Richard und Clara Winston übersetzten *Two Views*, 1966 bei Harcourt, Brace & World in New York erschienen, und Leila Vennewitz übersetzte *Anniversaries. From the Life of Gesine Cresspahl (August 1967 – February 1968)*, 1975 bei Harcourt, Brace, Jovanovich in New York erschienen. Für *The Third Book about Achim*, 1967 bei Harcourt, Brace & World und 1968 bei Jonathan Cape veröffentlicht, wird kein Übersetzer genannt. Die eingereichte Übersetzung wurde von Uwe Johnson selbst – im Gespräch mit Helen Wolff – gänzlich überarbeitet. Vgl. hierzu den Hinweis in den *Begleitumständen* (S. 409): »Sie (Gesine Cresspahl; E. F.) hatte begriffen, dass nach dieser Publikation ihr Verfasser frei war auch von der Arbeit an der Übersetzung, einer neuen Beschäftigung begierig, ...« Am 19. April 1967 wurde *The Third Book about Achim* in New York publiziert. Am Tag zuvor war der Autor »seiner« Person in den Straßen New Yorks wiederbegegnet, nachdem sie ihm »fast exakt vor vier Jahren schon einmal ausgewichen war«.

15 Im Briefwechsel mit Leila Vennewitz (vgl. S. 315 ff.) ist eine solche Erklärung nicht zu finden.

Jürgen Becker/Rolf Michaelis
Heinrich Vormweg
»Gespräch mit Uwe Johnson«

(Am 8. Dezember 1983 in Köln)[1]

VORMWEG Jeder, der von außen auf das Werk schaut, von dem wir reden wollen, hat, glaube ich, eine große Schwierigkeit. Er muß sich fragen, wo anfangen. Auf 1890 Seiten die Niederschrift aller Tage eines Jahres im Leben einer Frau namens Gesine Cresspahl, die schon bekannt war vorher aus dem Roman *Mutmassungen über Jakob*. Gesine Cresspahl also, die 1933 in Jerichow, Mecklenburg, geboren ist, lebt mit ihrer elfjährigen Tochter Marie als Bankangestellte in New York. Gesine Cresspahl hat Umgang mit vielerlei Leuten, unter anderem auch mit einem Genossen Schriftsteller, sie arbeitet, und sie erinnert sich und lebt überwiegend für ihre Tochter Marie. So viele Fragen sich im Zusammenhang des Werks auch aufdrängen – ich glaube, jedes Gespräch über die *Jahrestage* muß beginnen mit der Frage: Wer ist diese Gesine Cresspahl? Sie haben schon öfter sowohl unbestimmte als auch eindeutige Antworten darauf gegeben, Herr Johnson, und man könnte sich sagen, die Frage langweilt Sie vielleicht, aber ich komme auch nicht um sie herum, denn sie führt ja wohl zu der Frage nach dem Verhältnis von Fiktion und Realität in Ihrem Buch. Gesine Cresspahl ist so außerordentlich real für alle Ihre Leser, für Leser, mit denen ich bisher gesprochen, von denen ich etwas über die Bücher gelesen habe, und ich möchte die Frage variieren: Lebt Gesine Cresspahl noch?

JOHNSON Das ist außerhalb des Buches. Das Buch endet im August 1968. Was danach noch kommt, das muß ich mir vorbehalten.

VORMWEG Aber Gesine Cresspahl hat, das ist richtig, das ist zuzugestehen, Gesine Cresspahl hat eine Vergangenheit seit den fünfziger Jahren, sie hat eine Unmittelbarkeit, eine Gegenwärtigkeit in diesem Buch, daß immer wieder Leser sich gefragt haben, wie real ist sie eigentlich? Gibt es eine Gesine Cresspahl so in dem Sinne, in dem *Der Spiegel* irgendwann – so habe ich während der letzten Tage zufällig gelesen – mal das Vorbild des Rennfahrers

Achim in einem lebenden Rennfahrer gefunden zu haben glaubt?[2] Wenn, ich meine, insofern war das schon eine etwas hinterhältige Frage, wenn es eine solche Gesine Cresspahl gäbe, eine Frau anderen Namens vielleicht, dann könnten Sie vielleicht auch Auskunft darüber geben, ob sie noch lebt?

JOHNSON Wir wollen doch über das Buch sprechen. Das Buch endet mit einer Reise, die sie unternimmt.

BECKER Im übrigen hat Uwe Johnson bereits Auskunft gegeben in einem anderen Buch, das uns vorliegt, unter dem Titel *Begleitumstände*. Das sind seine Vorlesungen, die er an der Universität in Frankfurt 1979 gehalten hat. Und es gibt darin einen kleinen Hinweis auf die Existenz von Mrs. Cresspahl, wie sie in New York heißt. Da teilt uns nämlich der Autor Uwe Johnson mit, ich zitiere: »Am Dienstag der folgenden Woche sah ich Mrs. Cresspahl auf der Südseite der 42. Strasse auf die Sechste Avenue zugehen. Sie war zu erkennen an der Kopfhaltung, an der lockeren, acht- und wachsamen Art, in der sie den rechten Arm pendeln liess, in der Hand eine kompakte schwarze Börse verriegelt im Griff der Finger, von denen die ersten zwei die Bügel einer Sonnenbrille wippen liessen.«[3] Der Text geht weiter, aber aus diesen wenigen Sätzen erfahren wir ja, daß offenbar diese Person, jedenfalls als literarische Existenz, dem Autor so leibhaftig vorkommen muß, daß er glaubt, sie zu sehen. Und nun liegt vor mir auf dem Tisch ein anderes Buch, das sind die bereits erwähnten *Mutmassungen über Jakob*. Dieses Buch ist 1959 erschienen, in den Jahren zuvor geschrieben. In diesem Buch auf Seite 8 taucht Gesine Cresspahl zum ersten Mal auf. Und da frage ich mich, Uwe Johnson, war damals, Ende der fünfziger Jahre, dir schon klar, daß 24 Jahre später, nämlich 1983, als *Jahrestage 4* abgeschlossen wurde, daß 24 Jahre lang Gesine Cresspahl dich so beschäftigen wird, daß ihre Existenz sich so ausweitet, daß darüber vier Bücher entstanden sind?

JOHNSON Ein Buch, ein Buch in vier Lieferungen. Das hätte mir mit jeder anderen Person passieren können, die ich erfunden habe. Man gibt eine Person ja nicht einfach auf, wenn sich bloß ein Buchdeckel hinter ihr geschlossen hat, sie bleiben ja für mich am Leben, ziehen um und verreisen und verheiraten sich oder lassen sich scheiden. Ich weiß von den meisten der Leute, die ich, wie man so sagt, erfunden habe, wo sie sich jetzt aufhalten, und ob sie eine Augenkrankheit haben oder Ferien in Spanien vermeiden, deren Lebensgewohnheiten sind mir vertraut. In New York bin ich dann auf diese Gesine Cresspahl gestoßen, das hätte, hätten auch andere Leute sein können, aber sie hatte nun einmal New York schon lange als eine Heimat erworben, lange bevor ich dahin kam, sie wußte sehr viel mehr als ich darüber, warum sollte man das nicht aufschreiben.

BECKER Ja, und jetzt eben wieder diese merkwürdige Erfahrung, die man beim Lesen dieses Buches macht, und die sich bestätigt durch diese deine Äußerungen – Gesine Cresspahl hat sich offenbar längst verselbständigt, sie ist, hat eine Existenz, die ja eigentlich viel souveräner ist als die des Autors, denn sie gibt ihm offenbar, wenn ich das richtig verstehe, die Aufträge, ihr Leben aufzuschreiben.

JOHNSON Sie gibt ihm die Erlaubnis, mit einem absoluten Veto-Recht. Was sie nicht aufgeschrieben haben will, das bleibt weg von der Seite.

BECKER Diese Rechte Gesine Cresspahls, oder sagen wir diese, ja doch auch Souveränität, hat nur sie sie? Die anderen Figuren, die es in Uwe Johnsons Büchern gibt, sind sie weniger souverän, sind sie nicht so deutlich spürbar im Sinne eines Auftrags oder eines Vetos oder wie immer?

JOHNSON Ich muß mit allen diesen Leuten umgehen, da sie wirklich sind für mich, ich muß mit ihnen bei der Erzählung zusammenarbeiten. Es versteht sich, daß wir da einander gleichberechtigt gegenübertreten.

BECKER Eine wievielfache Existenz führt eigentlich ein Autor in dem Sinne? Nicht nur seine eigene offenbar, sondern auch die seiner Figuren, wenn Uwe Johnson weiß, wo seine Figuren sich grade aufhalten, wohin sie verreisen und so weiter. Er muß, zumindest mit seinem Kopf, ja ständig in der Nähe seiner Autoren bleiben.

JOHNSON Seiner Personen.

BECKER Pardon, seiner Personen bleiben.

JOHNSON Ja, das ist die Beschäftigung.

MICHAELIS Deshalb fand ich das Erstaunlichste bisher die Antwort von Uwe Johnson auf die Frage von Heinrich Vormweg. Ich hätte nämlich gedacht, er sagt: Das muß Gesine Cresspahl sich vorbehalten. Aber plötzlich, mit einem ganz großen auktorialen Anspruch, hat Uwe Johnson gesagt: Das muß *ich* mir vorbehalten. Denn dies Buch lesend, oder gelegentlich mit Uwe Johnson darüber sprechend, hat man den Eindruck, man sitzt ganz vielen Leuten gegenüber, und die Gesine Cresspahl, auch als Lesern ist sie für uns ja sehr gegenwärtig, aber sie hat natürlich für Uwe Johnson eine ganz andere Art von Präsenz, und gelegentlich hat man den Eindruck, es spreche, wenn Uwe Johnson spricht, wirklich aus ihm Gesine Cresspahl. Sie hat eine Gegenwärtigkeit, die nicht nur der Leser erfährt, sondern eben also auch wir hier gerade im Gespräch mit Uwe Johnson, deshalb war ich überrascht, daß er gesagt hat: Das muß ich mir vorbehalten.

JOHNSON Für mich ist das die Beschreibung von Stücken eines Lebens, eines für mich wirklichen Lebens.

BECKER Als Leser geht es mir eigentlich mehr und mehr so, daß ich diesen Roman doch begreife als Dokumentation über gelebtes Leben, und zwar mit allen Fakten, zeitgeschichtlichen Fakten versehen, die dazu notwendig sind, und zugleich natürlich die subjektive Geschichte des Autors selber, den ich nicht damit auf Autobiographie festnageln will. Das hat er sich bereits verbeten, aber dennoch, weil die Autobiographie gewissermaßen eine Methode des Erzählens sein kann, das heißt, Erfahrungen, die ein Autor macht, mit hineinnehmen in das Leben der Figuren, der Personen, mit denen er auf seinem Papier umgeht. Auf mich wirkt es inzwischen so, daß ich an die Existenz dieser Figuren glaube. Ein Besuch in New York, ich glaubte, Gesine Cresspahl zu sehen, eine Person, die in einem Buch unter meinem Namen[4] auftaucht in New York, versucht Gesine Cresspahl anzurufen, erzählt von Karsch, der in New York aufgetaucht sei auf der Suche nach Details ...

VORMWEG Uwe Johnson weigert sich, aus der Wirklichkeit seiner »Geschichte« hinauszutreten und sich mit Menschen über sie als eine Geschichte zu unterhalten. Das begreife ich. Nur möchte ich noch einmal nachfragen, als Sie über die *Mutmassungen über Jakob* in der ersten Zeit gelegentlich gesprochen haben, Interviews gegeben haben und so weiter, da haben Sie einmal erzählt, wie die Geschichte des Jakob für Sie entstanden sei. Das ist, ich kann das nicht genau zitieren, das hat mich immer sehr beeindruckt, aus diesem Widerspruch des ersten Satzes heraus »Aber Jakob ist doch immer quer über die Gleise gegangen«, da haben Sie jedenfalls von einer Geschichte gesprochen. Das ist etwas, was für den Leser faßbar ist. Er weiß, er liest eine Geschichte. Das weiß er bei Gesine auch, bei Gesine Cresspahls »Jahrestagen« auch, aber er weiß es nicht ganz genau, denn das Gefühl, einer Realität unmittelbar zu begegnen, ist gleichzeitig so stark, daß er unsicher bleibt. Das ist sicherlich eine Absicht, nur ...

JOHNSON Das würde mich als Effekt enttäuschen. Ich habe mir immerhin die Mühe gemacht, eine ganze Kleinstadt namens Jerichow an eine Stelle der Landkarte zu setzen, wo nur Wald ist und sonst nichts, da habe ich Bürgermeister und Nachbarn und Nachtwächter und Polizisten angesiedelt, Steueramtmänner und müde Rechtsanwälte, das alles ist ja ein dadurch wirklich gewordener Ort, in dem kann sie leben. Es täte mir leid, wenn jemand Zweifel hat daran, daß sie an diesem Ort wirklich am 3. März 1933 geboren wird. Das wird ja alles gezeigt, nicht, die Besuche der Nachbarn bei dem Kind und die Kreishebamme namens Laabs und die Kinder, denen man Schokolade schenkt, damit sie weiterhin an den Storch glauben, während das Kind in einer Bauernwiege schläft und sich auf sein künftiges Leben vorbereitet. Es ist ja alles beschrieben als eine Wirklichkeit. Ich benutze mit Vorliebe meine eigenen Erfahrungen, aber ich muß sie so sortieren oder auch so umbauen, daß sie eben zu einer, in diesem Fall, dreiunddreißigjährigen jungen Frau passen. Mir, wenn ich nachts um Mitternacht über den Broadway in New York gehe, kann es wohl passieren, daß aus einer Seitenstraße drei junge dunkelhäutige Kinder kommen mit Messern in der Hand und mir das Portemonnaie aus der Tasche ziehen. Das würde dieser Gesine Cresspahl eben nicht passieren, das ist eine völlig unnütze Erfahrung. Andere hingegen, so zum Beispiel das Wohngefühl in der Stadt New York, da habe ich vieles von ihr wiedergefunden, aber schon bei dem täglichen Weg zur Arbeit in der U-Bahn mußte ich mir von meiner Erfahrung etwas abziehen und sie so verändern, daß es eben zu dem Reisegefühl einer jungen Frau paßte.

BECKER Die eigenen Erfahrungen gehen ja auch so weit, daß es eine Identität in der New Yorker Adresse gegeben hat. Der Autor hat die Wohnung bezogen, in der Gesine gewohnt hat, wenn ich das richtig gelesen habe ...

JOHNSON Aber sobald ich wußte, daß sie schon seit 1961 in New York lebte, als ich sie wiedergefunden hatte, bin ich stante pede und symbolisch aus dieser Wohnung ausgezogen, habe sie ganz und gar ihr überlassen. Ich war dann da nur noch als Zuschauer, erlaubter Erzähler zugegen.

VORMWEG Ich gebe noch nicht ganz auf, Herr Johnson, nehmen Sie es mir bitte nicht übel. Würden Sie zugestehen, daß andere in Ihrer Gegenwart darüber sprechen, wie Sie in dem Buch, das sie gelesen haben, mit der Wirklichkeit, mit Ihrer Wirklichkeit umgehen, und würden Sie unter Umständen sich in ein solches Gespräch darüber einmischen wollen? Woran ich jetzt denke, ist, daß die Gesine Cresspahl zwar die zentrale Person der *Jahrestage* ist, daß aber in ihrer Person sich sehr vieles zentriert, sehr vieles Ausdruck findet, will ich mal sagen, das über sie hinausweist: die alte Tante *New York Times*, über die Listen von Vietnam-Toten bis hin zu der Liste von Verhafteten in Jerichow Anfang der fünfziger Jahre und Ende der vierziger Jahre, das weiß ich jetzt im Moment nicht genau. Würden Sie bereit sein, in diesem Sinne über Ihre Wirklichkeit mitzureden?

JOHNSON Sie ist eine aufmerksame Zeitgenossin. Immerhin haben vier verschiedene politische Systeme sich bemüht, an ihrer Person etwas zu verändern. Sie hat allmählich begriffen, was da mit ihr versucht worden ist, und sie hat versucht, sich zu wehren. Wenn man aber die eigene Vergangenheit, die verfälschte Vergangenheit aufklären will, dann muß man sich kümmern um die Umstände des Jahres 1933, in dem sie geboren ist. Danach sucht sie, danach habe ich auch in ihrem Auftrag geforscht und es nach Beratung mit ihr so aufgeschrieben, wie es tatsächlich gewesen ist und nicht, wie die fälschende Erinnerung es will. So nimmt sie teil an der Wirklichkeit eines Aufwachsens unter den Nazis in Mecklenburg, so teilt sie die Erfahrung eines Sozialismus, wie er auf den Schulen gelehrt wurde und wie er 1953 auf den Straßen von Berlin, Leipzig und Mecklenburg an den Tag trat, also in einer anderen Gestalt – an allem diesem nimmt sie teil, das alles ist für sie Material, aus dem ihre Person zusammengesetzt wurde.

VORMWEG Sie nimmt auch teil an der New Yorker Gegenwart.

JOHNSON Notwendigerweise, ja.

BECKER Insofern ist Gesine ja sehr modellhaft für zeitgenössische Existenz, und zwar für eine zeitgenössische Existenz in dieser Generation. Rolf Michaelis, Sie sind glaube ich ähnlicher Jahrgang wie Gesine Cresspahl, und man ist versucht, aufgrund des Lebenslaufes von Gesine Cresspahl die eigene Vergangenheit natürlich mitzudenken, sich daran zu erinnern und zu sehen, wie man in Systemen aufgewachsen ist, wie Wirklichkeit einen geformt hat. Und zugleich der Versuch, an Gesine Cresspahl so deutlich gemacht, das Subjektive, das eigene Leben dagegen zu behaupten, sich zu wehren, wie Uwe Johnson sagt. Und dabei, das ist nun wieder das Problem des Autors, inwieweit ist die Wirklichkeit manchmal dem Autor voraus, denn es sind ja verschiedene Zeiten: die Romanzeit, die Zeit, in der Gesine Cresspahl lebt, und die Zeit, in der der Autor nun diese Zeit aufschreibt. So kam doch als Beispiel der 20. August 1968 eigentlich zuvor, nämlich dieser Tag, an dem die Warschauer-Pakt-Staaten in der ČSSR eingriffen. Das war, als am 20. August 1967, genau ein Jahr vorher, das Leben Gesine Cresspahls in New York vor uns erscheint, noch nicht vorauszusehen. Es sollte ein Buch heißen *Jahrestage,* 365 Tage eines Jahres werden aufgezeichnet, und es findet einen Abschluß, den der Autor nicht kennen konnte.

JOHNSON Nein, auf dieses Jahr hatte ich mich vertrauensvoll einzulassen, sobald ich einmal das erste Kapitel geschrieben hatte für den 20. August 67 nämlich. Da hatte ich gewiß keine Ahnung, was der nämliche Tag ein Jahr später bringen würde. Ich wußte zwar den letzten Satz, den letzten Absatz, das letzte Kapitel, aber es war mir unbewußt, daß da der Einmarsch der Sowjets in der Tschechoslowakei diesem Kapitel einen Hintergrund geben würde. Desgleichen ist mir von der sogenannten Wirklichkeit die Ermordung des Martin Luther King in das Buch hineingeworfen worden.

BECKER Robert Kennedy auch.

JOHNSON ... so die von Robert Kennedy, was ich nicht so auffassen konnte wie meine Freunde in New York, die sagten, du wirst ja reich beschenkt von der Wirklichkeit. In dem Buch, in der Erzählung war das eher schwierig, weil die Ermordung dieses Negerführers für eine Deutsche, die glaubt, sich heraushalten zu dürfen aus den Rassenspannungen in den USA, einen schwierigen Abend bereitet, und als die Ermordung des Herrn Kennedy für ein Kind, das diesen Politiker unter seine Freunde gezählt hat, zwei Tage völlig vernichtet und dann noch eine Woche das Lebensgefühl bedrückt. Das hatte ich hineinzunehmen, das habe ich nicht gewünscht.

BECKER Mit anderen Worten, die Wirklichkeit konnte einen ja stören beim Beschreiben der Wirklichkeit, wenn man so authentisch auf sie reagiert, und wenn man sich für sie offenhält – im Unterschied zum Romancier, der hat seine Fiktion und dann kann passieren, was will in der Welt. Ich habe meine Romanwirklichkeit, und die statte ich aus mit den dazu notwendigen Vorkommnissen und Ereignissen, und was ansonsten passiert, das schert das Geschehen in meinem Roman ja nicht.

VORMWEG Hier bricht's rein.

BECKER Hier bricht es ein, hier übernimmt es gewissermaßen die Dramaturgie, den Fortgang und das Reagieren der Personen, und das macht dieses Buch *Jahrestage* ja wiederum zu einem Dokument. Ich will nicht einen dokumentarischen Zeitroman daraus machen.

VORMWEG Die entscheidende Ebene des Mitteilens oder Erzählens ist, glaube ich doch, wie unablässig, ob nun im frühen Jerichow, im Nachkriegs-Jerichow, in New York, wie unablässig politische Wirklichkeit einbezogen ist in das Buch.

BECKER Vor allen Dingen frage ich mich, ob die Personen nun selber lesen, was über sie geschrieben ist, Uwe. Ist es denkbar, daß Gesine Cresspahl die *Jahrestage* jetzt liest, und kann man sich vorstellen, was sie denkt? Fühlt sie sich richtig beschrieben? Wird sie Einspruch erheben? Wird sie korrigieren, wird der Verfasser einen Brief von ihr erhalten? – Fragen, die ich mir so stelle, die mir so kommen, nämlich im Glauben daran, daß Gesine Cresspahl, ich weiß nicht, wo sie jetzt lebt, aber am Ende des Buches ist sie an der dänischen Küste und dort wird sie nicht geblieben sein, vielleicht liest sie gerade *Jahrestage*.

JOHNSON Das ist unwahrscheinlich. Sie war ja während der Niederschrift dabei. Ich habe vorhin das Veto-Recht erwähnt, sie hat jedes Kapitel gebilligt oder durchgelassen oder, unter Protest gelegentlich, stehen lassen. Sie hat von Anfang an ja nicht wahrhaben wollen, daß ihr Leben, das sie für durchschnittlich hält, überhaupt aufzeichnenswert ist; ich habe mit großer Mühe sie dazu bewegen können, nach den drei Wochen in den *Mutmassungen*, im Herbst 1956, noch einmal von sich erzählen zu lassen. Und als sie dann ja gesagt hatte, mußte sie bei dieser Zustimmung bleiben; diese Zustimmung war aber beschränkt auf ein Jahr und endete mit dem letzten Kapitel, weswegen ich von ihr keine Erlaubnis habe, den gegenwärtigen Wohnort oder Lebenswandel anzugeben.

BECKER Nun sind wir aber Leser, und wir sind neugierig, nicht, und diese Neugier, daran ist der Autor ja nun schuld. Er hat uns in den Stand versetzt, daß wir nun fragen: Ja, wie geht's denn nun weiter mit Gesine, du kannst sie doch jetzt nicht an der dänischen Küste stehen lassen, nicht?

JOHNSON Du weißt ja wohl, daß sie da zwischen zwei Flugzeugen bloß übernachtet hat. Sie ist auf dem Weg zurück zum Flughafen Kastrup, zu einem Flug, der zwei Stunden südlich sein Ende finden wird –

BECKER Fliegt sie in die Tschechoslowakei?

JOHNSON Das ist dort angesagt –

BECKER Ja, aber die Umstände haben sich dort verändert, als sie ihr Ticket kaufte und das Flugzeug bestieg, da war die Situation noch eine andere. Nun wissen wir, was geschehen ist, aber wir wissen nicht, was Gesine Cresspahl nun getan hat, nicht, wo sie nun abgeblieben ist.

JOHNSON Das ist in diesem Buch nicht mehr enthalten, das endet an jenem 20. August 68. Wenn es dich wirklich derart brennt, dann mußt du vielleicht noch ein halbes Jahr warten und dann kannst du in einem ganz anderen Buch etwas nachlesen.

VORMWEG Über Gesine Cresspahl?

JOHNSON Über Gesine Cresspahl und über andere Kinder aus ihrer Klasse.

VORMWEG Ich glaube, an einem Punkt möchte ich mich ganz gerne mal jetzt direkt auf Gesine Cresspahl einlassen, weil mir das auch im Rückblick auf die Erwähnung von Prag, der Vorgänge von 1968, ganz wichtig erscheint: Gesine Cresspahl bereitet sich ja doch in den letzten Monaten darauf vor, im Auftrag einer New Yorker Bank nach Prag zu reisen, doch ganz offensichtlich, weil die New Yorker Bank nach den Entwicklungen im Prager Frühling eine gewisse Hoffnung haben kann, da Geldgeschäfte zu machen. Wenn ich mich richtig erinnere, gibt es eine Stelle, eine andere Stelle, da sagt Gesine Cresspahl, es sei ihr letzter Versuch mit dem Sozialismus, für den sie ganz offensichtlich auch am Ende dieses Jahres noch immer eine gewisse Sympathie oder Erwartung empfindet. In einer Rezension habe ich gelesen, daß Uwe Johnson, aber hier muß man ja dann sagen: Gesine Cresspahl, sich im Laufe der *Jahrestage* doch sehr viel eindeutiger entschieden habe, und zwar gegen alles, was mit dem realen Sozialismus zu tun habe. Das ist nun eine Frage innerhalb dessen, was erschienen ist, da möchte ich ganz gerne mal um ein wenig Aufklärung bitten: Hatte dieser Rezensent recht, wenn er zum Beispiel unter Hinweis auf diese langen Verhaftetenlisten geschrieben hat: Uwe Johnson/Gesine Cresspahl bezieht jetzt eindeutiger als bisher Stellung?

JOHNSON Das ist eine Interpretation...

VORMWEG ... gewesen, ja ...

JOHNSON ... ich sehe das anders und weiß es anders. Diese Verhaftetenliste, betreffend die Jahre 1945 bis 52 an der Universität von Rostock und an mecklenburgischen Oberschulen, das hat Gesine Cresspahl schon gewußt, als wir dieses Buch begannen. Dieser Verhaftetenliste entspricht eine andere, betreffend die Justiz in Mecklenburg in den Jahren 1933 bis 1945, auch das hat sie gewußt, es ist also keine Stellungnahme von ihr, sie erinnert sich daran: als ich noch auf der Oberschule war und mir überlegte, an welcher Universität ich mein Anglistik-Studium beginnen würde, habe ich mir gleich gedacht: in Rostock, dort haben sie so viele verhaftet, vielleicht geht es in Halle besser, was, wie sich dann gezeigt hat, nicht der Fall war. Also keine Stellungnahme, sondern Erinnerung.

VORMWEG Erinnerung. Da muß ich aber die Frage noch mal aufnehmen in bezug auf »im Auftrag einer New Yorker Bank nach Prag fahren und mit dem Gefühl: mein letzter Versuch mit dem Sozialismus«. Ist das eine unaufgelöste Frage in Gesine Cresspahl, oder habe ich das einfach falsch gelesen, jetzt meinerseits?

JOHNSON Ihr ist ja der Sozialismus auf der Schule als die einzig menschenmögliche Alternative beigebracht worden. Aus dieser Illusion ist sie durch Ereignisse auf der Straße vor dem Landgericht Gneez in Mecklenburg aufgeschreckt worden. Das war die erste Warnung, sie wollte sich diesem Widerspruch nicht aussetzen. Sie war konsequent genug, von dieser Unklarheit wegzugehen in eine Gegend, die sie damals für die schlimmste der Welt hielt und halten mußte – so war es in der Schule gelehrt worden –, in den Westen, in den Kapitalismus. Hat hier überlebt, aber doch jene sozialistische Idee, die Alternative, weiterhin vor Augen gehabt, schon weil sie Heimat betraf, weil sie ja Mecklenburg verwaltete. Ist abermals abgeschreckt worden 1956, durch das, was die Sowjets damals in Ungarn anrichteten. Es gibt so ein Lied von Brecht, das heißt: »Aber als er zur Wand ging«[5], dieses Lied hat sie sich nach der Erschießung von Imre Nagy, die ausgerechnet am 17. Juni 1958 bekanntgegeben wurde, eben nächtelang und tagelang in Düsseldorf vorgespielt. Das war eine weitere Abschrekkung, davon kam aber die Alternative nicht aus der Welt und das, was an ihr immer noch bedenkenswert war, und jetzt kommt sie in New York in eine außerordentlich glückliche Lage, so erscheint es ihr: sie arbeitet zwar für eine Bank. Sie arbeitet für ein kapitalistisches Institut; aber da, aus dieser Arbeit könnte herauskommen, daß einer tschechoslowakischen Version des Sozialismus geholfen werden kann durch eine Anleihe in gewaschenen Dollars. Der Dollar war ja damals schmutziges Geld wegen Vietnam, also wird man den Dollar über Großbritannien oder über Dänemark und vielleicht sogar über West-Deutschland schleusen müssen, bis sie dann ein paar Millionen in Prag verwalten kann. So hatte sie das vor, und da durch ist ihr ein Strich gemacht worden.

VORMWEG Eine Frage noch dazu: Sie hatte aber keine Illusionen über die Bedeutung von Dollars? Ich meine, aus dem Buch geht es immer wieder hervor, wenn erzählt wird von de Rosny und so weiter, dem Diener des Geldes, sie hatte keine Illusionen, was diese ungeheure Eigenmacht von Geld angeht. Ich habe mich gefragt, beim Lesen, was ist hier offengeblieben. Hat sie eine Chance, de Rosny zu dienen und ihrer Hoffnung zu dienen, gleichzeitig, und wie hat sie die empfunden?

JOHNSON Gleichzeitig. Sie führt einen Auftrag ihrer Vorgesetzten aus. Dazu lernt sie die tschechoslowakische Wirtschaftsgeschichte auswendig und befaßt sich mit den Möglichkeiten, mit Hilfe von harten Devisen, also des Dollar, die Infrastruktur in jenem tschechoslowakischen Lande zu verbessern, neue Maschinen an die Stelle der veralteten zu setzen, so daß für die Leute in jenem sozialistischen Land ein sinnvolleres, besseres, leichteres Leben herauskommt. Daß das damals über Dollar zu machen gewesen wäre, das beweist der Umstand, daß wenige Jahre später das Land Ungarn einen solchen Kredit hat annehmen und verarbeiten dürfen. Es wäre also gegangen.

VORMWEG Du hast einen Einwand?

BECKER Mich beschäftigt – nein – eine andere Frage noch, die, glaube ich, manchen Leser beschäftigt. Im Adreßbuch von Rolf Michaelis finde ich den Namen Joe Hinterhand, Joachim de Catt, der Name eines Schriftstellers; aufgefallen ist er dadurch, daß er versucht hat, die Biographie seiner Frau zu schreiben. Dieses Buch findet sich in der Bibliothek Suhrkamp. Zuerst zu lesen war es in der Festschrift für Max Frisch[6], und diese Mitteilungen dieses Schriftstellers darin sind wiederum vergleichbar mit Ausführungen von Uwe Johnson in seinem Buch *Begleitumstände*, in dem er sich über diese Frage äußert, die eben sich Leser gestellt haben: Warum gibt es zehn Jahre Zeit zwischen der Lieferung des dritten und des vierten Bandes? Uwe Johnson hat es erklärt, es hat eine

Schreibhemmung gegeben in der Zeit, wiederum eigentlich deshalb, weil die Wirklichkeit sozusagen hineingekommen war ins Schreiben. Und, ja, was läßt sich darüber hinaus eigentlich noch mitteilen, Uwe Johnson? Muß sich der Leser begnügen mit dem, was er liest, oder wird es auch darüber vielleicht noch eine Fortsetzung geben, wird es da noch Auskünfte geben, die auch diese Art von Wirklichkeit noch beschreiben?

JOHNSON Jürgen, du weißt, wenn man einem Freund eine Festschrift macht, dann gibt man sich viel Mühe. Und eines der Themen von Max Frisch ist die Eifersucht und das Leiden an dem falschen Bild, das man sich vom Partner gemacht hat, deswegen hab ich diese Hinterhand-Geschichte für ihn ausgesucht und aufgeschrieben. Davon unabhängig aber kommt dieser Hinterhand schon längst vor in einem Manuskript, das ich 1973 begonnen habe, als eine Nebenarbeit zu den *Jahrestagen*, als Freund eines Herrn Peter Niebuhr, ein Mecklenburger, der versucht, in Berlin, beim Reichsnährstand zu überleben, wohingegen Herr Hinterhand sogleich aus dem Lande geht, von den Nazis ausgebürgert, und versucht, in England und in den USA zu überleben. Das hätte vielleicht noch in die *Jahrestage* hineingehört, wie die beiden sich verständigten über die Schweiz und über Kuriere aus Schweden; zum Beispiel, wenn Herr Hinterhand nach Mecklenburg schreibt, ich befasse mich hier mit dem Reinigen von Fenstern, dann wird Peter Niebuhr in Berlin keineswegs glauben, daß das stimmt und daß dieser Schriftsteller Hinterhand so sozial abgesackt ist, daß er Fenster waschen muß, sondern genau verstehen, wie das unter Freunden möglich ist, Herr Hinterhand befaßt sich in Amerika mit dem Aufhellen der deutschen Propagandalügen, Fensterwäscherei. Das ist eine von zahlreichen Geschichten, die ich beiseite gestellt habe, um das Buch nicht allzu umfangreich werden zu lassen und auch weil ich meine, daß der Herr Niebuhr und seine Freundschaft mit Herrn Hinterhand ein eigenes Buch oder einen eigenen Absatz, eine eigene Form wert sein könnten.

VORMWEG Eine Frage habe ich noch, Herr Johnson. Auf der Seite nach Ende des vierten Bandes der *Jahrestage* steht der Vermerk: »Geschrieben vom 29. Januar 1968 bis zum 17. April 1983«. Von der Schreibhemmung ganz abgesehen – Sie haben etwas, in diesem Frühjahr etwas hinter sich gelassen, was doch ganz offensichtlich fünfzehn Jahre lang Ihr Leben, von den Wirklichkeitseinbrüchen mal abgesehen, ganz heftig bestimmt hat: dieses eine Jahr der Gesine Cresspahl. Hatten Sie oder haben Sie das Gefühl, da eine Last loszusein, oder haben Sie jetzt das Gefühl, etwas verloren zu haben, daß diese Arbeit ein Verlust für Sie ist, oder trifft beides nicht zu?

JOHNSON Mir will das Erscheinen, das Abliefern des vierten Bandes und damit des Schlusses der *Jahrestage* eher so vorkommen, als hätte ich ein gegebenes Versprechen erfüllt. Einmal das Versprechen gegenüber Gesine Cresspahl, die Sache nun auch zu Ende zu bringen. Zum anderen gegenüber einer von zwei Personen, der das Buch mit Dank gewidmet ist, das ist Helen Wolff, die mir gedroht hat, sie würde noch sterben, ehe ich das zu Ende bringe. Das habe ich also glücklich noch geschafft, und drittens, und vor allem, ein Versprechen erfüllt zu haben gegenüber den Lesern, die mir ja gelegentlich geschrieben haben mit der Frage: wann kommt denn endlich der Schluß?

Anmerkungen

1 Das Gespräch wurde am ersten Weihnachtstag 1983 im Deutschlandfunk gesendet.
2 Vgl. S. 126.
3 Uwe Johnson, *Begleitumstände*, Frankfurt am Main 1981, S. 406.
4 Vgl. Jürgen Becker, *Erzählen bis Ostende*, Frankfurt am Main 1981, S. 162.
5 Vgl. Einleitung, S. 27f.
6 *Begegnungen. Eine Festschrift für Max Frisch zum siebzigsten Geburtstag*, Frankfurt am Main 1981, S. 69–107.

IV

Auskünfte für eine Übersetzerin

Auskünfte für eine Übersetzerin

Zum Briefwechsel zwischen Uwe Johnson und Leila Vennewitz

Bearbeitet von Eberhard Fahlke und Jeremy Gaines

Vorbilder dafür, wie man die Bearbeitung der Natur und eine Weltauffassung in Versen beschreiben könne, seien die *Georgica* des Vergil und *Von der Natur der Dinge* des Lukrez. Es lohne sich deshalb, die zwei großen Lehrgedichte der Römer zu studieren. Seine Würdigung dieser Verse verbindet Bertolt Brecht mit einem Lob der »schönen Übersetzungen von Voss und Knebel«: sie geben Aufschlüsse über unsere Sprache. In Hexameter gesetzt – für Brecht ein Versmaß, das die deutsche Sprache zu den »fruchtbarsten Anstrengungen« zwinge –, erscheine sie deutlich »gehandhabt«. Wie Vergil so habe auch der Übersetzer den Versbau zusammen mit dem Landbau zu lehren.[1] Sprach- und Sachkunde, beide sind gleichermaßen gefragt. Der Übersetzer wird hier dem Dichter nicht als Handlanger untergeordnet, sondern in seinen Anstrengungen, einen passenden und sachgemäßen sprachlichen Ausdruck zu finden, dem Bauherrn gleichgestellt.

Übersetzerinnen und Übersetzer werden dennoch höchst selten gepriesen, weil die Übersetzerei etwa den Stellenwert einer Dienstleistung in einer arbeitsteiligen Welt hat, so Walter Boehlich in seiner Lobrede auf Anneliese Botond zur Verleihung des Johann-Heinrich-Voss-Preises. Der Namenspatron dieses alljährlich vergebenen Übersetzerpreises – bei Waren an der Müritz in Mecklenburg geboren – war gelehrter Schulmann und hatte auch Homer in deutsche Hexameter übertragen. Diesem Unternehmen, einer gleichermaßen um Metrum, Wort und Sache bemühten Übertragung, hat Voss Jahre gewidmet. Dafür hat er Tadel wie Ruhm geerntet; Reichtümer freilich nicht. Für die preiswürdige Art des Vossschen Übersetzens, so wieder Boehlich, sei die entscheidende Prämisse, »alle Rücksicht auf den originalen Autor zu nehmen, keine aber auf den Leser, dem damit zugemutet wird, was er nicht schätzt: Anstrengung. Er muß sich, auch wenn er einen Text nicht im Original liest, fast so anstrengen, als läse er das Original.«[2] Um dies zu bewerkstelligen, habe sich die Übersetzerin zu vergewissern, wie ihr Autor seinen Text strukturiert habe, was er wie und warum er es so und nicht anders sage. Eine Übersetzerin müsse, so Boehlichs Resümee, zumindest potentiell Kritikerin und Philologin sein.

Leila Vennewitz hat die *Jahrestage* ins Englische übersetzt. Kurz vor Erscheinen des ersten Bandes der *Jahrestage* (1970) wurde sie gefragt, ob sie eine englische Übersetzung anfertigen wolle. Zu der Zeit, als eine Übereinkunft zwischen ihr und Helen Wolff vom Verlagshaus Harcourt, Brace, Jovanovich, New York, erzielt wurde, war bereits absehbar, daß weitere Bände folgen würden. Und so hat Leila Vennewitz die ersten drei »Lieferungen« übersetzt: Band 1 und Teile von Band 2, die die Zeit vom 20. August 1967 bis 24. Februar 1968 umfassen, sind 1975 unter dem Titel *Anniversaries. From the Life of Gesine Cresspahl* als »Helen und Kurt Wolff Book« in dem New Yorker Verlagshaus erschienen. Band 3, den Leila Vennewitz schon vor Jahren übersetzt hat, wird gemeinsam mit der Übersetzung von Band 4 in naher Zukunft erscheinen. Da Leila Vennewitz diese Arbeit aufgrund von anderen Übersetzungsverpflichtungen selbst nicht übernehmen konnte, wird der vierte Band von einem anderen Übersetzer, Walter Arndt, ins Englische übertragen.[2a]

In Rezensionen zum Erscheinen der *Anniversaries* ist zur Leistung der Übersetzerin vermerkt worden, sie habe mit Kompetenz und Einfühlungsvermögen den Sinn und die Tonlage des Autors getroffen. Kaum werde dem Leser bewußt, daß er es mit einer Übersetzung zu tun habe.[3] Oder auch, der erste Band seines umfänglichen Romans sei mit einer ungeheueren idiomatischen Perfektion übersetzt worden.[4] Uwe Johnson wußte die Leistung seiner Übersetzerin zu würdigen. In einem Brief vom 13. März 1973 schreibt er an Leila Vennewitz:

»(...) now I have read your translation until the end of the proposed American First Volume, and I want to assure you of my gratitude, and of my pleasure as well. At a certain moment after two years in New York, I felt tempted to try the thing in English, or rather, I had an idea of what I wanted the book to look like in English. Fortunately, I dismissed even an attempt at it, and, more fortunately, now you have done it for me. Thank you very much.«

Andererseits wurden ihr irrtümlicherweise die zahlreichen Kürzungen der *Jahrestage* in der Fassung der *Anniversaries* angelastet:

sie habe Johnson durch Kürzungen an den *Anniversaries* zu einem unkritischen und oberflächlichen Registrator, zu einem amerikafreundlichen Opportunisten gemacht. Den Kläger hat weder die redaktionelle Notiz: »For all translations into foreign languages, the author prepared a cut version, on which this text is based«, noch die dem Text vorangestellte Notiz der Übersetzerin nachdenklich werden lassen. Er hat die Tatsache nicht zur Kenntnis genommen, daß Uwe Johnson selbst den Text gekürzt und diese Kürzungen für die fremdsprachliche Fassung vorbereitet und autorisiert hat.[5] Wer anders als Uwe Johnson hätte die Kürzungen zu einem Zeitpunkt vornehmen können, da erst die Hälfte des Werks vorlag und die Fortsetzung allenfalls im Kopf des Autors vorhanden war (vgl. beispielsweise Frage 19 unten)? Es ist zu vermuten, daß Uwe Johnson solche Stellen gekürzt hat, die einem amerikanischen Publikum entweder allzu vertraut (z. B. das New Yorker Subway-System) oder allzu entlegen waren, als daß die Leser die Anspielungen auf den historischen Kontext hätten erkennen können (z. B. besondere Eigentümlichkeiten aus der Geschichte Mecklenburgs).[6] Für die editorische Form der englischen Ausgabe ist Helen Wolff verantwortlich.

Leila Vennewitz hat von der Kooperationsbereitschaft Uwe Johnsons profitiert. So verbrachte sie bei einem Besuch in Hamburg zwei Tage damit, gemeinsam mit ihrem Ehemann die bis dahin fertiggestellte Übersetzung und auch bearbeitete Stellen, die Autor oder Übersetzerin im Arbeitsprozeß aufgefallen waren, mit Uwe Johnson zu besprechen oder, wie Leila Vennewitz selbst sagt: »The presence, so to speak, of the familiar black leather jacket and the pipe was thus firmly woven into the very fabric of the translation.«[7] Sie profitierte auch von der Unterstützung der Verlegerin Helen Wolff, die seit Beginn ihrer Tätigkeit im Kurt Wolff Verlag (1927) jahrelang selbst mehrsprachig gearbeitet hatte. Nach dem Tod ihres Mannes hat Helen Wolff das Verlagsimpressum »A Helen and Kurt Wolff Book« im Rahmen des Verlagsimperiums von Harcourt, Brace, Jovanovich alleinverantwortlich weitergeführt. Über seine amerikanische Verlegerin hat Max Frisch einmal gesagt:

»Before meeting Helen Wolff, in the early nineteenseventies, in New York, I had two other publishers. (...) Eventually, Helen became my publisher for the States. I write in German. Since that is her language, she has a real understanding of German literature and is very careful first in choosing the translator and then in checking the translation. She provides more – a real spiritual companionship. (...) In German, we would say that Helen is (a) *vorbild,* which means an ideal figure. ›A Helen and Kurt Wolff Book‹ is a Légion d'Honneur for Harcourt, Brace and Jovanovich.«[8]

Auf Empfehlung von Günter Grass wurde Uwe Johnson – wie später etwa Hans Joachim Schädlich und Jurek Becker – 1967 Mitglied dieser »Ehrenlegion«. Helen Wolff hat die Übersetzung in allen Phasen der Arbeit kompetent betreut.[9] Darauf hat Leila Vennewitz in einer den *Anniversaries* vorangestellten Notiz ebenso ausdrücklich verwiesen wie auf die vielfachen Ratschläge und die Unterstützung ihres Mannes, William Vennewitz.

Beredtes Zeugnis der engen Zusammenarbeit zwischen Autor und Übersetzerin ist der zweite Briefwechsel, den Leila Vennewitz mit Uwe Johnson zwischen November 1970 und März 1978 geführt hat. (Der erste stammte aus dem Jahr 1967 und betraf Fragen, die sie zu ihrer Übersetzungsarbeit an *Der Weg nach Oobliadoh* von Fritz Rudolf Fries hatte.) Dankenswerterweise hat Frau Vennewitz diese beiden Briefwechsel, etwa 130 Schriftstücke, dem Uwe Johnson-Archiv überlassen, darunter einige zusammenhängende Manuskriptseiten eines Übersetzungsentwurfs vom Anfang des zweiten Bandes und 6 Postkarten. Leila Vennewitz begann mit der Arbeit an der Übersetzung zu einer Zeit, als Johnson noch am zweiten Band schrieb, und schloß sie Ende 1975 mit der Übersetzung des dritten Bandes ab. Ihren ersten Brief, der nur zwei kurze einführende Fragen enthält, drucken wir mit Ausnahme einiger privater Notizen ab. Aus diesem Beginn entwickelt sich dann ein reges Frage-und-Antwort-Spiel, bei dem sich Uwe Johnson zuweilen aus Zeitmangel die Arbeit erleichtert hat, indem er seine Erläuterungen und Kommentare direkt auf den Brief von Leila Vennewitz notierte und ihr dann das Original zurückschickte. Indes versäumte er es nie, sich für solche Unhöflichkeit zu entschuldigen. Der Briefwechsel ist auf Englisch und auf Deutsch geführt worden, in der Sprache der Übersetzung und in der Sprache des Originals. Die Fragen der Übersetzerin nach »Klarstellungen« beziehen sich auf Zitate, Anspielungen, Probleme bei der Übersetzung niederdeutscher Textstellen, Fragen der Ortsbeschreibungen, aus der *New York Times* von Johnson adaptierte und umgearbeitete Sätze und vieles mehr. Sie thematisiert nicht die idiomatische Angemessenheit und die stilistischen Eigenheiten, sondern sie fordert – ganz Kritikerin und Philologin – dem Autor Erläuterungen und Interpretationen ab, um sich besser in seiner fiktiven Welt und unter seinen Personen, in seinem Universum, zurechtzufinden. Uwe Johnson hat ihr nicht nur vier Leitz-Ordner mit seinen vielen Hunderten Ausschnitten aus der *New York Times* zur Verfügung gestellt, sondern auch anderes Quellenmaterial, das ihm als historisches »Unterfutter« gedient hat. In diesen Briefen interpretiert Uwe Johnson bereitwillig und eingehend eigene Sätze und deren Bedeutungsnuancen, wie er es in dieser Ausführlichkeit sonst stets vermieden hat. Es geht im folgenden nicht um eine Dokumentation des Briefwechsels (sie muß einer Edition der Briefe vorbehalten bleiben), sondern um die Darstellung des Frage-Antwort-Spiels. In einer Art Collage werden jeweils die aufeinander bezogenen Fragen und Antworten der Korrespondenz in chronologischer Reihenfolge angegeben und durchnumeriert und – in den meisten Fällen auch mit den zur Rede stehenden Textstellen – zusammengestellt, um den Bezug zu erleichtern. Unsere Absicht ist es, Uwe Johnsons Erläuterungen und Kommentare zu den *Jahrestagen* zugänglich zu machen. Dabei haben wir nicht nur solche Stellen ausgewählt, die für eine angemessene Übersetzung erläuterungsbedürftig erscheinen. Auch solche Antworten sollen gezeigt werden, die auf Fehler im deutschen Original hinweisen (vgl. einige Fragen zu Richmond) oder die auf eine »wortwörtliche« Adaption von Quellentexten aus der *New York Times* verweisen.

Im folgenden sind die von uns ergänzten Belegstellen und Erläuterungen in eckige Klammern gesetzt. Die Seitenzahlen beziehen sich auf *Jahrestage*.

[Brief vom 2. November 1970]
Lieber Herr Johnson,
haben Sie herzlichen Dank für die prompte Zusendung der schön sortierten NYT-Ausschnitte, die mich vor drei Tagen erreichten. Ich fühle mich jetzt gut bewaffnet.
(...)
Falls Sie damit einverstanden sind, habe ich vor, die Übersetzung in kleineren Portionen (von etwa 100 Seiten) an Frau Wolff zu schicken, und Ihnen erst die 1. Hälfte zu schicken. Ich glaube, wir würden eine gewisse Kontinuität einbüssen, wenn ich Sie zu oft

bitten würde, die Arbeit durchzusehen. Aber ich wäre dankbar, wenn Sie sich zu diesem Plan äussern würden.
Inzwischen habe ich schon 2 Fragen:
[*Frage 1:* S. 20, 5. Zeile von unten: »Der Zug kletterte aus dem Tunnel unter dem East River auf die hohen Stelzen gegenüber den Vereinten Nationen, und das Kind sah entmutigt und rechthaberisch auf die übermenschlich hohe Zackenlinie des anderen Ufers und dann auf die ärmlichen niedrigen Kästen, die einstöckige Wüstenei (wie ein Dichter sagt) rechts und links der Bahn.«]
»Die einstöckige Wüstenei«; war das ein engl. Dichter? Wenn ja, haben Sie noch das Zitat?
[*Frage 2:* S. 37, 8. Zeile von unten: »Für ›Eisschrank‹ benutzt sie ein britisches Slangwort, aus Treue zu London-Südost.«]
Was war das britische Slangwort für Eisschrank?
Ich freue mich schon auf die Zusammenarbeit mit Ihnen.
Ihre Leila Vennewitz

[Antwort vom 7. November 1970]
Liebe Frau Vennewitz,
(...)
Eine Vorlesereise hat mich abgehalten, Ihnen schon früher zu sagen, dass ihr Entschluss zur Übersetzung meines neuen Buches mich sehr gefreut hat. Gelegentlich unseres Briefwechsels über Herrn Fries' kryptische Kultur ist mir aufgegangen, wie genau Sie hinsehen, und in der fertigen Fries-Übersetzung habe ich das Original deutlich wiedergefunden. Es fängt also bei meiner Seite mit grossem Vertrauen an.
Ja, bitte schicken Sie mir die Übersetzung in grossen Portionen, womöglich in Hälften, das würde mir das Durchsehen recht erleichtern.
Zu Ihren Fragen:
[Antwort:] die einstöckige Wüstenei ist nicht von einem angelsächsischen Dichter, sondern der Ausspruch eines zeitgenössischen westdeutschen Schriftstellers in einem Gespräch, an das er sich wahrscheinlich gar nicht mehr erinnert. Solche nicht identifizierten Dichterzitate kommen des öfteren vor und sind bloss als running joke gemeint.
[Antwort:] das britische Slangwort für Kühlschrank war *fridge.*
(...)
Ihr Uwe Johnson

[Brief vom 4. Dezember 1970 – Johnson antwortet am 19. Januar 1971]

Dear Mr. Johnson:

Today I am sending Mrs. Wolff the first 103 pp. of my translation, which correspond to pp. 7–76 in your book. As agreed, I will keep your carbon copy of my manuscript, until I have about half the book to send you. Meanwhile, I have some questions, and I would be very grateful for your help in settling my doubts.

Many thanks:

Very sincerely yours,

Leila Vennewitz

(...)

[*Frage 3:* S. 15, 16. Zeile: »... (das war, als Frau Enzensberger in Berlin den Stellvertreter des Präsidenten mit Bomben aus Puddingpulver erledigen wollte)«.]

Stellvertreter des Präsidenten: President's representative, or Vice President?

[Antwort:] »Vice President (of the U.S.A.)«

[*Frage 4:* S. 17, 30. Zeile: »Man sah ihr an, daß sie noch nie anders denn aus freien Stücken gearbeitet hatte.«]

Aus freien Stücken: »of her own free will« or »to please (or suit) herself«?

[Antwort:] »of her own free will (when she chose or pleased to)«

[*Frage 5:* S. 18, 14. Zeile: »Am Abend fuhr Cresspahl mit einem gemieteten Auto zurück nach Mecklenburg, über den Priwall, entlang der Pötenitzer Wiek, entlang der Küste nach Jerichow.«]

Pötenitzer Wiek: »P. Creek« or »P. Cove«? And capital C or not?

[Antwort:] »Pötenitz bay«

[*Frage 6:* S. 20, 2. Zeile:]

Imbisshallen: this, or *Imbisssaal,* appears from time to time, and I have translated it variously as snack bar, coffee shop, café, cafeteria, according to what seemed most suitable in the context. Only you will know which is appropriate in each case, and I hope you will correct where necessary when you see the manuscript.

[Antwort:] »snack bar, coffee shop, cafeteria (never: café). Whichever you think appropriate.«

[*Frage 7:* S. 22, 20. Zeile: »Ein Bundesgericht hat Anklage erhoben gegen fünfundzwanzig Personen wegen der 407 000 Dollar in Reiseschecks, die im vorigen Sommer vom Flughafen J. F. Kennedy verschwunden sind. Sie haben den Mann, der die Schecks zum Viertel ihres Wertes weiterverkaufte, auch den, der sie für die Hälfte absetzte, und die Einwechsler, aber sie haben nicht den, der sie tatsächlich vom Gepäckkarren geschubst hat; der ihnen vermutlich Bescheid gegeben hat, ist am 11. Juli erschossen in einem Graben bei Monticello gefunden worden. Die Mafia telefoniert.«]
I cannot quite match you paragraph to the NYT report, so I attach a copy of the latter, also of my relevant page. There seem to be more men in your account and more women in the NYT's.
[Antwort:] I do not quite understand this question: my paragraph gives just the number of accused persons, and does not split them by sex.
[Leila Vennewitz vermerkt handschriftlich zu dieser Antwort: »Yes, it does!« Aus dem Vergleich des Artikels in der *NYT* vom 25. August und der Stelle in den *Jahrestagen* wird deutlich, daß Johnson die zwei Frauen, die erwähnt werden, nicht in seinen Text aufgenommen hat. In der *New York Times* heißt es: »Twenty-five persons, including two women, were indicted on charges of stealing $ 407,000 in American Express traveler's checks from an office at Kennedy Airport more than a year ago. Federal officials said the plot was engineered by members of two Mafia families, and that more than $ 300,000 worth of the checks had been cashed by alleged underworld figures. (...) The two women were arrested at their first attempt to cash some of the checks (...)
Thereafter, the indictment charged, Potenza and Mario Spagnuolo, 38, of 221 First Avenue, got the stolen checks for 25 cents on the dollar and sold them for 50 cents on the dollar. (...) On July 11, John Panarello Jr. (...) was found shot to death in a ditch outside Monticello, N. Y. It is believed that he had been cooperating with Federal officials.«]
[*Frage 8:* S. 24, 19. Zeile: »– Mein Vater war Delegierter bei der Internationalen Fahrplankonferenz in Lissabon. Er vertrat die Deutsche Demokratische Republik.«]
Internationale Fahrplankonferenz: have you the correct name in English?
[Antwort:] Internationale Fahrplankonferenz: Official name not

known here. Would »European Conference on Railway Timetables« do?
[Vgl. auch Postkarte vom 25. Januar, 1971, S. 325]
[*Frage 9:* S. 27, 2. Zeile:] *afrikanischer Abstammung:* here and elsewhere I have wondered about using »of African descent,« »dark-skinned,« etc. Since you wrote the book, »Negro« and »black« have, of course, acquired a far more positive connotation and are favored among the very people who used to be sensitive about such terms. May I sometimes substitute »Negro« or »black«? However, at some spots I have still found »dark-skinned« the best and so have retained it.
[Antwort:] afrikanischer Abstammung: any equivalents that do not offend Negroes, and betray a kind of solidarity with them.
[*Frage 10:* S. 37, 6. Zeile von unten: »Was machen die Chinesen? In London fangen sie Streit an mit der Polizei und gehen mit Baseballschlägern, Eisenstäben und Äxten auf sie los.«]
Baseball bats: NYT says: »Chinese Communist officials swung wooden bats.« I don't think this means baseball bats, since »bat« can mean any club or cudgel, so may I entirely omit your last sentence on that page?
[Antwort:] Throw them out, by all means. And why not omit the entire chapter.
[Handschriftlich vermerkt Leila Vennewitz an dieser Stelle »No, leave in!«. In der englischen Fassung ist die Eintragung zum 30. August, 1967 gestrichen.]
[*Frage 11:* S. 41, 4. Zeile: »D. E. ist zweihundert Pfund schwer und bewegt sich auf kleinen Füßen flink.«]
200 lbs.: shall we retain the German pounds, or make him weigh less, i. e. 180 lbs., in U. S.?
[Antwort:] 200 lbs.: these make 224 American pounds, or 220, if you really prefer the most correct figure.
[*Frage 12:* S. 63, 28. Zeile: »Daß das Gedächtnis das Vergangene doch fassen könnte in die Formen, mit denen wir die Wirklichkeit einteilen! Aber der vielbödige Raster aus Erdzeit und Kausalität und Chronologie und Logik, zum Denken benutzt, wird nicht bedient vom Hirn, wo es des Gewesenen gedenkt. (Die Begriffe des Denkens gelten nicht einmal an seinem Ort; damit sollen wir ein Leben führen.)«]
I enclose a copy of my manuscript pages for these rather difficult passages about memory, and specifically about her memory of the

cat and her mother. For instance, *die Begriffe des Denkens:* what are they? Terms, concepts? Of thinking?
[S. 65, 7. Zeile: »Wenn da eine Katze innen am Küchenfenster lag, bin ich auf einen umgestülpten Eimer gestiegen und von da auf die Regentonne. Wenn auf der Tonne der Deckel fehlte, war meine Mutter in der Nähe. Wenn Cresspahl mich herauszog, hat sie zugesehen. Was soll ich dagegen tun!«]
Also, what was her mother actually doing – standing there, looking on? And why can't Gesine help it? This may, I realize, refer to your earlier book.
[Antwort:] memory: Is this possible: »If only memory could seize the past by the frames we have ready for reality«? The idea (what I am trying to say) is: the different receptacles constructed for elements of reality are not able to hold reality when it has become the past. *Die Begriffe des Denkens:* »The terms we use when or for thinking«? The rest of the paragraph looks quite all right to me.
Wenn: If these things keep creeping into her mind, or rather must have happened, though there is no way for her to prove it. At least in her memory it is a kind of reality that her mother let her fall into the water, just looking on. She would like to be able to blot this piece out, and cannot.
[*Frage 13:* S. 69, 12. Zeile von unten: »Die Tochter erzählte von dreitausend Pfund auf einem Konto bei der Sussex Bank of Richmond, und Papenbrock hatte sein verächtliches Pusten versteckt, denn er hielt was vom Baren.«]
Sussex Bank all right? Richmond is in Surrey.
[Antwort:] Surrey Bank, I am afraid.
[*Frage 14:* S. 72, 3. Zeile: »Das Kind hat darauf bestanden, hier den Regen abzuwarten.«]
»... den Regen abzuwarten ...«: are they waiting for the rain to start or to stop, or just »waiting for the rain«?
[Antwort:] They are waiting for the rain to begin and even expect to wait it out.
[Frage 15: S. 59, 11. Zeile: »In Vietsen hieß es: Mach die Tür auf, die Kornjuden kommen.«]
»... die Kornjuden ...«: what does this mean? A Mecklenburg-ism or allusion?
[Antwort:] Just Jewish corn merchants.

[Brief und Postkarte vom 25. Januar 1971 – Johnson antwortet am 28. Januar]

Dear Mr. Johnson:

Many thanks for your answers to my queries, all of which are now clarified. (I realized I had made poor D. E. underweight almost as soon as I mailed my letter to you!) (...)

At first, when I had seen only the first chapter of your book, it seemed to me that »Anniversaries« would be the obvious choice. Then, when I saw the whole book and understood its framework, I began to think otherwise. I felt that the word »Anniversaries« fails to imply continuity, conveying rather a random assortment of, perhaps, wedding anniversaries, birthdays, etc. As soon as I hit on »Days of the Years« I had a sense of the passage, or flux, of time, and I also liked the closeness of the words to the German. When Mrs. Wolff and I discussed this in New York last October, it turned out that »Days of the Year« was the very thing she herself had meanwhile come up with. I would like your reaction – although I realize you may have already gone into it with Mrs. Wolff.

I am sorry to have to bother you with so many questions. Some of them must seem trivial to you, but, as you know, the eye of the translator is a highly magnifying one, and I find that if the picture is for some reason not absolutely clear to me, it makes me unhappy to »guess«. (...)

Many thanks in advance for your patient assistance,

Yours very sincerely

Leila Vennewitz

[Postkartentext:] Was ziehen Sie vor: European Passenger Trains Timetable & Through Carriage Conference or European Goods Train Timetable Conference? Beide existieren, in den offiziellen Listen steht aber nichts von einer »international conference« – Oder wir können was erfinden, wie Ihre »European Conference on Railway Timetables« – vielleicht handlicher?

Dear Mrs. Vennewitz:

(...)

What my title »Jahrestage« tries to convey is that every present day keeps, by way of memory, days or one day in the past; in this sense the 365 days in the book are a technicality. Would this be expressed in »Days of the Year« also?

As to me, I thought of this book always with the English *Anniversaries* and never doubted this would be its name in an English translation.
If, however, you and Mrs. Wolff should succeed, I would find »Days of One Year« more bearable. It is still your suggestion, only more radical.
But it removes from sight all the drawers below the single one marked 1967/68.
Now your questions.
It must have been the European Passenger Trains Timetable and Through Carriage Conference [vgl. Frage 8] impressive enough for a child, though somewhat too long to be expressed in this way by a ten year old girl.
(...)
Sincerely yours
Uwe Johnson

[*Frage 16:* S. 88, 9. Zeile von unten: »Dieser Sommer ist vorüber. In diesem Sommer ist der milliardenfache Revolutionsgewinner Tschombe nach Algerien entführt worden, und seine ehemaligen Freunde schärfen das Fallbeil.«]
»der milliardenfache Revolutionsgewinner Tschombe«: Has he made millions (or billions) out of revolutions, or the revolution – in terms of money? And, if so, millions of dollars, or marks?
[Antwort:] »millions of dollars«
[*Frage 17:* S. 90, 3. Zeile: *»Kleinstminen«*: »Wenn wir nur wüßten, ob John Kennedy umgebracht wurde von einem Irren oder auf Bestellung. Die Luftwaffe verliert Kleinstminen am Strand von Florida und weiß nicht wie.«]
Is this to imply that the Air Force made light of losing mines, that they were »just little ones,« »there was no need for public alarm, etc.« May we say »mini-mines,« or is this too facetious? What about »tiny little mines«?
[Antwort:] Baby mines was the expression, I think. Those mines were highly dangerous, though.
[*Frage 18:* S. 92, 8. Zeile: »Sie erzählt nicht was sie gefunden hat an dem Negermädchen, so alt wie sie, das ein zweijähriges Kind an der Hüfte mitschleppte, eine Hand mit dem Eiszapfen neckend vor dem ruckenden zuckenden Babymund; ...«]
»Ruckender zuckender Babymund«: I want to reproduce the echo

in sound as well as appearance so would like to say »the infant's quivering querulous mouth« but realize this is not an exact translation. Would you approve?
[Antwort:] quivering querulous is all right with me.
[*Frage 19:* S. 104, 12. Zeile: »... (Leslie Danzmann hatte ihr eins von ihren Kleidern gegeben.)«]
»Leslie Danzmann...« L. D. is explained at top of p. 102, in part excised by you. Shall we leave reference on p. 104, or omit it, or add a few words of explanation.
[Antwort:] I'll be needing this lady later on, so her picture should not be reduced too much.
[*Frage 20:* S. 104, 16. Zeile: »... Es war nicht lange her, da hatte er mit Elizabeth T. im Black Horse in Dorking gegessen. Das White Horse hatte er auch zu opfern«]
»Black Horse in Dorking«: in reality the White Horse, but I imagine you have deliberately changed the name?
[Antwort:] White Horse, please. Thank you again. And do me the favor of looking to the other side, as I am quite busy being ashamed.
[*Frage 21:* S. 106, 8. Zeile: »Unser Haus am Riverside Drive hat einen anderen Eingang im Keller, wo die 96. Straße den Damm unterläuft, unvermutet eine bleigraue Tür nach den offenen Höhlen der drei Garagen, vor dem schwärzlichen Ansatz der Brücke, die Öffnung eines Ganges zwischen geknickten Wänden.«]
»Geknickte Wände«: is »sharp-angled walls« all right? I can't quite see these walls.
[Antwort:] sharp angled seems all right to me. It is like this:

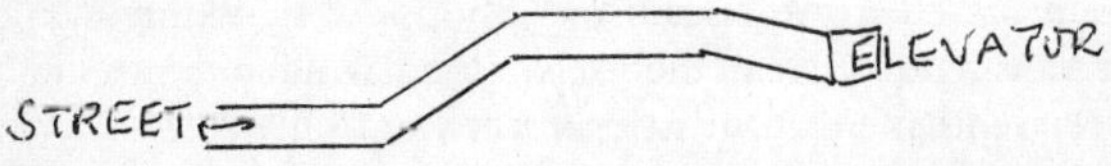

[*Frage 22:* S. 120, 8. Zeile von unten: »Das Stück Acker hinter der Milchbank, das seine Frau einmal den Garten genannt hatte, das wollte er noch einmal umgraben.«]
»Milchbank«: a *bench* for putting milk cans on for the family, or a *platform* on the street side of the house on which cans are placed to be picked up by truck.
[Antwort:] A stand where the rinsed milk cans could dry. Outside.

[*Frage 23:* S. 123, 8. Zeile: »Und in den Restaurants, im Hotel war erwartet worden, daß sie nicht auf Sixpence sah; in Richmond wurde erwartet, daß sie auf den Penny achtete.«]
»In den Restaurants, im Hotel«: is this literally plural restaurants and singular hotel, or both plural? May I say: »in restaurants, at hotels,« or do you mean a specific hotel?
[Antwort:] These are the restaurants she patronized when she visited Mr. Cresspahl secretly in England, and the hotel where she spent the night at that time, as she was not yet married to him. Now, as those holidays are over and she has to save for a house, restaurants are rare occasions, and a hotel would be out of the question.
[*Frage 24:* S. 144, 9. Zeile: »Mein Erzählen kommt mir oft vor wie ein Knochenmann, mit Fleisch kann ich ihn nicht behängen, einen Mantel für ihn habe ich gesucht: im Institut zur Pflege Britischen Brauchtums.«]
»Institut zur Pflege Britischen Brauchtums«: I take it this is a real place. Have you the English name? I thought perhaps it was the English Speaking Union, but this is not on Madison at 83rd – not now, at least. Have tried NY directory and reference lists of institutions in NY, but no help.
[Antwort:] I am loath to admit that this institution exists only in my book.
[*Frage 25:* S. 144/145: »In fast jeder Nummer der Richmond and Twickenham Times sitzt vorn, fett in der Mitte, eine Anzeige von Gosling & Sons, Kaufhaus zu Richmond, und nun vermutet ihr, ich hätte Pascals Erben nach denen benannt.«]
»Kaufhaus«: have you a note of what the English words were. For the time being I have »Department Store,« but this, in those days, was considered an Americanism. »Shops« of that kind in Eng. in those days tended to call themselves long-winded things like »Ladies & Gentlemen's Outfitters,« but I am only guessing, and it must ring true.
[Antwort:] Gosling and Sons Ltd. do not announce in their advertisements of 1932 what kind of shop they thought they had. They sold, for instance: French novelties and sachets, table centres, cushions, cosies, delightful lamps, glass ware, gloves, bags and handkerchiefs, lingerie, shawls & perfumery, easy chairs, tea tables, bureaux ...
How about: Gosling & Sons, Appropriate Gifts for All, Richmond-upon-Thames?

[*Frage 26:* S. 148, 11. Zeile: »... sie war doch getroffen von dem Hochmut der Richmond and Twickenham Times, die sich darauf verließ, ›daß in dieser ärmlichen Umgebung wohl wenige protestieren würden‹ gegen den widerlichen Anblick.«]
»Daß in dieser ärmlichen ...«: again, have you the exact wording? I now have »that in these humble surroundings no doubt few would protest,« but there could be a number of variations.
[Antwort:] Lisbeth Cresspahl in her rage forgets herself so far as to misquote the Richmond and Twickenham Times. In fact the article said:
The Gasholder Again
... the pink monster down at the gas works bridge, now distinctly ugly ... It is now a dirty, rusty brown halfway up the holder ... Nothing is apparently done to alter its neglected appearance. Perhaps this is due to the fact that it is not in a part of Richmond where the residents are likely to object, but we can imagine what would happen if instead of being down-town the holder was in a spot where it spoilt the carefully preserved view from the Hill ...

[Brief vom 28. März 1971 – Johnson antwortet am 7. April]
[*Frage 27:* S. 282, 6. Zeile: »Sie erzählte nicht, wie es war. Sie machte aus dem Gewesenen undeutliche Vorwürfe für die jüngere Schwester, als sei die noch ängstlich vor Moral.«]
»She did not say how it had been ...« Habe ich Sie in diesem Absatz richtig verstanden?
[Antwort:] Ihrs ist richtig. Erlauben Sie mir dennoch einen Vorschlag: She did not just tell her how it had been. She talked in vague reproaches, as if her younger sister could still be frightened by morals. By the time ...
[Johnsons Vorschlag wurde in der englischen Ausgabe – S. 187 – übernommen.]
[*Frage 28:* S. 306, 14. Zeile: »Kollmorgen stand auf von seinem Seneca und marschierte in die Küche, ...«]
»Seneca« – was kann das sein? Sollten wir das erklären – oder weglassen?
[Antwort:] Das ist Seneca der Jüngere, 4 B. C.-65 A. D. Vielleicht möchten Sie ergänzen und schreiben: Kollmorgen got up from Seneca's »De tranquillitate animi« and marched to the kitchen etc.
[*Frage 29:* S. 314, 1. Zeile: »Es sei nicht das selbe von Familie zu

Familie, wenn Kinder ihre Eltern nicht als solche, sondern mit dem Vornamen anredeten.«]

»It was not the same from family to family ...« what is not the same?

[Antwort:] Gemeint ist: It might be fit for some families, not for all families, that children etc.

[*Frage 30:* S. 316, 7. Zeile von unten: »Ein Teil der Gemeinde blieb sitzen unter den verschlafenen Orgelklängen, mit denen die Organistin, Jule Westphal, sie aus dem Gotteshaus hatte schicken wollen, ...«]

Aus »Jule« habe ich »Julie« gemacht, damit es offensichtlich eine Dame ist.

[Antwort:] Let me thank you very much, also on behalf of the Westphal family, for taking the nickname away from her and reinstating her in her right to her true given name. Nobody else was ever good enough to do that.

Brief vom 10. Juli 1971 – Antworten auf dem Original notiert
Vergleiche Faksimile S. 332f.

[*Frage 31:* S. 140, 3. Zeile von unten: »Heute, mit dem Sonnenuntergang beginnt das jüdische Neujahrsfest, Rosch Ha-Scha'nah, das bis zum Freitagabend dauern wird.«]

Rash ha-Shanah: you feel the 18th letter should be a capital one. The NYT twice has it spelled as it is shown here, so I am prepared to accept that if you are.

[Antwort:] O.K.

[In der englischen Fassung heißt es, S. 100, Rosh Hashanah.]

[*Frage 32:* S. 144, 10. Zeile von unten: »Die Zeitung nennt sich ein ›Journal für lokale Nachrichten, Gesellschaft, Kunst und Literatur‹ und ist entfernte Verwandtschaft der alten Times von London, in der Titelfraktur und in den Familienanzeigen als Aufmacher, aber eben kleinbürgerliche Verwandtschaft, mit reisserischen, fast ordinären Inseraten auf der ersten Seite, jedenfalls im 59. Jahrgang, 1932.«]

– you show no line number, and I can't find anything on that page where ›Richmond‹ in 1932 would fit. And why the quotes around Richmond and not around ›in 1932‹?

[Antwort:] No quotes around Richmond; (as against Richmond-upon-Thames).

[In einem Brief vom 10. August 1971 nimmt Johnson noch einmal auf diese Frage Bezug; dort heißt es:] Was »Richmond« angeht, so bezieht sich die fragliche Stelle nicht auf p. 193.12 [Seitenangabe bezieht sich auf das Manuskript von L. V.], sondern eher auf die Gelegenheit, bei der Sie gefragt hatten, ob es denn schon 1932 »Richmond-upon-Thames« geheissen habe. Darauf habe ich ganz offenbar zu kurz geantwortet: Richmond.

[*Frage 33:* S. 154, 15. Zeile: »Damals machte sie noch Pantomimen nach den amerikanischen Formalitäten, die einer Verabredung vorausgehen, und in der Handtasche hatte sie das Bild eines Jungen, der in Kaskinen auf sie wartete, ein Großhändlerssohn, der gern und gut eine Fremdsprachensekretärin zur Frau nehmen wollte.«]

I used »distributor« because a) it means exactly the same as »wholesaler« and b) the latter has been used just before. But if you like I will repeat it.

[Antwort:] Johnson unterstreicht »distributor«.

[*Frage 34:* S. 165, 20. Zeile: »Kennst du eine Elisabeth Lieplow aus Kröpelin? Schreib mal, dann schreiben wir uns.«]

Who is Gregory Corso, and why would Cresspahl have known about him. I can't think of anything to reproduce the humor you had in mind not knowing the original context. Your suggestion has an ingenious rhyme, but it doesn't sound likely to me. I think something that sounds natural is more important than a rather obscure allusion, if you will agree.

[Hier bezieht sich Leila Vennewitz auf einen Brief vom 11. Juni 1971 mit Übersetzungsvorschlägen Johnsons. Johnson schrieb:] »Drop me a line: this alludes to a poem of Gregory Corso which I do not remember. Anyway, it should be something of a joke, like: ›drop me a line, so you'll get a letter of mine‹.«

[*Antwort:* Johnson unterstreicht] »I think something that sounds natural is more« [und gibt seine Einwilligung mit folgendem Vermerk:] O. K. »Can get in touch« – Stay in Touch. [Die englische Übersetzung dieser Passage, S. 114, lautet: D'you know someone called Elisabeth Lieplow from Kröpelin? Drop me a line so we'll stay in touch.]

[*Frage 35:* S. 164, 3. Zeile von unten: »Auf der Straße nach Rande war ein junger Schuster, eingeschriebenes Mitglied der Hitlerjugend, so kräftig verprügelt worden, daß er drei Stunden brauchte, um zum Krankenhaus in Jerichow zurückzukriechen. Der Oberlandjäger war in Urlaub, und die Stadtpolizei erklärte

LEILA VENNEWITZ
6400 LARCH STREET, VANCOUVER B.C.
TELEPHONE AREA CODE 604
261-0147

DEAR MRS. VENNEWITZ,

PLEASE FORGIVE ME FOR ANSWERING YOU IN THIS MANNER: →

10 July 1971

Dear Mr. Johnson:

I have a few comments and questions, and would be grateful if you could answer as quickly as possible, as I am getting the master copy ready for Harcourt:

The figures refer to yours:

✓ 187.13 - Rash ha-Shanah: you feel the 18th letter should be a capital one. The NYT twice has it spelled as it is shown here, so I am prepared to accept that if you are. O.K.

193. - you show no line number, and I can't find anything on that page where "Richmond" in 1932 would fit. And why NO quotes around Richmond and not around in 1932?
<AS AGAINST RICHMOND-UPON-THAMES>

205.4 - I used "distributor" because a) it means exactly the same as "wholesaler" and b) the latter has been used just before. ~~But if you like I will repeat it.~~ OK.

214.15
~~212.22~~ - who is Gregory Corso, and why would Cresspahl have known about him? I can't think of anything to reproduce the humor you have in mind, not knowing the original context. Your suggestion has an ingenious rhyme, but it doesn't sound likely to me. I think something that sounds natural is more important than a rather obscure allusion, if you will agree. O.K.
"CAN GET IN TOUCH" → STAY IN TOUCH

✓ 213.22 - I did not lightly jettison your original meaning, believe me, but there is, as far as I know, simply no phrase in English that conveys it. It seemed more important to me to have a phrase that echoed the rhythm, and the fluency, of yours, with some alliteration, and would not be too far from your meaning. Brewer's "Dictionary of Phrase & Fable" says of "in for a penny, in for a pound": 'Another way of say "having put your hand to the plough." Once a thing has been started it must be carried through no matter what difficulties arise or what obstacles have to be overcome - one is in it and there can be no drawing back.' I feel that this carries the idea of responsiblity, but as for schwängern and schwören: there is nothing that I can find. I suggest we let the ear take over from the intellect, in this case. Hope you agree. O.K.

✓ 218.17 - we are both sure that the slogan means be ~~kind~~ gentle as a a lamb, that being a phrase in English though perhaps not in German. Lamblike docility, gentleness, meekness, etc. are proverbial. O.K.

✓ 227.3 - I am only too glad to have seesaws. It is often considered too British, but if our copyeditor doesn't mind, it's fine.

UJ 7.10.71

256.14: the dialect phrase. We realized what it must mean, but again sought for a phrase, not necessarily like, but equivalent to, the German. It has to be something that expresses astonishment plus delight, either or both, and "Well, I'll be damned" does just that. Is there something else you want to express? The drinking bit happens to be the way the German phrase is couched, but isn't the end effect the same? Again, I feel the ear is all important here, since the actual drinking and lying on the floor is not material to the incident, is it? In other words, I feel that this is exactly what such a man would say at such a moment, with such emotions.

PLEASE KEEP YOUR WORDING

the ✓ 273.5 - a closet is what the NYT says. ~~Does it have to be the?~~

290.24 - I cannot imagine anyone saying to herself "shut your trap." "Shut up" * is really ~~ix~~ pretty rough, definitely a no-no as far as nice manners are concerned. And coming twice in a short sentence makes a difference. If a person did say "shut your trap" to herself, once, I can't hear her saying it twice in succession. It just doesn't sound real. O.K

Thank you for many helpful hints: e.g., walking-out uniform is British; I believe (hope) the U.S. is "dress uniform." And so on. Very helpful.

In rush, but kindest regards,

Sincerely,

Leila Vennewitz

— Hold your tongue ?

* IT IS NOT G. C. SAYING THIS TO HERSELF, BUT THE IMAGINED VOICE OF HER FATHER.

AS I AM IN A TERRIBLE RACE AGAINST A DEADLINE, I COULD NOT HELP IT.

SINCERELY YOURS, Uwe Johnson.

sich für überlastet. Die Ritterschaft war einverstanden. – Wer schwängert, soll auch schwören: sollte Kleinschulte gesagt haben, ...« (Johnson hatte am 11. Juni 1971 geschrieben: »in for a penny, etc.: Could you please restore the original meaning that you have to swear marital allegiance to a girl you brought into trouble, please. Or is that implied?«)]
I do not lightly jettison your original meaning, believe me, but there is, as far as I know, simply no phrase in English that conveys it. It seemed more important to me to have a phrase that echoed the rhythm, and the fluency, of yours, with some alliteration, and would not be too far from your meaning. Brewer's »Dictionary of Phrase & Fable« says of »in for a penny, in for a pound«: »Another way of saying ›having put your hand to the plough.‹ Once a thing has been started it must be carried through no matter what difficulties arise or what obstacles have to be overcome – one is in it and there can be no drawing back.« I feel that this carries the idea of responsibility, but as for schwängern und schwören: there is nothing that I can find. I suggest we let the ear take over from the intellect, in this case. Hope you agree.
[Antwort:] Johnson unterstrich »in for a penny, in for a pound«, und das Wort »agree«.
[*Frage 36:* S. 169, 9. Zeile: »Schon lange führen die Busse Manhattans absurde Sprüche auf ihren langen Schläfen beiderseits der Liniennummer spazieren, nachts sahen wir sie neonweiß leuchten unter unseren Fenstern und Jedermann ermahnen: (...) SEI NETT, SEI FREUNDLICH, zum Beispiel zu einem ungelenken Lamm.«]
We are both sure that the slogan means be gentle as a lamb, that being a phrase in English though perhaps not in German. Lamblike docility, gentleness, meekness, etc. are proverbial.
[Antwort:] Johnson unterstrich das Wort »as«.
[*Frage 37:* S. 177, 4. Zeile von unten: »Der Spielplatz gegenüber unserem Haus, außen umstanden und innen bewacht von den alten hochkronigen Bäumen, ist eine weitläufige Anlage in mehreren Ebenen, die nördlich beginnt mit einem langen Feld aus Rutschbahnen, Wippwapps, Sandkästen, eingezäunten Schaukelgruppen, eingefaßt von grünen, oft angebrochenen Bänken.«]
I am only too glad to have seesaws. It is often considered too British, but if our copyeditor doesn't mind, it's fine.
[Antwort:] Johnson unterstrich das Wort »seesaws« (als Übersetzung für »Wippwapps«).

[*Frage 38:* S. 201, 12. Zeile: »Sie sahen beide zu, wie auf Erwins Gesicht das Entzücken gegen die andere Erkenntnis verteidigt wurde. Dann sagte er zögernd: Nu sup'ck mi dål.«]
We realized what it must mean, but again sought for a phrase, not necessarily *like*, but equivalent to, the German. It has to be something that expresses astonishment plus delight, either or both, and »Well, I'll be damned« does just that. Is there something else you want to express? The drinking bit happened to be the way the German phrase is couched, but isn't the end effect the same? Again, I feel, the ear is all the important here, since the actual drinking and lying on the floor is not material to the incident, is it? In other words, I feel that this is exactly what such a man would say at such a moment. With such emotions.
[Antwort:] Johnson schrieb über die Frage: »PLEASE KEEP YOUR WORDING«.
[*Frage 39:* S. 214, 23. Zeile: »Als gestern nachmittag Robert Smith, 470 Sheffield Avenue in Brooklyn, laut mit seiner Frau Clarice stritt, ging ihr sechsjähriger Sohn Randy in die Kleiderkammer, holte seines Vaters Gewehr, Kaliber 22, lud es, legte an und schoß den Vater in die Brust. Der macht der Mutter nie mehr einen Krach.«]
A closet is what the NYT says. Does it have to be »the«?
[Antwort:] Johnson unterstrich »a«.
[Im Bericht der NYT vom 24. Oktober 1967 heißt es: »A 6 year old boy, disturbed by an argument between his parents yesterday afternoon, went to a closet, got a .22-caliber rifle, loaded it and killed his father, the police said.«]
[*Frage 40:* S. 226, 13. Zeile: »Holl din Muul, Gesine. Holl din Muul.« Johnson hatte am 11. Juni 1971 geschrieben: »I would like this to be more brutal, like ›shut your trap‹.«]
I cannot imagine anyone saying to herself »shut your trap.« »Shut up« is really rough, definitely a no-no as far as nice manners are concerned. And coming twice in a short sentence makes a difference. If a person did say »shut your trap« to herself, once, I can't hear saying it twice in succession. It just doesn't sound real.
[Antwort: Johnson fügte nach »shut up« einen Asteriskus ein, der auf die Worte verweist: It is not G. C. saying this to herself, but the imagined voice of her father.]

[Brief vom 28. Juli 1971 – Johnson antwortet am 10. August 1971]
[*Frage 41:* S. 335/336: »Laß Marie etwas sagen über einen Abend im ›Regenbogen‹ im 65. Stock in New York, und am nächsten Mittag findet sie sich hoch über London im Restaurant des Fernmeldeturms und ahnt es noch nicht am Fuß des Gebäudes.«]
It seems queer to translate *Fernmeldeturm* by »Post Office Tower«, but this is what it is called. As you know, broadcasting in the U.K. comes under the Post Office umbrella.
[Antwort:] »Post Office Tower« ist mir ganz recht; sollte ich es denn bemängelt haben?
[Leila Vennewitz nimmt im Brief vom 16. August 1971 auf diese Antwort noch einmal Bezug:] »My concern over ›Post Office Tower‹ was simply that, although I found it was the right name for the building, it does not exactly describe the function of the building as put in German. I was afraid you might think I had invented it.«
[*Frage 42:* S. 398, 4. Zeile: »Sartre las damals die Zeitungen ›schlecht, aber eifrig‹. Im Herbst 1933 fuhr er nach Deutschland, um dort ein Jahr am Institut Français in Berlin zu verbringen.«]
By the way, I found the reference to Sartre: it is in »La Force de l'âge« and runs (p. 151): »Sartre lisait dans les journaux: mal, mais assiduement. J'y mettais moins de conscience.« The last sentence (not referred to by you) gave me the clue I needed, as »eifrig« was the word that had been bothering me. I ended up, as you can see, with »not well but diligently.« (I have come more and more to the conviction that one should not be afraid to translate a positive with a negative, especially as English colloquial speech abounds in negatives.)
[Antwort:] Dass Sartre nunmehr die Zeitungen »not well but diligently« las, passt mir nicht schlecht in den Kram, einschliesslich der negativen Wendung.
[Im Brief vom 16. August 1971 greift Leila Vennewitz noch einmal diese Antwort auf, und schreibt:] »Glad about the Sartre. If I had not had the date to go by I doubt if I would ever have found the place in the three volumes of the memoirs; and when I did find it, I then got a copy of the standard English translation from the library but did not quite like it, taking the whole context into consideration, so the result, as approved by you, is mine.«
[Frage 43:] Re carpenter vs. cabinetmaker: I have used the former in general terms, the latter when I thought we should be more specific. It is an awkward word, especially in the plural, and usually carpenter covers it all.

[Antwort:] »Carpenter« soll mir gefallen, wenn es die Möglichkeit belässt, dass Cresspahl gelegentlich auch als Kunsttischler erwähnt wird. Er war das von Haus aus, und früher gelegentlich stolz darauf.
[Frage 44:] re my letter of July 10, para. 4 – I still don't quite understand. However, for manuscript p. 193.12 (S. 145), which I think must be the spot you mean, I now have »publication, Richmond, 1932.« And I hope it's right.
[Antwort:] Was »Richmond« angeht, so bezieht sich die fragliche Stelle nicht auf S. 333 sondern eher auf die Gelegenheit, bei der Sie gefragt hatten, ob es denn schon 1932 »Richmond-upon-Thames« geheissen habe. Darauf habe ich ganz offenbar zu kurz geantwortet: Richmond. [Vgl. Frage 32]

[Brief vom 3. August 1971]
Dear Mr. Johnson:
I have a friend who lives in Richmond who has answered my questions regarding one or two details about the area. You will notice that I have changed »Richmond Hill Park« to »Richmond Park,« since this is what she says it is called, and I have since verified this on the map.
Also, wherever the word »promenade« appears in connection with the Thames and walking beside it, I have changed the text to read »river path,« and if I have overlooked any spots I will try to pick them up in the galleys.
I asked her whether there was a restaurant called Tower House [S. 333, 13. Zeile], and she writes: »I do not *think* there is a restaurant in Richmond now called Tower House, but of course there may have been in the past. There is a Tower House Hotel in Twikkenham.«
You merely say »an der Brücke,« [». . . das Restaurant im Tower House an der Brücke«] and I would like it if we could pinpoint this a little more. Or is it all a child of your imagination? However, even if it is, it is so close to fact that I want to get it right. If there is a restaurant by that name, I would like to capitalize it: Tower House Restaurant. If it is the restaurant in the Tower House Hotel, I would like to put it just like that. After all, there is, presumably, a Tower House, and if there is a restaurant in it we ought to know what it is called.
(. . .)

Sincerely yours,
Leila Vennewitz
[Antwort vom 10. August 1971]
Liebe Frau Vennewitz,
(...)
Ohne Zögern beglückwünsche ich Sie zu dem Umstand, dass Sie nun auch noch in Richmond Ihre Verbündeten haben; jedoch hoffe ich, dass es diesmal nicht so blamabel für mich ausgeht wie damals mit dem Pferd in Dorking, dessen Farbe ich falsch erinnerte. Bei einem Pferd! Wenn es ein Hund gewesen wäre. [Vgl. Frage 20.] Wenn Sie in Richmond von der George Street zur Brücke gehen, sehen Sie kurz vorher rechter Hand ein verwittertes Haus, daran steht in lang nicht erneuerter Farbe geschrieben: *Tower House Restaurant.* Es ist heute nicht mehr in Betrieb, gewiss; war aber beliebt zu den Zeiten, die ich meine. Es steht rechts vor der Brücke, dann kommt der Fluss.
»Richmond Park« sagt auch mein Reiseführer von 1931.[10] Habe ich mich ernstlich zu »Richmond Hill Park« verstiegen, will ich mich schämen.
Wiederum wußte ich nicht, daß die Briten »promenade« nicht als Substantiv kennen, bedanke mich für die Belehrung und bitte dringend um »river path« hier und »river path« da, wo immer die Themse sich windet.
(...)
Ihr sehr ergebener
Uwe Johnson

[Im Brief vom 16. August 1971 nimmt Leila Vennewitz noch einmal auf Johnsons Antwort Bezug:]
Promenade is indeed used in England, but apparently not for the path beside the Thames. My Richmond spy was quite emphatic. It is always, however, used for a seaside walk – the promenade at Brighton, Eastbourne, etc. I think it indicates a more formal, broad, paved walk than a riverside path.
[Photo (vgl. S. 339): Am 29. Februar 1972 schickte Johnson ein Photo des »Tower House, a former restaurant at Richmond« aus Berlin als Postkarte an Leila Vennewitz. Das ist eine nachträgliche Antwort auf eine Bemerkung von Leila Vennewitz im Brief vom 16. August 1971. Sie lautet:]
»If you have actually seen the Tower House Restaurant, or know

that it existed, that's good enough for me. ›Richmond Hill Park‹ may have easily been my mistake – I can't remember. Sorry!«

[Im Mai 1972 begann Leila Vennewitz mit der Arbeit an *Jahrestage 2*. Johnson beantwortete gleich ihren Brief zu diesem Band, indem er das Original mit seinen Korrekturbemerkungen als Antwort zurückschickte. Die weiteren Antworten verzögerten sich, wie aus einer am 21. November 1972 folgenden Postkarte von Uwe Johnson zu entnehmen ist. (Vgl. das Faksimile des Briefes an Johnson vom 11. Juli 1972. Seitenzahlen beziehen sich auf die deutsche Ausgabe; »A« meint erstes Drittel, »B« Mitte und »C« letztes Drittel der Seite.)]

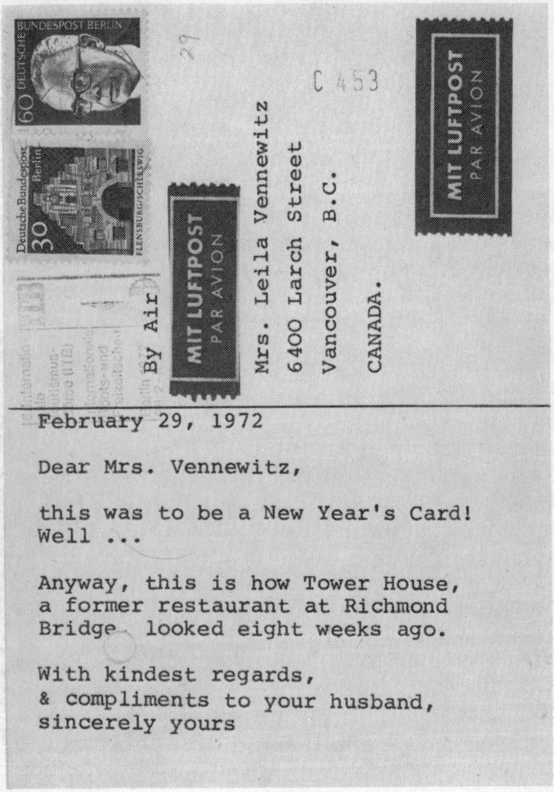

Mrs. Leila Vennewitz
6400 Larch Street
Vancouver, B.C.
CANADA.

February 29, 1972

Dear Mrs. Vennewitz,

this was to be a New Year's Card!
Well ...

Anyway, this is how Tower House,
a former restaurant at Richmond
Bridge looked eight weeks ago.

With kindest regards,
& compliments to your husband,
sincerely yours

[Faksimile (vgl. Seite 343) von Manuskriptblatt 84 dokumentiert die Zusammenarbeit, die auch an den Manuskripten erfolgte. Das Blatt ist die Übersetzung der Seiten 561 und 562 aus *Jahrestage 2*. Zur Erläuterung der letzten beiden Zeilen »The man who sawed the plywood for me to make your house, in the nineties off Broadway, ...« vermerkte Johnson, daß diese Übersetzung den Anschein erwecken könnte, daß der Mann 90 Jahre oder älter wäre. Die Stelle wurde entsprechend verändert, um dieses Mißverständnis aus dem Weg zu räumen: In der englischen Ausgabe steht, S. 362/363: »The man who sawed the plywood for me to make your house, that man in the West Nineties ...«]

[Auskunft vom 15. Januar 1973
(vgl. Vorwort zu diesem Band)]
Liebe Frau Vennewitz,
die Verse auf p. 709 sind ein Zitat aus dem Gedicht »Die Nachtlager« von Bertolt Brecht, geschrieben zwischen 1926 und 1933, also in deutscher Sprache. Demnach wären sie zu übersetzen. Es tut mir leid, dass meine allgemeinen Kommentare immer noch nicht fertig sind. Es ist nicht gerade Trödelei, eher schlechte Verfassung; zu einer Entschuldigung reicht das nicht.
Mit herzlichen Grüssen
Ihr Uwe Johnson

[Brief vom 13. Februar 1973]
Dear Uwe Johnson,
(...)
[*Frage 45:* S. 487, 1. Zeile: »Das Wasser ist tief unter der Straße versteckt, wo sie über einen Felsbuckel muß, chlorgrünes, laues, pralles Wasser in einem Fliesenkasten unter dem Hotel Marseille an der West End Avenue, Manhattan, Obere Westseite, New York, New York.«]
»Prall« is very hard to render. I don't care for »taut,« since that implies length or breadth only (like »straff«), whereas this is a body of water, tightly filling the pool as air fills a balloon. I think »tight« is the best so far. A second idea would be »stretched,« or »tensed.«
[Antwort:] Tight water is how it felt.

[Am 26. Juli 1974 schickte Leila Vennewitz ihr Manuskript mit der Übersetzung von S. 776 bis 1008 mit einer Liste von Fragen.]
[*Frage 46:* S. 779, 19. Zeile: »Noch in Frankfurt am Main, als sie das Dolmetschen lernte, kam sie nicht hinein in das Englisch der Kinder, die sie abends im amerikanischen Viertel der Stadt zu besorgen hatte, und noch nicht beim Armeerundfunk der Amerikaner in Westberlin hatte sie sich so weit, ›either‹ mit einem i auszusprechen, ›fast‹ mit einem ae und das Wort für Künste wie das für Herz, arts als hearts. In New York gilt ihr Akzent als neuenglisch, und in Neuengland als new yorker Mischmasch. Nach fast sieben Jahren in New York kann sie vom Dollar auch als dem buck sprechen, dem Bock; sie denkt aber im Gehirn die britische Aussprache mit und hilft sich mit der Vorstellung, daß ein Bock ein Besitz ist, daß man ihn sichten, jagen, erlegen kann.«]

P.S.

Vom 13. Juli bis 31. Juli sind wir verreist - u. zwar incommunicado in den Rocky Mountains, in der Wildnis: Glückwunsch!

Vancouver, d. 11. Juli 1972

Liebe Frau Vennewitz,
~~Lieber Uwe Johnson,~~

Noch ein paar ~~Fragen, bitte~~ Antworten:

Seite

510 - B /25 "blager Düvel" - red devil, or red what, or what kind of a devil? BLUE. <blau-rote Wangen von geplatzten Adern>

515 - A /32 "Katastrophe" (die Kandidatur von Goldwater). Wissen Sie noch, ob die NYT disaster oder catastrophe gesagt hat? NEIN Wenn es egal ist, ziehe ich disaster vor. O.K.

515 - C "ehrenvolle menschliche Einrichtung" war wohl honorable human institution? ~~Oder?~~ I HOPE SO.

518 - B /37 "Minihöschen" wäre hotpants; aber gab es die 1967? Sollten wir miniskirt sagen?, besser noch: panties.

519 - B /38 "kinderglut" - das Wort nie gehört (seltsam:
520 - C /39 wird kleingeschrieben!) Ich fürchte, wir müssen es weglassen an der 1. Stelle und an der 2. einfach "the day" sagen. Trotzdem würde uns eine Erklärung interessieren. Brauch in New York City.

520 - C /39 "Lesney of Britain, Limited" - ~~heisst~~ die Firma ~~wirklich~~ so: ohne Komma dazwischen! Sonst wird ein Firmenname immer ohne Komma geschrieben.

521 - C /41 "Tausend Delikatessen" - gibt es das? Wie heisst es in NY? Wenn Sie es erfunden haben, darf ich einfach Thousand Delicatessen sagen? Gerne.

" " /41 "Kaffee, schwarz, gross." Das könnte zweierlei heissen: "coffee, black, large cup," oder: "caffè, nero, alto," wie die Italiener das immer bestellen." "Large black coffee"

" " /41 "zwei weiche Herren" - dieses "weich" - meinen Sie ~~plumpish~~, oder soft-spoken, ~~oder?~~ also of soft manners.

522 - A /41 Der Letter of Credit: mein Mann meinte, es wären eine oder 2 Kleinigkeiten, die geändert werden sollte, z.B. an Irrevocable, statt our, und not to exceed statt not exceeding. Es sei denn, dass Sie das genau abgeschrieben haben...: so ist es. Von der Morgan Guarantee Trust.

Herzlichst,

Ihr

Uwe Johnson.

"Did you learn

561 [redacted] that from your association with Francine? 'The exemplary manner in which the [redacted] Cresspahl girl lends a helping hand to a black classmate who is disadvantaged by race and [redacted] family background'?" ✕

"I don't boast about it; thank you for the apologies.

All the same, recognize

[redacted]ll I can [redacted] Albert's position now and again."

"O. K. Now Lovising."

"Who? Albert Papenbrock's Louise? No comment."

"Because she lived one way and prayed another?"

"No comment, Gesine!"

"Comments on Lisbeth?"

"Your mother. Because she's your mother I've almost

made excuses for told

always[redacted]d her when you [redacted] me about her. By this time she's ill, and no one's going to help her. In a country like ours, in New York, she'd have gone (long ago) to a head shrinker and been cured. She'd no longer be ^all locked up in her church, she could look at it from the outside. And because she's going to be the next one to die. You're [redacted] easy on her yourself."

"Go on."

"You see.? The workmen, Böttcher the carpenter, Köpcke the mason, Pahl the tailor, I don't hold it against them.

562 They haven't even understood their first war, what else were they ^to do but build for the ~~next~~ new one.? The man who sawed the

that man west

plywood for me to make your house, in the ^nineties off Broadway,

✓ ~~AS IF SPOKEN BY A TEACHER OF MARIE'S~~

J – "west." c. otherwise it sounds as if the man were over 90

"WEST" IS QUITE RIGHT, AND A FACT, TOO

I don't understand about »arts« like »hearts«, nor about the English pronunciation of »buck«?
[Antwort:] »Arts« is sometimes aspirated, and (bezüglich »buck«) there is a difference, I am sure.
[*Frage 47:* S. 860, 4. Zeile von unten: »– ›having been unjustly accused by two policemen in Richmond Park, was condemned to be an outdoor and lived with a maid who was called Lizzie Pope near a brook where there was no forest ...‹«]
»condemned to be an outdoor« (see German text) doesn't make sense. We could either have »an outlaw,« or »condemned to live outdoors«.
[Antwort:] Wording is taken from »1066 and All That«, a parody on English history.
[Hier hat Johnson, bewußt oder unbewußt, falsch zitiert. Die Stelle in Walter Sellar und Robert Yeatman, *1066 and All That*, London 1935, S. 27 lautet: »Having been unjustly accused by two policemen in Richmond Park, he was condemned to be an outdoor and went and lived with a maid who was called Marion, and a band of Merrie Men, in Greenwood Forest, near Sherborne.«]
[*Frage 48:* S. 883, 4. Zeile: »Wenn es regnete, spielte Alexander mit ›seinen‹ Kindern Mensch Ärgere Dich Nicht. Er nannte es aber Pakesi, so wie Cresspahl es aus London mitgebracht hatte, nach dem Hindiwort für 25, Pacheesi; und weil es etwas Britisches war, wurde es auch mit seinen besonderen Regeln gespielt: ...«]
The game known as »Parcheesi« (trade mark) in the U. S. is known always as »Ludo« in England (not only from my own remembrance, but see Oxford Dictionary). Therefore the reference to Cresspahl playing Parcheesi in Eng. is a bit mysterious. However, I have adjusted the text very slightly, and hope you agree.
[Antwort:] Thank you very much.
[*Frage 49:* S. 884, 25. Zeile: »Aus dieser mißlichen Lage rettete uns Alexander, der unterwegs doch über die Kinder nachgedacht hatte. Und niemals mit einem barften Kopf ins Bett.«]
I don't understand about the »mit barftem Kopf ins Bett.« Probably you mean something quite different from what I have.
[Antwort:] (Johnson unterstrich »something quite different«)]
»Barft« is derived from »barfuss«, meaning in this family »a head without (bare of) a fond stroke«.
[*Frage 50:* S. 886, 9. Zeile: »Der Urlauberzug Berlin–Paris stand ihm ungemütlich bevor, und der ausgewachsene Mensch seufzte,

als er einen kleinen Leder Koffer anbrachte, den die Kinder bisher nicht bemerkt hatten.«]
Not sure of your meaning with »ausgewachsene« – maybe something different?
[Antwort:] »Megalomaniac« was my idea.
[*Frage 51:* S. 890, 5. Zeile von unten: »In der offenen Schreibtischschublade fand Ilse wie angekündigt das Blatt mit den Anweisungen für den Fall seines Todes, von den Gängen zu Dr. Berling und zu Swenson bis zu den Vorschriften für die Beerdigung. Er verabschiedete sich bei einigen Leuten mit altmodischen Drucksachen, aber er brauchte sie nicht, denn es war alles im voraus eingerichtet und bezahlt.«]
Sorry – can't understand this line – what are the altmodischen Sachen?
[Antwort:] Announcements of his own death: printed and made up in an old-fashioned way.
[*Frage 51:* S. 898, 8. Zeile von unten: »Jähzornig war er auch geworden, und er konnte das Cresspahlsche Heft vom Pult aus bis an die Rückwand des Raums schleudern, über alle vier Tischreihen hinweg. Das Kind hatte geschrieben ›Bessere Beizeiten‹.«]
Not sure of your meaning.
[Antwort:] Slip of her tongue. No meaning, but that she was thinking of better times.
[*Frage 52:* S. 944/945: »Er will Funker gewesen sein, von 1943 bis 1945 in Hamburg, mit dem Stationsnamen Jürss, oder J. Ü. R. S. S., aber für die Sowjets und die Briten gleichzeitig und ein großer Teil der mecklenburgischen Berichte sei von einem Mann gekommen, und er sagt: von Cresspahl.«]
Was this man Krahnstöwer what we would call a »radio ham«? If so, it would be better than »operator«.
[Antwort:] He claims to have been an operator.
[*Frage 53:* S. 956, 20. Zeile: »In einem Fall hatte er sich ein wenig gegen die Annahme eines Trupps von fünfzig Juden gewehrt, weil darunter Kinder waren.«]
Is »protested mildly« too weak? Not sure of degree here.
[Antwort:] He protested as much as he dared. »Timidly.«
[*Frage 54:* S. 1006, 22. Zeile: »– Balk! Will doch einer über die Sperrlinie werfen und schafft es nicht. – Das passiert einmal in fünfzig Jahren!«]

»Trying to throw beyond the boundary line, and he fails.« Am no baseball buff – is this all right? A baseball-buff friend says it doesn't make much sense to him.
[Antwort:] Then Mr. de Rosny is not really the expert he claims, or feels, to be.

[Am 26. Juli 1974 schickte Leila Vennewitz das Typoskript der Endfassung ihrer Übersetzung des 2. Bandes der *Jahrestage* zur Korrektur. Im Oktober 1974 hatte sie schon mit der Arbeit an dem 3. Band begonnen.]

[Brief vom 17. November 1974.]
Lieber Uwe Johnson,
um dem Leser ein möglichst klares Bild über die Geographie des Sovietzaunes (S. 1042, 1044) zu geben, muss ich selber einen völlig klaren Begriff haben, der mir im Moment leider fehlt. Könnten Sie so nett sein und mir eine kleine Planzeichnung schicken mit der Lage von:
a) Ziegeleivilla
b) Cresspahls Haus
c) Creutzens Gärtnerei
d) Brüshavers Haus
e) Friedhof
f) Ziegeleiweg
g) An der Bäk
h) Feldstrasse
i) Stadtstrasse
Noch bin ich sehr verwirrt in Bezug auf die Himmelsrichtungen.
(...)
Ihre Leila Vennewitz
[Vgl. Faksimile des von Johnson gezeichneten Lageplans Jerichows]

[Brief vom 6. November 1974]
Dear Uwe Johnson
(...)
Your second sheet also relates to Yevtushenko, whose poems I happen to have. And here I come to another, although secondary, point: the poem quoted on p. 1328 for which you give me what

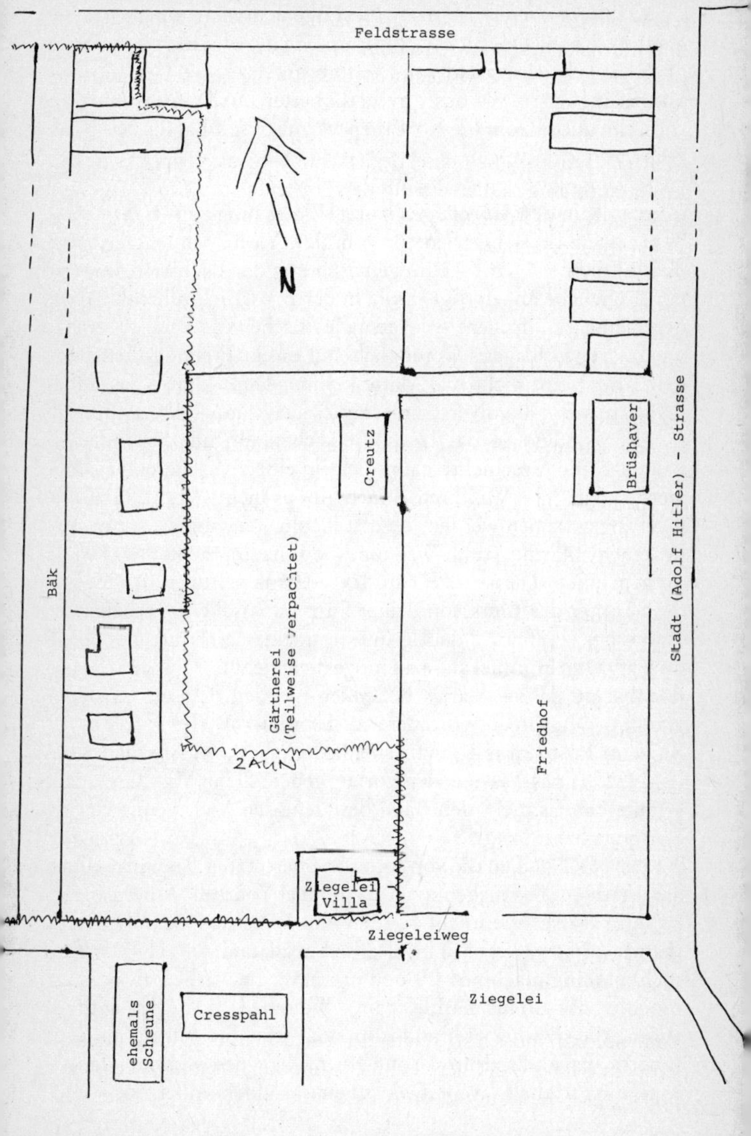
Feldstrasse
N
Creutz
Brüshaver
Stadt (Adolf Hitler) - Strasse
Bäk
Gärtnerei
(Teilweise verpachtet)
Friedhof
ZAUN
Ziegelei
Villa
Ziegeleiweg
ehemals
Scheune
Cresspahl
Ziegelei

seems to be the English version quoted by the NYT on June 8, 1968, differs somewhat from the English translation by Ferlinghetti & Kahn (Doubleday, 1971, pp. 183 ff.) of which I enclose a photostat. Which would you like to use?
The Ferlinghetti is obviously by far the better, but if you intend it as a verbatim quote from the NYT then we must use what the NYT did.
Yours very sincerely,
Leila Vennewitz
[Die Stelle in den *Jahrestagen* lautet (Eintragung zum *7. Juni 1968*, S. 1328–1329): »– Der Senator von New York: ›Ich mag Dichter, die Politiker mögen.‹ – Und getröstet zog der Dichter heim, zur Vogelscheuche abgefertigt, Stolz in der Brust. – Endlich fällt mir der Name ein. Eugen. – Jevgenij Jevtuschenko. Du. – Der hat wieder zugeschlagen. Womöglich soll es ein Freundesdienst für den Toten sein, nicht mal Marie kommt damit klar. – Sag auf. – ›Der Preis für Revolverschmiermittel steigt an.‹ – Du Antikommunist. – Stand so da. Und: Vielleicht kann nur Scham noch helfen. / Die Geschichte kann nicht in einer Wäscherei gereinigt werden. / Solche Waschmaschinen gibt es nicht. / Blut kann niemals abgewaschen werden! Und: Lincoln, verwundet, sonnt sich in seinem Marmorstuhl. Was tut Abe Lincoln nachts? War er da nicht in einem Theater? Hör auf Jevtuschenkos Eugen: Aber ohne die Spritzer des Bluts von deiner Stirn zu wischen, / erhebst du, Statue der Freiheit, / dein grünes, pudelnasses Frauengesicht, / und rufst die Himmel an, man möge dich nicht mit Füßen treten. – Glaubst du das? – Maries Bedenken ist eben: Ob er das selber glaubt.« Johnson antwortet am 12. Februar 1975:]
Bei dem Problem mit Jewtuschenkos Gedicht müsste man wohl der N. Y. Times-Fassung den Vorzug geben. Denn Mrs. Cresspahl konnte damals nicht den Band besitzen, den Mrs. Vennewitz inzwischen hat.
[In der NYT heißen die von Johnson übersetzten Passagen, die in dem Artikel »Yewtushenko: ›You Shoot at Yourself, America‹« am 8. Juni 1968 veröffentlicht worden sind: »Perhaps the only help is shame, / History cannot be cleansed in a laundry. / There are no such washing machines / Blood can never be washed away / . . . / Lincoln basks in his marble chair, / Wounded. / . . . / But without wiping the splashes of blood from your forehead / You, Statue of Liberty, have raised up / Your green, drowned woman's face, / Appealing to the heavens against being trodden underfoot.«

Eine Korrektur zum Abdruck dieses Gedichts erschien am 14. Juni 1968: »Through a typographical error, the text of Yevgeny Yevtushenko published in the ›New York Times‹ of June 8, on the death of Senator Robert F. Kennedy, said, ›Lincoln basks in his marble chair.‹ The verb should have been ›rasps‹.«]

[Brief vom 17. Oktober 1975 – Johnson antwortet am 29. Oktober 1975]
[*Frage 55:* S. 1332, 10. Zeile von unten: »Das erste Auto fuhr in Rußland, zwar hatte nicht die Partei das Flugzeug erfunden, sondern ein Schneider aus Minsk oder Tula, russischen Ursprungs war die Apotheke, der Kran, dein caran d'ache, das Telefon, alle Bestandteile der Eisenbahn, von der Stanzija bis zum Passaschirsckij und Potschtowy Wagon.«]
Caran d'ache: we understand that this is some kind of pencil, but cannot find any description anywhere. All we can find is Caran d'Ache in Larousse, the French cartoonist of Russian origin. But presumably you mean the writing instrument, since you don't use capitals. Is it a revolving pencil? Or could we see »your ballpoint« as an approximation? (This is rather a fascinating puzzle.)
[Antwort:] Das ist der Bleistift, oder einer von den Bleistiften, die Prof. Erichson einmal der Marie aus Zürich mitgebracht hat. Damals war schon davon die Rede, dass die Russen das Wort für den Bleistift als Lautwert übernahmen: karandash; daran will Mrs. Cresspahl nun Erichson erinnern.
[*Frage 56:* S. 1334, 8. Zeile: »– Daß es passierte, und ich war dabei. – Dat's all so, as dat Ledder is. – Ja, wat sall Einer dorbi daun?«]
Despite your kind translation into German, we still aren't sure of the meaning. Is it something like: That's the way the cookie crumbles, or: That's tough. Or something quite different?
[Antwort:] Dat's all so, as dat Ledder is. Es hängt von der Beschaffenheit des Leders ab, ob man gute oder schlechte Schuhe machen kann. Arbeiten aber muss man mit dem, was einem zugeteilt wird. Dabei kann man nichts machen. Damit muss man sich abfinden. Das lässt sich nicht ändern. Darein muss man sich ergeben.
[*Frage 57:* S. 1368, 4. Zeile: »Nicht die Stelle Bewußtsein, die als Ziel ihr Ende weiß, nicht einmal sich?«]
I have translated this as: Not the place of consciousness that knows its end to be the goal, not even themselves (or itself). While in the

best tradition of T. S. Eliot, indeed a line he might have been proud of, I feel a pang of conscience about unleashing it on our readers, for the simple reason that I don't know what it means, in either English or German. Can you help?
[Antwort:] Da ist ein Unterschied zwischen jener Stelle im Bewusstsein, die als Ziel des Lebens den Tod weiss, und der blossen Existenz. Man kann ja an dem einen wie dem anderen wenig Freude haben.

[Brief vom 6. April 1977]
Liebe Frau Vennewitz,
(...)
Von der Veröffentlichung unserer Anniversaries habe ich auch erst aus einer Besprechung im Observer erfahren. Selbstverständlich bin ich froh darüber, dass die Firma nicht ahnt, dass ich in ihrem eigenen Lande sitze, unter ihrer Nase so zu sagen; seltsam bleibt es. Auch bei mir sind keine Beleg-Exemplare eingetroffen.
(...)
Ihr Uwe Johnson

Anmerkungen

1 Bertolt Brecht, *Gesammelte Werke in acht Bänden*, Frankfurt 1967, Bd. VIII, S. 506.
2 Walter Boehlich, *Lobrede auf Anneliese Botond*, in: *Deutsche Akademie für Sprache und Dichtung Jahrbuch 1984*, Heidelberg 1985, S. 56.
2a Der zweite Band ist 1987 erschienen: Uwe Johnson, *Anniversaries II, From the Life of Gesine Cresspahl*, San Diego, New York, London (translated by Leila Vennewitz and by Walter Arndt).
3 Edith Tarcov, *Rezension zu Anniversaries*, in: *Bookletter*, 3. März 1975.
4 Pearl K. Bell, *Rezension zu Anniversaries*, in: *The New Leader*, 17. März 1975.
5 Vgl. Nicolai Riedel, *Untersuchungen zur Geschichte der internationalen Rezeption Uwe Johnsons*, Hildesheim, Zürich, New York 1985, S. 129–130. Siehe auch die redaktionelle Notiz auf der Rückseite des Titelblattes der *Anniversaries*.
6 In einem Brief vom 6. Februar 1986 an Jeremy Gaines hat Helen Wolff diese Vermutung bestätigt.
7 Leila Vennewitz in einem Brief vom 8. April 1987 an Jeremy Gaines.

8 Herbert Mitgang, *Profiles Imprint Helen Wolff*, in: *The New Yorker*, 2. August 1982.
9 Vgl. Translator's Note in: *Anniversaries*, New York 1975.
10 Es handelt sich hier um *Griebens Reiseführer 1931*, Bd. 9: London, Berlin 1931, der in der Bibliothek Uwe Johnsons aufbewahrt ist.

Biographische Notiz zur Übersetzerin

Leila Vennewitz wurde in England geboren und wohnt seit langem in Vancouver, Kanada. Sie ging in England zur Schule und hat auch an der Sorbonne in Paris studiert. In Paris hat sie im Alter von 18 Jahren ihr Studium der deutschen Sprache aufgenommen, das sie später in Deutschland fortsetzte. Bevor sie nach Kanada zog, hat sie 12 Jahre in China verbracht. Dort studierte sie einige Jahre lang Chinesisch und Italienisch. Sie hat während der letzten 25 Jahre Werke der zeitgenössischen deutschen Literatur ins Englische übersetzt. Die Übersetzung *The Clown* von Heinrich Böll (1965) war die erste in einer langen Reihe von Übersetzungen der Werke Heinrich Bölls, mit denen sie bis heute noch beschäftigt ist. Jahrelang hat sie auch die Werke Martin Walsers übersetzt wie *Runaway Horse, The Swan Villa, The Inner Man, Letter to Lord Liszt* und *Breakers*. Sie hat, unter anderen, Bücher von Uwe Johnson, Hisako Matsubara, Alexander Kluge, Nicolas Born, Walter Kempowski und Jurek Becker ins Englische übersetzt. 1968 verlieh die Society of Authors in London den Schlegel-Tieck-Preis an Leila Vennewitz für ihre Übersetzung von Heinrich Bölls *Ende einer Dienstfahrt (End of a Mission)*. 1979 erhielt sie den American P. E. N. Award in New York für ihre Übersetzung von Heinrich Bölls *Und sagte kein einziges Wort* (*And Never Said a Word*).

Bibliographie der Gespräche[1]

Ruehle, Günther
Herr Abs will nach Deutschland. Über Uwe Johnson, der die »Mutmassungen über Jakob« schrieb. / Notiert nach einem Gespräch.
Frankfurter Neue Presse, 24. 10. 1959, S. 7
In leicht veränderter Form auch in: Saarbrücker Zeitung, 28. 11. 1959, S. 3
Y
Uwe Johnson. Arbeitsames Vergnügen. Begegnung in der Hansestadt.
Weser Kurier, Bremen, 15. 11. 1959
Baumgart, Reinhard
Uwe Johnson in New York. Interview mit dem Schriftsteller.
Bayerischer Rundfunk München, Sendereihe »Almanach« XIV, 16. 5. 1961
Tiessen, Henrich (u. a.)
»Man kann nur erzählen, was man weiß.« Gespräch mit Uwe Johnson.
Ceterum Censeo (Schülerzeitung Itzehoe), 1961, S. 51–56
US (Ingus, Inge)
Wir sprachen mit: Uwe Johnson.
Generalanzeiger für Bonn und Umgebung, 14. 11. 1961, S. 7
Anonym
Mutmassungen über Jakob
Wir (Schülerzeitung, Gymnasium Herne), 1962, H. 4, S. 13–14
× *Bienek, Horst*
Werkstattgespräch mit Uwe Johnson
Frankfurter Hefte, 17. Jg. 1962, H. 5, S. 333–342
Wiederabgedruckt in: H. Bienek: »Werkstattgespräche mit Schriftstellern«, München 1962, S. 85–98; und auszugsweise in Rainer Gerlach/Matthias Richter: »Uwe Johnson«, Frankfurt am Main 1984, S. 143–146
× *Neusüss, Arnhelm*
Über die Schwierigkeiten beim Schreiben der Wahrheit. Gespräch mit Uwe Johnson
Konkret, Hamburg, 8. Jg. 1962, H. 1, S. 18–19
Wiederabgedruckt in: Rainer Gerlach/Matthias Richter, a. a. O., S. 39–49
Nöhbauer, Hans F.
Dichter der deutschen Grenze. Hans F. Nöhbauer spricht mit Uwe Johnson
Abendzeitung, München, 10. 3. 1962, S. 8
In erweiterter Form unter dem Titel: »Anno 1962. Junge deutsche Auto-

1 In dem Verzeichnis sind die Gespräche aufgeführt, die bis zum 1. Juli 1987 im Uwe Johnson-Archiv vorlagen. Die in dem vorliegenden Band abgedruckten Gespräche sind mit × gekennzeichnet.

ren. Uwe Johnson«, in: Bayerischer Rundfunk (Hg.): gehört – gelesen, 9. Jg. April 1962, S. 361–367 (gesendet am 1. 3. 1962)
Raeber, Kuno
Bei Uwe Johnson in Rom
Das Schönste. Monatsschrift, München, Bd. 8 1962, H. 5, S. 25–29
Antoni, Renate
Gespräch mit Uwe Johnson
Deutschlandfunk, 20. 3. 1964
Cramer, Heinz v.; Johnson, U.; Grass, G.; Schulz, M. W.; Kant, H.; Wiens, P.
»Sie sprechen verschiedene Sprachen.« Schriftsteller diskutieren
Alternative, 7. Jg. Oktober 1964, H. 38/39, S. 97–100
Grass, Günter; Johnson, Uwe; Simonow, Konstantin
Übersetzen – und kennenlernen. Gespräch zwischen Simonow, Grass und Johnson
Spandauer Volksblatt, Berlin-Spandau, 3. 5. 1964
Eine erweiterte englische Fassung wurde in Encounter, Vol. XXIV Januar 1965, No. 1, S. 88–91 abgedruckt
× *Roloff, Michael*
An Interview with Uwe Johnson
Metamorphosis, Vol. 4 Summer-Fall 1964, S. 32–42
× *Rummel, Alois*
Gespräch mit Uwe Johnson
Deutsches Rundfunk-Archiv, Berlin, Herkunft: InterNationes, Bonn 1964
Tailleur, Jean
Uwe Johnson. Deux Ans Après Le Prix Formentor
Les Lettres Françaises, 1.–7. octobre 1964, No. 1048, S. 1 und 7
Bock, Hans Bertram
Prosa ohne Pathos. Gespräch mit dem Romancier Uwe Johnson in Erlangen
Abendzeitung, München, 15. 9. 1965, Nr. 221, S. 8
Jonas
»Zwei Ansichten.« Gespräch mit Uwe Johnson über sein neues Buch
Hamburger Abendblatt, 9. 10. 1965, Nr. 235, S. 13
× *Schoelman, Mike S.*
Auskünfte und Abreden zu »Zwei Ansichten«
Dichten und Trachten. Jahresschau des Suhrkamp Verlags. Frankfurt am Main 1965, Nr. 26, S. 5–10
Schümann, Kurt
Mit Absicht in Westberlin. Interview bei einem Besuch in Düsseldorf
Neue Ruhr-Zeitung, Essen, 26. 10. 1965, Nr. 251, Feuilleton
Frieling, Jürgen; Klewin, Rainer
Begegnung mit Uwe Johnson
Die Fähre (Schulzeitung der Leibnizschule Altenessen), Sommer 1966, S. 1–2

Gilroy, Harry
Author who Left East Germany is Studying in U.S.
New York Times, 4. 12. 1966, No. 39761, S. 171
× *Wiemers, Adalbert*
Keine Mutmaßungen über Johnson mehr. Ein »Vorwärts«-Gespräch
Vorwärts, Bad Godesberg, 16. 2. 1966, Nr. 8, S. 20
Berger, David
Interview mit dem Schriftsteller Uwe Johnson über Aufenthalt, Arbeit und Erfahrungen in den USA
Südwestfunk, Januar 1967
Drath, Viola Herms
Der stille Intellektuelle. Bei Uwe Johnson in New York
Madame, München, März 1967, S. 6
Meras, Phyllis
Talk with Uwe Johnson
The New York Times Book Review, Vol. 72, April 1967, No. 17, S. 1, 42–43
× *Halstenberg, Armin*
Dichter sollte man nicht stören. Heute am Telefon: Uwe Johnson
Kölner Stadt-Anzeiger, 12. 7. 1969, Nr. 158, S. 14
Mann, Jessika
»Ich habe die Chance, vom Ausdenken von Geschichten leben zu können...« Gespräch mit Uwe Johnson
Die Glocke. Zeitschrift junger Menschen, 23. Jg. 1969, H. 9, S. 18–19
× *Bebber, Hendrik*
In einer Phase der Angst. Ein Gespräch mit Uwe Johnson über Sozial- und Rassenprobleme in den USA
Nürnberger Nachrichten, 11. 11. 1970, Nr. 262, S. 36
Erschienen auch in den Fürther Nachrichten, 11. 11. 1970, Nr. 262, S. 17
× *Gröhler, Harald*
»Ich fabriziere keinen Text, ich schreibe ihn.« Ein Gespräch mit dem Schriftsteller Uwe Johnson
Kölner Stadt-Anzeiger, 26. 11. 1970, Nr. 275, S. 23
Hassel, Jürgen
Neue Romane. Jürgen Becker, Helmut Heißenbüttel und Uwe Johnson sprechen über ihren Schreibstil und über die Personen in ihren neuen Romanen »Umgebungen«, »D'Alemberts Ende« und »Jahrestage«
Westdeutscher Rundfunk, Köln, »Spectrum«-Sendung, 21. 11. 1970
× *Baumgart, Reinhard*
Interview mit Uwe Johnson
In: Werner Koch (Hg.), »Selbstanzeige. Schriftsteller im Gespräch«, Frankfurt am Main 1971, S. 47–56
× *Bronnen, Barbara*
Beauftragt, Eindrücke festzuhalten. Gespräch mit dem Schriftsteller und Büchner-Preisträger von 1971, Uwe Johnson

Abendzeitung, München, 4. 12. 1971, Nr. 282, S. 8
Auch abgedruckt in: Publikation. Der literarische Markt, München, Bd. 21 1971, H. 12, S. 33–34; und in: Die Bücherkommentare, Freiburg, Bd. 21 1972, H. 1, S. 11
Hilzinger, Werner
Werkstattgespräch mit Uwe Johnson
Augsburger Allgemeine Zeitung, 1. 12. 1971, Nr. 277, S. 26
Jungtraitmayr, Alfred Jenny Urs
Uwe Johnson zum Büchner-Preis 1971. Interview mit dem Schriftsteller auf der Frankfurter Buchmesse über die Preisverleihung, über sein Leben, seine politische Arbeit und seinen neuen Roman »Jahrestage«
Hessischer Rundfunk, Frankfurt, »frankfurter studio (48)«, 3. 11. 1971
Rambures, Jean-Louis de
Uwe Johnson, De l'Allemagne de l'Est aux États-Unis
Le Monde, 3. 12. 1971, No. 8363, S. 19
Zimmer, Dieter E.
Eine Bewußtseinsinventur. Das Gespräch mit dem Autor: Uwe Johnson
Die Zeit, Hamburg, 26. 11. 1971, Nr. 48, Literaturbeilage, S. III
× *Simmerding, Gertrud; Schmid, Christof (Hg.)*
»Literarische Werkstatt. Interviews mit Friedrich Dürrenmatt, Peter Zadek, Peter Handke, Hans Erich Nossack, Helmut Heißenbüttel, Peter Bichsel und Uwe Johnson«
München 1971, S. 63–72
× *Bosch, Manfred; Konjetzky, Klaus (Hg.)*
Für wen schreibt der eigentlich? Gespräche mit lesenden Arbeitern. Autoren nehmen Stellung
München 1973, S. 162–163
Lehner, Horst/Heißenbüttel, Helmut
Die letzten 123 Tage im Leben der Gesine Cresspahl? Ein Gespräch mit Uwe Johnson über den dritten Band der »Jahrestage«
Süddeutscher Rundfunk, 30. 11. 1973
Abgedruckt in: Michael Bengel (Hg.): »Johnsons Jahrestage«, Frankfurt am Main 1985, S. 106–119
Methner, Caroline
Wie man eine Person erfindet und dann über sie Bescheid weiß. Interview mit dem Berliner Schriftsteller Uwe Johnson
Berliner Zeitung (West), 14. 12. 1973, Nr. 291, S. 18
Mowatt, Don
Interview with Uwe Johnson
CBS Radio Vancouver, April 1973
Mudrich, Heinz
Der Abiturdichter war da. Zwischen dem »Dritten Buch über Achim« und den »Jahrestagen« – Gespräch mit Uwe Johnson
Saarbrücker Zeitung, 24./25. 11. 1973, Nr. 273, S. 5

× *Schwarz, Wilhelm Johannes*
Gespräche mit Uwe Johnson.
In: W. J. Schwarz: »Der Erzähler Uwe Johnson«, München, 2. erw. Aufl. 1973, S. 91–103
Durzak, Manfred
Von Mecklenburg nach Manhattan. Ein Gespräch mit Uwe Johnson in Berlin
Frankfurter Allgemeine Zeitung, 18. 5. 1974, Nr. 115, Bilder und Zeiten, S. IV
Ketter
Interview mit Uwe Johnson
Radio Television Luxemburg, Lätzebürger Programm, 7. 3. 1974
× *Prangel, Matthias*
Gespräch mit Uwe Johnson
Deutsche Bücher, Amsterdam 1974, S. 45–50
× *Bruck, Werner*
»Ich habe kein Vertrauen in den Tod des Romans.« Gespräch mit dem Schriftsteller Uwe Johnson
Deutsche Welle, 24. 4. 1975
Veröffentlicht in veränderter Form in: Süddeutsche Zeitung, München, 7. 6. 1975, Nr. 128, S. 84 (unter dem Titel: »Ein Bauer weiß, daß es ein Jahr nach dem andern gibt«); Nürnberger Nachrichten, 16. 8. 1975, Nr. 188, S. 24; Fürther Nachrichten, 16. 8. 1975, Nr. 188, S. 16; Erlanger Tagblatt, 16. 8. 1975, Nr. 188, S. 16
McCullough, David
»Eye on Books«.
In: Book of the Month Club 1975, No. 7 (July), S. 6f.
Durzak, Manfred
Dieser langsame Weg zu einer größeren Genauigkeit. Gespräch mit Uwe Johnson.
In: M. Durzak: »Gespräche über den Roman. Formbestimmungen und Analysen«, Frankfurt am Main 1976, S. 428–460
× *Lindow, Wolfgang/Schuppenhauer, Claus (Hg.)*
Uwe Johnson. In: W. Lindow/C. Schuppenhauer (Hg.): »Niederdeutsch heute. Kenntnisse – Erfahrungen – Meinungen«, Schriften des Instituts für niederdeutsche Sprache, Leer 1976, S. 123
× *Post-Adams, Ree*
Antworten von Uwe Johnson. Ein Gespräch mit dem Autor
In: The German Quarterly, Vol. L May 1977, No. 3, S. 241–247
Soldat, Hans-Georg
Gespräch mit dem Autor Uwe Johnson
RIAS, Berlin, 25. 5. 1980
Höllerer, Walter (Hg.)
Uwe Johnson. Interview.
In: W. Höllerer: »Autoren im Haus. 20 Jahre Literarisches Colloquium Berlin«

Berlin 1982, S. 178
× *Willson, A. Leslie*
»An unacknowledged humorist«: An Interview with Uwe Johnson
Sheerness-in-Kent, 20th April 1982
Dimension, 15. Jg. 1982, H. 3, S. 398–413
× *Becker, Jürgen; Michaelis, Rolf; Vormweg, Heinrich*
Gespräch mit Uwe Johnson
Deutschlandfunk, gesendet am 25. 12. 1983
Aufgenommen am 8. 12. 1983
Podak, Klaus
Auf den Spuren der Gesine Cresspahl. Mit Uwe Johnson in New York.
Fernsehfilm Hessischer Rundfunk, 1983
Bengel, Michael
Gespräch mit Uwe Johnson. 19. Mai 1983.
In: M. Bengel (Hg.), a. a. O., S. 120–128
Daiber, Hans
Die Cooperation mit Gesine. Interview mit Uwe Johnson.
In: M. Bengel (Hg.), a. a. O., S. 129–132
Bei diesem Text handelt es sich um ein Rundfunkgespräch, das am 16. 10. 1983 im II. Programm des Westdeutschen Rundfunks gesendet wurde. Unter dem Titel: »Eine Heldin wird selbständig« ist eine leicht gekürzte Fassung im Kölner Stadt-Anzeiger am 4. 11. 1983 erschienen.
Stilett, Hans
Um eine Frau zu verstehen. Uwe Johnson und seine Heldin Gesine Cresspahl – Ein Gespräch
Saarbrücker Zeitung, 14. 3. 1984, Nr. 63, S. 5
Osterle, Heinz D.
Documentation: Uwe Johnson. Todesgedanken? Gespräch mit Heinz D. Osterle über die Jahrestage
The German Quarterly, Vol. 58 1985, No. 4, S. 576–584
Wiederabgedruckt in H. D. Osterle: »Gespräche mit deutschen Schriftstellern«, Münster 1987, S. 119–135

Inhaltsverzeichnis

III. Gespräche

Uwe Johnson
Sein Werk im Suhrkamp Verlag

Begleitumstände. Frankfurter Vorlesungen. es 1019
Berliner Sachen. Aufsätze. st 249
Das dritte Buch über Achim. Roman. Leinen und st 169
Der 5. Kanal. es 1336
Ingrid Babendererde. Reifeprüfung 1953. Mit einem Nachwort von Siegfried Unseld. Leinen und st 1387
Jahrestage 1. Aus dem Leben von Gesine Cresspahl. August 1967 - Dezember 1967. Roman. Leinen
Jahrestage 2. Aus dem Leben von Gesine Cresspahl. Dezember 1967 - April 1968. Roman. Leinen
Jahrestage 3. Aus dem Leben von Gesine Cresspahl. April 1968 - Juni 1968. Roman. Leinen
Jahrestage 4. Aus dem Leben von Gesine Cresspahl. Juni 1968 - August 1968. Roman. Leinen
Jahrestage 1-4 in Kassette. 4 Bde. Mit einem ›Kleinen Adreßbuch‹. Ein Register zu Uwe Johnsons Jahrestagen mit Namen, Orten und Verweisen von Rolf Michaelis. Leinen
Kleines Adreßbuch zu den ›Jahrestagen‹. Einzeln.
Karsch, und andere Prosa. es 59
Mutmassungen über Jakob. Roman. Leinen, st 147 und BS 723
Eine Reise nach Klagenfurt. st 235
Skizze eines Verunglückten. BS 785
Versuch, einen Vater zu finden. Marthas Ferien. Toncassette mit Textheft. Mit einem editorischen Bericht von Norbert Mecklenburg. es 1416
Zwei Ansichten. Leinen und st 326

Editionen, Nachwort
Max Frisch: Stich-Worte. Ausgesucht von Uwe Johnson. st 1208
Otto Philipp Runge/Uwe Johnson: Von dem Fischer un syner Fru. Ein Märchen nach Philipp Otto Runge mit sieben kolorierten Bildern von Marcus Behmer und einem Nachwort von Beate Jahn. Mit einer Nacherzählung und einem Nachwort von Uwe Johnson. IB 1075

Zu Johnson
Uwe Johnson. Herausgegeben von Rainer Gerlach und Matthias Richter. stm 2061
Johnsons ›Jahrestage‹. Herausgegeben von Michael Bengel. stm 2057
»Ich überlege mir die Geschichte ...«. Uwe Johnson im Gespräch. Herausgegeben von Eberhard Fahlke. es 1440

46/1/9.87

suhrkamp taschenbücher materialien

Herbert Achternbusch. Herausgegeben von Jörg Drews. st 2015
Apokalypse. Weltuntergangsvisionen in der Literatur des 20. Jahrhunderts. Herausgegeben von Gunter E. Grimm, Werner Faulstich und Peter Kuon. st 2067
Samuel Beckett. Herausgegeben von Hartmut Engelhardt. st 2044
Thomas Bernhard. Werkgeschichte. Herausgegeben von Jens Dittmar. st 2002
Arbeitsbuch Thomas Brasch. Herausgegeben von Margarete Häßel und Richard Weber. st 2076
Brasilianische Literatur. Herausgegeben von Michi Strausfeld. st 2024
Brechts ›Aufhaltsamer Aufstieg des Arturo Ui‹. Herausgegeben von Raimund Gerz. st 2029
Brechts ›Dreigroschenoper‹. Herausgegeben von Werner Hecht. st 2056
Brechts ›Gewehre der Frau Carrar‹. Herausgegeben von Klaus Bohnen. st 2017
Brechts ›Guter Mensch von Sezuan‹. Herausgegeben von Jan Knopf. st 2021
Brechts ›Heilige Johanna der Schlachthöfe‹. Herausgegeben von Jan Knopf. st 2049
Brechts ›Herr Puntila und sein Knecht Matti‹. Herausgegeben von Hans Peter Neureuter. st 2064
Brechts ›Kaukasischer Kreidekreis‹. Herausgegeben von Werner Hecht. st 2054
Brechts ›Leben des Galilei‹. Herausgegeben von Werner Hecht. st 2001
Brechts ›Mann ist Mann‹. Herausgegeben von Carl Wege. st 2023
Brechts ›Mutter Courage und ihre Kinder‹. Herausgegeben von Klaus-Detlef Müller. st 2016
Brechts Romane. Herausgegeben von Wolfgang Jeske. st 2042
Brechts ›Tage der Commune‹. Herausgegeben von Wolf Siegert. st 2031
Brechts Theaterarbeit. Seine Inszenierung des ›Kaukasischen Kreidekreises‹ 1954. Herausgegeben von Werner Hecht. st 2062
Brechts Theorie des Theaters. Herausgegeben von Werner Hecht. st 2074
Hermann Broch. Herausgegeben von Paul Michael Lützeler. st 2065
Brochs theoretisches Werk. Herausgegeben von Paul Michael Lützeler und Michael Kessler. st 2090
Brochs ›Tod des Vergil‹. Herausgegeben von Paul Michael Lützeler. st 2095
Brochs ›Verzauberung‹. Herausgegeben von Paul Michael Lützeler. st 2039

8/1/2.88

suhrkamp taschenbücher materialien

Paul Celan. Herausgegeben von Werner Hamacher und Winfried Menninghaus. st 2083

Die deutsche Kalendergeschichte. Ein Arbeitsbuch von Jan Knopf. st 2030

Deutsche Lyrik nach 1945. Herausgegeben von Dieter Breuer. st 2088

Diskurstheorien und Literaturwissenschaft. Herausgegeben von Jürgen Fohrmann und Harro Müller. st 2091

Dramatik der DDR. Herausgegeben von Ulrich Profitlich. st 2072

Marguerite Duras. Herausgegeben von Ilma Rakusa. st 2096

Hans Magnus Enzensberger. Herausgegeben von Reinhold Grimm. st 2040

Max Frisch. Herausgegeben von Walter Schmitz. st 2059

Frischs ›Andorra‹. Herausgegeben von Walter Schmitz und Ernst Wendt. st 2053

Frischs ›Don Juan oder die Liebe zur Geometrie‹. Herausgegeben von Walter Schmitz. st 2046

Frischs ›Homo faber‹. Herausgegeben von Walter Schmitz. st 2028

Geschichte als Schauspiel. Deutsche Geschichtsdramen. Interpretationen. Herausgegeben von Walter Hinck. st 2006

Geschichte der deutschen Lyrik von der Frühen Neuzeit bis zur Gegenwart. Band 2: Von Goethe bis Heine. Von Gerhard Kaiser. st 2087

Peter Handke. Herausgegeben von Raimund Fellinger. st 2004

Friedrich Hölderlin. Studien von Wolfgang Binder. Herausgegeben von Elisabeth Binder und Klaus Weimar. st 2082

Ludwig Hohl. Herausgegeben von Johannes Beringer. st 2007

Ödön von Horváth. Herausgegeben von Traugott Krischke. st 2005

Horváth-Chronik. Von Traugott Krischke. st 2089

Horváths ›Geschichten aus dem Wiener Wald‹. Herausgegeben von Traugott Krischke. st 2019

Horváths ›Jugend ohne Gott‹. Herausgegeben von Traugott Krischke. st 2027

Horváths ›Lehrerin von Regensburg. Der Fall Elly Maldaque‹. Dargestellt und dokumentiert von Jürgen Schröder. st 2014

Horváths Prosa. Herausgegeben von Traugott Krischke. st 2094

Horváths Stücke. Herausgegeben von Traugott Krischke. st 2092

Peter Huchel. Herausgegeben von Axel Vieregg. st 2048

Uwe Johnson. Herausgegeben von Rainer Gerlach und Matthias Richter. st 2061

Johnsons ›Jahrestage‹. Herausgegeben von Michael Bengel. st 2057

Joyces ›Dubliner‹. Herausgegeben von Klaus Reichert, Fritz Senn und Dieter E. Zimmer. st 2052

8/2/2.88

suhrkamp taschenbücher materialien

Juden in der deutschen Literatur. Ein deutsch-israelisches Symposion. Herausgegeben von Stéphane Moses und Albrecht Schöne. st 2063
Der junge Kafka. Herausgegeben von Gerhard Kurz. st 2035
Kafka. Der Schaffensprozeß. Von Hartmut Binder. st 2026
Marie Luise Kaschnitz. Herausgegeben von Uwe Schweikert. st 2047
Alexander Kluge. Herausgegeben von Thomas Böhm-Christl. st 2033
Wolfgang Koeppen. Herausgegeben von Eckart Oehlenschläger. st 2079
Franz Xaver Kroetz. Herausgegeben von Otto Riewoldt. st 2034
Landschaft. Herausgegeben von Manfred Smuda. st 2069
Lateinamerikanische Literatur. Herausgegeben von Michi Strausfeld. st 2041
Einladung, Hermann Lenz zu lesen. Herausgegeben von Rainer Moritz. st 2099
Literarische Utopie-Entwürfe. Herausgegeben von Hiltrud Gnüg. st 2012
Literarische Klassik. Herausgegeben von Hans-Joachim Simm. st 2084
Friederike Mayröcker. Herausgegeben von Siegfried J. Schmidt. st 2043
Karl May. Herausgegeben von Helmut Schmiedt. st 2025
E. Y. Meyer. Herausgegeben von Beatrice von Matt. st 2022
Moderne chinesische Literatur. Herausgegeben von Wolfgang Kubin. st 2045
Adolf Muschg. Herausgegeben von Manfred Dierks. st 2086
Paul Nizon. Herausgegeben von Martin Kilchmann. st 2058
Die Parabel. Parabolische Formen in der deutschen Dichtung des 20. Jahrhunderts. Herausgegeben von Theo Elm und Hans H. Hiebel. st 2060
Plenzdorfs ›Neue Leiden des jungen W.‹. Herausgegeben von Peter J. Brenner. st 2013
Rilkes ›Aufzeichnungen des Malte Laurids Brigge‹. Herausgegeben von Hartmut Engelhardt. st 2051
Rilkes ›Duineser Elegien‹. Band 1: Selbstzeugnisse. Herausgegeben von Ulrich Fülleborn und Manfred Engel. st 2009
Rilkes ›Duineser Elegien‹. Band 2: Forschungsgeschichte. Herausgegeben von Ulrich Fülleborn und Manfred Engel. st 2010
Rilkes ›Duineser Elegien‹. Band 3: Rezeptionsgeschichte. Herausgegeben von Ulrich Fülleborn und Manfred Engel. st 2011
Rilkes ›Duineser Elegien‹. Drei Bände in Kassette. Herausgegeben von Ulrich Fülleborn und Manfred Engel. st 2009-2011
Schillers ›Briefe über die ästhetische Erziehung‹. Herausgegeben von Jürgen Bolten. st 2037

8/3/2.88

8/4/2.88